Understanding Global Society

Revised Edition

〈改訂版〉

# 国際社会を学ぶ

戸田真紀子
三上　貴教 [編著]
勝　間　靖

晃洋書房

# は じ め に

　「国際社会」という言葉を聞かない日はない．そして，私たちは「国際社会」のなかで生きていると言われる．それでは，この「国際社会」とは，どういうものなのだろうか？　この抽象的な問いかけに対して，本書『国際社会を学ぶ』は，序章で日本の国際関係論における馬場伸也教授（1989年逝去）の研究業績を位置づけたのち，続く3部で合計14の具体的な質問に答えていく．その際，各部で，最初に馬場教授の代表的な論考を転載させていただき，その視角から4〜5の具体的質問に対して論じた．

　「国際社会」の構成員には，私たち個々の人間だけでなく，多くの組織が存在する．「国際社会」の動きを左右するものとして，とくに国際政治学や国際関係論という学問分野において，まず国家という組織に注目が集まったのは当然だろう．そこでは，国際社会における主たる行為主体（アクター）である国民国家は，他の国民国家との関係において，国益を追求するために自らの力（パワー）の増大を目指すと説明された．その際，軍事力（ハードパワー）が重要な役割を果たすのは言うまでもない．

　このような「国際社会」の描き方が，21世紀の今日において，いまだに妥当かどうか，本書『国際社会を学ぶ』は批判的に検討していく．

　まず第1に，「国際社会」の重要な構成員である国家は，一民族＝一国家を想定するような国民国家として，国益を追求するため軍事力などのパワーを行使することを行動原理としているのだろうか？　アフリカに目を向けると，植民地として長年「抑圧」されてきた歴史を経て，多民族国家として独立を果たしたものの，紛争に悩まされている現状が見えてくる．しかし，紛争の原因は，多民族の存在そのものではなく，むしろ貧困や政治エリートの権力争いによることが分かる．また，多民族国家シンガポールを見ると，シンガポール国民としての統合において，豊かさを象徴とするアイデンティティ（自己の存在証明）が重要な役割を果たしてきている．

　また，2011年からの中東・北アフリカにおける民主化運動のうねりは，国家のなかにある政府と「民衆」との関係を再検討する必要を促している．今ほどインターネットや携帯電話が普及していなかった頃のフィリピンにおいても，「民衆」は民主化のための運動を展開し，政府の政策決定過程に積極的に関わ

るようになった．他方，ブータンに目を向けると，先進諸国で一般的に論じられる開発とは一線を画し，独自の長い歴史のなかで形成されてきたアイデンティティに基づいた「開発」政策が掲げられていることが注目される．

　第2に，「国際社会」において，文化はどのような役割を果たしているのだろうか？　ハードパワーの重要性が相対的に低下し，国家は，それぞれの国の文化を中心としたソフトパワーの向上に関心を払っている．また，北欧諸国を見ると，北欧という地域のアイデンティティを形成しながら，地域文化を前面に出してきている．

　こうしたなか，国家と国家の関係を軸とした「国際社会」よりも，より多様なアクターを構成員とするグローバル社会と呼ぶ方が妥当だという考え方も勢いをもち始めている．さらに進めて，世界の連邦化というビジョンも出てきている．このような「国際社会」またはグローバル社会に広がる文化は，「地球文化」と呼ぶことができるだろう．そこでは，戦争と紛争をなくす平和や，貧困と格差をなくす開発など，地球規模課題への取組みが強調される．

　第3に，「国際社会」またはグローバル社会に広がる「地球文化」では，従来から重視されてきた国益よりも，平和・開発・人権などを中心とした「人類益」とも言うべきものが尊重される．そして，こうした「人類益」に共感する個人を，地球市民と呼ぶことができる．今後，「人類益」を真剣に追及するためには，コペルニクス的な思い切った発想の転換をして，国際連帯税などを含めた，グローバル・ガバナンスの変革を検討することが必要だろう．

　国家を通して「人類益」へ貢献することも可能だが，非国家的なアクターであるNGO（非政府組織）や国際機関の役割はますます重要になってきている．国際協力機構（JICA），国連児童基金（UNICEF），国連開発計画（UNDP），国際民間航空機関（ICAO）などで実際に国際協力に携わった筆者による章は，現場の重要性を説きながら，社会的な「弱者」の視点に立つことの必要性を指摘している．

　本書『国際社会を学ぶ』を手にとった読者の皆さんには，「国際社会」という既成概念を批判的に再検討し，新しいグローバル社会を発想してほしい．

　　　2019年9月21日　　　　　　　『子どもの権利条約』署名から29年の日に
　　　　　　　　　　　　　　　　　　　　　　編者一同を代表して
　　　　　　　　　　　　　　　　　　　　　　　　勝　間　　靖

# 目　　次

第Ⅱ部　地球文化のゆくえ

ソ

# 序　章
## 日本での国際関係論

## *1*　は じ め に

　国際関係論は，日本では，第二次世界大戦後に生まれた学問であり，大学での教育科目である．国際関係研究の学問は，戦前の日本にも国際法，国際政治，植民政策などがあった．しかし，国際関係論は，戦後にアメリカからInternational Relations を輸入したものである．この背景には，戦前の軍国主義を反省して，平和国家日本を目指す戦後の学問的風潮があった．国際関係論は，新制の東京大学の発足（1949年）にともない，戦前までの学問体系に収まりきれない研究・教育領域として，文化人類学，科学哲学などともに教養学部の専門課程（3-4年生）におかれた．その後，徐々に国際関係論は，戦後日本の大学教育・研究に定着した．しかし，当初から続いていることであるが，国際関係論とは何か，ということは，必ずしも明確ではない．この点に関して，発足当初から国際関係論の教育に当った江口朴郎（1911-89年）は，「いかにも国際関係学（ないしは国際関係論）なるものの対象も方法もきわめて漠としている……が，実際には，国際関係学はある意味で自ら一定の具体的特徴をもつものとして発展しつつあるように思われる．少々大胆に言えば，歴史の現実が学問の発展にそのような方向づけを与えつつあるとも言えるであろう」[江口 1984：161]と述べている．この江口の説明には，2つの重要なメッセージが含まれている．その1つは，国際関係論が「一定の具体的特徴」をもつことであり，もう1つは，国際関係論の発展が「歴史の現実」によって方向づけられていることである．本章は，江口の視点を引き継ぎながら，国際関係論について，日本での発展をみていく．

　本章は，最初に，日本での国際関係論について研究・教育の領域を確認した後で，その誕生（1950年代），発展（1960-80年代），現状（1990年代以降）の3時期に分けて，研究者の関心と教育内容の特徴を明らかにし，最後に研究・教育面

での制度化についてみておきたい．その間，第2期と第3期の教育内容については，大学教育でのテキスト（教科書）の内容，構成に注目する．

# *2* 国際関係論の領域

## 1　学問としての対象領域

現時点で，国際関係論の学問としての対象領域を整理してみると，それは，**図序-1**「国際関係論」のように示される．この図で，点線の枠内が国際関係論の領域である．国際関係論は，大きく分けると，国際政治，外交史，国際政治経済，国際社会，トランスナショナル（脱国家・超国境）研究など，「国際『関係』の研究」と，地域研究，近現代史，途上国研究など，国際関係の「基礎単位」としての諸国，諸地域の「地域の研究」に二分される．

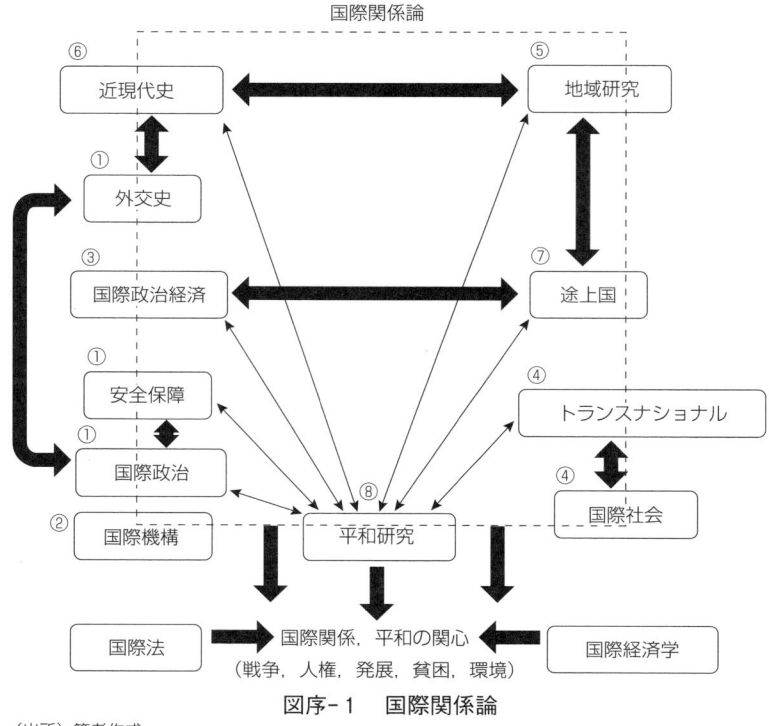

図序-1　国際関係論

（出所）筆者作成．

　これを少し細かくみておくと，「国際関係の研究」には，① 国際政治，それと関連する外交・安全保障・戦争・平和，外交史（もしくは国際関係史）という国家間関係，② 国際機構や地域統合という超国家的存在，③ 国際政治経済もしく世界経済（一時期まで南北問題），④ 国際社会もしくはトランスナショナルな関係，具体的には国際文化，人の国際移動，多文化主義，世界市民社会，地球環境などの研究が含まれる（丸数字は図「国際関係論」に対応，以下同様）．

　「地域の研究」には，⑤ 地域研究だけでなく，⑥ 近現代史と⑦ 途上国研究も加わっている．さらに，「地域の研究」は，「国際関係の研究」とも密接につながる．すなわち，⑥ 近現代史は① 外交史と重なり合い，⑦ 途上国研究は③ 国際政治経済に関連する．

　前記以外に，⑧ 平和研究が，とくに平和価値を目指すものとして，国際関係研究の重要な一部となっている．それは，①の国際政治，安全保障・戦争・平和，② 国際機構，③ 世界経済，④ 国際社会やトランスナショナル研究という「国際関係の研究」と，⑤ 地域研究，⑥ 近現代史，⑦ 途上国研究という「地域の研究」の双方に関連するものである．この関係の仕方は，国際関係論と基本的に同じである．

　つぎに，国際関係論は，「何でないか」ということについて，確認しておきたい．すなわち，国際法と国際経済学は，国際関係論と非常に近く見えるものである．しばしば国際関係論は国際法と混同される．しかし，国際法は法学という学問体系の一部であり，国際経済学も経済学の一部であって，国際関係論との間には，学問体系として一線が画されている．たとえば，大学で国際法あるいは国際経済論の専門家は，国際関係論の講義を担当できるが，逆はかならずしも真ならず，である．国際関係論の専門家で，大学の国際法もしくは国際経済学を講義できる者は，ほとんどいないであろう．

## 2　multidisciplinary（専門併存的）な学問

　以上をまとめると，**図序-1** の点線で示したように，国際関係論は，前記の① から⑧ までのすべてに関係しているが，そのいずれの，そのものではない．① - ⑧ の学問的源流（discipline）を求めると，① は政治学そのもの，② は政治学もしくは法学の領域，③ は経済学（もしくは政治経済学）の領域，④ は社会学とは言いきれないものの社会学的，⑤ は地域研究として multidisciplinary（専門併存的，複合学問），⑥ は歴史学そのもの，⑦ は地域研究の一部で，multi-

disciplinary, ⑧はそのものが multidisciplinary である．このように，まとめ
てみると，国際関係論には，「国際関係」という共通の研究対象，もしく「平和」
という共通関心はあるが，皆に共有されている共通の学問的源流（discipline）
はない．国際関係論の「専門家」には，すぐれた国際政治学者も，近現代史家
も，あるいは地域研究者，国際社会の研究者も含まれている．そこは，いくつ
かの学問体系が並列している．国際関係論は，multidisciplinary（専門併存的）
なのである[1]．

　国際関係論は，学問的対象，関心を共通にしているが，共通の学問的方法論
をもっていない．その意味では，それは完全な学問体系ではない．しかし，国
際関係論は，すでに日本で半世紀以上存在しており，社会的現実であり，歴史
的現実でもある．その発展は，国際社会の中における戦後日本の位置と位置づ
けによって，方向づけられてきた．以下に，その展開を概観していく．

## *3* 国際関係論の誕生（1950年代）

### 1　川田侃

　日本で初めての国際関係論のテキストは，川田侃著『国際関係概論』〔川田
1958〕である．著者の川田侃（1925-2008年）は，当時，東京大学教養学部の新鋭
の助教授であった．彼は，国際関係論講座を担うために，1955年6月-1957年
7月に米国のハーバード大学に派遣された．その目的は「国際関係論の教育・
研究の方法をいわば"輸入"してくる」〔川田 1996：332〕ことであった．その
成果が『国際関係概論』である．この本は20刷以上出版された．

　川田の専門は，政治学ではなく，経済学である．彼は，東京大学で植民政策
論の矢内原忠雄の後継者に当る．植民政策論は戦後には，国際経済学と呼ばれ
ることになったが，国際関係論との関連でいえば，川田の専門は，国際経済学，
とくに国際政治経済学と呼ばれる領域である．

　川田は，国際関係論に惹きつけられた動機について，「東京帝国大学経済学
部に入った昭和一九年の秋は，客観的にはもう日本の敗戦は決定的になってい
た．学窓から直接に士官へ進む道（特別幹部候補生）を拒んだ満一九歳の私にも
やがて召集令状が舞い込み，翌昭和二〇年（終戦の年）の四月『北支派遣軍二
等兵』として中国の青島郊外の某砲兵部隊に編入された．私はここで事実上の
盗賊の一団になり下がった日本軍の兵士たちの悪行のかずかずを目撃して，戦

争と平和の問題が一個の人間にとって実に重大な問題であることに遅ればせながらようやく心底から気づいたのである．やがて私の心を深く国際問題の研究に駆り立てるようになった強い動機の一つは，疑いもなくこうした若い頃のささやかな戦争体験にもとづいている」[川田 1996：331]．さらに川田は「私は一九六六年に同じ志の方々とともに『日本平和研究懇談会』(Japan Peace Research Group) を設立し，平和研究の日本への導入を試みることになったが，いまから思うと，私の国際関係論は初めから平和研究，平和学を指向していたように思われる」[川田 1996：334]．川田は，のちに1975年10月から2年間，日本平和学会（1973年9月結成）の会長を務めることになる．

## 2　江口朴郎

　当初に，東京大学で国際関係論を牽引したのは，教授の江口朴郎であった．その専門は，外交史，国際政治史である．江口は，戦時中，旧制・姫路高校の教授 (1941-47年) を務めていたが，学生に日本の敗戦を予言する発言をしており，兵役に就く学生には「必ず生きて帰って来なさいよ」「こんな戦争で死んだらいけませんよ」[旧制姫路高校江口朴郎先生追悼文集刊行委員会編 1990：116] を餞の言葉としていた．敗戦の日（1945年8月15日）に，江口は，学生一同に向けて「これからは，日本や中国を中心とするアジアが世界の歴史の中で注目される時代が必ず来るであろう」[旧制姫路高校江口朴郎先生追悼文集刊行委員会編 1990：146] と話しかけていた．その後，東京大学の「国際政治史」の講義などで，江口は，「国際的契機」を考えること，「民衆の立場」で考えること，「アジアのナショナリズム（民族的解放）」を評価することを強調した [百瀬 1993：12, 16；江口 1954：189]．

　現実の国際関係で中心となってきたのは，国家対国家の関係である．この国家間関係は一般に外交政策として勢力均衡の政治と軍事となり，勢力均衡はしばしば戦争への道となる．江口 [1955] によると，「平和の問題は一般に，最も直接には国家間の問題としてとらえられ，……国家の政策の相互関係という見地から問題にされるのが普通である．いわば政治の問題は，国際関係の場の問題となるや，一足飛びに民衆の具体的利益から離れて，抽象的な国家間の勢力均衡の問題に置き替えられがちである．しかし，一面において，平和への要求は個々の具体的な民衆の切実な要求である．したがって一般には抽象化され易い国家というものが，現実の民衆とはどのような関係に置かれているかという問題が，まず検討されなければならない」[江口 1958：195]．同じことが，約30

年後に「依然としてパワー・ポリティクスが意味を持つ現実の国際関係の中で，人民的連帯はどのように回復され，維持されるべきかという問題」として表現されている［江口 1986：129］．30年前に「民衆」といわれたものが，30年後には「人民」といわれているが，「民衆」とは「具体的な存在や人びとの動き」を描写し，「人民」は，「人びとが歴史を動かす」という意味で使われている［百瀬 2003：38］．しかし，いずれにせよ，江口は，「歴史の進むに従って民衆の意識が高まり，民族の問題と階級の問題とが一致する必然性がある」［江口 1954：263］と述べているし，「階級や民族の問題を含めた（新しい）人民的な『連帯』という観点」［江口 1986：3］を強調していた．このように，江口は，国際関係で「民族」の可能性に期待を寄せていた．

江口は「平和への希求というようなものも，具体的に，特に主体的には，民族的要求として表現されている」と述べ［江口 1954：176］，また「諸民族のナショナリズムの間に，他から抑圧されず，また他を侵略もしない自由平等な国際的連帯性を考えること」が「平和を維持する最も確実な手段である」とも述べていた［江口 1954：173-74］．

江口は，「柔軟なマルクシスト」（和田春樹）［江口 1974：230］であり，戦争中から日本の敗戦を予測していた．戦後に，彼は，戦前日本の軍国主義的ナショナリズムを批判して，戦後のアジアの国際関係のなかにこそ，日本の新しい行き場を探すことを提唱していた．彼は，インド，中国などのナショナリズムと協調することで，戦前日本の軍国主義的なナショナリズムを克服できるものと考えていた．江口が期待したのは，「われわれ日本人の真の国民的自覚」［江口 1954：277］であった．これは，一種のアジア主義ともいえよう［Gayle 2011：289-93］．

江口は，国際関係について，「国家理性でなくて，具体的な人の利益」を問題とすべきであり，「国家は全体としてむしろ国民の利益に従属」しつつあり，またそうすべきものと考え［江口 1958：206］，また「近代世界で通用していた国際政治の論理が，ますますあらゆる地域でそこに生きる『人間』の問題として問い直されている」と考えていた［江口 1986：147］．国際関係論が勢力均衡論になることに対して，江口は，「人間」「人」を重視する立場から，現実的には「民衆」や「人民」の連帯に期待し，さらに日本を含むアジアのナショナリズムの可能性を信じていたもの，と思われる．この江口の得た答えは，アジア諸民族独立後の国家，民族，人民の現実の動きによって，裏切られていく．しかし，答えが不確かであったといっても，問題は消えない．国家間関係と人び

との利益・平和との矛盾は，国際関係論でもっとも基礎的だが，もっとも難しい問題である．その後の日本の国際関係論でも，下述のように，同じ問題が問い直されていく．

## *4* 国際関係論の発展（1960-80年代）

### 1　初期のテーマ

ここからは，国際関係論の代表的テキストの内容と構成を検討し，比較することで，1960-80年代における国際関係論の発展を概観しておきたい（表序-1参照）．

川田の『国際関係概論』は，前述のように，日本での最初のテキストであるが，それは「国際関係の生成・展開」，「国際関係の構造・動態」，「国際対立の現勢」，「国際闘争場裡における力」，「国際関係の組織化」，「国際機構と現実主義」，「国際協調と平和への要求」から構成されている［川田 1958］．これは，国家と，国家間国際関係に重点を置くもので，国際関係研究として伝統的な構成といえよう．

つぎに，出版された代表的なテキストは，斉藤孝編『国際関係論入門』である．これは，歴史家（斉藤孝，山極晃，河合秀和，清水知久，木戸蓊など）が主体になって執筆したものである．その構成は「国際社会の歴史」，「外交と国際法」，「民族主義」，「帝国主義」，「社会主義」，「植民地の独立」，「戦争と平和」となっている［斉藤編 1966］．ここには，アジア・アフリカの独立や，社会主義諸国の台頭という，その時代の歴史的潮流が刻印されている．

### 2　テーマの拡大（トランスナショナルへ）

ところで，1970年代後半になると，国際関係論の構成が大きく変わることになった．その例は，上智大学の国際関係研究所が主体になって作成した共著のテキスト『国際学』である［武者小路・蝋山編 1976］．その構成は，「国際社会と法」，「国際体系論」，「近代化・発展論」，「ナショナリズムとグローバリズム」，「政策決定モデル」，「国際意識」，「国際政治と国内政治の連繋」，「文化的関係」，「PKO」，「軍縮問題」，「南北格差」，「科学技術の役割」，「国際政策学」となっている．このテキストには，国際体系論，近代化・発展論，政策決定モデル，連携政治，国際政策学などの議論で，アメリカ政治学の影響が認められる．グ

ローバリズム，PKO，文化的関係，科学技術というテーマは，新しい国際関
係の現実に適応したもので，時代の先端を走っていた．

　この『国際学』の姉妹編となったのが，川田侃・三輪公忠編『現代国際関係
論』である［川田・三輪編 1980］．その内容は，「現代国際関係」，「日本の安全保
障」，「朝鮮半島の平和地域化」，「中国外交論」，「新国際経済秩序」，「日本企業
の東南アジア進出」，「多国籍企業」，「内発的発展論」，「世界連邦運動」，「国際
人権問題と NGO」などである．このテキストで注目されるのは，新国際経済
秩序，内発的発展，非国家行為体（NGO，世界連邦運動）など，新しい視点の議
論が展開されていることである．

　1980年に，川田は，2冊目のテキスト『国際関係の政治経済学』を出版した．
この本の特徴は，南北問題を大きく取り上げていることである．しかし，ここ
で，それ以上に興味深いのは，その「まえがき」部分である．すなわち「経済
問題を度外視して国際政治を論じることは意味をもたないほどに，国際政治と
国際経済は相互に深く絡み合うに至っている．……こうした政治と経済の連繋
現象は，そのほか資源・エネルギー，食糧，人口，環境，海洋などケネス・ボー
ルディング（Kenneth Boulding）のいういわゆる『宇宙船地球号』(Spaceship "Earth")
の問題をはじめとして，1960年代以降現代世界における最重要問題の1つに浮
び上がった南北問題や，あるいは同じく1960年代以降に活発化した東西間での
経済交流についても，顕著に看取されることはいうをまたない．このほか，国
際関係の現代的特徴の第二として挙げられることは，『相互依存』（インターディ
ペンデンス）の関係が世界諸国のあいだで著しく増大していることである．し
かもこうした相互依存関係の深まりは，世界諸国相互のあいだに必ずしもつね
に利益をもたらすものとは限らず，しばしば逆に諸国間の摩擦を大きくする要
因ともなっている．……さらに，国際関係の現代的特徴の第三は，世界の諸国
間で相互依存関係が高まりつつあるなかで，異なる諸国間にわたって国境を越
えて諸個人や諸団体が直接に結びつくいわゆる『脱国家的』（トランスナショナル）
連繋が顕著にみられるようになったことである」［川田 1980：4-5］．川田は，
政治と経済の連携現象，「相互依存」（インターディペンデンス），「脱国家的」（ト
ランスナショナル）連繋をもって，1960年代以降の国際関係の特徴と指摘してい
る．そこでは，国際関係は，国家間関係から，国家間を越えた関係に広がりだ
していることが，強調されていた．

　このようなテーマの広がりは，衛藤瀋吉・渡辺昭夫・公文俊平・平野健一郎

表序-1　国際関係論共著テキストの論題

| | 斉藤編 [1966] | 武者小路・蝋山編 [1976], 川田・三輪編 [1980] | 衛藤・渡辺・公文・平野 [1982] | 高田編1998 | 初瀬・定形・月村編 [2001] | 吉川編 [2003] | 大芝編 [2008] | 中村編 [2017] |
|---|---|---|---|---|---|---|---|---|
| 国際関係・国家 | 国際社会の歴史 外交と国際法 植民地の独立 帝国主義 社会主義 | 国際体系論 国際社会と法 政策決定モデル 国際・国内リンケージ 現代国際関係 中国外交 | 国際社会の展開 国際体系 国際関係の主体 外交 国際法 国際道義・平和 戦後国際社会 | 主権国家 外交の多元化 | 国家間関係 国家体制 外交 リアリズム 国民主義 覇権主義 植民地支配 | | 国際政治を見る眼 世界秩序構想 | 国際援助 |
| 戦争・平和・安全保障 | 戦争と平和 | 軍縮問題 日本の安全保障 朝鮮半島の軍備規制 | 国際平和 軍備管理 | 安全保障 | 戦争 安全保障 平和主義 人間の安全保障 | 国際安全保障 | 戦争と平和 新しい戦争・正しい戦争 | 安全保障 核のない世界 人間の安全保障 資源紛争 |
| 民族 | 民族主義 | ナショナリズムとグローバリズム | ナショナリズム | 民族共生 | エスニシティ 多文化主義 | 新しい権力分掌 エスニック・ネットワーク | 国家を横断する民族 | 多言語主義 先住民 |
| 経済・社会発展 | | 南北格差 近代化・発展論 内発的発展 NIEO 多国籍企業 日本企業・東南アジア | 食糧問題 南北問題 人口問題 資源エネルギー問題 | 食糧問題 経済のグローバル化 | | WTO | 貧困問題 グローバル化・反グローバル化 | 貧しさ 社会福祉 グローバル化と格差 持続可能な社会 |
| 地球環境 | | | 環境問題 | | 地球環境問題 | コモンズの悲劇 | 地球環境 | 気候変動 生物多様性 環境平和学 |
| 国際機構 | | 国際政策学 PKO | 国際組織 | 国際機構 | グローバル・ガヴァナンス 国際組織 | グローバル・ガヴァナンス | 平和維持・平和構築 | 平和活動・平和構築 国連グローバル・コンパクト 国際連帯税 |
| 地域主義 | | | 地域的機構 | 地域主義 EU | 地域統合 | | 地域主義 | 地域統合 EU |
| 人権 | | 国際人権とNGO | | | 人権 アジア的人権 ジェンダー 子ども | | | 企業活動と人権 ジェンダー 子ども |
| 市民社会・NGO | | 国際意識 世界連邦運動 | 民間国際組織 | NGO | 市民社会論 非国家行為体 | 地球市民社会 NGOネットワーク | NGO | グローバル市民社会 NGO |
| 人の移動 | | | | 人の移動 | | | 難民・移民 | 留学 移住労働者 |
| 文化 | | 文化的関係 | 偏見と文化 | | イスラーム思想 | | | 異文化交流 鯨 イスラーム |
| 情報化社会 | | | | インターネット | 情報ネットワーク | 情報革命 | | インターネットと市民社会 |
| その他 | | 科学技術の役割 民主主義 地球社会化教育 | 新しい価値 | 地域：沖縄 | | | | 社会的企業 教科書問題 |

（出所）筆者及び中村作成.

の共著『国際関係論』にも見られる．本書の内容は「国際関係の主体」，「協力
と対立（外交，軍備管理，信頼・不信，国際法，国際道義・平和）」，「偏見と文化」，「国
際組織」，「国際体系」，「戦後国際社会」，「諸問題（人口，食糧，資源・エネルギー，
環境，南北問題，新しい価値・理念）」などとなっており，基本的なことの説明で記
述のバランスがとれている．この本で斬新なことは，国際関係における文化の
問題が正面から取り上げられていることである．これは，共著者の1人である
平野の貢献である［衛藤ほか 1982］．

### 3　馬場伸也

このように，国際関係論のテキストのテーマが，トランスナショナル事象に
拡大していったのには，その背景に基礎的研究の支えがあった．関寛治（1927-
97年）はすでに1977年に『地球政治学の構想』を出版し，「地球政治の成立」を
説いていた［関 1977］．その内容は，先に引用した川田説とはあまり違わない．
しかし，驚くべきことは，35年も前にこの時期尚早ともいうべき書題が選ばれ
ていることである．

当時もう1人，同様の議論を展開していたのが，馬場伸也（1937-89年）である．
その1980年の著書『アイデンティティの国際政治学』は，いまでも国際関係論
の基本書として挙げられ，多くの若者の心に訴えかけている．同書によると，「ア
イデンティティとは，……第一にそれは，自己を神仏や運命によって他律的に
捕らえられたものとみなすことなく，歴史の創造に主体的にかかわっていこう
とする自我である．そうすることによってこの自立的自我は，同時に，自己実
現をも計ろうとする．……アイデンティティとは，歴史における自己の存在証
明を求めることである．……アイデンティティとは，第二に，自己の内・外部
に，自分がなにものであるかを確立することである」［馬場 1980：6-8］．さら
に「国際社会はとどのつまり，個人，集団，地域，国家，超国家組織がそれぞ
れにアイデンティティを模索する闘技場であり，世界史は，それらの行為体が
多層的かつ多元的にからまりあって織りしてゆくあやである」［馬場 1980：15］．
この本とともに，アイデンティティという言葉と概念が，日本の国際関係論に
広まっていった．

さらに馬場は，1983年の著書『地球文化のゆくえ』で「各国家の内部に，そ
の国家の支配文化に挑戦する多種多様な文化集団，地方文化が形成されつつあ
り，同時に，世界平和と地球環境の保全を希求するような『地球社会』の文化

ともいえるものも発達しつつある」［馬場 1983：231-32］と述べ，当時の北海道の北方圏構想や，UNEP（国連環境計画），「地球の友」（NGO）などの意義を高く評価していた．

　馬場の発言は，トランスナショナル化の面では，当時の時代を反映したものであり，グローバル化の面では時代を先取りしていた，といえよう．

## 5 現在の国際関係論 （1990年代以降）

### 1　テーマのさらなる拡大 （グローバルへ）

　では，1990年代以降，21世紀に入って，国際関係論のテーマはどのように展開しているのであろうか．ここでは，この点について，数冊の共著テキストで分析してみることにする．共著の場合は，執筆者が複数（一般に10名前後）いるため，執筆者が1人である単著書に比べて，執筆者の専門の多様性を反映できて，総体的に時代の変化と要請に対応しやすいもものである．

　ここで取り上げるのは，高田和夫編『国際関係論とは何か』(1998年)，初瀬龍平・定形衛・月村太郎編『国際関係論のパラダイム』(2001年)，吉川元編『国際関係論を超えて』(2003年)，大芝亮編『国際政治学入門』(2008年)，および中村都編『新版　国際関係論へのファーストステップ』(2017年)，である（**表序-1**参照）．

　まず高田編『国際関係論とは何か』であるが，本書は「食糧危機」，「経済のグローバル化」，「安全保障」，「インターネット」，「人の移動」，「主権国家」，「民族の共生」，「地域主義」，「EU」，「国際機構」，「外交の多元化」，「NGOの開発協力」，「地域：沖縄」から構成されている．その内容は，「経済のグローバル化」，「インターネット」，「人の移動」，「民族の共生」，「地域主義」，「EU」，「NGO」など，1990年代におけるグローバル化の進展を反映するものとなっている［高田編 1998］．

　つぎに初瀬・定形・月村編『国際関係論のパラダイム』である．本書の第1部（世界像の展開）と第2部（国家の営み）は，伝統的な国際関係を取り上げているが，第3部（ヒューマン・イシュー）は「人権（ヨーロッパ的，アジア的）」，「ジェンダー」，「子ども」，「人間の安全保障」，「エスニシティ」，第4部（グローバル・イシュー）は「国際組織」，「グローバル・ガヴァナンス」，「地域統合」，「多文化主義」，「情報ネットワーク」，「地球環境問題」，「非国家行為体」と，新しい

国際関係の問題を取り扱っている．本書で特徴的なのは，国際関係のなかで，国家から外向きに拡大していくグローバル・イッシューと，国際関係のなかで内向きに人間の存在自体が問題となるヒューマン・イッシューを切り分けて，構成していることである［初瀬・定形・月村編 2001］．

第3に注目されるのは，吉川編『国際関係論を超えて』であるが，同書には「トランスナショナル関係論の新次元」という副題が付いている．本書の内容は，「情報革命」，「地球市民社会」，「グローバル・ガヴァナンス」，「コモンズの悲劇」，「エスニック・ネットワーク」，「北アイルランドの新しい権力分掌」，「NGO ネットワーク」，「WTO」，「国際安全保障」である．それは，未来志向の編集方針で出来ているが，その構成は第一部「国家を越えて」，第二部「国家を割って」，第三部「国際と共存して」となっており，むしろ新しい時代での「国家」との関係が意識されているのが，興味深い［吉川編 2003］．

第4が大芝編『国際政治学入門』である．本書の書題は「国際政治学」となっているが，本書はその内容からみて，「国際関係論」のテキストとしてみて差し支えない［大芝編 2008: 1］．その内容は，「国際政治を見る眼」，「戦争と平和」，「新しい戦争・正しい戦争」，「平和維持・平和構築」，「グローバル化・反グローバル化」，「貧困問題」，「地球環境」，「NGO」，「難民・移民」，「(国家を横断する)民族」，「世界秩序構想」となっている．本書は，戦争と平和，貧困，環境，人権，民族問題などで，いまのグローバル時代を鳥瞰しようとしている［大芝編 2008］．

第5に，中村編著『新版　国際関係論へのファーストステップ』をみてみると，編者は「新版はじめに」で，福島核惨事 (2011年) に関わる諸問題の矮小化や世界的な格差および武器輸出入の拡大，先進国による資源の過剰消費などを「明白かつ現在の危険」といって過言ではないと述べている．本書の特徴は，全体的に平和志向が強く，環境問題への関心が強いことである．その内容は，第一部「地球社会の抱える問題群」，第二部「持続可能な社会の構想」，第三部「多文化共生の時代」，第四部「21世紀の潮流」(人間の安全保障，国連平和活動・平和構築，NGO の開発支援，社会的企業，社会福祉)，第五部「環境と平和の世紀へ」となっている［中村編 2017］．

以上のテキストの内容と構成の分析から明らかなように，国際関係論の教育内容は，いまや国家間の戦争，平和，外交を越えて，人類の生存，グローバル・ガヴァナンス，地球環境，PKO，平和構築，人間の安全保障，グローバル化，地域主義，NGO，グローバル市民社会，情報革命，人の移動，多文化主義，

エスニック・ネットワーク，ジェンダーなどに拡大してきている．このような
テーマは，1966年の斉藤編『国際関係論入門』の時代には，思いも付かないも
のであったろう．このように，国際関係論の教育は，国家間（international）関
係から，トランスナショナル（transnational）な関係，さらにグローバル（global）
の研究へと，発展してきている．そのなかにあって，人間の生命や安全自体も，
国際関係論の問題として意識されるようになっている．

## 2　武者小路公秀

　国家間政治と人間の安全の関係について，本章では前述のように，第3節2
で江口朴郎，第4節3で馬場伸也の議論をみてきた．ここでは，武者小路公秀
（1929年生まれ）の議論をみておきたい．

　冷戦終結後の1990年代に，武者小路は，国家（大国）中心の権力政治，現実
主義「国際政治学」では，政治的軍事的考察が中心となり，経済，社会，文化
を副次的に取り扱い，権力政治以外の国際制度や事象を見逃すことを指摘した
［武者小路 1996：ii］．彼によれば，冷戦終結後は，価値意識の南北対立の時代で
あり，「南」の「草の根の民衆」自身が，内発的に自由，民主主義，人権，平和，
環境を闘いとろうとし，この「南」の人民に覇権諸国の市民が連帯している［武
者小路 1996：50-51］．また，ポスト・ウェストファリア時代は，新世界立憲秩序
を築こうとする国際市民社会と，これを中心とする非国家行為体が活躍する場
である．ここで新しい立憲秩序というのは，先住民の権利，多様なエスニーの
共存（多民族国家），それに欧州統合および地域アイデンティティ（地場産業，地
方言語・文化）の重視である［武者小路 1996：122-24］．

　すでに1970年代後半に，武者小路は，「国家だけが国際政治を演ずる時代は
終わりに近づき」［武者小路 1977：iv］と指摘していた．彼が注目したのは，冷
戦構造の多極化のなかで，非西欧世界，とくに第三世界が世界舞台に主役とし
て登場してきたことと，多国籍企業，市民運動（民間のインターナショナリズムなど），
ゲリラ組織など非国家集団が国際政治に参加するようになったことである［武
者小路 1977：iii-iv］．彼は，とりわけ第三世界のなかで「民衆の参加」によって，
農業と伝統的な文化を重視して，自力更正型の開発を実現しようとする動きを，
西欧国際体系と西欧近代化文化体系を問い直すものとして，評価していた［武
者小路 1977：181-82］．

　しかし，武者小路も認めるように，第三世界諸国は，1970年代末から累積債

務問題などで，完全に守勢となってきた．そこでは，西欧型民族国家と西欧型工業化への夢が破れことで，宗教などにもとづく反西欧（原理）主義が台頭してきている［武者小路 1996：78，83］．それでも，武者小路は，「南」の「人民」「草の根の民衆」に期待を続けた．しかし，1990年代に彼が期待したのは，自力更生型の開発ではなく，「南」の人民，民主を含む国際的市民の連帯であった．

2000年代に入ると，武者小路は，その「人間の安全保障論」で，「人権が捉える普遍的な『人間』ではなく，具体的・個別的な人間と人間集団について，その『安全』を規定し，『保障』しようとするのが『人間の安全保障』の基本的立場」であると述べる．これは，人権の西欧的概念の普遍性に一定の留保をくわえ，「脆弱な立場の民衆」に関して「日常の不安全」と「もっとも弱いもの」を中心におき，その「多様性を大切」にすることを説くものである［武者小路編 2009：9，11，26-27］．

1970年代から2000年代にかけて，武者小路の期待の対象は，多様化している．彼は，国際関係のなかで具体的・個別的な人間・人間集団や，脆弱な民衆を大切にするとの視点から，国連システム，国際市民社会（諸運動，諸 NGO），エスニー（地域アイデンティティ），先住民などの非国家主体の活躍に期待する．このように，国家以外の多様なアクターが重要との認識は，1990年代以降の国際関係論のテキスト全般に共通することでもある．

## 3 新しい展開（予想外・想定外のこと）

第二次世界大戦後，世界は深刻な東西冷戦のもとにあった．しかし，冷戦はベルリンの壁の崩壊（1989年），社会主義国・ソ連の解体（1991年）に伴って，突然に終わった．冷戦の終了は，予想外のことであった．冷戦終了時に，多くの社会主義国が，市場経済に転換し始めていた（想定外）．ベトナム戦争でアメリカ帝国主義に勝利したベトナムも，ドイモイ政策で市場経済に取り組み出していた．中国では，共産党独裁のもとに，市場経済へと歩み始めていた（国家資本主義）．2010年代には，中国は，世界第二の経済大国となっている．このことは，鄧小平（副主席）が改革開放に舵を切った1978年には，夢想もできなかった．資本主義か，社会主義かの，経済的意味での体制競争は終わっている．

日本で国際関係論が誕生した頃，国際連合については語られたものの，国際レジーム，グローバル・ガヴァナンス（第13章参照）の概念は，思いもつかなかった．しかし，今日では，グローバル・ガヴァナンスは，事実としても，研究の

上でも，着実に定着しつつある．問題は，それが大国の支配を助長するのか，それとも，世界の人びとの平和・福祉・共生に役立つのかである．

今日，物質経済に加えて，非物質経済が重要となっている．人，モノ，カネ，情報の国際移動を支える技術が急速に発達している．工業生産，特許権，商品販売網，情報ネットワーク，金融業は，国家の枠を越えている．脱税は世界的にタックス・ヘイブンに流れる．AI（artificial intelligence 人工知能）技術が驚異的に発達した．私たちは，日常的に Google，Apple，Facebook，Amazon を利用し，大変に便利である．しかし，このことは，米国に本拠を置く各社に，私たちが利用，支配されることでもある．私たちは，世界の政治経済的支配者に，目に見えない形で支配されている．権力には，人を殺す権力だけでなく，人を生かし，利用する権力もある．米国と中国は，AI 大国を目指している．

世界の各地で，イスラム過激派のテロ行為が頻発している．移民，難民，外国人労働者の受入れ，定住が，問題となっている．日本でも，2019年から「特定技能」という名で，労働者を受入れ始めている．しかし，多くの国家でネオ・リベラル，ナショナリズムや，ポピュリズムが活性化してきている．核戦争については，冷戦の終了とともに，その危機は一旦遠のいた．しかし，米国は，INF 撤廃条約（1987年）を破棄（2018年10月）した．冷戦期への逆行である．

世界の人びとの平和・福祉・共生に向けて国際関係の構築を考えること．これが国際関係論の課題であり続ける．

## **6** 国際関係論の制度化

### 1　国際関係の学会

戦後日本は1950年代前半に国際社会に復帰し，冷戦のなかで，次第に経済成長を遂げ，1980年代になると，日本社会で，急速に国際化が進むようになった．このことは，国際関係論の研究と教育の体制にも反映することになった．

日本における国際関係の学会では，国際法学会（1897年）と歴史学研究会（1932年）が，戦前からあった．戦後に比較的初期に結成されたのが，アジア政経学会（1953年）と日本国際政治学会（1956年）である．次いで日本平和学会（1973年）が結成された．この後に，1980年代後半から，急速に学会のテーマ別分化が進むことになった．国際人権法学会（1988年），国際開発学会（1990年），日本比較政治学会（1998年），日本国際連合学会（1998年），国際安全保障学会（2000年，防

衛学会として1973年), 日本国際文化学会 (2001年), グローバル・ガバナンス学会 (2012年) の成立となっている. しかし, 国際関係論学会という全国学会はない.

　地域研究の学会も, 着実に隆盛になってきている. 日本現代中国学会(1951年), 日本アフリカ学会 (1964年), アメリカ学会 (1966年), 東南アジア (史) 学会 (1966年), ソ連・東欧学会 (1971年, ロシア・東欧学会として1993年), 日本カナダ学会 (1977年), 日本ラテンアメリカ学会 (1980年), 日本 EU 学会 (1980年), 日本中東学会 (1985年) などである.

　2種類の学会の設立年を比較してみると, 国際関係の学会は, いわば細胞分裂するのに, 時間がかかった. その隆盛期は, 1980年代後半以降である. これに対して, 地域研究の学会は, 割合と早い時期に, 多くものが成立しており, 1980年代までにその設立は, ほぼ終わっていた. 国際関係の研究よりも, 地域の研究の方が, 社会的要請が強いからかもしれない.

## 2　国際関係の教育

　つぎに, 教育制度としての国際関係論の設立をみておく. 現在, 国際関係論という講義は, 日本のほぼどこの大学でも開講されている. ところで, 国際関係論が教育制度として最初におかれたのは, 前述のように, 東大の教養学部教養学科国際関係論分科である. つぎに開設されたのが, 津田塾大学学芸学部国際関係学科, 上智大学外国語学部国際関係副専攻 (1969年) であり, そのつぎが日本大学国際関係学部 (1979年) である. 1980年代には, 青山学院大学, 筑波大学, 明治学院大学, 大東文化大学, 静岡県立大学, 立命館大学, 1990年代には亜細亜大学, 国際基督教大学 (ICU), 広島市立大学, 宇都宮大学などに, 国際関係学部, 国際学部, 国際政治経済学部, 国際関係学類, 国際関係学科など, 「国際」関係を学ぶ学部, 学科が新設された. 1990年代には, 国際協力, 国際開発, 国際公共政策に特化した大学院研究科が, 名古屋大学, 神戸大学, 広島大学, 横浜国立大学, 大阪大学などに開設された. さらに2000年代には, 早稲田大学政治経済学部国際政治経済学科, 大阪大学法学部国際公共政策学科, 秋田の国際教養大学などが開設され, 大学院では同志社大学大学院グローバル・スタディーズ研究科, 上智大学大学院グローバル・スタディーズ研究科 (改組) が始まっている (近年では「多文化」や「共生」を冠する学部・学科も増えている). なお, 日本では, 伝統的に国際関係・政治の教育は, 法学部 (とくに政治学科) の担当分野であり, 全国の多くの法学部で国際関係の教育がなされていることを忘れ

てはならない.

　いまでは,「国際」を冠する大学, 学部, 学科が日本中で多くみられる（「国際」を冠する大学の第一号は1982年開設の大学院大学「国際大学」である. 現在, 大学名に「国際」をつけている大学で, 国際関係を教育しない大学もある）. 最近では, 国家間関係をイメージさせる国際関係という言葉ではなく, グローバル・スタディーズという名称が使われるようになっていることも, 注目される. このことは, 国際関係論の学問的広がりが, グローバル（世界, 地球）な問題に及ぶようになったことを象徴的に示すものである.

　教育制度としての国際関係論は, 1970年代以降, 日本の経済大国化に伴って, 1980-90年代に急速に成長し, 2000年代に入ると, グローバル化に合わせて, 再編成の時期に入った.

# 7　おわりに

　日本での国際関係論は, 第二次世界大戦後に, 戦前日本の軍国主義への反省と, 戦後日本の平和主義の希求のなかで誕生し, その後の日本の国際社会への復帰, それに続く経済大国化のなかで, 研究・教育の制度として確立してきた. その間に, 国際関係は, 国家間関係を越えて, トランスナショナルな関係に発展し, さらにグローバルな関係に発展している. また, 国家を超える国際機関の活動も活発となっている. 平和の問題も, 国家間の戦争との関係だけでなく, 人類の生存と人間の安全の総体的問題として, ひろく捉えられるようになってきた. そのことは, 前述のように, 国際関係論の研究・教育の内容に反映してきている.

　本章では, 国際関係論について, 教育内容の拡大, 発展を示すとともに, 国家間政治・勢力均衡説に批判的な研究者（江口朴郎, 川田侃, 馬場伸也, 武者小路公秀）の議論の展開をその時代の特性を表すものとして, 考察してきた. しかし, 東西冷戦と朝鮮戦争, ベトナム戦争と日米安保体制のもとで, 日本の国際政治学界では,「普通の国家」としての勢力均衡と核抑止の現実主義が, 次第に強力になってきている. このような視点に立てば, 本章と違う形で, 戦後日本での国際関係論の発展を記述することも, 可能である［村田 2009］. しかし, 本章では, このことを留保した上で, 次の考えを強調しておきたい.

　国際関係を考えていく上で, もっとも大切なことは, 人びとの生存と生活を

どのように保障していくかである．これに関連してもっとも重要となるのが，人びとの希求を国際社会で実現していく主体（媒介者）の選定と役割の確認である．本章でいえば，この主体は，アジアの民族・人民・民衆（江口），人びとのアイデンティティ・自我（馬場），非国家主体・国際市民社会・市民・人民・民衆（武者小路）である．これらの主体が，現実にどこまで勢力均衡の国際政治を切り崩せるかは，確かではない．むしろ，現実の諸国家・民族の動きによって，これらの主体の方が翻弄され，挫折させられてきたのが，現実の歴史かもしれない．しかし，勢力均衡や核抑止の国際政治では，旧態依然とした不安定・不公正な状態が続く．これに対して，これからも国家を超え，国境を越えようとする国際関係論の研究者の幅広い知的営為が続いていくであろう．これが，前記の川田侃，江口朴郎，馬場伸也，武者小路公秀などの立場からみて，国際関係論の発展といえるものであろう．

### 注

1）国際関係論の特徴について，しばしば「学際的（interdisciplinary）」ということが，指摘される．しかし，学際というのは，同じ研究対象につき，同時に複数の学問体系の手法を使うことであり，1人の専門家が「一人学際」をすることは，ほぼ不可能である．本章では，むしろ現状に即して，「いくつかの専門の併存（multidisciplinary）」という言葉を使うことにした．

2）本書の実質的改訂版は，高田編［2007］があるが，本章では，1990年代という時代背景に注目して，旧編著を取り上げる．

### ❏ 推奨図書

清水耕介［2002］『市民派のための国際政治経済学』社会評論社.

高柳先男［2000］『戦争を知るための平和学入門』筑摩書房.

竹中千春［2004］『世界はなぜ仲良くできないの？』阪急コミュニケーションズ.

野口悠紀雄［2018］『世界経済入門』講談社.

初瀬龍平［2011］『国際関係論——日常性で考える——』法律文化社.

初瀬龍平・松田哲・戸田真紀子編［2015］『国際関係のなかの子どもたち』晃洋書房.

初瀬龍平・戸田真紀子・松田哲・市川ひろみ編［2017］『国際関係論の生成と展開-日本の先達との対話』ナカニシヤ出版.

平野健一郎［2000］『国際文化論』東京大学出版会.

藤原帰一［2007］『国際政治』放送大学教育振興会.

毛利聡子［2011］『NGOから見る国際関係』法律文化社.

# 第Ⅰ部

## アイデンティティの国際政治学

ママ・ハニ孤児院の子どもたち
皆でピースをしています．一番の夢は学校に行くことです．
（2010年8月　戸田真紀子撮影）

　第 1 章は，馬場［1980b］より転載したものであり，数値，組織名等の情報は刊行当時のものである．なお，本書で採用された表記で統一するため，編者が字句を修正したところがある．

# 第1章

## 歴史発展とわれわれの課題
### ——変革とアイデンティティの確立——

　人類社会のすべての構成員の固有の尊厳と，平等で譲ることのできない権利とを承認することは，世界における自由，正義及び平和の基礎である．

「世界人権宣言」

## *1* 絶望と希望

　有史以来，人類が現代ほど絶望と希望との間に，大きく引き裂かれたことはなかった．「核に覆われた世界」は，人類を絶滅の危機にさらしている．第三次世界大戦などと軽がるしく口にする人もいるが，もしそれが勃発すれば，その「あと」はない．人類はすべてこの地球から抹殺され，われわれが生命を託すべき次の世代はもう生まれてこないのである．そして歴史もそこで消滅する．一方，人口増加に目を転じると，この30年間に，世界の人口は20億から40億に倍増し，さらに向後30年間に70億に達するという．またその時期のエネルギー消費は，現在の状況をそのまま延長しただけでも，1970年の4倍に達すると推計されている．食糧危機はすでに到来している．発展途上国（中国をのぞく）総人口の48％＝5億7820万人の人びとが「飢え」（栄養不足，栄養失調）ており，「絶対的貧困層」に属している．しかも2000年には，その人口が13億にも達するとみられている．

　南北格差もますます拡大し，1960年の1人当たりのGNPは，先進工業国では平均1829ドル，発展途上国は161ドル（11対1）であったが，1975年には，前者5132ドルに対して後者391ドル（13対1）となった．ローゼンスタイン・ロダンは，「国際的な所得分配の不平等是正の達成は，あまりにひどい不均衡の局面に突き当たり，そのため2つの世界を分ける潮流を押しとどめるには遅すぎるだろう」と記している［Rosenstein-Rodan 1972：32；川田 1980：173ff］．しかも，いわゆる「南南問題」も一層悪化し，41カ国は最貧国（MSAC）とみなされるようになった．さらに，第三世界では，それぞれの国内で貧富の差，とりわけ

都市部と農村部の格差が拡大している．たとえば，1970年のタイでは，東北部に住む70％の農家の年収が3000バーツ以下であったのに対し，バンコクでは3万9000バーツであった．同じ年，インドのアッサム地域では人口の9％が貧困層に属するとみられていたが，ケララではそうした人口が45％にものぼった．おまけに第三世界では，その人口のかなり大きな部分が失業・潜在的失業にみまわれている．ちなみに，ラテン・アメリカでは，すでに1970年の時点で，28％もの活動人口が職を得ることができず，疎外され，路頭に迷っていた．そしてそうした人びとの堆積する都市のスラム化は，いまもどんどんと進行しているのである．

　環境汚染や環境破壊による地球生態学的危機も叫ばれている．バーバラ・ウォード，ルネ・デュボスらによる人間環境ワーキング・グループは，「世界でもっとも豊かな国アメリカは国民1人当たり，年平均11トンの鉄を自動車や家族で消費し，約1トンの廃棄物を生みだしている」と指摘している．さらに同調査は，「ここではっきり指摘しうる点は人口，エネルギーと資源の消費，都市化，消費，汚染が急激に増大してきている現在，技術を備えたわれわれ人間は，一歩まちがえば，自らがその生存の基礎を置いている地球の自然のシステムを，危険な，反逆的な態度に変えうる段階に突入しているという事実である．……石油を燃やすことによって，地球の気象と大気とに予測不可能な影響を与えている．大気中のちりや浮遊物も大気の温度に微妙な影響を与えている．……海洋に多量の毒物，殺虫剤，肥料を流し込み，油のあかを流し，魚類が卵をうみ繁殖する入江をとざすことを続ければ，海洋といえども，人間があたかも無限，無尽蔵と考えているそのすぐれた機能を停止することとなろう」との警告を発している ［Ward and Dubos 1972：邦訳 26；関 1977：92ff］．

　これらの危機——それは個々人の死だけではなく，種の滅亡を意味する——に加えて，近年途上国への兵器輸出が急増しており，各地でのナショナリズムの高揚とあいまって，世界的規模の軍事強化に拍車をかけている．これがわれわれがいまおかれている現実であり，皮肉にも歴史発展の「現段階」である．どれ1つをとってみても震撼せざるを得ないような危機，まさに人類史上もっとも「危険な曲がり角」に直面して，われわれは果して，この曲がり角を無事にまわり切ることができるのであろうか．人間の「生」の究極にある個としてのアイデンティティを追求しようとするとき，われわれはまず，この冷厳な現実に身をおき，その原点から発想を展開していかなければならない．

だが，「危・機」(crisis) とは，文字通り，危険 (danger) と機会 (opportunity) とが一緒にやってきた歴史的時点を指す．つまり発想の転換によって，デンジャーはオポチュニティに変換することができる．それが歴史における危機の含蓄する意味である．もし人が忍耐と勇気と洞察力をもってすれば，「宿命」<sup>フォーチュナ</sup>だと信じられていたものは，往々にして「好運」<sup>グッド・フォーチュン</sup>に転ずることができる，とニコロ・マキアベリも主張している [Machiavelli 1950：91-94]．では，どうすればこの危機を本当に「歴史の転換点」となすことができるのであろうか．それを知るためには，もう1つの「現実」――今度は希望の側面――に注目してみなければならない．

　文明が全般的かつ急速に荒廃してゆくかにみえるその内側で，いま1つの革命が進行している．「意識革命」である．近代化は社会構造を変革したのみならず，人間の意識構造をも大きく改変した．その結果，これまで権力による支配や抑圧の対象でしかなかった人たちが，いまや自律した主体として歴史の創造に参加したいという願望をつのらせ，またそうする権利を主張するようになった．このアイデンティティの追求は，既述したとおり，人間生活のあらゆる次元，あらゆる場所――まさに「地の果てまで」――見られるようになり，人びとはそれぞれの立場で自己解放，人間解放を叫ぶようになった．この要求は，国際社会においては，超大国支配に対する中小諸国の自主外交の模索となり，先進工業諸国に対する第三世界の台頭をもたらし，ひいては，冷戦 → 多極化 → 多元化という国際社会の構造変革をうながす原動力ともなった．また国内社会にあっては，地方主義，少数民族解放，女性解放を促進した．そしてこれらの運動は全体として，既存の社会秩序，国際秩序を破壊し，「不確実性の時代」「混迷の時代」を創出したが，同時に，歴史の民主化（すべての人間の自由，平等，参加）に大きな役割を果たしている．さらに各個人が自律し，主体性を確立することは，いやそれこそが，発展途上国にあっては「飢えの構造」を打破する原動力ともなるのである<sup>1)</sup>．

## 2　自力更生とアイデンティティ

　なぜ第三世界では多くの人たちが飢えているのか，なぜ貧困のどん底であえいでいるのか，どうすればそうした人たちは「人間らしい」生活ができるのか．ここ2，30年，こうした問題をめぐるわれわれの認識は大きく転換してきた．

もっと正確にいえば，世界的に伝播してゆく意識革命につれて，認識主体とその内容および問題解決に対する態度が大変換しかけているのである．

　まず5，60年代，こうした問題に解答をよせたのは，先進工業諸国の研究者たちであった．彼らはそうした問題に関心を抱いたこと自体においては善意であったのかもしれない．だが，彼らはあくまでも問題の外側に立ち，それを客観的に分析しようとした．その結果用意された解答は，端的にいって，「彼ら（第三人称）の貧困は後進性のゆえである」とするものであった．したがって後進国は早く近代化すればよいのだということになり，近代化論が花ざかりとなった．そこでは，発展途上諸国のそれぞれの文化的伝統とか社会構造，さらには発展の諸段階——歴史的タイミング——にともなういろいろ困難な問題などについては，ほとんど考慮されることはなかった．そして近代化による発展の目標は，アメリカのような豊かな「文明国」——そこでは人びとはみな自動車や電気洗濯機をもっている——になることだといったような，「単線的発展」の考え方であった[2]．

　1961年にたてられた「国連開発の10年」計画は，その最たるものであった．同計画では，向う10年間に発展途上国の経済成長率を年率5％にまで高めるとか，そのために先進工業諸国は経済・技術協力をするといったような対策がたてられた．だが結局，この計画は失敗におわってしまった．南北格差は是正されるどころかかえって拡大し，途上国内の貧富の差もますますひどくなった．こうした結果を招いた要因は，とどのつまり，その開発戦略なるものが「外から」の，そして「上から」の近代化を計ろうとしたことと，先進国から途上国への援助の性格に問題があったといえよう．当時は東西対立たけなわのころであり，米ソはその勢力圏を拡大するため，「ひも付き援助」の競争をくりひろげ，その他の先進諸国もそれに追従した．そのため，途上国の公的債務は著しく増大（すでに50-60年間に，80億ドルから200億ドルへ）し，「支配—従属」の構造は一層重く途上国の肩にのしかかってくるようになった[3]．

　そうした中で登場してきたのがいわゆる「従属理論」であった．周知のようにこの理論は，もともとアルゼンチン出身の経済学者，ラウル・プレビッシュの「中心国—周辺国」理論に触発され[4]，主に第三世界の研究者たちが発展させたものである．もちろん，A.G.フランク，ドス・サントス，F. H. カルドソらの理論はそれぞれその強調するところを異にするが，第三世界における貧困の根本原因は「支配（中心・中枢）—従属（周辺・衛星）の「構造的暴力」（ヨハン・

ガルトゥング）に由来するものであること，すなわち「発展」と「低開発」は表裏一体をなすものであり，先進諸国の発展は途上国の収奪に依拠しているとするところに，その共通点が認められた．また，視点を第三世界の側にすえていることでも，みなその揆を一にしていた．しかし，その「暴力の構造」をだれが，どのようにして破壊するかについては，まだ充分な解答が用意されてはいなかった．

　そうした中で，南北格差を是正するためには，まず，支配・抑圧の構造自体を改変しなければならないと認識されるようになったのは当然のなりゆきであった．ここに1964年，発展途上国主導のもと，第 1 回 UNCTAD（国連貿易開発会議）総会が開催されることになったのである．同会議では，「プレビッシュ報告」にもとづき，一次産品生産国の不利な貿易条件を改善することに力がそそがれ，途上国の輸出を妨げるあらゆる障壁・制限を早期除去すること，一次産品の公正な価格とその安定化, 途上国の製品のための市場拡大が討議された．なおこの会議では，いわゆる「七七ヵ国グループ」も形成された．その後，第 2 回（1968年），第 3 回（1972年）と UNCTAD 総会がかさねられる一方，1974年 4 月には，国連資源特別総会で「新国際経済秩序（NIEO）樹立に関する宣言」が採択された．同宣言では，(1) 主権平等，民族自決，(2)国際経済決定過程への途上国を含むすべての国の平等な参加，(3)自国に最適な社会経済体制をとる権利，(4)天然資源に対する恒久主権，(5)多国籍企業の規制および監視等，20項目にもわたる諸原則が決議された．この会議で特に注目をひく点は，発展途上国——とりわけ産油国の資源ナショナリズム——にみられる権利意識のたかまりと，不公正な国際経済体制を是正するために，途上国が平等な参加を要求するようになったことである．

　上にみたような権利や参加の主張は，途上国の政治的覚醒にうらうちされたものであり，さらにそれは民衆が自己の主体性を確立したいという欲求にもとづくものであった．このように意識革命——それは近代化の伝播もさることながら，各民族が自己発見するために屈折した苦悩と抵抗のすえにかち得たものである——が民衆の内部に浸透するにつれ，いよいよ彼らは変革の主体として立ちあがるようになった．彼らは自らを救済する根本的な解決策は，おしきせの近代化や援助ではなく，また外面的で小手先だけの構造改革でもなく，幾層にも重なりあった抑圧の構造を底辺からつき破ろうとする自力更生（内発的発展）によるしか道はないと自覚するようになった．そしていくつかの地域では，

すでにそのような試みが早くからなされはじめていた．キューバ革命，チェ・ゲバラの革命，ビルマ独自の社会主義への道，タンザニアのニエレレ指導下のウジャマの試み，1970年にはじまるインドで最下層のブーミィ・セナ（土地の兵士）による農村復興への非暴力抵抗運動等は，その若干例である．これらの動きはいずれも，社会の底辺で，徐々にしかし力強く進行していた革命的勢力によって支えられていた．このような気運のもと，1976年，非同盟85カ国はその首脳会議で，「自力更生の精神のみが〔真の〕新国際経済秩序の樹立を保証する」と宣言するに至ったのである［鶴見 1980：186］．

　しかしエジプト出身のサミール・アミンは「新国際経済秩序」であれ，なんであれ，問題は秩序や体制よりも人民の自立が先決である，と説く．すなわち，「まず最初に真に自立更生の原理に立った，“人民中心的”な発展の本質的な目標は何であるかを定義し，次にこれらの目標の現実をはかるためには世界秩序をどのような形で実現してゆくか」を考えるという逆方向からのアプローチが必要であるとするのである［Amin 1976：邦訳 74］．アミンの革命へのこの思考方法は，実はマルクスや魯迅ともあい通じるところがある．マルクスによれば，「すべての急進主義は一種の人本主義である．というのも，人間は理性の根本であり，社会の根本だからである．従って，いかなる革命も，人間が古い体制の束縛から自由になり，真に主体性をもち，人間としての条件を果たすことのできる世界を造り出すことを目的としている」という［Paz 1973：邦訳 170］．現代中国で「革命文学の先駆者」とみられている魯迅も，『狂人日記』や『阿Q正伝』で，支配や抑圧からの民族解放は，まず個人の覚醒と解放を前提条件とする，というテーゼを出している．

　ところでわれわれは，アミン論文がここで重要な問題提起を行っていることに気付かねばならない．すなわち，自力更生の第一義目的は民族の発展にあるのだが，彼はさらにそれをつきすすんで，その発展がどういう内容と方向をもつべきであるかを，自立した個人が主体的に考えるべきだとする．自立した個人がおのれをとりまく環境および集団との関係，それらの集団によって構成されている民族国家との関係，さらに同じような境遇におかれている他の民族国家との共闘（彼の言葉によれば「集団的自力更生」），そしてそれらを通じて国際社会の新しい秩序のあり方と歴史発展の方向性を究明するということは，とりもなおさずアイデンティティの問題を追究するということである．つまり，いま自力更生論とか内発的発展論がしきりに主張されているが，それをさらに一歩

すすめれば，その彼方に民族の，そしてそれを構成している個々人の，アイデンティティの問題が横たわっているのである．現にいま，国連大学で行われているいくつかのプロジェクトでも，発展とアイデンティティの問題が重要な課題となってきている[5]．

　サミール・アミンは，前出の論文で，発展の方向は，究極のところ，社会主義路線をとるしかないと結論づけている．だがそれは，各民族のそれぞれ異なった文化的伝統，社会構造，歴史的発展段階にうらづけられたものでなくてはならず，一律の社会主義はあり得ない．たとえばソ連型の社会主義の輸出がどこにでも適応されるものでないことは，中国の，ベトナムの，カンボジアの，ビルマの現実がそれを物語っている．挫折と失敗の連続をくり返しながらも，歴史の主体であろうとし，歴史の中に自己発見しようと努めてきたメキシコ．そのメキシコの発展とともに歩んできたオクタビオ・パスは，メキシコはいままでいろいろな外来思想や体制をとり入れようとしてきたが，そうしたものは結局みな「自己表現を妨げ，内的な闘争の性格をぼやかし」てしまったと述懐する．そしてメキシコは，あたかも神経症患者が夢から醒めたように，突然，「自分たちが裸であり，しかも周囲の現実も裸であることを発見した．今やわれわれを正当化するものは何もない．すなわち，現実が行なう問いかけに答えられるのはわれわれのみである．そこで，哲学的な省察は，救済的な性格を帯びた，急務になる．〔だが，〕われわれの知的な過去を審らかにしたり，特徴的な態度を記述するだけでは充分ではない．必要なのは具体的な解決策，つまりわれわれの地球上における存在に意味を与えるものである」とパスは主張している[Paz 1973：邦訳 199][6]．

　パスが指摘するように，自力更生による発展は，究極のところ，「われわれの地球上における存在に意味を与えるもの」は「なに」かを模索しなければならず，それはとりもなおさず，アイデンティティの問題を解明することに結びつく．発展とは，無意味でとぎれとぎれの断章ではなく，第三世界の人たちにとっては永続した抵抗と苦悩の歴史である．そしてその中から彼ら自らが自己を認識し，互いの同一性を通じて共闘し，そうすることによって，民族の歴史，人類の歴史を新たに塗りかえてゆくことである[7]．

## 3　多元化と多層化

　歴史の現段階を闇の側面から眺めると，先程も述べたように，種としての人類が滅亡の危機に瀕している時代ということになる．だがそれを光の側面から照らしてみると，意識化——パウロ・フレーレの言葉をかりれば「自覚化運動」(conscientization)——が地球のすみずみまでゆきわたり，あらゆる地域であらゆる種類の人びとが権威や権力から自己を解放し，主体性を確立しようとしている時代として捉えることができる．この胎動が，いままで支配や抑圧の対象でしかなかった人びとを変革の主体として立ちあがらせ，われわれに従来の歴史のありかたを反省させ，人類の歩みに新しい方向づけをなそうとしている．そこでこうした潮流が国際社会の構造変化にどのような影響をおよぼしているのかを次に考察してみることにしよう．

　近代化と資本主義が発達するにつれ，従属論者が指摘するとおり，世界の中心地域から周辺地域への支配，あるいは中心部への求心力（統合作用）は，連鎖反応的に強化され，それと比例して，被抑圧者の側からの抵抗も次第に激しくなっていった．そして主にこの2つの作用——近代化（教育・交通・通信の発達等）と支配に対する民衆の抵抗——によって，彼らの間での自覚化運動も，質量ともに，めざましい発展をとげたのである．それはまさに「意識革命」と呼ぶにふさわしい，歴史における画期的な出来事であった．さらにこの胎動は，歴史発展をも大いに促進させることになった．

　（私は歴史発展を，民主化と民衆化の過程であると理解する．民主化とは，人間関係における自由と平等および歴史の創造への人びとの参加の度合い，民衆化とは，それとほぼ同じことだが，歴史がどの程度まで民衆自身のものになったかを指す．人類の歴史はそうした目標達成のための限りない闘争の過程であり，その発展はつねに被抑圧者の側から推し進められてきた）．

　第二次世界大戦後，アジア，アフリカの諸国が帝国主義の頸木から自らを解放し，次から次へと独立したのは，こうした意識革命が原動力となっていたことはいうまでもない．そうした政治的覚醒の1つの現れとして，1954年には「平和5原則」が，その翌年には第1回アジア・アフリカ会議で反帝・反植民地主義および世界平和の強化を主な内容とする「バンドン10原則」の宣言がなされた．国連においても，60年代の中頃ともなると，アジア，アフリカ，ラテン・

アメリカ諸国はその議席の3分の2を占めるようになり，文字通り第三の勢力
として大国主義に挑戦するようになってきた．そしてこれらの諸国はしばしば
団結して，確執する東西両陣営の間に割って入るようになった．いまやこれら
の国ぐには，前述したとおり，単に経済的自立を計ろうとするだけではなく，
それぞれが独自の発展をめざして，歴史における存在証明を問おうとしている
のである．戦後の国際社会が双極化した冷戦構造から多極化へ，そしてやがて
多元化へと変遷していった過程には，これら第三世界の国ぐにの歩みが大きな
足跡を残している．

　歴史を未来へと押し流していく潮流のうち，その主流はなんといってもこれ
らアジア，アフリカ，ラテン・アメリカ諸国の動きだが，超大国の権力に反抗
し，可能なかぎり自主外交を推進しようとしてきた他の中小諸国の活動も見逃
してはならない．なかでも，ユーゴスラビアの存在は注目に値する．1961年，
チトー大統領は第1回「非同盟諸国首脳会議」をベオグラードで開催し，(1)平
和共存，(2)民族解放運動の支持，(3)軍事ブロック，外国軍事基地への不参加等
を含む非同盟路線を打ち出した．最初は25カ国であった非同盟諸国は1979年の
第6回会議では90以上にまで増加し〔編者修正〕，これら諸国が1つのブロック
として東西の緊張緩和に大きな役割を果たしてきたことは周知のとおりであ
る．しかもこの非同盟諸国首脳会議でも，その大多数はアジア，アフリカ，ラ
テン・アメリカの代表で占められている．[8] さらに米ソ超大国の板ばさみにある
カナダも，自らのアイデンティティを「中間国」――東西両陣営と南北対立の
「橋渡し」役をつとめる――と規定し，ユニークな外交を展開してきた．ス
カンジナビアの国ぐに――就中フィンランド――もそれぞれ独自の文化的伝統や
世界観を外交に反映させようとし，社会主義諸国もそれぞれ独自の道を求めて
四分五裂の動きをはじめている．[9]

　国際社会に現出しはじめた以上のような趨勢を総括的に表現しようとすれ
ば，それはもはや多極化ではなく，多元化である．こうした現象を招来したこ
とに関しては，いくつかの要因をあげることができよう．たとえば，アメリカ
の世界経済に対する支配力の低下とか，その逆に日本や西ドイツの浮上やいわ
ゆる「中進」諸国の台頭とか，毛沢東，フルシチョフ，ドゴールといったリー
ダーシップの問題とか，石油戦略の威力といった具合に．ことに，核の脅威に
よる「手詰り」状態が，軍事力を背景とした権力政治（パワー・ポリティックス）の有効性を著しく減少
させたことは，重要な要因であろう．軍拡競争は，それをすればするほど軍事

力に頼ることができなくなり，身を守るどころかかえって身を滅ぼしてしまうという弁証法が，歴史法則としてわれわれを律していることに気付くのである.

　しかし，上記のような個別的な要因のほかに，歴史全般をその根底から，もっと力強く突き動かしている勢力がある．それは，歴史の現段階において——そして多分将来にわたっても——，世界中の民衆に浸透しつつある自覚化運動にもとづくアイデンティティ志向の躍動である．近代の夜明けは，羅針盤，印刷術，それに火薬の使用によってもたらされた，とよくいわれる．それらはいずれも，人間の意識と世界観を大きく変革した．その結果，ルネッサンス以降，西欧の歴史は急転換をとげるようになった.

　だが，20世紀に入ってから——特に第二次世界大戦後——の近代化は，そのような3つ4つの発明というようなものでなく，技術，教育，交通，通信その他，人間の全生活面におよんでいる．その近代化が人間の意識に与えたインパクトは，ルネッサンスの比ではない．超大国アメリカ合衆国に対するベトナム民族の勝利，イラン革命，アフガニスタンの反乱——それにいまやポーランド事件（それは単にストライキといった問題ではなく，根本的には対ソ関係も含めてポーランドという国はどうあるべきかをめぐる民衆の模索である）をつけ加えてもよかろう——といったような問題にしても，反権力の側からすれば，いま述べたような意識革命にともなう彼らの自立（律）心の向上と深化の賜物として理解することができよう．このように国際社会の多元化は歴史発展のもたらした1つの帰結である.

　国際社会の構造変化にみられるもう1つの顕著な現象は多層化である．ここでいう多層化とは，いわゆる「階層化」のことではない［永井 1973］[10]．後者はあくまでも国家を中心に，諸国家のヒエラルヒー的構造——トップ・レベルに米ソの超大国，次のレベルにその他の核保有国，第三のレベルに経済力をもつ日本とか石油資源をもつアラブ諸国とかいったような軍事力以外の「武器」をもつ国ぐに，このように次第に階層を下向してゆき最下層に最貧国を置く——を考えている．この思考方法は，諸国家間の主権平等の原則にもとる．また最近，「国際問題の国内化」あるいは「国内問題の国際化」ということがしばしば話題になっている．しかし，これも正確な表現とはいえない．なぜなら多くの場合，どこまでが「国内」問題でどこからが「国際」問題なのか解らないのが現状——いわゆる「連繋政治」理論はその関係を分析しようとする[11]——であるのみならず，市民生活に噴出する多くの問題は国家が取り扱わないか，もしくは

市民が政府の政策に対抗しなければならないような性質を帯びているからである．一例をあげれば，ヨーロッパ諸国の間で市民による反原発運動が超国境的に連携してゆくといったような場合がそれである［砂田 1978］．

　これに比べて「多層化」とは，個人から超国家組織に至るまで，さまざまな行為体が多次元的に国際社会に参加する現象を指す．個人が国際社会の行為体となるのは外交官といったような公人だけではない．一私人が国際社会の行為体として活躍することも少なくない．たとえば，C. ブディアジョというイギリス夫人がインドネシアの政治囚救済のために奔走し，アメリカの議会で証言したりしたことが，国際的人権擁護運動にかなり大きなインパクトを与えたというような事例もある．国内集団や団体も国際的行為体となりうる．ある労働組合が他国で行われている強制労働に反対し，ILO を通じて行動を開始した，というようなのがその例である．ケベック州の国際活動にみられるように，地方もまた超国境的に国際社会に参加する［伊藤 1978］．最近日本でも地方自治体——たとえば横浜市や北海道——が活発に国際交流をはじめている．超国境的組織である多国籍企業や国際的宗教団体，脱国家的国際連帯を推進しようとする非政府国際組織（NGO），EC（編者注：現在の欧州連合（EU）の前身）や ASEAN のような国際的地域統合組織，数百もある政府間国際組織（IGO），それに国連やその専門機関はもちろん，国際社会における重要な行為体である．

　このように現代の国際社会は国家を含む多種多様な行為体がさまざまな価値や反価値をめぐって離合集散し，多次元的に交流，連帯，対抗して構造変化のダイナミズムを創出している．いまこれらの行為体が織りなす相互依存や統合と分裂の同時的進行を，国際社会を舞台に問題関心領域（イシュー・エアリア）で捉えた場合，次頁のような図式を考察してみることができよう（**図1-1**）．図式の詳しい説明は紙面の関係上省略せざるを得ないが，Ⅰの領域にはたとえば EC や多国籍企業が，G の典型として国家，D は地方主義的集団や少数民族集団が，そして L には宗教団体や「地球友の会」といったような集団があてはまる．矢印は問題関心（イシュー）の移行や連携を示す．たとえば本来 D の領域に属するケベックの地方主義はケベック共和国を志向するとき G に移行し，フランス語圏という文化的側面を強調しようとすれば，フランスやフランス語系アフリカ諸国との連携において L へ移行する．ケベック州は政治的には分離・独立を考えているが，経済的にはカナダ連邦との連携やさらには北米経済圏全体との相互依存を望んでいるので，その側面に光をあてれば，地方主義といった分裂的問題関心はむしろ

Ⅰの領域へ移行ないしは連携してゆくことになる．IGDLの領域と矢印は構造
―機能的システムを，矢印の方向は心理や価値志向といった行動主義的側面を
表わす．

　このパラダイムでは，(1)国際社会という１つの有機体内で，国家をも含めた
多様な行為体がそれぞれどういう関係に立つのか，(2)問題関心領域にそって行
為体を分類した場合，それらは統合と分裂，普遍主義と個別主義のマトリック
スにおいてどういう傾向を示すのか，(3)最近社会学で強調されている主観的現
実と客観的現実の統合という問題を国際社会の現実に照らした場合，どういう
図式を描けばよいのかを考察してみようとした［馬場 1978］．

　それにしても，このように国家以外の多種多様な行為体がいり乱れて関係し
あい，それら大小さまざまな単位の行為体が寄せ木細工的に国際社会において
一つの構造を構築し，さらにその寄せ木細工の形体を変形させてゆく要因は一
体なになんだろう．これにもいろいろな解答が用意されうる．(1)産業や資本主
義の発達により「国民経済」の単位が破壊されたこと（たとえば多国籍企業の論理），
(2)一国では解決できないような問題が山積みしてきたこと（相互依存の理論），
(3)国際的に地域連帯をしないと解決できないか，あるいはそうした方が有利と

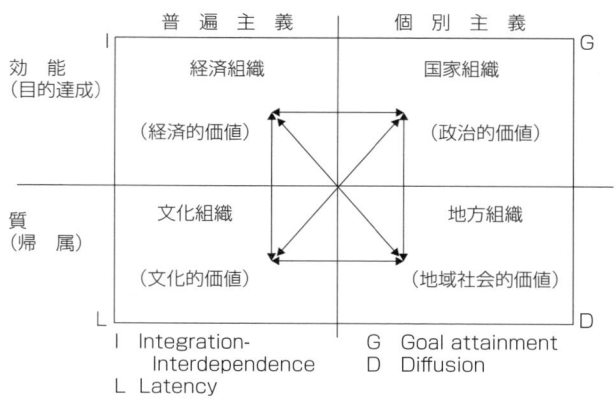

**図1-1　国際社会のパラダイム**（試案）
（注）これは T. パーソンズや N.J. スメルサーそして特に R.N. ベラーの
*Tokugawa Religion* に見られる国家社会分析のための概念的枠組を土台に，
それを国際社会のパラダイムに転換させたものである．周知のようにパーソン
ズの AGIL では，図式のⅠにあたるところは A（Adaptation），D はⅠ
（Integration），L は Latent pattern maintenance となっている．しかし，
国際社会は国家社会とは性質を異にし，分裂・拡散傾向も強いので，図式のよ
うにⅠの代わりに D を入れ，L の pattern maintenance 的性格を取除くこと
にした．

思われるような国際環境や問題が発生してきたこと（統合理論），(4)複雑な国際
社会の諸問題は，それらを個別的かつ専門的に解決する行為体を必要とするよ
うになってきたこと（機能主義理論）等々である[12].

　しかし，無数にも近い非国家的行為体が発生してきたのは，なんといっても，
人びとが国家や国益のみと自分の価値志向とを同一視しなくなってきたことに
主要因がある．そればかりか，多くの少数民族や地方主義者たち，あるいはそ
の他もろもろの反体制運動家たちは，国家とは別のものもしくは国家と対立す
るものに彼らのアイデンティティを求めるようになった．第2に，それらの集
団や組織の核となっているのは，その行為体の構成メンバー（個人のみが単位で
はなく，集団や国家がより一層大きな組織を形成するための単位となっていることもある）
間のアイデンティティ（同一性）である．第3に，いかなる行為体もその基本
的最小単位は個人であるが，その個人がいやしくもある組織を通じて国際活動
までやろうとするとき，その人はそこに自己の「存在証明」を求めようとして
いる場合が多い．たとえば前述のブディアジョ夫人は，インドネシア人である
彼女の夫とともに政治囚として長らく拘留されていた．彼女はイギリス人とい
うことで釈放されたが，ブディアジョ氏の方は十数年間も囚われの身であった．
彼女はその夫と他の数万人の政治囚を救済するために必死の努力を重ねた．彼
女にとってそれはまさしく生の証であった．ブディアジョ夫人は彼女自身のた
めに，夫のために，離散した子供たちのために，また夫と同じような境遇にあ
る政治囚たちのために，さらに国際的人権擁護のために，そしてより普遍的な
「人間の尊厳」を守るために闘った．もしそれが彼女のアイデンティティの証
明でなかったとしたら，一体なんであろう［馬場1980a］.

　読者の中には，それは特殊な例だと思われるかたがおられるかもしれない．
それでは，「地球友の会」の人たちはどうであろうか．彼らも自己の生命を保
存するために，「かけがえのない地球」を保存するために，人類を保存するた
めに，日夜超国境的市民運動にいそしんでいる．彼らはそこに真の意味での「存
在証明」を求めているのである．もう1つ，われわれにとって卑近な例を示そ
う．1978年春の国連軍縮特別総会には，原水爆反対運動，労働組合，宗教団体，
婦人団体，青年団体，平和団体等の代表者からなる「国連に核兵器完全禁止」
を要請する大代表団が日本からくりこんだ．代表団はその期間中，あらゆる機
会をとらえて核兵器禁止を訴え，ビヨネルシュタット国連軍縮センター所長に
は過去5カ月間に集めた約2000万人にものぼる署名簿を提出した．国連本部内

で被爆写真の展示も行った．会場では彼らが傍聴していたため，日本政府代表の園田外務大臣も「民間団体の活動が日本の軍縮努力の一半を担」っているという異例の演説をするはめになった．この代表団の国連での一連の行為の評価はここではさておくとしても，唯一の被爆国民という原体験がその人たちの意識の中にずっしりと横たわっていたことは確かである．彼らもまた，自分自身や日本の民衆のためばかりではなく，人類の生存を確保するために，世界の人たちに懸命に原水禁を訴えかけたのである［斎藤 1979：150ff.］[13]．そのほか，婦人解放を叫ぶ人たち，アパルトヘイトに反対する人たち，難民救済に挺身する人たち，みな然りである．いま現に，「国連 NGO」だけでも，800近く（それ以外の NGO も含めると約1万）の行為体が国際社会で活躍している（編者注：馬場［1980b］執筆当時の数値である）．それらの人びとはすべて，自己の生の根源にあるものと人間の尊厳および人類の福祉とを結びつけて，国際社会と歴史の発展に主体的に参加し，影響をおよぼそうとしているのである[14]．

# *4* 同一性の諸問題

　アイデンティティの概念はこれをはき違えると，恐ろしい結果を人類全体にまねくことになる．私がこの原稿を書いているとき，表通りを数人の幼稚園の子供たちが大声で，「カラス，なぜなくの，カラスの勝手でしょ！」と唱和しながら通り過ぎていった．驚いて末娘に尋ねてみると，いまそのかえ歌は子供たちの間で大流行（はやり）だという．昔の「七つの子」という歌は，カラスの母親と子供たちとの間の愛情（甘え）のやさしさを表わしたものであった．ところがこのかえ唄は，そうした「甘えの構造」を完全に断ち切ってしまっている．「カラスの勝手でしょ！」といわれると，もう「ぐうの音」もでない．ついにカラスまで自律するようになったか，とアッケにとられるばかりである．だが，これは排他的・身勝手な自己主張を表現しているだけであって，アイデンティティの確立ではない．もし人びとがアイデンティティをそのようなものだと誤解すると，そのかえ歌がそこでプッツリ切れてあとがつづかないように，もはや人間同士のコミュニケーションはなりたたない．そればかりか，国際社会でもしあらゆる行為体が排他的な自己主張をはじめれば，ホッブズのいう「全人戦争」を招来し，「文明（ノー・シビリゼーション）も歴史（ノー・ヒストリー）も無」に帰してしまうのである．

　馬場［1980b：序章］でも述べたように，アイデンティティには，「閉じる」側

面（主体性）と同時に「開く」側面（同一性）がある．両者が合体してはじめて，真のアイデンティティを把握することができるのである．私はアイデンティティの模索を「生の究極にあるもの」もしくは「生きるということ」の真の意味を探求することであると定義づけてきた．その場合，時間的にも空間的にも限定された人間は，自己を超越することにおいてはじめて，永続的で安定性（頼り甲斐）のあるなにものかを得ることができるのである．しかし「神殺しの時代」には，人はその自己超越を歴史という時間の永続性と人間社会という空間的広がりの中に求めざるを得なくなってきている．つまり，個人のアイデンティティという特殊性は人類史（もしくは世界史）という普遍性と直結しており，両者を止揚することにおいてはじめて真のアイデンティティを獲得することができるのである．

　サルトルの哲学は個人至上主義のように思われがちであるが，そのサルトルは実存主義の真意を次のように説いている．

　　「人間はみずからについて責任をもつという場合，それは，人間は厳密な意味の彼個人について責任をもつということではなく，全人類に対して責任をもつという意味である．……主体主義とは，一方では，個々の主体がみずから自分自身を選択することであり，一方では，人間が人間としての主体性を超え得ないことを意味している．この第二の意味こそ，実存主義のもつ深い意味なのである．われわれが，人間はみずからを選択するというとき，われわれが意味するのは，各人がそれぞれ自分自身を選択するということであるが，しかしまた，各人はみずからを選ぶことによって全人類を選択するということをも意味している．……もし実存が本質に先立つものとすれば，そしてわれわれが，われわれ自身の像をつくりつつ実存しようと欲するなら，この像は万人のために，そしてわれわれの時代全般のために有効である．このように，われわれの責任は，われわれが想像し得るよりも遥かに大きい．われわれの責任は全人類をアンガジェするからである」［Sartre 1946：邦訳 21-23］

と．

　これはあの惨酷きわまりない第二次世界大戦の翌年（サルトル40歳）に書かれた『実存主義とは何か』の一節であるが，サルトルの遺稿ともなった「いま，希望とは」でも彼は同趣旨のことをくり返し強調している（その一部は馬場［1980b：

ch. 5〕の冒頭で紹介した）. 事実彼は, 反体制の人たちの支援や難民救済等の国際人権擁護運動を通して, その信念を身をもってつらぬいたのである.

　同一性とは, 自分と同価値または同目標をもっている人たちと自らを同 一 視し, その人たちと一緒に社会的連帯を強めていくことである. たとえば女性解放を望む人たちは同目的をもった人たちと連帯し, 共闘していかなければならない. さらに他国にもそのような同価値志向の人たちを見出し, 超国境的に連帯の輪を広げていくべきである. いかなる運動も連帯してはじめて, その目的を成就することができるのである. 1975年メキシコ市で開催された婦人の地位を向上するための国連婦人会議とNGO婦人会議も, 世界の女性が相提携することによってはじめて可能となった. 同様のことは地方や国家が行動をおこそうとする場合にもあてはまる. たとえばサミール・アミン（のみならず多くの人たちが同趣旨のことをいっている）は, 発展途上国はまず各国が自立を計ること（自力更生）, 次にそれらの諸国が連帯すること（集団的自力更生）, そしてそれらの運動と連帯を通して本当に公正な新世界秩序を下から構築してゆくことを強調している.[15]

　次に少し視点を変えて, 同一性の問題を権力と平和との関係で捉えてみたい.

　われわれは一貫して反権力・被抑圧者の側に同一性を求めて話をすすめてきたつもりである. だが, たとえ被抑圧者の側に身を置いたとしても, われわれ先進工業諸国の人間は, それが「民衆」であれ「人民」であれ, 世界的「支配―従属」構造の中では, ただ生存しているだけで権力者になっている. われわれはアイデンティティを追求する上で,「生存」の意味を理解しようとするとき, まずそのことから自覚してかからねばならない. それのみならず,「発展過多」（overdevelopment）になっていることも認識すべきである.「低開発」（underdevelopment）地域では約10億の人たちが衣食住といった人間の基本的ニーズにもこと欠いているとき, いやしくも普遍的なアイデンティティである「人間の尊厳」とか「人類の福祉」を語る者は, 第1にそのことを認識する必要がある. 発展とか平和は, すべての人たちがまずそうした人間としての基本的ニーズを充足したうえで, あらゆる支配や抑圧から解放され, おのおののパーソナリティを育成, つまり独自のアイデンティティを追求してゆくことである. 資源の枯渇や地球生態学的観点からしても, 自動車を乗りまわし, ガソリンを消費し, 公害をまきちらしているわれわれの生活を, 発展途上国の人たちが「発展過多」と糾弾するのも当然である. われわれは少しずつでもそうした国際的

格差を是正するよう，最大の努力をはらわなければならない．

　さらに，被抑圧者が抑圧者に移行する場合や，被支配者でありながら同時に支配者になっている場合があることも考えておかなければならない．魯迅の短篇「賢人と馬鹿と奴隷」は，竹内好氏の解釈で，日本では非常によく知られるようになった．竹内氏は，「ドレイがドレイの主人になることは，ドレイの解放ではない」と主張している．彼はまた，魯迅が「暴君治下の臣民は暴君よりも暴である」といったことも指摘している［魯迅 1966；竹内 1966：190ff.］．これは国家についても同様である．その典型的な例は日本である．19世紀中頃から欧米諸国の圧迫をひしひしと感じはじめた日本は，おのれも欧米諸国のような1つのパワーにのしあがろうとして，アジアへの侵略をどんどんと重ねていった．同じようなことは，資本主義諸国に抵抗しながら一国社会主義を保持しようとしていたころのソ連と現代の超大国としてのソ連，フランスやアメリカの支配に抵抗していたころのベトナムと現代のベトナム社会主義共和国等についてもいえる．これらの事例は，支配や抑圧に抵抗しているうちはよいが，いったん自立し，自己主張を他者に押し付けようとすると，その時点からアイデンティティ志向はたちまち権力志向に転換する危険性を内包していることを物語っている．

　被支配者は自立しようとすることにおいて，すでに支配者になっていることも多い．それは，たとえば，オクタビオ・パスの『孤独の迷路』と黒沼ユリ子の『メキシコからの手紙』［黒沼 1980］をつき合せてみればよく理解できる．パスは，メキシコ人がスペインやアメリカの支配から自己を解放し，「日夜，彼らの姿に似せて国をつくり上げることに励んで」きた軌跡をみごとに描きだしている［Paz 1973：邦訳 5］．だがメキシコがお隣の巨人＝アメリカ合衆国の圧迫をしりぞけ，発展してゆくためには，どうしても国家統一が必要である．しかし，メキシコにおけるそうした国家統一の過程にあって，インディヘナの部族たちは，彼ら自身の文化的アイデンティティが破壊されることに抵抗しているのである．メキシコだけではない．ほとんどの発展途上国がこうした問題をかかえている．

　地方でも同様の現象がみられる．たとえばケベック州の場合，ケベック人たちはアングロサクソン系人種による四囲からの圧迫をはねのけ，できることなら——生存が可能なら——やはり独立したいと願っている．ところがそのケベック州内では，さらに少数民族である移民やインディアンそれにエスキモー

たち（彼らの日常語は英語）が，これまた自分たちのアイデンティティのみならず生存権そのものが脅かされるといって，独立に反対しているのである．「支配―従属」の錯綜した構造は，北方アイルランドの場合はもっと複雑で，イギリス連邦―アイルランド共和国―北方アイルランド―さらにその中のカトリック系と，少なくとも四つの層に入り組んでいる．いうまでもなくその他多くの地域で，いまも同様の葛藤が激しくくり広げられているのである．

　これら若干の具体例を概観しただけでも，同一性の問題は，相互依存，統合，機能主義，あるいは「宇宙船地球号」といったようなことだけでは片付けられない複雑な諸相を包含していることが解る．上記の事例は，少なくとも３つの重要な問題を提起している．第１に被抑圧者が抵抗すること自体において，抑圧者になっているという矛盾．第２に，魯迅的表現を借りれば，ドレイは自己の外部に対して他者をドレイにすることにより自分はその主人におさまろうとするのみならず（たとえば日本のアジア侵略），自己の内部に向かってもドレイ化を迫るという矛盾．第３に，従属論者は，「中枢―衛星」の構造が連鎖的につながっていると指摘しているけれども，その「支配―従属」の構造は，少なくともアイデンティティの側面からすれば，必ずしも単線的ではないということである．ちなみに，ケベック州内の少数民族は州境を超えて他州の多数派と相提携しようとしており，イギリス連邦と北方アイルランド内の少数民族の場合は，統合と分裂の関係がもっと複雑にからまりあっている．一体われわれは，このように複雑な諸矛盾をどのように受けとめればよいのであろうか．アイデンティティとは，実に，やっかいなしろものである．

　いちばん簡単な解決策は，人はみなアイデンティティなんてことを忘れてしまうことかもしれない．でも，インディヘナもニューヘブリデス諸島の人たちもバスクの人たちも，現にそれぞれ独自のアイデンティティを執拗に求めている．これは否定したり，忘れてしまったりすることのできない現実である．そればかりか，既にみたように精神史の流れからしても，現代人のアイデンティティの模索はこれからますます切実な問題となるであろう．さらに途上国が自力更生により発展しようとする場合にも，その目標や方法を規定するにあたって，アイデンティティは根源的な問題となっている．

　第２の方法は，竹内好氏が示唆しているように，自覚したドレイは，前記のような諸矛盾に気付いたら，主人になりたいという欲求を捨て，自己とそのまわりの現実を冷・覚めた目で眺めながらドレイとしてとどまることかもしれな

い．木下尚江は実際にそうした一種の悟り（？）をひらいた人であった．彼は足尾銅山鉱毒事件で政府を厳しく批判し，『火の柱』や『良人の自白』などの非戦小説を著わし，果敢に戦争反対を唱えた．それにもかかわらず，彼は母の死を1つの契機に，日露戦争後まもなく長い隠遁生活に入ってしまった．評者の中には，尚江は母の死で強い衝撃を受け，死と生の問題を深く探求してみようとしたのだ，という人もいる．確かにそういう要因も作用していたであろう．しかしもっと重要なことは，彼が自分ではずっと権力を批判してきたつもりなのに，実はその彼自身の中に権力志向が潜んでいたことに気がついたからであった．結局尚江は，社会改革は「人間革命」からというテーゼを打ち出して，神（宇宙の万神）と自然の中に帰依してゆこうとするのである．

だが魯迅（正確には竹内氏が解釈した魯迅）の覚めたドレイも尚江の生き方も自己満足にはなっても――実際社会主義者の同志たちは尚江をそういって批判した――，一向に不正な現状の打破にはならない．現実にそのドレイはドレイのまま――精神的にはもはやどれいではないと主張するかも知れないが――であり，他の人たちもドレイのままである．ドレイはやはり仲間たちと連帯して，ドレイもしくはドレイ的状態から自己解放しなければならない．しかし，ここで重要なことは，いったん自立すれば，もはや主人になろうとしないことである．すなわち自立した人間は，他者も自由で平等な自立した存在として認め，排他的な自己主張（権力行使）をしなければよいのである．

これを国家間関係にあてはめてみれば，中小諸国は大国や超大国の圧力に抗して自立するよう努めるべきである．そのためには，それらの諸国間の連帯も必要である．従属構造はどこかの次元で，いやどこの次元でも，その構造を横に切断していく必要がある．そのことが一段一段，世界に平和の基礎を構築してゆくことにつながるのである．なぜなら，平和とは単に戦争のない状態を指すのではなく，あらゆる暴力の構造を廃絶することだからである．そして暴力とは，「人間が，外からの働きかけのために，その肉体的・精神的な能力を，本来可能な程度よりも不完全にしか実現することができない場合に，そこに存在しているもの」とJ.ガルトゥングは定義づけている．そして私はS.ダスグプタの「平和でない状態」の解釈を改めて，「ある集団の価値期待が他の集団の妨害によって実現できないと知覚される場合」と定義づけたい［Galtung 1969：168；Dasgupta 1968：21］．[16)] こうした観点からすれば，国家間関係においてすべての中小諸国が自立し，自主外交路線をとることができるような環境を創

出してゆくことは，それ自体，国際社会における最低限の平和保障を獲得することになるのである．馬場［1980b：ch. 4］の冒頭で引用したチトー大統領の言葉は，そのことを物語っている．

　だが，他者の自立を認めるといっても，個人や集団あるいは国家はめいめい多種多様な価値をもっている．その場合，互いに不干渉であるだけでは平和保障にはならない．それぞれの行為体が互いに理解しあう必要がある．同一の目的や価値志向をもった行為者間の連帯や相互依存，あるいは機能的役割分担は比較的容易である．だが，私がここで問題にしているのはそうでない場合である．しかも，少なくとも現状では，集団関係にしても国家間関係にしても，むしろ後者の場合の方が通例である．これは「主体性」と「同一性」，および「特殊性」と「普遍性」——最小単位は個人から最大単位は全人類に至るまで——をどのように止揚してゆくかという，アイデンティティ追求にとっては根本的な問題である．

　北村透谷は，日本では早くも1890年代の初頭に，この問題を考究していた．彼は「各人心宮内の秘宮」の中で次のように語っている．

　　「各人は自ら己れの生涯を説明せんとて，行為言動を示すものなり，而して今日に至るまで真に自己を説明し得たるもの，果して幾個かある．……〔いろいろな世界観や価値観があることを例証したのち〕……心に宮あり，宮の奥に更に他の宮あるにあらざるか．心は世の中にあり，而して心は世を包めり，心は人の中に存し，而して心は人を包めり．もし外形の生命を把り来って観ずれば，地球広しと雖，五尺の躯軀大なりと雖，何すれぞ沙翁〔シェイクスピア〕をして『天と地との間を蠕いまはる我は果していかなるものぞ』と大喝せしめむ．唯だ夫れこの心の世界斯の如く広く，斯の如く大に，森羅万象を包みて余すことなく，而してこの広大なる心が来り臨みて人間の中にある時に，渺々たる人間眼を以て説明し得べからざるものを世に存在せしむるなり」［勝本編 1969：318］

と．この論文は近代日本における最初の平和雑誌であり，透谷が主筆をしていた『平和』第6号（1892年9月15日）に発表されたものである．その中で透谷は，心の中に「第一の宮」と「第二の秘宮」という概念を設定して，自我探求における「閉じる」側面と「開く」側面——特殊性と普遍性——との関係を考察しようとしている．彼はその結論として，各人は「第一の宮」は閉じてもよいが，

心の真底にある「第二の秘宮」は，すべての人びとが開放することによって，異文化間，異民族間たりとも普遍的人間性を悟りあうことができるとしている．この問題が平和保障の要諦であると確信して，その論文を雑誌『平和』に掲載したことは，まことに炯眼であったといわなければならない．

　けれども，これを具体的解決策に結びつけることはなかなか難しい．サルトルの論敵であるC・レヴィ＝ストロースは，文化人類学的立場から，透谷が究明しようとした普遍的人間性の問題を科学的に分析しようとしている．個人の主体性の確立を第一義的に考えていたサルトルに対抗して，レヴィ＝ストロースは「彼らの気持になろうとする私と，私によって私の気持にさせられた彼らとの出会い」といった具合に他者思考（志向）を強調する．彼は，一見文明人とはまったく違うように思える「野生の思考」ですら，根源的には実はまったく同じものであるとする．したがって彼らのトーテム（それはいわゆる「文明」社会にも存在する）やシンボルあるいは記号のもつ意味，分類方式，そしてそれらによって構成されている無意識の文化構造を解明することができれば，彼らとのコミュニケーションや相互理解は可能であるとする．レヴィ＝ストロースは，そのような「人間の科学」を樹立することによって，異文化・異民族間に普遍的人間性を基礎とする平和を構築しようとしているのである［栗原 1980：Lévi-Strauss 1962］[17]．

　しかしまだ問題は残る．「生きる主体として，他の生きる存在の中に同じ経験を見出しうる」とするレヴィ＝ストロースの普遍主義は傾聴に値する［Lévi-Strauss 1962：邦訳 304］．けれども，たとえ科学的分析により異文化間の理解が可能となっても，われわれがずっと問題にしてきた，また現に存在する「支配─従属」の構造を打破することはできないのである．

　相互理解だけではだめ，ましてや覚めたドレイのままでいたのでは，なおさら現状を打開することができないとなると，われわれは個人として，一体どうすればよいのであろうか．またそれはわれわれのアイデンティティ追求とどういうかかわりをもつのであろうか[18]．

## 5　歴史発展の意味するもの

　まず1つ，カナダの具体的事例を手がかりに，この問題を追究してゆくことにしよう．

　カナダ連邦におけるイギリス系諸州とケベック州（あるいは中枢である連邦政府と衛星としてのケベック州）との格差是正の試みは，最初，ケベック州内における自覚化した少数の個人からはじまった．彼らは自分たちの姿に似せて自分たちの生活世界を改変しようとすると同時に，連邦政府に対しても支配・抑圧・搾取の構造を是正するように迫った．連邦政府もそうした勢力がますにつれ，ケベック州の要求に次第に耳を傾けるようになり，いろいろな改革を実施した．たとえば，フランス語を話す人たちはカナダの総人口の二十数％にしかすぎないのに，フランス語を英語と平等に公用語として取り扱うことにした．ケベック州への財政的援助もいろいろな形で大幅に増大した．連邦政府官公庁にも逆差別といわれるほど，フランス語系の人たちを優先して採用するようになった．他方，ケベック党は政権を担当するや，いち早く綱領を発表し，ケベック人自身が置かれてきた苦しかった経験に照らして，州内の少数民族それぞれの文化的アイデンティティを保障すると約束した．

　こうした運動のおかげで，ケベック州内の多くの人たちは，ここ十数年の間に，彼らの生活環境は見違えるほど改善された，と語っている．事実州内では，ケベック人たちが文字通り「わが家の主人」となった．ケベック州が独立しなかったのは，そうした側面もあったことを見逃してはならない．ヴァリエールが『アメリカの白い黒ん坊』を執筆していた頃と比べれば，本当にめざましい発展（経済発展はもちろんのこと，歴史における民主化という真の意味の発展においても）である．そのかたわら，ケベック州の動きに啓発されて，他の 9 つの州も自治の拡大を要求しはじめ，その他の少数民族も彼らの文化的アイデンティティの尊重を連邦政府に訴えるようになった．そのため，いまカナダ連邦は混沌とした状況にある．しかし，連邦政府はそれらの動きに積極的な反応を示し，すでに「二言語多文化主義」を国是として打ち出したのみならず，憲法を改正して，一種の「コンソシエーショナル・デモクラシー」（多元的民主主義）を樹立しようと，いまや一大実験にのりだしているのである．[19]

　アメリカ合衆国における黒人解放運動や女性解放運動についても同じことがいえる．50 年代と現在とでは大違いである．最初は黒人間のいさかいが絶えなかったが，彼らの自覚化（conscientization）が高まるにつれ，彼らはお互いに連帯するようになり，状況は合衆国全体としてかなり改善された——もちろん真の民主化（すべての人たちの自由・平等，参加）にはまだかなり道程は遠いけれども．[20]

　さてそれでは，われわれはこうした事例からなにを学びとることができるだろうか．

　われわれは同一性を人類社会に求めて，その福祉に貢献するのだといっても，その視点はつねに保持する必要はあるが――，あまりにも茫漠としていて，個人としては，一体どこから手をつければよいのか解らないことが多い．その場合，まず暴力の構造が連鎖状に全地球上にはびこっていることを認識して，その幾層にも重なりあった抑圧の最底辺にいる人たちの側に同一性を求めるべきである．その際，われわれ先進工業諸国民は，存在しているだけで，すでに抑圧者になっているという「原罪」も自覚しておかなければならない．そこから出発して，次に，それにもかかわらずなにができ，なにをなすべきかを考えてみる．端的にいって，われわれのできることは，消極的にはそうした人たちの自律志向の妨げにならないよう，積極的には彼らの自力更生の道をふさいでいる障壁を少しでも除去するよう，わき役として可能なかぎり支援することである．なぜなら，前述したとおり，自力更生による発展の主役は，あくまでもそうした地域に住む人たちなのだから．

　しかし，人間の意識構造は不思議なもので，近代化にともないますます複雑化する．昔は卑近な――それも1つか2つの――ものにしかアイデンティティをもつことができなかったのに，いまでは一方で全人類のこと，もう一方で最貧地域の人たちのこと，そしてさらに自分自身の身のまわりのものにも同一性を求めることができるようになった．[21] これは1つには，交通・通信機関の発達により，ほとんど世界中の人たちが，同時に，全世界の出来事やいろいろな境遇におかれている人たちのことを知ることができるようになったためでもある．とにかく，われわれは全人類や第三世界の人たちのことを考えながら同時に，ケベック―カナダの例が示すように，卑近な差別や抑圧体制を打破するよう努力する必要がある．たとえば日本の国内でも，「中枢―衛星」の従属構造はある．同和問題や在日朝鮮人の問題もある．お隣りの韓国や台湾の政治囚の問題もある．そうした問題のどれでもいいから，まず身を挺して行動を開始することである．そのようにすべての人びとや集団が協働して，自分たちの置かれている立場，立場で格差や差別の是正に努めることは，鎖状につながる「支配―従属」の構造をいろいろなレベルで断ち切っていくことになるのである．

　そればかりではない．集団内や国家内の従属構造を是正してゆくことは，それらの発展をも促進する．どこの国でも，その社会構造内に格差や従属をかかえていたのでは，真の発展はあり得ない．「国連開発の10年」の間に，そしてその後も，発展途上国に開発があまり思わしく進んでいないのは――前述したとおり先進工業諸国の側にその大半の責任はあるのだが――，それらの諸国が国内に差別や従属の構造を内包していたことにも，その一因があった．民族ブルジョアジーやその他の支配階級が富や権力を独占したため，国内格差は一層拡大し，疎外された――自覚化により疎外を意識する――民衆もますます多くなった．その結果，内紛は絶えず，経済発展のための民衆動員もままならず，それだけ国家全体としての発展は遅滞した．

　さらに，カントが指摘していたように，民衆――少数民族であれだれであれ――を抑圧する暴力体制は，国内のみならず，やがて必ず国外にもその暴力をふるおうとする［Kant 1795］．ナチズム，ファッシズム，日本の軍国主義の例を想起すれば，そのことは火を見るよりも明らかである．そこには国際社会の暴力 ⇄ 国内社会の暴力といった悪循環が，相乗的に作用していることに注目すべきである．したがって平和の観点からしても発展の観点からしても――実際は両者は表裏一体の関係にあるのだが――，「支配―従属」の構造は国際的にも国内的にも，それぞれが置かれている立場で可能な次元から，それを切断していかなければならない．そうした個人の，集団の，地方の，国家の主体的な行為が，全体として，一歩一歩世界の平和と人類の福祉達成に貢献してゆくことになるのである．

　個々人のそうした主体的な行動は，歴史の発展に役立つばかりでなく，第一，自分自身の発展とアイデンティティの確立にもつながることになる．なぜなら歴史発展とは，くり返し強調したように，民主化過程の進行を意味するからである．被抑圧者の側に立つことは自由（自律）を，被差別者とともに歩むことは平等を，疎外されている人たちと交わることは参加を推進する．それはとりもなおさず，われわれ自身が歴史とともに発展してゆくことなのである．アイデンティティの確立とは，歴史発展の側に身を置き，その中にわれわれの存在証明を求めることである．発展が，もはや GNP といったような経済指標では計れないし，また計るものではないことは明らかである．「先進」とは一体なにを意味するのか．「先進」工業諸国のわれわれは，本来の「人間性」において「後進」ではないのか．真の歴史発展をはばんではいないか．経済的に「発

展過多」（overdevelopment）ではないのか．人類がいま死に直面しているとき，その原点に立って，われわれ一人ひとりが，真のアイデンティティを真剣に模索しなければならない時が迫ってきた．

注

1）この項では，［Rosenstein-Rodan 1972：32］，川田［1980：173ff］，Ward and Dubos ［1972：邦訳 26］，関［1977：92ff］，Machiavelli［1950：91-94］のほか，Kothari［1974：53-78］，西川［1980：18-25；190-98］，関［1977：34-44；92-95］を参照した．

2）単線的発展論批判については，小倉［1980］を参照されたい．

3）山本満氏は「国連開発の10年」はむしろ「挫折の10年」であったとし，その大半の責任は「北」の先進諸国の側にあったと厳しく批判している．また同氏は，南北問題を東西対立との有機的連関の上で捉え，「南北問題は根底において東西問題と一体であり，力に支配される伝統的国際構造の欠陥をどのようにすれば変えてゆけるかという同じ問題の2つの側面にほかならない．東西問題は緩和したのに南北問題が激化したのではなく，前者を生み出した国際構造の病理が後者をも解決できない，すなわち南の諸国民の自立を可能にするような国際社会の新しい秩序の創出をはばんでいるのである」と主張しておられる［山本 1976：54］．

4）Raúl Prebisch が "Commercial Policy in the Underdeveloped Countries," *American Economic Review,* May 1959 で強調したのは，工業中心地域と一次産品生産国（周辺地域）とに分けられる国際経済体制のもとでは，後者はいろいろな不利な条件をおしつけられている，ということであった［西川 1978：233-40］．

5）たとえば，Galtung［1978］では，発展とは基本的に「人間の発展」（"human" development）として捉えねばならず，発展の基本的展望として安全保障，福祉，アイデンティティ，自由という4つの項目をあげている．ガルトゥングはまた，第三世界がとみに自己認識を深めてきたことも指摘している．*Socio-Cultural Development Alternatives in a Changing World, Project Meeting Report*（HSDPD-5 ／ UNUP-7, 1977）においても，自力更生，内発的発展，参加等が強調された．この報告書も，開発ないし発展は，社会・文化的フレームワークの中で考えねばならないと提案し，4つの主要課題のうち文化的アイデンティティの問題をトップにあげている．

6）なおラテン・アメリカではオクタビオ・パスのみならず，パウロ・フレーレら多くの研究者が，自力更生と発展のためには自覚化運動（conscientization）が重要であることを強調している．

7）この項では，山本［1976：54］，Prebisch［1959］，西川［1978：233-40］，鶴見［1980：186］，Amin［1976：邦訳 74］，Paz［1973：邦訳 170］のほか，小倉［1980］，川田［1980：CH.4］，武者小路［1980］，鶴見［1980］，川田・三輪編［1980］，原田［1976］，西川［1980：CH.2；CH.3］，山本［1976］を参照した．

8）チトー大統領に関する文献はかなりあるが，ここでは，Tito［チトー語録　邦訳 1974］，Štaubringer［1969］だけを掲げておく．

9）カナダの「中間国」外交については，馬場［1977：1979］．フィンランド外交に関しては，百瀬宏氏が多くの優れた論文を発表されているが，ここではいちばん最近の百瀬［1980a］だけをあげておく．またスカンジナビア諸国の外交については，たとえば，百瀬［1980b］を見られたい．

10）アメリカでは，スタンレイ・ホフマンがこうした見解をとっている．

11）織［1979］とその文献を見られたい．アメリカで連繋政治理論の代表的研究者はジェームズ・N. ローズノウである．

12）多国籍企業については，Hymer［1976］，相互依存については鴨・山本編［1979］，統合理論に関しては中原・大隈［1980］および細谷・南編［1980］，機能主義理論については高柳［1973］および Haas［1970］を ILO の人権擁護活動との関係から紹介しておく．これらの諸理論の文献は厖大な量にのぼるが，ここではその若干例だけを紹介するにとどめておく．なお，ハースは機能主義理論の代表的研究者の1人である．

13）斎藤［1979：150ff.］参照．また軍縮に対する NGO の役割については加藤［1980］を，トランスナショナル・リレーションズについては納家［1979］を参照されたい．

14）本項では Tito［邦訳 1974］，Štaubringer［1969］，馬場［1977：1979］，百瀬［1980a：1980b］，永井［1973］，織［1979］，砂田［1978］，伊藤［1978］，馬場［1978］，Hymer［1976］，鴨・山本編［1979］，中原・大隈［1980］，細谷・南編［1980］，高柳［1973］，Haas［1970］，馬場［1980a］，斎藤［1979：150ff.］，加藤［1980］，納家［1979］のほか，江口［1980］，Frank［1969］を参照した．

15）インドの研究者 R. コタリも，いま先進工業諸国の研究者が唱えている構造改革や新世界秩序構築案の多くは「中産階級的発想」で，実際の役にはあまりたたない．それよりも途上諸国の自立志向の方がより重要である，と Kothari［1974］の要所要所で強調している．

16）ダスグプタは「ある集団の価値期待（value expectation）が，他の集団の妨害ないしは非協力によって実現できないと知覚される場合の状態」としている．けれども，ある集団の価値期待実現のために他集団がすべて協力してくれるのを期待するのは無理である．それのみならず，そうした期待や要求のおしつけは権力志向にもつながる危険性がある．武者小路［1976］3 頁以下参照．

17）Lévi-Strauss［1962］は特に第9章．この他，コミュニケーションの手段である言語研究から普遍性に迫ろうとするチョムスキーの変形——不変文法の研究，自律した個人の自由を最大限に尊重しながら，公正な社会を創出しようとする J. ロールズの「正義」のパラダイム（国内社会の研究であるが，国際社会における個別と普遍の問題を考えるにも示唆的である）等の研究も，普遍性と特殊性をどのように止揚し，公的福祉につなぐかといった問題に関して，注目すべき視座を提供している［Rawls 1971；Chomsky 1972］．

18）その他この項では，泉編［1980］と Bamba and Howes eds.［1978］を参照した．

19）コンソシエーショナル・デモクラシーの問題については，Lijphart［1977］，内山［1979］，田口［1977］，および Mcrae［1973］等の文献を参照されたい．

20）アメリカ合衆国における人種差別はまだ依然として是正されていないとする馬場浩也

　　［1980］の視点も留意すべきである．
21）　人びとが国家にのみアイデンティフィケーション・シンボルを求めず，諸集団にそれ
　　を分散させることは，狂信的ナショナリズムの発生を阻むうえでも重要な役割を果たす．
　　その意味では，たとえば地方主義を推進すること自体，平和運動につながるのである．
　　この点はもう少し詳しく言及する必要があるのだが，馬場［1980b］に収録した5つの
　　論文（第1章—第5章）がおのずからそのことを物語るであろうと思って，省略した．
　　なお，この問題に関しては Mead［1968］も示唆的である．ミードは同論文で，「排他
　　的でないアイデンティティ」ということを強調しているが，私にいわせれば，真のアイ
　　デンティティとは本来排他的でないものを指す．

# 第2章

## 誰が政策過程に参加するのか？

### ——フィリピン政治の変化の可能性——

## *1* はじめに
### ——植民地時代における民主的制度の導入——

　本章が対象として取り上げるフィリピンは，台湾の南，インドネシアの北に位置する島国で7107の島によって構成され，総面積は29万9404平方キロ（日本のおよそ8割）である．人口はおよそ1億98万人（2015年人口センサス）である［PSA 2017a］．民族は，マレー系を主体とし，16世紀から19世紀末まで続いたスペインによる植民地支配の影響からスペイン人との混血が進んでいるほか，東南アジア圏で交易ネットワークを築いてきた中国人との混血も多い．アジアでは唯一のカトリック教国であり，カトリック信者が人口の81％を占め，その他のキリスト教徒を合わせると93％がキリスト教を信仰している．一方，フィリピン南部のミンダナオ島を中心にイスラーム教を信仰する人びとがおり，全人口の6％ほどがイスラーム教徒（ムスリム）である［PSA 2017a］．

　1898年にフィリピン統治を開始したアメリカは，統治の初期段階からキリスト教化した地域に民主的制度を導入した．地方選挙と国政選挙は統治開始後10年以内に始まり，これに対応して政党も組織された．1935年には独立準備のためのコモンウェルス政府が樹立され，フィリピン人による本格的な政府運営が開始されるが，この頃には，政治指導者を選出する選挙の意義は広く認識されるようになっていた［Wurfel 1988：邦訳 32］．

　他方，ミンダナオ島中南部からスルー諸島にかけてのムスリム集中地域には1903年にモロ州が設置され，他の非キリスト教徒が多く居住する地域と共にアメリカ軍政の直接統治下に置かれた．1913年には，新設されたミンダナオ・スルー省の下でモロ州は特別州として再編され，1916年以降は同地域の行政・立法権がフィリピン議会に移譲された．独立後の1955年に特別州廃止法が成立し，この地域に普通選挙が全面的に導入された［石井 2002：44-45，64-66］．

　以上のように，フィリピンではムスリム地域を除いて独立前から民主的制度

が導入された．本章では，フィリピン政治の特徴とその変化の可能性を検討する．まず，独立後のフィリピン政治の展開を概観する．次に，伝統的なフィリピン政治の特徴を示す．特に経済的政治的エリートがどのような論理で動いているのかについて検討する．その後，民主化後の政治制度の変化を見る．最後に，制度変化後の政治過程のあり方を検討する．特に以前は政治過程から排除されていた人びとの政治参加を促進する要因と阻害する要因を中心に分析する．

## 2　独立後のフィリピン政治の展開

### 1　中央政治の展開

　1946年の独立後，フィリピンでは，1972年にマルコス（Ferdinand Marcos）大統領によって戒厳令が施行されるまで，大統領・副大統領と国会議員を選出する選挙が定期的に実施された．この間は，国民党（Nacionalista Party）とこれから分離して結成された自由党（Liberal Party）の間で選挙による政権移行が行われ，少なくとも形式上は民主主義的な政治体制が定着していた．

　しかし，1965年に大統領に就任したマルコスが再選された1969年選挙は，空前の不正選挙として批判を浴びた．以後，国民の間に政権批判が広がり，共産勢力が台頭して学生運動が激化するなど，社会情勢が不安定化した．このような情勢の中，1972年に戒厳令を発令したマルコスは，議会を停止し（1978年4月選挙で暫定国民会議を復活させたが，この選挙は1969年選挙にも増して不正なものであった），メディアを規制し，反政府的な人物を逮捕・拷問・暗殺するなど，市民の自由を大幅に制限する強権的な独裁体制を敷いた[6]．

　マルコス大統領は1986年2月の繰上げ大統領選挙における大規模な不正を直接の原因として「エドサ革命」[7]によって権力の座を追われ，民主的制度が回復した．その後は，エストラーダ（Joseph Estrada）大統領が2001年1月に自身の賭博に絡むスキャンダルによって失脚したのを除けば，定期的な選挙によって政権移行が行われている．

　しかし，政治の実態を見ると，議会はエリートに支配され，法の施行も彼らの利害によってゆがめられてきた．たとえば，経済的不平等の背景をなす大土地所有制度の解消を目的とする農地改革は，農地改革法が上程されるたびに議会の多数を占める地主出身議員の圧力によって骨抜きにされ，また，実施のた

めの十分な予算措置がなされないなどで［滝川 1976］，成果をあげられずにきた．1988年には包括的農地改革法が制定され，すべての農地を改革対象にするほか地主の農地保有限度の引き下げや受益者の範囲の拡大が行われたが，地主の利益を大きく損なわないような抜け道が用意された［堀 2005］[8]．このような状況にあるフィリピンの民主主義については，多くの論者がエリートのための民主主義にすぎないと指摘してきた［Anderson 1988；Pinches 1997］．

### 2　自治をめざすムスリム地域の運動

　南部フィリピン地域では，高等教育を受けた若い知識人や国内外でイスラーム教育を受けた知識人，政治基盤を弱められて不満を抱くダトゥらがモロ民族解放戦線（MNLF）を組織して，1970年前後から分離運動を展開し始めた［石井 2002：98-99；川島 2014：46-47］．彼らは，イスラームに根ざした民族的アイデンティティを掲げる一方，「モロの故郷」に住み運動に共鳴する人びとすべてを「モロ」に包摂し，権利回復を掲げて運動を展開した［川島 2014：47-49］．MNLFは中央政府主導のミンダナオ開発によってムスリムや少数民族の資源が略奪されたとの主張の他に，ムスリム特権階級も一般住民を搾取しているとの批判も展開したが，これを多くの困窮化したムスリム住民が支持した［石井 2002：10, 99］．

　この運動は，マルコス政権が自治区設置を定めたMNLFとの協定を無視して自治区設置の是非を問う住民投票（1977年）を強行したため激化し，80年代を通じて激しい戦闘がMNLFと政府軍の間で繰り広げられて多くの人命が失われた．

　しかし，民主化後はムスリム・ミンダナオ自治地域組織法（Organic Act for the Autonomous Region in Muslim Mindanao）に基づいて1990年に自治地域が設置され，和平に向けた動きも進み始めた［石井 2002：49］[9]．

## *3*　伝統的なフィリピン政治

　ここでは，フィリピン政治の変化の可能性を議論するための前提として，伝統的なフィリピン政治にはどのような特徴が見られるのかを整理しておきたい．

## 1　エリートが支配する政治

　マッコイ（Alfred W. McCoy）によると，フィリピン政治の歴史は有力な政治一族たちの歴史であった。フィリピンの政党は政治一族の連合としての意味し[10]か持たず，政権は権力を握った者の私的財産と変わるところがない。また，政治一族は自らの支配地域にある各自治体の公選職に同族出身者を割り振り，地方政治を支配する。そして，政治一族の「名前」は，多くの有権者にとっても選挙で投票すべき対象として意識されている。そのため，政治一族は長年にわたって政治的権力を維持する [McCoy 1994：1,8]。

　このような政治一族に支配される中央地方の各政府は，政治一族と彼らの近親者（親戚，友人，学友など）の私的利益に奉仕する機関となる。つまり，ミグダル（Joel S. Migdal）のいう「弱い国家」である [Migdal 1988]。「弱い国家」では，政治家は自らとその近親者の私的利益を拡大するために，自らに与えられた権限を恣意的に行使する。それは，公共事業の選定と予算付け，事業等の許認可，違法行為を行った者の赦免など，さまざまな分野に及ぶ。その結果，政府は，公共サービスを公正かつ効率的に提供することも法を適正に執行することもできなくなる。他方，政治一族に支配された政府は，彼らの利益のために一般住民の利害を損なう事業を進めることには躊躇しない。その好例が，カビテ州で1980年代以降進んだ輸出加工区の造成である [Coronel 1995：3-13]。

　従来，カビテ州には広大な農地が存在していたが，当時のレムリャ（Juanito Remulla）知事は，これの工業用地への転換を強引に推進した。この事業は，マルコス政権の輸出志向型工業化政策の下で，マニラ首都圏に隣接する同州が対象地域として最適な条件を備えていたことを背景に進められた。この点から見れば，この事業は政府の合理的な政策に基づいていると評価することも可能である。しかし問題は，レムリャ知事やその近親者たちが，事業によって私的利益を得ようとしたことである。たとえば，彼らは工業用地の予定地付近に，用地転換後の土地価格高騰による利益を目論んでさまざまな不動産投資を行った。また，公共事業予算から得られる不当な手数料も彼らの関心事項であった。

　以上に示した私的利益への関心から，レムリャ知事は事業を強力に推進し，そのために，マルコス大統領と大学の同窓であるという自らの立場を利用して，中央政府から事業に対するさまざまな支援を引き出した。さらに，同知事は，自らの私兵集団を使って立ち退きに抵抗する農民を強制的に排除したり，農民団体の指導者を殺害したりするなどした。カビテ州は，公職者が密貿易や違法

賭博といった違法行為に関わるなど，法の支配や社会秩序が不安定な地域であった．したがって，レムリャ知事の行為は決して特殊なことではない．

　カビテ州に典型的に見られるように，フィリピンの地方政治では，政治家が中央政府をはじめとするさまざまなネットワークと，自らに与えられた公職者としての権限と，違法ともいえる手段を駆使して，私的利益獲得のために政治と行政を支配してきた．

### 2　政治家と有権者の関係

　このような政治のエリートによる支配を可能にしていたのが，政治家と有権者の関係を特徴づけてきたパトロン―クライアント関係である．これは，社会経済的に上下関係にある二者間の関係で，上位者（パトロン）が下位者（クライアント）に対して保護を与え，クライアントはその見返りにさまざまなサービスをパトロンに提供する．これを政治家と有権者との関係について見ると，政治家（パトロン）はさまざまなサービスを有権者（クライアント）に個別に与え，有権者は政治的支持（特に選挙時の票）を政治家に提供する．

　従来は，大土地所有を経済基盤とする政治エリートが全人的な関係を有権者との間に結ぶ典型的なパトロン―クライアント関係が観察されたが，1960年代以降，都市化や産業化の進展に伴いより機械的性格の強い政治マシーンが台頭した．しかし，政治家による有権者への利益の供与は，その後もフィリピン政治の重要な特質の1つであり続けている．このような関係のもとでは，有権者は基本的には政治家による庇護に依存し，彼ら自身が政治過程に参入する契機は発生しない．エリートによる政治支配が可能な理由がここにある．

　とはいえ，長年におよぶ社会経済的変化は，パトロン―クライアント関係を弛緩させてきていることも事実である．このような状況においてなおエリートによる政治支配を可能にしているのが，先に紹介したカビテ州に見られるような強圧的手段も駆使した政治のあり方である．サイデル（John T. Sidel）が「ボシズム（＝ボス支配）」と名付けるこのような政治のあり方が，フィリピン政治のもう1つの特質となっているのである［Sidel 1998］．

## *4* 民主化後の政治制度変化

　「エドサ革命」は，フィリピンの政治環境を変化させ，NGO や「住民組織

(Peoples Organization, 以下，PO)」などを通じた市民や民間セクターの行政への参加に法的基盤を与えた．また，地方分権も新たな制度の下で進められた．それは，マルコス政権期の反政府運動を通じて拡大・強化されたNGOなどの市民組織が「革命」に一定の役割を果たしたことと関連する [Fabros 2006：13-14]．彼らが1987年憲法や1991年地方政府法の草案作成に関わったことによって，行政への市民参加が法制化されることになったのだ．本節では，憲法と地方政府法における市民参加と地方分権に関する規定を検討して，市民の政治参加にどのような制度的基盤が与えられたのかを整理しておこう．

## 1　市民参加の制度化

　まず，1987年憲法を見ていこう．この憲法の特徴を分析したブエンディア (Emmanuel E. Buendia) によれば，同憲法の少なくとも31の条文が市民参加に関わる規定を有する [Buendia 2005：88]．中でも重要なのが以下の条項である．第1に，あらゆるレベルにおける社会的，政治的，経済的決定への市民およびその組織の効果的かつ合理的な参加を保障することを規定した第13条16節．第2に，NGOや地域に基盤を置く組織が国民福祉の増大に役割を果たすことを定めた第2条23節．第3に，国民の権利を合法的な方法で守るためにPOが役割を果たすべきことを定めた第13条15節．そして，地方開発協議会への市民参加を規定した第10条14節などである [Wui and Lopez 1997：3-5]．

　以上のように1987年憲法が市民社会の政治参加を拡大する方向性を持つに至った背景には，マルコス独裁政権の長期にわたる持続を可能にした当時の憲法体制についての反省があった [Paez 1997：37]．これに加えて，従来の代議制民主主義体制がうまく機能しなかったという認識も，市民社会の活性化による直接民主主義，参加民主主義の可能性の模索につながった [Buendia 2005：2-3]．さらに，社会的に周辺化された人びとの権利の強化という要請も，この憲法の特徴を形作ったとされている [Buendia 2005：88]．

　この憲法を基礎として，各種個別法に具体的な市民参加の規程が盛り込まれていった．たとえば，共和国法7941号（1995年）は，比例代表制選挙によって，社会的に周辺化されたセクター（女性，若者，貧困層，障がい者など）の代表を下院に送りこむことを意図している [Wui and Lopez 1997：4]．また，1988年包括的農地改革法も社会的弱者である農民の政策過程への参加を規定する．同法の第11章第44条は，州の農地改革を総括する州農地改革調整委員会に農民組織や

農業協同組合，NGO などから合計 3 名の代表を参加させることを定め，第46
条では，行政命令229号（1987年 7 月22日付）に言及する形で，フィリピン最小の
行政単位であるバランガイ（Barangay）における農地改革関連紛争の処理等に
あたるバランガイ農地改革委員会への農民らの参加を定める．漁業者について
は，1998年漁業法が，水産資源の維持と開発を管轄する漁業・海洋資源管理協
議会への漁民組織代表や NGO 代表の参加を規定している（第 3 章第 2 条）．こ
れらは，フィリピンにおける民主化の定着にとって重要な課題の 1 つとなって
いる社会的・経済的な弱者のエンパワーメントの達成に法的基盤を与えようと
した法律の代表例である［西村 2009a：32］．

　以上のように，民主化後には，1987年憲法を基礎として，さまざまな法律に
よって市民の政策過程への直接参加が保障されるようになった．

## 2 地方分権化と行政への市民参加

　1991年地方政府法は，以下の点で革新性の強い法律であるといわれている．
第 1 に，基礎的サービスの計画および実施権限の地方政府への移譲．第 2 に，
自治体の財政基盤の強化．第 3 に，地方行政への市民参加の促進である［Tapales
1998：189；Tapales 2002：49-50；Bautista et al. 2002：75］．

　まず，行政権限の地方への移譲に関しては，17条 a 項が，地方政府が「国の
機関や省庁から移譲された機能や責任を行使」し，「各々の基礎的サービスを
効率的，効果的に提供するのに必要なあるいは付随する責任や権限を行使する」
ことを定めた．そして，保健衛生，社会福祉，環境，農業，公共事業，観光，
通信，住宅建設など幅広い分野で地方政府が権限を持つことが規定された．

　次に，同法は，地方政府の財政基盤を強化する制度を導入した．地方政府に
よる課税権の拡大，管轄地域内の国家資源から得られる利益の特別配分権の付
与，地方政府に対する一般補助金としての性格を有する内国歳入割当の自動的
な配分と配分率の11% から40% への引き上げ，手数料等の増加などである．

　そして，同法は，PO や NGO を地方自治のパートナーと位置づけてその発
展を促し（第34条），これらの市民組織との協力を促進し（第35条），これらの組
織への支援を行う（第36条）ことを地方政府に求める．その上で，同法は，市
民参加のための具体的な機構として，地方開発協議会をはじめとする地方特別
会議の設置を規定する．さらに，同法は，第41条 c 項において，社会的に周辺
化されたセクター代表の地方議会への参加も規定する［西村 2009c］．

　以上に掲げた特徴の中で，市民の行政参加規定は以下の2点において重要である．第1に，行政能力の基礎となる財政基盤や人的基盤の脆弱さに悩む地方政府が多いなか，政府と市民・民間セクターの協働によって市民や企業の持つ資源を活用し，政策策定や実施の効率性や効果を高める可能性である．第2に，地方行政がエリートの利害に偏ることを抑止する効果である．ワーフェル（David Wurfel）は，さまざまな社会勢力が政府に圧力をかけることで公共利益の追求に政府を導き，法の支配を強化することが重要であると指摘する．そして，長年政治を支配してきたエリートに対抗しうるアクターとして NGO の存在を強調する［Wurfel 2006：5-6］．つまり，市民参加規定によって，従来は政策過程から疎外されていた人びとの参加を実現し，地方政府をエリート層からの圧力に「強い政府」に変化させることが期待されるのである．

## 5　フィリピン政治の変化の可能性

　前節で見たように，市民参加のための法的基盤は整備されてきているが，これに呼応するように，市民参加を促進するさまざまな事象も観察される．

### 1　市民参加を促進する政治環境

　まず，政府の閣僚や官僚に NGO 出身者が登用されるケースが増加している．閣僚級ではアキノ（Corazon C. Aquino）政権（1986-92年）発足時の官房長官，労働長官，社会福祉開発長官，ラモス（Fidel V. Ramos）政権（1992-98年）発足時の農地改革長官，環境天然資源長官，保健長官が NGO 出身者であったし［Clarke 1998：72, 77］，これ以降の政権でも NGO 出身者が登用されている（エストラーダ政権の農地改革長官，アロヨ（Gloria Macapagal-Arroyo）政権（2001-10年）やアキノ（Benigno Aquino III）政権（2010-16年）の社会開発福祉長官，ドゥテルテ（Rodrigo Roa Duterte）政権（2016-現在）発足時の農地改革長官など）．同様の変化は，地方政府でも観察される．たとえば，マニラ首都圏ケソン市では，ベルモンテ（Feliciano R. Belmonte, Jr.）市政期（2001-10年）には，障がい者 NGO や都市貧困層 PO の幹部などが雇用されていた．

　国際援助コミュニティ（国連などの国際機関，援助供与国，国際協力 NGO など）が開発援助事業への NGO の参加を求めていることも，市民参加を促進する要因である．第1に，1980年代以降，開発援助資金が NGO に大規模に流れ込むよ

うになった［Clarke 1998］．そのため，財政基盤の弱いフィリピンの政府にとっ
ては，事業予算を補完するためにも NGO との関係強化が必要になる．第2に，
地方行政をはじめとする行政改革の支援では，NGO の参加が求められる．た
とえば，米国国際開発庁（USAID）は，「ガバナンスと地方民主主義（GOLD）」
事業によって，NGO を介した地方行政への市民参加を促進するための支援を
実施した［西村 2005：348-49］．2019年を最終年度とするミンダナオの地方政府
および市民組織強化事業（Enhancing Governance, Accountability and Engagement）
でも，市民組織の参加が求められた［USAID 2019］．

　以上のように，民主化後には実際に NGO が政治過程に参加する機会が増え，
市民参加を容易にするような政治環境が醸成されていった．そして，さまざま
な市民組織が生まれ，エリートが支配する政治のアリーナには上らなかった政
策課題（たとえば，農民により有利な農地改革法案［堀 2005；五十嵐 2011：344-79］）が，
政策過程にインプットされるようになった．その背景には，国民のさまざまな
利害を代弁する市民組織の幅広い連合体がいくつも形成され，具体的な代替案
を政策過程に提示するようになっていたことがある［Villanueva 1997：82］．

　これに呼応して，国政レベルで国民の政治参加を促進するための試みが実施
されるようになった．たとえば，ラモス政権は，貧困政策として「社会改革ア
ジェンダ」（1994年）を打ち出したが，その推進主体として位置付けられた PO
や NGO が政策の具体化を議論する社会改革評議会に参画した．同評議会は，
1998年に社会改革貧困軽減法（共和国法8425号）によって創設された国家貧困対
策委員会に統合・再編されたが，PO や NGO は政府部門の代表と同等の立場
でこの委員会に参画している．同委員会は貧困対策のみならず，農地改革，先
住民の権利の保護，女性の権利の保護など，広く社会政策に関与しており，ア
ロヨ政権でも，多様な分野の社会政策に関わった［太田 2005：196-201］[13]．

　さらに，政府側に NGO や PO との協力に積極的な姿勢が見られるようになっ
た［Abinales and Amoroso 2005：251；Holden 2012：175］．この背景には，政治家の
中に，制度変化を無視して住民の政治参加を否定するのは難しいという意識が
生じ始めていることがある．たとえば，上述したケソン市長は，地方開発協議
会を設置する理由の1つに法の順守の必要性をあげる［西村 2009b：63］．また，
ブラカン州の州都マロロス市の市長は，市政のパフォーマンスを高めるために
は，首長が幅広い市民の支持を得る必要があり，そのためには住民とのコミュ
ニケーションが重要であると強調する[14]．同様の認識は官僚にも見られる．た

えば，UNDP の下で沿岸環境管理事業を進めているカビテ州の環境天然資源局の幹部は，住民の意向を無視して事業を進めることの困難さを指摘する[15]．

　有権者も特定の政治家による拘束から自由になりつつある．特に都市部では，複数の政治家が支持を求めて NGO も巻き込んで競合するため，彼らには複数の選択肢が示される．また，メディアの普及により，さまざまな情報を手にすることが可能になった有権者は，政治エリートの指示に沿った政治選択をしなくなってきた．そして，民主化後の多党化現象は，二大政党制の時のような政党による拘束をなくした［日下 2013：40-41］．このような状況下で，貧困層が権利を行使して自らの利害を実現する可能性もより大きく開かれ［Angeles 1997：97-98］，彼らが NGO 等の支援の下で組織化して自らの権利実現のための運動を展開する事例が増加している[16]．

## 2　市民参加の阻害要因

　一方で，市民の政治・行政への参加を阻害する問題もある．その1つは，政治家や官僚が持つ NGO に対する不信感である．これは，効果的な市民参加を妨げる．前述したケソン市長も，NGO は市政に対して批判的であると指摘して彼らに対する警戒感を表明し，地方開発協議会を自らの事業に対する市民からの支持を取り付けるために利用しようとしていた［西村 2009b：68,74][17]．また，首長が自分の意向に従う NGO や自らが組織した NGO だけを参加させることもある．さらに，当初は NGO との協力の下で開始された事業でも，政府との信頼関係が崩れ，NGO の効果的な参加が損なわれる事例もある［西村 2008］．

　NGO に対する政府の不信感の背景には，1960年代に台頭した共産党の影響を受けた反政府系 NGO（共産系 NGO）の発展の歴史がある．NGO には，企業や政治エリート，あるいはカトリック教会などが設立するものもあるが，共産系 NGO は反政府的姿勢で突出していた［Clarke 1998：101-108］．民主化後には，共産系 NGO も政府との協力を志向し始めるが，彼らに対する政府側の不信感は強く，両者間の協力関係の構築はさほど容易ではなかった．この点は，地方分権開始後20年を経た2010年時点においても十分に解消されたわけではなく，たとえば，西ビサヤ地方にある地方政府の幹部は，地方開発協議会に NGO を参加させるに際しては彼らを政治的に中立化することに気を使うと述べた[18]．

　さらに重要なのは，一般住民が従属的参加者となることである．日下が中間層の「市民圏」と貧困層の「大衆圏」の対峙として描くこの問題は［日下

2013]，ここでは NGO と PO の対立として現れる．フィリピンの NGO が大学等で教育を受け高い専門性を有する知識人で構成される一方，PO は主に一般住民によって構成される．両者は NGO が PO を支援あるいは指導する関係になるが，これがしばしば支配従属関係になり，一般住民の自律的な参加が損なわれる [Ferrer 1997]．背景には，NGO と PO の間に英語能力や論理的な思考能力など「文化資源」[19] の格差が存在し，NGO が PO の意向を軽視しがちになることがある．

## **6** ムスリムの自治地域

　2019年2月22日，ミンダナオのムスリム地域にバンサモロ暫定自治政府（BTA：Bangsamoro Transition Authority）が樹立された．前年の7月27日に成立したバンサモロ組織法（BOL：Bangsamoro Organic Law）の施行と複数の自治体のバンサモロ自治地域（BARMM：Bangsamoro Autonomous Region in Muslim Mindanao）への加入の是非を問う住民投票（1月21日と2月6日に実施）の結果を受けたものである．MNLF と政府による和平合意（1996年）には不参加だったモロ・イスラム解放戦線（MILF）と政府との交渉の結果成立した BOL は，ムスリム・ミンダナオ自治地域（ARMM：Autonomous Region in Muslim Mindanao）より広範な自治権を BARMM に与えることになる [川島 2014：42]．

　民主化後に和平交渉が進展した背景には，いくつかの要因がある．第1に，1987年憲法で ARMM の設置が規定された．第2に，反政府運動の指導者を政府組織に登用した．MNLF の場合はミスワリ議長が ARMM 知事になり，BTA は MILF が主導することになっている．第3に，国際社会の支援である．MNLF との交渉は主にインドネシアが，MILF との交渉は主にマレーシアが支援した．これ以外にも，社会経済行政基盤整備への支援が海外から提供された．たとえば，MNLF との交渉期には，アメリカや日本などが民間企業基盤支援やインフラ支援等を実施した．また，MILF との交渉と並行して，たとえば USAID による地方行政支援があったことは上述の通りである．以上からわかるように，和平交渉進展の背景には，市民参加の促進の場合と同じく，法的基盤の整備，非政府組織の参加，国際社会の支援が存在し，ムスリムの政治参加を容易にする環境整備が進んだのである．これに呼応して，1990年代以降，ミンダナオで多くの NGO が設立され，平和構築や社会開発などの分野で活動

した［川島 2014：53］.

　他方で，エリートがその既得権を維持するような動きも見られる．たとえば，BTA のメンバーの中に MILF のあずかり知らぬところで地方の政治エリートが含まれていたとの指摘がある［PDI, Feb. 24, 2019］.

# 7　おわりに

　本章では，エリートが支配してきたフィリピンの政治が，民主化後の制度変化によってどのように変わっていくのかという点について検討してきた.

　その結果，制度変化とその後の政治環境の変化は市民参加を促進する方向で作用することが明らかになった．他方で，変化を阻害する要素も存在する．それは，政府の NGO に対する不信感であり，貧困層など一般住民の尊厳や能力に対する偏見である．さらに，これに加えて 2 点指摘しておきたい．第 1 は，今日までフィリピン政治の基層に横たわるパトロン─クライアント関係のメカニズムである．これは，有権者の政治家への依存を強化する方向に作用し，彼らが自律的に政治参加する流れを弱めるだろう．第 2 は，政治家が公的地位から得られる各種権限を恣意的に行使する誘因は今でも存在するということである．そして，今なお政治一族が各種の公選職ポストを支配している地方は多い.つまり，今でも政治権限を恣意的に行使する政治家は存在するのである.

　フィリピンの政治は現在，変化を促す圧力と過去に引き戻そうとする力がせめぎ合っている．今後の変化がどちらの方向に行くのか，今しばらく注視していく必要がありそうである.

注
　1 ）スペインは，1565年にフィリピン中部のセブに最初の駐留地を開設した後，1571年にはマニラに進出し，16世紀末までにミンダナオ島中南部のイスラーム教徒支配地域を除くフィリピン全域を支配下におさめた．スペインによる植民地統治の特徴は，カトリック教会が布教だけでなく，実際の統治でも影響力を持ったことにある．文官で構成される植民地政府は，人員不足もあって地方にまで十分に目が届かなかった．それを補ったのが，布教を目的に地方に浸透した教会であった．この過程で，教会は信者からの寄進などで土地を集積して大地主になり，地域社会の有力者となったスペイン人神父は道徳的に堕落した．商業取引を認められていた総督をはじめとする植民地政府の官僚たちも，私的利益の集積に専念してフィリピン人社会の公共の利益には関心を示さなかった．こ

の間，先住フィリピン人の中からエリート層が形成されていったが，彼らの多くは，スペイン統治開始前のフィリピン人社会を構成した政治集団（100世帯程度の規模でバランガイと呼ばれた）を統率していたダトゥ（首長）層の出身であった．彼らは土地集積によって富を増やしたが，フィリピン人を搾取するスペイン支配の問題を敏感に感じ取ったのも彼らであった．1872年にフィリピン人神父3名が処刑されたが，この事件の後，エリート層を中心にフィリピン人の民族主義は高揚し，スペイン支配の改革を求める運動が展開されていった．この運動は，フィリピンの独立をめざしたものでは必ずしもなかったが，中には独立を目標に掲げる人びとも存在した．そして1896年，独立を目標としていた非エリート層の組織（カティプーナン）の存在がスペイン当局に察知されたのをきっかけに，反スペイン闘争（フィリピン革命）が始まった．この革命は，エリート層と非エリート層の対立もあり，翌年にはスペインとの停戦協定の締結という形でとん挫した．　1898年に米西戦争がはじまりスペインの劣勢が明らかになると，フィリピン革命の指導者エミリオ・アギナルド将軍がフィリピンの独立を宣言した（1898年6月12日）．しかし，この独立は，アメリカに降伏したスペインがフィリピンをアメリカに売却したこと（1898年12月）によって，短期間で終焉を迎えた．その後は，アメリカによる支配に抵抗するフィリピン人とアメリカ軍との武力衝突が続いたが，1902年7月4日，アメリカがフィリピン平定完了を宣言し，アメリカによるフィリピン統治が本格化した．

2）1901年には町で，翌年には州で選挙が実施され，1907年には下院に相当する議会を対象とした最初の国政選挙が実施された．そして1916年には，上下両院ともに選挙によって選出されたフィリピン人議員で構成されることになり，選挙権も識字能力を持つすべての成人男性に拡大された（識字能力は，候補者の氏名を読み・書くことができるかによって判断された［谷川・木村 1977：31］）．また，1907年には国民党（Nacionalista Party）が結成されて，議会での一党優位を確立した［Corpuz 1989：538；548-62］．

3）フィリピン南部には13〜14世紀頃にイスラームが伝来し，15世紀半ばにはスルー諸島にスルー王国が，16世紀前半にはミンダナオ島中南部にマギンダナオ王国が成立して，スペインによる支配の試みをはねのけ続け，マギンダナオ王国はスペイン支配の末期まで，スルー王国はフィリピンがアメリカに譲渡された1898年まで独立を維持した．

4）「モロ」（ムスリム）はキリスト教化したフィリピン人と違って文明化していないとの理由でこの地域をアメリカ軍政の直接統治下におく一方，協力的な一部のダトゥには権限を付与して統治体制に取り込んだ［石井 2002：45，64-65］．

5）この間，アメリカやフィリピン政府の施策としてルソンやビサヤからのキリスト教徒フィリピン人の移住が進められ，ムスリムは人口の上で少数派になっただけでなく，先祖伝来の土地を入植者たちに接収されるなど，経済的にも困窮していった．アメリカやフィリピン政府と協力関係を結んだ一部の者以外のダトゥも，普通選挙導入後はキリスト教徒フィリピン人が多数派になる中で政治基盤を脅かされるようになり，不満を募らせていった［石井 2002：66-67,99；川島 2014：45-46；永石 2015：8］．

6）この体制の正当性に関しては，伝統的な政治経済エリートによる支配を排除することにあるとの主張が展開された．しかし，マルコスは自らの親族，同郷者，学友などで構

成される「クローニー（取り巻き）」に対しては，政府系公社の利権や政府による事業許認可・融資を優先的に与えて彼らのビジネスを不当に支援し続け，自らもその地位を利用して利権配分からの取り分を蓄積した．結局，マルコス政権は，伝統的エリートに代わってクローニーという新たな政治経済エリートを生み出し，エリート支配という旧来のフィリピンの政治経済構造は何ら変化させなかった．

7 )「エドサ革命」は，経済社会構造をより平等なものにする社会革命としての性格は持っていなかった．この「革命」には NGO などの市民組織が関わったが，マルコス政権期に権力基盤を奪われた旧来の政治エリートや，経営感覚のないクローニー企業が中心となったフィリピン経済の悪化を懸念する経済エリートも「革命」の推進に重要な役割を果たしたからである．特に，1983年に反マルコス勢力の象徴でもあったベニグノ・アキノ元上院議員が亡命先のアメリカから帰国した直後に空港で暗殺されてから，これらの政治経済エリートの政府批判は激しさを増した．彼らは共産勢力の台頭を懸念するカトリック教会とも連携して反政府運動を展開し，1986年大統領選挙ではマルコスの対立候補にアキノ元上院議員の未亡人コラソン・アキノを擁立した．大規模な不正選挙によって大統領への「当選」をマルコスが宣言した直後に国軍のマルコス批判勢力が反乱を起こし，これを支援する数十万の市民が街頭デモを繰り広げる中でマルコス政権は崩壊したが，この後に成立したアキノ政権は，NGO などの進歩的勢力を取り込む一方で，旧来の政治経済エリートやマルコス政権崩壊に貢献したと自負する軍部の影響も受けた複雑な性格を持つ政権になった．結局のところ，「エドサ革命」は，旧来の政治経済エリートの復権に道を開いたといわれている［Wurfel 1988；Timberman 1991］．

8 ) 2015年時点の農業従事者の貧困率は34.3％で，全人口の貧困率21.6％を大きく上回っている［PSA 2017b］．

9 ) ただし，この自治地域は1996年の和平合意によってヌル・ミスワリ（Nur Misuari）MNLF 議長が長官に就くまでは実質的に機能していなかった．

10) 政治一族は，同じ家族・親族から何人もの政治家や政府高官を出し，地方の政治を支配し，中央の政治にも進出する．たとえば，ドゥテルテ大統領の長女は大統領がかつて市長を務めたダバオ市長職に就いている（2019年 3 月現在）．

11) 1987年憲法では，48名の制憲議会議員のうち少なくとも20％が NGO とのかかわりを持っていた．また，1991年地方政府法の起草にはフィリピンの農村開発で実績を持つフィリピン農村再建運動（Philippine Rural Reconstruction Movement）という NGO が関わった［Clarke 1998：73，158］．

12) 1973年憲法は，経過条項によって以下の規定を設けた．① すべての大統領令に正統性を認める，② 大統領が大統領権限に加えて新設される首相権限を持つ，③ 正式の国民会議（日本の国会に相当）開設までの間は暫定国民会議を置き，この構成員には，経過条項に賛成した憲法制定会議の代議員を含めることである［ワーフェル 1997：168-69］．

13) ただし，国家貧困対策委員会への PO や NGO の参画が国民目線の政策をどの程度実現するかについては慎重な検討を要する．2007年に始まった貧困層向け条件付現金給付事業（子供の授業への出席や政府主催セミナーへの参加等を条件として貧困家庭に一定

額を支給）に関しては，国家貧困対策委員会が省庁間委員会での事前の政策協議に参画した．しかし，この事業については，住民が「能力付与」された「市民」になることを強いられ，これから外れた者を排除するような性格を持つとの指摘がある［関 2013］．

14）2010年1月6日，マロロス市長へのインタビュー．

15）2007年9月19日，カビテ州政府環境天然資源局幹部へのインタビュー．

16）マニラ首都圏ケソン市の貧困層による土地取得のための運動［Karaos 2006］や，マニラ市のスラム住民が立ち退き問題に関して自らの要求を主張する運動［木場 2010］では，さまざまなコネを活用して中央政府にも働きかけて自らの要望を実現していった．

17）中央政府でも同様の問題は発生する．たとえば，犯罪防止対策を協議するサミットの事例では，NGO による政策委員会への参加が形式的なものにとどまり，実質的な影響を政策決定に及ぼすことができないという不満が NGO 側から表明された［See 1997：128］．

18）2010年9月8日，西ビサヤ地方の地方政府の計画開発調整官へのインタビュー．

19）日下は，市民圏（中間層）で認められるためにはこれらの「文化資源」を持つ必要があると指摘する［日下 2013：45］．

❏ 推 奨 図 書 ・ 推 薦 映 画 〰〰〰〰〰〰〰〰〰〰〰〰〰〰〰〰〰〰〰〰

大野拓司・鈴木伸隆・日下渉編［2016］『フィリピンを知るための64章』明石書店．

四ノ宮浩［2007］『神の子たち』オフィスフォープロダクション．

石井正子・田坂興亜監修［2018］『甘いバナナの苦い現実』アジア太平洋資料センター．

グティエレス，M.［2019］『橋の下のゴールド』高文研．

# 第3章

# 民族／宗教アイデンティティが紛争を引き起こすのか？
──アフリカの紛争を読み解く──

## ▌*1* アフリカを学ぶ前に知っておくべきこと

　本章では，日本で「民族紛争」や「宗教対立」という言葉で報道・説明されているアフリカの紛争の実態を説明したい．結論を先に述べると，「私は〇〇民族である」という民族アイデンティティや，「私は〇〇教を信仰している」という宗教アイデンティティによって，殺し合いが生まれることはない．後述するように，アフリカ（本章ではサハラ以南アフリカに限定する）の伝統は，異なる民族，異なる宗教の共存である．既得権益を巡り争っている政治エリートが，人びとの民族／宗教アイデンティティ（自己の存在証明）を民族／宗教ナショナリズム（他者との対立）に変化させ，これまで共存していた人びとを動員し，紛争を引き起こしている事例は枚挙に暇がない．

　「アフリカ」と一言で表現されることが多いが，アフリカ大陸は世界の主要国がすっぽりと入る広さがあり，54の国があり（アフリカ連合の加盟国であるが，日本が未承認のサハラ・アラブ民主共和国を含めれば55になる），民族数は2500を超えると言われている．アフリカで民族と呼ばれる集団は，「太古の昔から連綿と続いてきた集団」ではないが，民族はそれぞれ独自の歴史を持ち，民族語を話し，民族の慣習法をもっている．大きな紛争も小さな抗争も，それぞれの地域の事情に根差した原因があり，「アフリカの〇〇」というように十把一絡げにできるような単純な問題ではないことを先にお断りした上で，本章では，「民族紛争」と呼ばれているが，実は「民族／宗教アイデンティティ」の発露ではない事例を紹介したい．

　本題に入る前に，私たち日本人が持ちがちなアフリカのイメージについて，簡単に説明しておきたい．

## 1　日本人の持つアフリカのイメージ

「アフリカ」と聞いて,どのような言葉,光景を思い浮かべるだろうか?　「野生の王国」,「サファリ」,「目がきらきら輝いた子どもたち」,「飢餓」,「旱魃」,「紛争」,「難民」.　一般に日本人がもつアフリカのイメージは,「3K」,つまり「かわいい」,「かわいそう」,「こわい」に集約できる.

　アフリカに住む人びとの大部分は農村に住んでいる.　適度に雨が降れば,作物が実り,草が生え,水飲み場に水がたまり,農業,牧畜業で生計をたてる人びとは生きていくことが出来る.　太陽の光と雨の恵みのバランスがうまく取れて,紛争がなければ,広大な大地を誇るアフリカは決して「かわいそう」な人びとが住む所でも「こわい」土地でもない.

　日本人がアフリカの光景を見て,「かわいい」,「かわいそう」,「こわい」と感じる時,「アフリカの問題は私たちとは関係がない」という第三者的な目で見ていることはないだろうか.　アフリカの国々が最貧国グループに名を連ねていることは,先進国が作り出した不公平な貿易ルールをはじめとする新植民地主義の結果である.　私たちの暮らしに不可欠な希少資源の宝庫であるのがアフリカであり,その希少資源を元手とする反政府武装勢力によって,多くの村人の命が失われていることも知っていてほしい.　また,もし,近年の降雨量の減少の原因が地球温暖化であるなら,化石燃料を大量に消費してきた先進国の責任は大きい.　日本が経済大国である以上,アフリカの貧困に関係がないとは言えない.　まずは,遠く無関係な大陸の話としてではなく,日本と関係が深い大陸の話として,この章を読んでほしい.

## 2　アフリカの貧困層と富裕層

　「かわいそう」という目で見ないでほしいとは思っているが,実際アフリカの貧困層の暮らしは厳しい.　筆者は12年間,ケニア共和国の北東部にあるソマリ人の暮らす地域に通った.　村に行けば,電気やガスはおろか安全な水にアクセスすることも出来ない.　この地域は,ケニアで最も貧しいと言われてきた[World Bank 2009 ; 2018].　人びとが貧しいのは,怠けているからではない.　朝は暗いうちから,人びとは働き出している.　遊牧を生業とするこの地域で,昼間,百頭近いラクダが整然と歩いていく姿には圧倒される.　雨が十分に降り,牧草が十分に生えていれば,住民同士争う必要はない.　道路などインフラが整備されて,肉やミルクを消費地へ大量に早く運ぶことが出来れば,この地域はもっ

と発展する可能性を秘めている．問題は，雨が降らず，牧草地が枯れ，水飲み場に水がなく，土地と水を巡って人びとが争う状況が続いているにもかかわらず，インフラは整備されず，長年，植民地政府からも独立後の中央政府からも，未開発のまま放っておかれたという現実にある．

北東部における開発の遅れは，教育現場でも顕著に見られる．2003年からケニアでは初等教育無償化が導入された．他地域の初等教育就学率がどんどん上がっていったのに対して，北東部の子どもたちは，文房具や制服が用意できず，なかなか学校に行けなかった（もちろん遊牧という生業の影響も大きかったが，当時の州教育庁はモバイル・スクールという試みも始めていた）．

日本と異なり，アフリカの貧しい子どもたちは学校に行かないと読み・書き・計算は身に付かない．親も読み・書き・計算が出来ないため，家で教えることが出来ないからである．読み・書き・計算が出来ないと，マーケットで働くことも出来ない．現金収入がなければ，子どもが病気になっても治療費が払えないから，医者に診てもらえず死なせてしまう．出産も，助産師がいない地域では，土間の上で産み，家にあるナイフで臍の緒を切る．感染症が母子の命を脅かす．

アフリカに貧しい人は多い．しかし，全員が貧しいわけではないことも強調しておきたい．アフリカの中産階級の生活は日本の中産階級の比ではない．貧富の格差が大きいことによるものであるからその是非は別として，まず家にはメイドがいる．プールとテニス・コート付きの家も珍しくはない．大金持ちになると，世界レベルになる．金持ちが幸せだというつもりはないが，少なくとも，アフリカ人全てが貧しいというイメージは間違っている．アフリカにも大富豪はいる．近年のアフリカの経済成長率は先進国を凌駕している．教育を受け学位を有すれば（縁故も大きく関係するが），日本に住む私たちよりもはるかに余裕がある生活を送ることもできるのである．

## 3　アフリカが経験してきた暴力

政治学者のルドルフ・ランメル（Rudolph J. Rummel）が書いた20世紀以前のデモサイド（democide＝民衆殺戮）の表にアフリカがはじめて出てくるのは，奴隷貿易の項目である［Rummel 1998：70］．15世紀（16世紀から本格化）から約400年にわたる奴隷貿易は，アフリカ社会から若い労働力（3分の2が男性）を奪い去った．諸説あるが，この時期に大西洋を生きて渡ったアフリカ人奴隷の数は

1200万人程度と見積もられ，死者を含めれば，さらに膨大な数字となる．船上の奴隷は保険をかけられた船荷であり，アメリカ大陸到着後，白人に買われた奴隷は，鋤や鍬と同じ扱いで，「人間」としては扱われなかった．

奴隷貿易の後，アフリカは植民地主義の侵略を受けた．1884-85年のベルリン会議において，ベルギー王レオポルド2世（Leopold Ⅱ）の私有地となった「コンゴ自由国」は，ベルギーの植民地となるまでの約20年の間に，数百万人規模の人口減を経験した［藤永 2006：81］．ゴム製タイヤの発明により，天然ゴムの需要が急増し，コンゴの人びとは，ゴムのプランテーションで苛酷な労働を強いられ，虐待されたからである．

アフリカ人が起こした「初期抵抗」に対する弾圧も凄まじいものであった．ドイツ領南西アフリカ（現在のナミビア）において，ドイツは，1904年から1911年の7年間で，アフリカ人人口を推定13万人から3万7000人に減らした．その中でも，ヘレロ人は2割しか生き残らなかった（推定8万人から1万5000人へ）．同じくドイツ領であったタンガニーカ（現在のタンザニアの大陸部分）で起きた「マジマジの反乱」（1905-1907年）においても，アフリカ人犠牲者は10万人から25万人といわれている．

植民地時代の弾圧に触れる紙幅の余裕はないが，植民地独立闘争であるケニアの「マウマウ闘争[2]」については，イギリス植民地政府の弾圧により多くの人命が失われたことを明らかにした研究が，イギリス社会にも大きな衝撃を与えた[3]［Anderson 2005；Elkins 2005］．独立後も，アフリカでは，既得権益やイデオロギー対立を巡って，旧宗主国や米ソの干渉や介入により，「コンゴ動乱」，モザンビークやアンゴラでの「冷戦の代理戦争」が起こり，冷戦終結後は，「紛争の大陸」と言われるほど，多くの紛争が起こった．

こうして見てみると，奴隷貿易以来，アフリカ人の命がいかに軽んじられてきたかということがよくわかる．「ライブ・エイド（Live Aid）」や「ライブ・エイト（Live 8）」でも語られているが，アフリカで旱魃が起こり，人びとが飢えと死に直面しているときでも，先進国は予算をかけて余剰作物を廃棄処分していた．アフリカの飢餓も人災であり，大きな暴力だといえる．

## 4　異なる民族と宗教が共生するアフリカ社会

アフリカ諸国の多くが，多民族多宗教国家である．「民族」と聞くと，太古の昔から連綿とつながっている集団をイメージするかもしれないが，決してそ

うではない．民族にも栄枯盛衰があり，新しく生まれたり，消えたり，吸収されたり，分裂したり，さまざまな歴史がある．

　アフリカにも多くの帝国や国家，首長国の興亡があったが，現在アフリカ大陸に引かれている国境線は，1884-85年のベルリン会議で策定された植民地の国境線をほぼそのまま継承している．ヨーロッパ列強による「アフリカ分割」である．この会議に，アフリカからの声は反映されていない．そのため，独立後も1つの国に異なる民族が囲い込まれ，また，同じ民族が複数の国に分断されて暮らしている．

　アフリカでは，1つの村に，2つ3つ異なる民族が共に暮らしていることが珍しくはない．子どものころから「母語」以外に触れて育っていくため，複数の民族語を話すことができるのは当たり前で，育った環境によっては，10以上の民族語を話せる人もいる．民族が異なるだけで殺し合いは起こらない．異なる民族に属する人びとが殺し合いを始めるのには，民族アイデンティティ以外の理由がある．

　宗教についても同様である．一世を風靡した「文明の衝突」では，暴力やテロに訴える人びとの意識の説明はできないことを覚えておいてほしい．筆者の調査地であったケニア北東部では9割以上の住民がイスラーム教徒である．滞在中にキリスト教の教会が運営する学校のバスが通る様子を見たことがあるが，周囲のイスラーム教徒は平然としていた．キリスト教徒が殺害されたり教会が襲撃されたりするような事件が起こり始めたのは，2011年10月に，国連安全保障理事会からの要請に従ったケニア政府が「テロとの戦い」に参加し，ケニア軍が隣国ソマリアに侵攻し，ソマリア南部を支配するテロ組織アル・シャバブと戦闘を開始して以来のことである．すぐさまアル・シャバブによる報復テロがケニア北東部でキリスト教徒や教会をターゲットにして始まった．アル・シャバブはキリスト教徒を敵として，宗教による住民の分断を図ったわけだが，成功はしていない．2015年12月21日，アル・シャバブがエチオピア国境に近いマンデラという町でバスを襲撃し，キリスト教徒だけを殺害しようとしたとき，イスラーム教徒の乗客がアル・シャバブの命令を拒否しキリスト教徒を守ったという事件を紹介したい [BBC 2015]．イスラーム教徒とキリスト教徒の共生がこの地域の日常の風景なのである．

### 5　アフリカを貧しくしてきたのは誰？

　アフリカの貧困問題については，政権の腐敗や汚職，失政といったアフリカ側の責任が追及されがちであるが，それと同時に，植民地主義，独立以来続く新植民地主義，冷戦期の独裁や汚職と腐敗の黙認，1980年代以降の構造調整政策の押しつけといった先進国側の責任も忘れてはならない．

　タンザニアの例をみてみよう．初代大統領ニエレレ（Julius Nyerere, 1964-85年在職）は，1974年に初等教育無償化政策を導入することにより，1971年に19.9％だった初等教育修了率を，1975年には35.3％，1981年には76.7％，1984年には122.3％にまで向上させた（修了率は World Bank による）．ところが，1980年代に国内経済の悪化が深刻化したために，世界銀行や国際通貨基金（IMF）が受益者負担を要求した．1986年の構造調整政策受け入れに先立ち，1985年に初等教育が有償化されたことにより，授業料が年々上昇していった結果，初等教育修了率は，1985年に79.5％，1986年に71.0％，1987年に68.4％，1989年に47.5％と，悪化の一途を辿った．世界中から批判を浴びた結果（たとえば，UNICEF［1987］『人間の顔をした調整』），世界銀行と IMF が初等教育無償化政策に舵を切ったため，2002年に再び授業料は無償化され，修了率は，2002年に59.0％，2007年に80.4％，2009年に98.9％と上昇しているが，有償化政策が導入されていた間，どれほど多くの子どもたちが学校に行くことをあきらめたかを考えてみてほしい．

　この問題は，先進国側に大きな責任がある．世界銀行や IMF が考え出した構造調整政策の目的は途上国に債務を返済させることであり，タンザニアの財政赤字を軽減するために，授業料の有償化がすすめられたのである．累積債務を抱えていた国はどこも同じ状況だった．もちろんアフリカ側に全く非がないというつもりはない．ニエレレの経済政策に問題がなかったわけではない．また，政権の汚職や腐敗のために，教育費に十分な予算が割り当てられなかったような国もある．しかし，無責任な貸付により途上国に累積債務問題を生じさせた世界銀行や IMF という巨大な権力によって，教育や医療のための予算が削られ，多くの子どもたちの将来を奪ったという事実があるということに是非目を向けてほしい（服部［2001］を是非読んでほしい）．

## *2* アフリカと紛争

### 1　民族の数と紛争の相関性

アフリカの紛争を考えるにあたって，まず，国内に異なる民族を複数抱えていること＝多民族国家であることが紛争を起きやすくしているのかという問題を先に解決しておきたい．本章の統計は，ストックホルム国際平和研究所(SIPRI：Stockholm International Peace Research Institute) がまとめているものを使っている．SIPRI の統計には，年間1000人以上の死者を出し，当事者の一方が政府である紛争が用いられている．

結論から言えば，民族数と紛争との間に相関関係はない．民族数120のタンザニア，70を超えるザンビアなどは，独立以来紛争を経験していない．その一方で，国民の85％以上がソマリ人であるソマリアは，1991年にバーレ（Mohammed Siad Barre）独裁政権が倒れて以降内戦が続き，全土を掌握する政権が2019年4月現在，いまだに存在しない．表3-1を見てほしい．アフリカが「紛争の大陸」と呼ばれた冷戦終結後の1990-2002年に，一方の当事者が政府で年間戦闘死者1000人以上の国内紛争を起こした国と起こしていない国の民族数を表したものである．サハラ以南アフリカ48カ国中34カ国のデータでしかないが，表3-1をみれば，民族が少なくても紛争は起こるし，民族が多くても紛争がない国があることがわかる．

### 2　アフリカの紛争の原因

アフリカで紛争が起こる要因としては，同朋意識の欠如，貧困，貧富の格差，天然資源を巡る争い，武器の流入などがある．同朋意識の欠如には，これから紹介するケニアやナイジェリアの例に見られるように，植民地政府が分割統

**表 3-1　民族数と国内紛争**
(1990-2002年)

| 民族数 | 紛争国 | 非紛争国 |
|---|---|---|
| 0-10 | 5 | 4 |
| 11-20 | 1 | 5 |
| 21-30 | 1 | |
| 31-40 | 3 | 2 |
| 41-50 | | 1 |
| 51-60 | | 2 |
| 61-70 | | |
| 71-80 | | 2 |
| 81-90 | | |
| 91-100 | | |
| 101-150 | | 1 |
| 151-200 | 1 | 1 |
| 201-250 | 1 | 1 |
| 251-300 | | |
| 301-350 | | |
| 351-400 | | |
| 401-450 | | |
| 451-500 | | |
| 501以上 | 1 | |

（出所）戸田 [2004：188]．SIPRI の定義による．

治（divide and rule）政策を採り，民族間の対立を煽ったことが大きく影響している（植民地化の遺産）．不公平な貿易ルールを維持し，独立後もアフリカの資源を支配し経済的搾取を続ける新植民地主義は，アフリカの発展の大きな妨げとなっている．長き冷戦の間，西側諸国は反共を掲げる独裁政権を支援してきた．独裁政権の汚職と腐敗が進み，累積債務が貧しい人びとの生活を圧迫した．冷戦終結後は，旧ソ連東欧諸国をはじめ，多くの地域からアフリカに向けて，武器が流入し，紛争が激化した．

### 同朋意識の欠如の例

　前節で，ケニア北東部のソマリ人を紹介した．北東部のインフラ整備が進まなかった原因の１つに，北東部の予算の大部分が治安維持に用いられ，インフラ整備にまわされる予算が少なかったことがある．どうして北東部では治安維持に莫大な予算が使われていたのだろうか．その原因は，植民地時代に遡る．

　ソマリ人は，もともと，東アフリカの「アフリカの角」と呼ばれる地域に広く居住していた．そして，植民地時代，イギリス，フランス，イタリア，そしてエチオピアによって（ソマリ人の意見を聞くことなく），英領ソマリランドと伊領ソマリランド（両者は別個に独立した後，ソマリア連合共和国となった），仏領ソマリランド（現在のジブチ），エチオピアのオガデン地方，英領ケニアの北部辺境地域に分断された．ケニアの独立前，ケニアのソマリ人は，別々の国のように統治されていたケニアの他地域とではなく，[4] 同じソマリ人の暮らす隣国ソマリア共和国（現在のソマリア連邦共和国）の一部となりたいと要求したが，旧宗主国（イギリス）とケニアの独立指導者（初代大統領となるケニヤッタなど）の両者から拒絶された．ケニヤッタは，「ソマリ人はラクダを連れてソマリアに行けばよい」（UK Parliament）と述べ，「土地は１インチたりともやらない」と国境線の変更を拒んだ．疎外感を強めたケニア側のソマリ人たちは，ケニアの独立後，「シフタ戦争（政府側の呼称．シフタは盗賊の意味．1963-67年）」と呼ばれた分離独立戦争を始めた．結果はケニア政府側の勝利に終わったが，その後も，ソマリ人はことあるごとに弾圧され，二級市民として扱われてきた．1980年代には政府軍による三度の虐殺が起こっている（詳しくは，戸田［2015］を参照のこと）．多民族共生がアフリカの伝統といっても，一方的な弾圧・虐殺の歴史を抱えていては，共存に必要な「同朋意識」が生まれることもない．

　別の国の例を挙げよう．西アフリカの大国ナイジェリアは，イギリスの植民地時代，北部と南部が別個の国のように統治されていた．北部では，（フラニ人

のイスラーム導師がジハードによりハウサ人の諸王国を制圧して生まれた）ソコト帝国の統治機構を利用する間接統治が行われ，キリスト教の布教は行われず，南部ではキリスト教伝道団が西洋教育を施して植民地統治に必要なアフリカ人の人材を育てていた．また，同じ南部でも，南西部の主要民族であるヨルバ人と南東部の主要民族であるイボ人の間で競争が起こっていた．独立を目前にして，誰がナイジェリアを統治するのかという問題が浮上すると，共存に必要な「同朋意識」がない土壌の上で，北部と南部の政治家たち，そして南西部と南東部の政治家たちは「相手に支配される恐怖」を人びとに訴えて，それぞれ支持を得ようとした．そして，政治家の野心のために，民族アイデンティティが民族ナショナリズムに変化した時，貧しい人びとは容易に暴動に駆り出されてしまうようになったのである．

## 3　「民族」紛争の実態

　アフリカの紛争は，しばしば解決策のないもののように扱われる．たとえば，アフリカのように「民族」に基づく紛争は，「一つの国であるべきなのかという問題」であるから，国家の分裂・統合にかかわる問題であり，話し合いの余地がないと結論付けられてしまう［Barry 1975a：502-503］．果たしてアフリカの紛争は「話し合いの余地のない」紛争ばかりだろうか．

　アフリカの紛争が起こるメカニズムをみていくと，「民族」や「宗教」という冠がついた紛争であっても，実は，民族や宗教の違いが原因ではなく，政治エリートの権力や権益を巡る争いが原因であることが多い．1994年に起きたルワンダのジェノサイドも，フツ人とツチ人の民族間憎悪の結果として自然に発生した殺戮ではなく，ハビャリマナ（Juvénal Habyarimana, 1973-94年在職）政権内のフツ強硬派が，ルワンダ愛国戦線（RPF: Rwanda Patriotic Front）[5] とのパワー・シェアリングを拒否し，既得権益を守るために周到に準備した計画の実行であった（フツとツチの違いについては，戸田［2015］を参照のこと）．

　アフリカの紛争は決して「話し合いの余地のない」紛争ではない．世界の他の国々と同様に，エリートが既得権益を争う紛争が多い．具体的な事例として，民族対立，宗教対立と呼ばれたナイジェリアのジョス（Jos）の紛争をみていきたい（図3-1参照）．

### 4　プラトー州ジョスの「宗教」紛争

　プラトー州の州都ジョスは，ナイジェリアの中で，イスラームが優勢な北部地域とキリスト教が優勢な南部地域の間に位置している．長年，キリスト教徒とイスラーム教徒が平和に共存していたが，1990年代から状況が変わった．ナイジェリアの地方自治改革により，「誰がジョスを支配するか」という問題が浮上したからである．

　2001年9月には，死者1000人を超す暴動が起きた．教会やモスクが焼かれたという事実だけを見れば，典型的な「宗教」紛争だと思い込んでしまうだろう．しかし，10代20代のストリート・ボーイが動員され，組織的な破壊や殺戮が行われたことを考えれば，この9月の暴動が，宗教アイデンティティや民族アイデンティティから自然に生まれた行動ではなく，若者たちが政治的経済的理由（誰が支配するかという権益を巡る争い）により政治エリートたちに動員されて引き起こした紛争だということが分かる．

　2008年11月28-29日に起きた暴動は，たった2日間で，700人を超える死者を

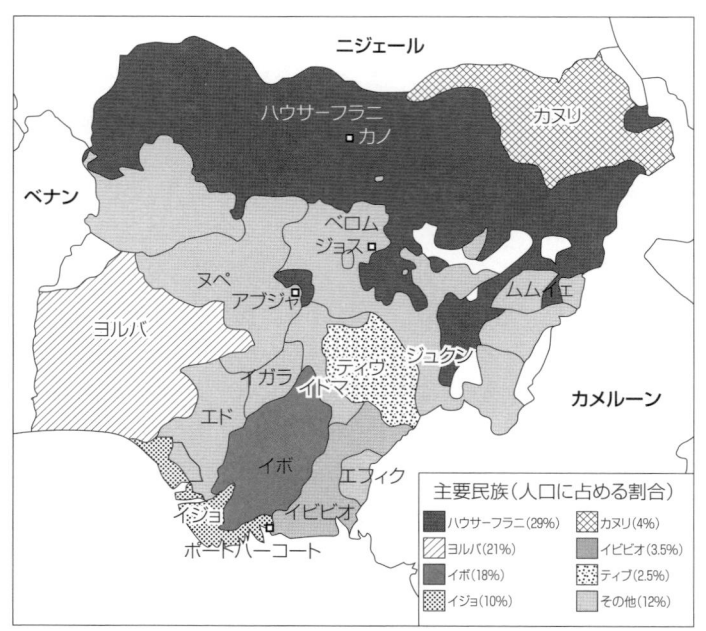

図3-1　ナイジェリアの民族分布
(出所) BBC [2011 ; 2019].

出した．これも一見，キリスト教徒とイスラーム教徒の暴徒同士の殺し合いに見えるが，国際人権 NGO は，治安部隊による殺戮を指摘している［HRW 2009］．政権を握っている側が住民を殺戮したことになる．

　ジョスの暴動には，さらに，「二級市民」への差別の問題が関係している．ジョスの住民のうち，ベロム人，アナグタ人，アフィゼレ人（キリスト教徒）は「先住民（indigene）」に，ハウサ人（とハウサ化したフラニ人）は「移民（settler）」に区分されている．ハウサ語を話すイスラーム教徒は，ジョスに数世代にわたって住んでいても「移民」であり，地方公務員の職を得られない，公立大学の入学が不利になるなど，二級市民として扱われている［HRW 2009：3］．この区分けの問題は，植民地時代のイギリスの対応にまで遡る．ベロム人，アナグタ人，アフィゼレ人が先住民として自分たちの支配権を主張する一方で，ハウサ人・フラニ人は，植民地時代，イギリスからこの地の統治を任されたことを主張し，双方が対立しているのである．これは，決してアイデンティティの問題ではない．政府が対応し，解決すべき問題である．

　このように見ていくと，政治エリートが民衆を自己の権益のために動員することを阻止することはなかなか難しいとしても，州政府と地方政府が先住民と移民の区別を撤廃することや治安部隊に人命軽視の命令を出さないことなど，次の紛争を予防するためにとるべき手段はあったことがわかる．しかし，連邦政府を含め，政治家は対策を決断しなかった．そして，次の紛争が起こった．

　2010年1月17日から4日間にわたる暴動で，500人近くが死亡，4000人以上が負傷，1万7000人以上が避難した．キリスト教徒とイスラーム教徒の隣人同士が2008年の暴動で破壊された家屋の建設で口論となった，キリスト教徒がモスク建設に抗議していた，武装したイスラーム教徒の若者がキリスト教の教会に火をつけたなどが暴動の原因として報じられたが，発端となった事件は確定していない．制服を着た偽軍人や偽警察も逮捕されており，死者の多くはナイフや弓矢ではなく銃で殺されていたという．暴動発生前には，両者の憎悪を煽るような怪文書が（携帯電話を通して）両者に出回っており，事件の計画性が否定できないことなど，この暴動が○○教徒という「宗教」的アイデンティティによって引き起こされたものではないという証言が相次いだ．

　2010年1月31日，ジョナサン（Goodluck Jonathan）副大統領（当時）は調査委員会を設置した．その結果がまだ出ないうちに，3月7日早朝，ジョスでキリスト教徒の3つの村が襲撃され，500人の犠牲者が出た．殺人者たちは，1月

にイスラーム教徒が殺害された報復だと語っているが，警察関係者は，逮捕された容疑者たちが殺人の報酬を得ていることを明らかにしている．また，州知事は，連邦軍が虐殺を止めなかったことを非難している（Daily Champion, BBC, AFP, Daily Trust, Sunday Times などのニュースを総合）．

　この3月の殺戮は，イスラーム教徒（ハウサ人・フラニ人）がキリスト教徒（主にベロム人）を襲ったものであり，女性も子どもも容赦なく殺害されている．国際人権 NGO のヒューマンライツ・ウォッチ（Human Rights Watch）はこの時も連邦政府に「先住民」と「移民」の区別を禁止するように促したが［HRW 2010］，これだけの人命が失われても，「先住民」と「移民」の区別は廃止されなかった．政府の汚職も失業問題も改善されなかった．

　これらの事件から約10年経った今，状況は変わっただろうか．気候変動の影響で，イスラーム教徒であり遊牧民であるフラニ人とキリスト教徒の農民の間の土地と水を巡る争いはさらに激化している．2019年の州知事選挙において，プラトー州全体では，現職の知事（全進歩会議：APC：All Progressive Congress）が勝利したが，ジョスでは遊牧民との衝突に有効な対策をとろうとしない現職知事をフラニ人の味方だと判断した「先住民」が，先住民出身の上院議員（人民民主党：PDP：People's Democratic Party）に投票した．

　このように，暴力を引き起こしているのは，誰がジョスを支配するかという政治エリートの対立であり，「先住民」と「移民」を区別する制度であり，インフラ整備で解決する土地と水の争いであって，「自分は〇〇人である」「自分は〇〇教徒である」という民族アイデンティティや宗教アイデンティティではない．人びとのアイデンティティが「〇〇人の利益のために」「△△教徒に支配されないために」という民族ナショナリズムや宗教ナショナリズムに変わった時，人びとは暴動の片棒を担ぐために動員されてしまう．

　ジョスだけではなく隣接するカドゥナ州においても，キリスト教徒の農民が住む村への襲撃が多発している．この問題には，気候変動のために，草地と水を求めるフラニ人の遊牧民が南下していることが指摘されている．気候変動の影響は，遊牧民と農民との抗争だけではなく，過激派組織のリクルートを容易にする原因としても指摘されている．

　キリスト教徒の村々では，遊牧民フラニ人からの襲撃に加え，イスラーム過激派のボコ・ハラム（Boko Haram，「西欧的教育は罪」という意味）からの襲撃で犠牲者を増やしている．創始者モハメド・ユスフ（Mohammed Yusuf, 1970-2009）が

裁判なしに警察で殺害されるまでは，ボコ・ハラムは過激なテロ組織ではなかったことも指摘しておきたい．ボコ・ハラムに志願する若者にはさまざまな理由があるだろう．その理由の1つとして指摘されているのが，ボコ・ハラムが誕生したナイジェリア北西部のボルノ州の人びとの貧困状態であり，気候変動が原因だと考えられるチャド湖の縮小により，湖に依存して暮らす3000万人の人びとの暮らしが大きな打撃を受けているという問題である（戸田［2015：3-7］を参照）．ボコ・ハラムなど過激派の問題を解決するのは，政治の問題であり，民族や宗教の問題ではないということを再度確認するとともに，気候変動がもし地球温暖化によって起きているならば，温暖化の原因を作っているのがどの国であるのか，日本はどうなのかという問題にも目を向けてほしい．

## 3　私たちとアフリカ

　アフリカのニュースを読む時，まずヨーロッパ色に染まった色眼鏡を外してほしい．そして，そこに書かれていないことが沢山あると思ってほしい．日本の新聞には，ニジェールのトゥアレグの人びとが反政府闘争を繰り広げていることは書いてあっても，なぜ反政府闘争をしているのかという理由までは書かれていない．ウランの採掘によりトゥアレグの人びとの土地や水が汚染されている．人びとは，安全な土壌，安全な水の確保という人間としての当然の権利を要求していたのである．ニジェールのウランは日本の電力会社も購入している．気候変動，地球温暖化，そして原子力発電の是非を議論するとき，是非トゥアレグの人びとのことまで考えてほしい．

　アフリカの厳しいニュースを耳にするたびに，「日本に生まれて良かった」と思う読者も多いと思う．しかし，アフリカには，子どもたちがこれほど自殺で命を失っている日本のような国はない．日本が幸せで，アフリカが不幸などという二項対立は成立しないということを最後に述べておきたい．

注
1）アフリカの民族集団を「部族」と呼ぶ先行研究もあるが，本章では，『新書アフリカ史』［宮本・松田編 1997：2018（改訂版）］に倣い，「民族」と表記する．
2）イギリス当局が「マウマウ」と呼んだが，正しくは，「ケニア土地自由軍」による土地と自由を取り戻すための解放闘争である．ムアンギ［2006］や三藤［2006］などを参照．

3）エルキンスによれば，イギリス政府によって，キクユ人の当時の人口にほぼ匹敵する約150万人がキャンプに抑留され，拘留者は16万人から32万人にのぼり，数万人から数十万人が殺害されたという．

4）ケニアのソマリ人が居住していた地域は，北部辺境地域（Northern Frontier District）と呼ばれ，条例により，許可証がなければ，ケニアの他の地域との行き来が禁じられていた．

5）ルワンダの独立前後に起きた社会革命により，多くのツチが虐殺され，難民が周辺国に流入した．ウガンダに逃れたツチ難民の二世を中心として結成されたRPFは，1990年に難民の帰還を求めて，ルワンダに侵攻し，ハビャリマナ政権とアルーシャ和平協定を結び，政府や軍隊でのポストの確保が約束された．

6）ナイジェリアは憲法で民族や宗教に偏った政党を禁じている（第222条）．大統領選挙においても，大統領候補と副大統領候補は，地域や宗教のバランスに考慮して選出されている．ジョナサンは，前任のヤラドゥア大統領の死後，副大統領から暫定大統領となり，2011年4月の大統領選に出馬し，北部出身の退役軍人（元軍事政権首班）であるブハリ候補に勝利した．ジョナサンはナイジェリア第4の民族であるイジョ人であり，南部出身である．ジョナサンの勝利宣言後，北部で暴動がおこった．南部の主要宗教であるキリスト教の教会が焼かれ，報復として北部の主要宗教であるイスラームのモスクが焼かれ，800人以上が死亡している．

7）現在，ボコ・ハラムには分派が存在し，税を払えばインフラと安全を提供するとして，腐敗した政府よりも住民の信頼を得ているという報道もある［Anyadike, 2019］．

❏ 推奨図書・推薦映画 ▰▰▰▰▰▰▰▰▰▰▰▰▰▰▰▰▰▰▰▰▰▰▰▰▰▰

川田順造・福井勝義編［1988］『民族とは何か』岩波書店．

北川勝彦・高橋基樹編［2014］『現代アフリカ経済論』ミネルヴァ書房．

ゲスト，R.［2008］『アフリカ——苦悩する大陸——』（伊藤真訳），東洋経済新報社．

コリアー，P.［2010］『民主主義がアフリカ経済を殺す——最底辺の10億人の国で起きいる真実——』（甘糟智子訳），日経BP社．

戸田真紀子［2015］『貧困，紛争，ジェンダー——アフリカにとっての比較政治学——』晃洋書房．

服部正也［2001］『援助する国される国——アフリカが成長するために——』中央公論新社．

藤永茂［2006］『「闇の奥」の奥』三交社．

宮本正興・松田素二編［2018］『改訂新版　新書 アフリカ史』講談社．

アッテンボロー，R.［1987］『遠い夜明け』ユニバーサル・ピクチャーズ

ジョージ，T.［2004］『ホテル・ルワンダ』メディア・スーツ．

シリ，フローラン＝エミリオ［2007］『いのちの戦場　アルジェリア1959』ツイン．

スピルバーグ，S.［1997］『アミスタッド』ユニバーサル・ピクチャーズ．

ベック，ラウル［2000］『ルムンバの叫び』アルシネテラン．

# 第4章
## シンガポールというアイデンティティ

## *1* シンガポールという国

　シンガポールはマレー半島南端，北緯1度の，交通（海空）の要衝に位置する島嶼都市国家（1965年8月9日独立）である．同国は面積が約728.3㎢ [GOS n.d.]，総人口は約545.4万人——居住者（同国籍を持つ住民と同国永住権を持つ住民で，約398.7万人）と外国人（約146.7万人）——，人口密度は7485人（㎢あたり）に達する（2021年）[GOS 2021d]．ラッフルズ（東インド会社［英］社員）の自由港設置（1819年）が多文化・移民社会シンガポールの始まりであり，居住者の民族（「人種」と言われる）構成（マレー人13-15%，華人［中国人］74-76%，インド人7-9%，その他の民族2-3%）に独立後，大きな変化はない．シンガポールという「国民国家」（その理念は一民族・一言語・一国家である）も，ほかの国民国家と同様，多民族・多言語・多文化の社会なのである．

　自治獲得（1959年）以来，シンガポールは人民行動党（PAP；その中核は，英語で教育を受けた華人［英語系華人］）政権下にあり（一党優位体制），独立後，戦争や大規模な内乱はない．人口や面積では小国でも紛争と無縁とは限らず，多くの国家では内政が安定せず，国内に，または周辺諸国と紛争を抱える．また，同国は権威主義的体制（政治的自由と市民的権利を制約）であるが，同体制が政治的安定の保証や経済成長への貢献を確保するわけではない [Sen 1999]．よって，同国の政治的・社会的安定は，特に新興独立国にあっては，例外的と言わねばならない．

　シンガポールの1人当たりの国民総所得（GNI）は日本のそれを凌駕する[1]．シンガポールは，天然資源に恵まれず，自治獲得時，農漁業や縮小の途にあった中継貿易を行う，発展途上社会であったが，同国は独立以降，工業化により著しい経済成長をとげた．その結果，同国は経済協力開発機構（OECD）により1979年に「新興工業国（NICs）」，世界銀行により89年に「高所得経済」とされ，

また，ここ30年近く，『グローバル競争力報告』（世界経済フォーラム）の最上位集団に位置し，「人間開発指数（UNDP）」が世界第11位（2020年）となるなど，同国の達成と卓越性は揺るぎないものとなっている．シンガポールは「第三世界から第一世界へ」（「建国の父」リー・クアンユー氏の回顧録の表題 [Lee 2000]），飛躍したのである．

　では，シンガポールのこうした達成はいかにしてなされたのか．その基盤は，国家の政治的・社会的安定，社会や労働市場で有用となる教育を受けた住民，その住民のシンガポールという国家への愛着や帰属意識，すなわち，シンガポール・アイデンティティである．しかし，独立のみでは，住民に同政府への安定的な支持もシンガポール・アイデンティティも生成されえない．

　シンガポール政府はそこで，国家第一の「生存の政治」を掲げ，多民族社会における公正な競争を促すため，実利主義と実績主義を同社会の基本的な考え方とし，国家の安定と経済発展に資するシンガポール・アイデンティティを構築すべく，諸政策を実行した．本章はこれらの考え方によって立つ諸政策を概観・検討し，最後に近年の同国が直面する課題について考察する（肩書きは言及当時）．

## *2* 住まいとアイデンティティ

　シンガポールでは，居住者（以下，住民）の9割近くが住宅開発庁（政府系機関）供給の高層集合住宅（以下，公営住宅；通常12～40階建）に住み，住民の持ち家率は9割を超える．公営住宅の供給はシンガポールの社会・経済をどのように変え，住民のアイデンティティにどのように影響したのか．

### 1　公営住宅の供給

　シンガポール政府は自治獲得時から，住宅供給と経済構造の転換に取り組む．住宅不足，人口激増，失業・潜在的失業が第二次世界大戦後の大きな社会問題だったためである．同政府は住宅事情の改善をあらゆる政策の柱に据え，国土再開発（住宅用地や工業用地・団地の造成，社会基盤の整備など）と公営住宅の大量供給によって，住民全般の居住水準の向上と工業化による経済成長を図った．

　住民の公営住宅居住率は，ほかに実質的な選択肢がなく，9％，35％，67％，87％（*1960～90年の10年ごとの数値* [GOS 1983；GOS 1993]）と急上昇する．入居時

の所得制限の緩和，居住水準の高度化の段階的実施も同住宅入居を導いた．

　住民の公営住宅持ち家率も急上昇する．その契機は，公営賃貸住宅の縮小と
<sup>Central Provident Fund</sup>
中央積立基金（政府管掌の，労働者の定年退職後に備え，労使双方が拠出する強制積立制度；1955年発足；CPF）の一定の自己積立分を公営分譲住宅の購入に充当できる（よって，可処分所得を大幅に減らさずに済む）制度の発足（1968年）であった．1980年代央までの同国の高度経済成長の継続も持ち家率上昇を導く．

　住民の約 1 割は公営住宅入居条件のひとつである所得制限を超えるため同住宅に入居できず，高価な民間住宅に住む．民間住宅は，シンガポール政府が同社会の基本的考え方とする実績主義を体現する高額所得者向けの住宅なのである．

## 2　シンガポール経済の変化

　第 1 は，工業化の進展である．住宅開発庁は公営住宅群に隣接して戦略的に工業用地（各団地面積の約 1 割）を整備し，労働集約産業（電子部品の組み立てや縫製）や再開発で移転する家内工業を誘致した．同時期の，資本の国際的展開（多国籍企業の進出など）は，同国経済が輸出主導工業化により成長軌道に乗る契機となった．また，住宅建設に伴い，産業基盤の整備関連の産業，建設業やその関連産業（建設資材業，輸送業など）も発展し，その直接・間接の雇用創出は同国の経済成長に大きく貢献し，人手不足（1970年代半ばなど）は外国人で補われた．

　第 2 は，労働市場の変容である．労働集約産業での雇用（生産工程職）増大は女性（10代後半〜20代前半）に集中し，この年齢階層の女性労働力率は1970年頃から急上昇した．80年のそれは20代で 9 割に達する [GOS 1993]．雇用は独身女性から既婚女性にも拡大し，外国企業の評価には英語での意思疎通が可能という点もあった [Lim 1978]．

## 3　公営住宅の供給とアイデンティティ

### 社会・経済の変化とアイデンティティ

　公営住宅の供給は，居住水準の向上と高度経済成長の継続に伴う生活水準の向上によって，住民の，政府支持の基盤と政府の経済成長最重要視への同意を強化しつつ実利主義を浸透させ，民間住宅の存在は実績主義の浸透を担保した．

### 人びとと国家との新しい関係，アイデンティティ

〈持ち家と政治〉　持ち家は国家にとり政治的・経済的に重要である．第 1 に，

持ち家はその所有者と家族の定住，労働力としての定着を意味する．上述の公営分譲住宅購入制度の狙いはここにあった．人びとの定住は居住地と国家への愛着を育んで国家とのアイデンティティを強化し，下からの社会安定化要因となる．

　第2に，持ち家＝財産である公営住宅の改修の要件を，シンガポール政府は，与党員の国会議員への選出とした．住宅改修は日常生活の快適さのみならず，資産価値をも左右するため，国政選挙は上からの社会安定化要因として機能する．

〈政府による地域社会の育成と管理〉　公営住宅の建設や同住宅への入居は従来の地域社会とは無関係に行われた．公営住宅入居（初期には反政府派の分散がなされた）には，民族間関係管理の一方法として国家レベルの民族比が，公営住宅の売買も含め，一定地域ごとに導入されている．各棟・団地はまた，社会経済的階層が偏らないよう設計され，民族間の交流促進と社会階層間の軋轢の浮上の阻止が，次に述べる政府系住民組織の活動によっても，図られている．

　同政府は，従来の地域共同体に代わる政府系住民組織（コミュニティ・センターや居住者委員会など）を全土に張りめぐらし，各種の活動（レジャーや講習会，スポーツ大会などで，参加は強制ではない）によって，住民の国家や地域へのアイデンティティの獲得と維持，安定した地域社会の再興・発展を狙った．

　同政府は住民の民族アイデンティティの定着を図りつつ，シンガポール人としての統合，すなわち，シンガポール人アイデンティティの構築を図ったのである．

　本節を要約しよう．公営住宅の大量供給によって，シンガポールは，政府の目が行き届く，民族に関わりのない，均質的な生活空間へと変貌した．シンガポールの人びとはその過程で，同政府が社会の基本的考え方とする実利主義・実績主義を，民族意識と共存する「われわれ」シンガポール人，すなわち「〜系シンガポール人」という意識を，アイデンティティの一部としていった．

# *3* ことばとアイデンティティ

　シンガポールは伝統的英語圏外の，英語常用社会である．どのように，言語・教育政策は同社会の構築に関係し，住民のアイデンティティに影響したのか．

## 1　シンガポール独自の二言語政策

　シンガポールはなぜ，英語と民族母語を学ぶという二言語政策を採ったのか.

　シンガポールは独立に伴い，マレー語，華語^(Mandarin)，タミル語，英語を平等な地位の公用語に，また周囲がマレー世界という地政学的環境からマレー語を国家語に定める．同政府は1966年，英語以外の3言語をそれぞれ順にマレー人，華人，インド人の「民族母語」とし，英語使用の一般化に重点を置きつつ，各自の民族母語の学習・使用を奨励するという独自の二言語政策を採用した.

　英語重視は，英領期との行政・司法の継続性の確保，科学技術発展に不可欠，諸外国の投資者の使用，主要民族の平等な競争が可能で中立的の4点で，国民統合の手段になりうるという理由［岡部 1984］にある．これらの理由は同国の実利主義・実績主義に合致し，同国での英語の行政言語化を裏書きする.

　民族母語は他方，各民族（特に華人）の統合と伝統文化の維持に必要とされた．マレー人の母語は9割近くがマレー語のため，民族母語はマレー語となった．ところが，華人の母語（福建語が4割，潮州語と広東語が各2割，客家語とが海南語各1割以下）は多様なため，民族母語には中立的で教育媒介語であった華語が，インド人の母語はその6割を占めるタミル語が民族母語に選ばれた.

　二言語政策は，同国が多民族・多文化社会であることへの政策的関与の公的表明であり，同政策浸透の結果，同国は1990年頃，英語常用社会となる.

## 2　学校教育とことば

　国民国家における学校教育は，産業社会の成員，および国民社会の成員の形成を担う．シンガポールの学校教育はどのようにその役割の実現を試みたのか.

### 学校教育にみる言語政策

　二言語政策は，教育媒介言語としての言語の選択と位置づけに関わる.

〈言語の選択〉　英語必修化（1966）とともに，二言語教育が始まる．英語校人気は50年代から高く，同校入学者が圧倒的となった83年，同政府は87年からの全校英語校化を決定する．同政府の実利主義・実績主義の貫徹である.

〈言語の位置づけ〉　カリキュラムや試験制度，大学入学時の言語科目の配点などの変更はあっても，英語の基軸性に変化はない．小学校卒業国家試験（進学には合格が必要）や能力別学級・進路編成（ストリーミング）など，言語能力（主として英語力）を基礎とする．卒業資格取得や上級校への選抜は大学まで続く.

## メディアとしての教科書，全校集会・学校行事

　教科書（教育省認可），全校集会・学校行事は同政府の考え方を児童・生徒に伝達するメディアである．どのような特徴があるのか．

〈教科書〉　小学校社会の挿絵には主要民族が順次登場，国旗のある教室風景があり，国旗や独立記念日（National Day），日本占領下のシンガポール（1942-45年の3年8カ月），シンガポール現代史，国際社会との関係を学ぶ［GOS 2013a］．小学校『人格と公民教育』は，同表紙（シンガポール社会の様子［教室を複数の児童が掃除，公営住宅を背景に複数の児童が草花の世話など］）に同政府の「中核の諸価値」（統合，調和，責任，尊重，配慮，回復力）を描き込み，これらを本文で説明し，挿話を保護者が児童と，または児童自身が読む仕様である（テーマは，各民族の祝祭や食べ物，同国の歴史や社会，「私はシンガポール人」，多様性のなかの統合，国（country）への思い，など）［GOS 2014］．

　中学校音楽では，国歌 "Majulah Singapura"（マレー語で「前進せよ，シンガポール」の意）や独立記念日の歌（National Day Song）（同国のディック・リー作曲），同国の創造都市への象徴である舞台芸術施設［中村 2005］などを学ぶ［Stead, et al., 2008］．

〈全校集会・学校行事〉　毎朝，授業開始前に全校の児童・生徒と教職員が校庭などに集合し，国旗を掲げながら国歌を歌い，国民のあるべき姿を掲げる「国民の誓い」（The National Pledge 4)）を英語で唱和し，下校前，集合して国旗を降ろす．

　全面防衛の日（2月15日；1984年導入；42年，英領シンガポールが日本に陥落した日；軍事的・経済的・心理的・社会的・民間防衛，サイバー防衛［2019年2月15日追加］と，国民個々の責任を強調），国際友好の日，人種融和の日（Racial Harmony），独立記念日（National Day）については，教科学習以外に，行事がある．

　校外学習では教員引率のもと，ワークブックの空欄を埋める，メモをとるなどしながら，シンガポールの歴史を知り，同国民として共有すべき知識・事実や教訓を学ぶ．英領期の歴史的建造物を利用した施設（国家遺産庁による，「国家記念碑」表示とその由来を記す銘板がある），シンガポール国立博物館は日本占領下のシンガポールやシンガポール現代史を常設展示し，同じくアジア文明博物館は2019年特別展で学者兼政治家としてのラッフルズに焦点を当てる．

## 3　言語政策としての政府キャンペーン

　学校教育を補う言語キャンペーン＝社会教育はなぜ，実施されたのか．

### 「華語を話そう」運動

　華人対象の「華語を話そう」運動開始（1979年）には，国内外の事情があった．
〈国内事情〉　華人児童の場合，家庭言語が華語以外の中国系諸語で，二言語学
習が負担となり，どの言語も文化も中途半端との政府報告が出た［GOS 1979］．
中国系諸語は書き言葉の差に比べ話し言葉の差が非常に大きいため，二言語教
育の結実に向け，同政府は家庭でも華語使用を図ったのである．文化的には華
人の英語使用が西洋的価値観を広めているという同政府の懸念が，政治的には
英語基軸化のもと，華語系華人への懐柔策的側面がある．
〈対外事情〉　中国市場の有望視（中国の改革開放への転換決定は78年末），この運動
での「同国の中国性^{Chineseness}」（華人が社会の中心であること）顕在化への，東南アジア諸
国連合（ASEAN）創設（1967年）国としての問題性の低減がその理由である．
　この運動の対象は，中国系諸語を話す中高年層から英語を話す若年層，家族
へと変化し，子どものいる家族が対象の華語コンテストなども実施されている．

### 「よい英語を話そう」運動

　「よい英語を話そう」運動は国民に文法的に正しい英語を話そうと呼びかけ
る．
　シンガポールで使われる英語＝シンガポール英語^{Singapore English}は現地化し，「標準英語」（基
準は英米の英語を母語とする話者のごく一部）と単語やアクセントが少々異なる[5]．こ
のため，リー・クアン・ユー上級相やゴー・チョク・トン首相は，同英語は国
外での通用度が問題で，同国の経済発展には「標準英語」が必要とし（1999年），
同運動が始まった（2000年）．
　英語はしかし，非母語話者どうしが母語を維持しつつ，意思疎通を図る手段
である［Fishman 1998］．英語は英米などの母語話者が特権的に所有する言語で
はなく，多中心的・多文化的な言語であり，シンガポール英語は多くの変種^{varieties}の
ある「諸英語^{Englishes}」の1つなのである．
　同政府は英語は同国で母語とはなり得ないという立場を堅持し，「よい英語」
使用に向け，オンライン・レッスンやスピーチ・コンテスト，教員研修などを
続けるが，英語（現地化の程度は不明）を母語とする子どもたちが増えている［Foley
2001; GOS 2011; Tan 2013][6]．しかも，シンガポールの人びとは非公式の場では通常，
親しみを表す口語体のシングリッシュ^{Singlish}[7]を使う．また，英語で話していても途中
で他言語に変わったり他言語が入ったりする．常に標準シンガポール英語では
冷たく，格好をつけているようで，真のシンガポール人とはみなされない一方，

常にシングリッシュでは社会的に受け入れられない．標準シンガポール英語とシングリッシュの使い分け（言語使用域の区別）が社会的に必要なのである．

### 4　英語化社会における価値教育

言語・教育政策は，英語を教育媒体言語とする学校教育の拡大と英語常用化社会という所期の目的を達成した．しかし，シンガポール政府は英語に関わる否定的側面（個人主義など，西洋的価値観の浸透）を認識する．学校，社会において，その「歪み」を修復するための価値教育はどのように行われたのか．

#### 学校における価値教育

シンガポール政府は1980年代半ば，英語使用に傾く華人に儒教倫理（家族の絆や努力，忍耐，社会的義務の重視など）を学ばせようと，「宗教知識」（儒教，イスラーム，キリスト教，仏教，ヒンドゥー教などの選択必修科目）を導入する．しかし，華人の支持はなく，「宗教知識」は80年代終盤には選択科目となる．

同政府は91年，「共有の価値」（地域社会より国家を，個人より社会を重視し，社会の基本単位として家族を位置づけ，地域社会が個人を支援し，人びとの合意を重視し，人種・宗教間の寛容・調和を強調する価値）を，全国民が共有できる「アジア的価値」として提示する．しかし，同社会の反応は無関心か否定的であった．

97年以降，「共有の価値」は「国民教育」（科目名ではなく，若い世代がシンガポール国民としての誇りと自負を持つよう工夫された教育の総称）に衣替えする．シンガポールの独立やその国家建設に不案内な世代に，歴史を知って同国にアイデンティティを持ち，同国の将来に自信を持つよう，同政府は愛国心の涵養を求めたのである［中村 2006］．国民教育は上述の校外学習などのほか，奉仕活動（高齢者施設訪問や公園清掃），社会的価値教育でもある，独立記念日パレード（NDP）への参加など，非常に幅広い．特に，NDP（同国軍や同国の達成の山車が並び，中継される）は，参加（観客としても）によって，人びとの意識を国家に向けさせ，同国に，また同国人・永住者であることに誇りを持たせる，国家的な「メディア・イベント」［Dayan, et al., 1992］——NDP前後は，国全体が同テーマ・ソングや協賛セール，公営住宅ベランダの国旗の海など，お祭りムードに包まれる——である．

#### 社会における価値教育

2015年のシンガポール独立50周年記念祭（SG50）も国家規模の価値教育である．SG50では企業の協賛とともに，同国の文化・歴史遺産や記憶遺産などへ

の関心を高める，政府後援の約400の企画（史跡ハイキングや同関連冊子の発行，住民所蔵の写真による地域・時代の回顧）があり，住民の，郷土意識を高め，シンガポール人であること，同国への誇りを導いたと思われる[11]．

　歴史を遡ると，同国初期の重要な価値教育は家族計画である．家族計画は1980年代初頭まで人口増加の抑制を焦点に，生活水準向上を導くとして小家族（子ども2人）が推進された．75年，人口は置換水準に達し[12]，同政府は80年代後半から人口増加策に転じる．経済成長と社会の安定には，同国に根付く，教育ある労働力が必要としたのである[13]．SG50の2015年，直近の辰年（中国の十二支では，幸運に恵まれるとされる）以上に子供が生まれたが，合計特殊出生率（2017年は1.16［GOS 2018a］）は世界最低水準のまま推移する．

　徴兵（「国民役務 ^National Service」）は最重要の価値教育である．シンガポール政府は同国防衛のため，1967年，男子のみ，18歳から2年半の兵役を導入した[14]．兵役という共通の経験は，生い立ちや民族の違いを超えた絆となる一方，軍事的防衛第一主義や服従を本人の身体と思考に埋め込む．兵役拒否は認められていない．

## 5　二言語政策とアイデンティティ

　二言語政策は住民のアイデンティティにどのように影響したのか．

### 英語とアイデンティティ

　英語社会化は，住民の「われわれ」という意識，すなわちシンガポール人というアイデンティティの構築に結びついた[15]．その過程は住民が実利主義・実績主義を身につけ，これらをアイデンティティの一部とする，また英語にアイデンティティを見いだす人口が増える過程でもあった．同政府が最重要視する経済発展第一主義も同社会に根付いていく．

　英語社会化にはしかし，シンガポール政府からみれば社会的費用が伴っていた．第1は西洋的価値観の浸透であり，同政府はそれに代わる「アジア的価値観」を浸透させようと，諸政策を補強すべく価値教育を学校・社会で導入した．第2はシングリッシュの使用・興隆である．同政府はこれを同国発展の阻害要因と断定し，「よい英語」推進運動[16]を始める．ところが，同運動は住民の，英語使用という達成とシングリッシュへのアイデンティティ［Ortmann 2009；Lu 2013；Wong 2015］に否定的な評価を下すことになった．

### 民族母語とアイデンティティ

　民族母語は進級・進学に必須の科目であり，それによる文化の維持は名目に

近い．これは，実利・実績主義が社会の基本という政府の考え方に沿う．

　華人の場合，華語は話せるだけの場合が多く，子供の名前の英語化，華語の現地化も指摘される．そうした華語を話し，中国と社会的・文化的に異なる同国において，どれほど中国文化の維持になるのか．英語系華人には家系や姓，慣習，信仰が華語より重要 [Baetens Beadsmore 1998]，すなわち家系などが華人アイデンティティの根拠なのである．インド人の場合，もともと英語使用が多く，マレー人の場合，家庭でのマレー語使用は82.7%（10年で約9ポイント減少），宗教はイスラームが98, 7 %（同0.9ポイント減少）[GOS 2011] と，そのアイデンティティの根拠は言語より宗教にあると思われる．

　タミル語・マレー語の使用範囲縮小，タミル語の使用者減少，伝統的と考えられる宗教行事や布教における英語使用増加 [Clammer 1980；Saravanan 1998；合田 2001] は，同政府の支援（学校のカリキュラム改革や各民族の文化遺産センターの活動など）が続くなか，民族母語の衰退を浮き彫りにする．民族母語は英語の運用能力が不十分な人びとの，実利・実績主義になじまない価値や感情の表現という役割を担ったとされる [Tan 1998]．

### 二言語政策とアイデンティティ

　二言語政策は他方，当初より両言語水準の低下との関連を指摘され続けてきた．二言語併用（バイリンガル；実質的に言語学上の定義はない）の場合，どちらの言語でも生活言語の範囲外の内容は，象徴操作能力（抽象能力や論理力）が追いつかず，理解が困難なことが圧倒的に多いためである．

　基軸となる言語の運用能力の低さは，全分野の学習や社会での実務能力にも，言語に根ざすアイデンティティの構築にも，否定的影響を及ぼすことになる．

　本節を要約しよう．独自の二言語政策が特徴の言語・教育政策は実利主義・実績主義の浸透をシンガポールの人びとのアイデンティティの一部とし，民族間の意思疎通と実務に障害の少ない英語社会を現出させる一方，その社会には，同政府が否定する西洋的価値観およびシングリッシュの浸透を導いた．価値教育は，そうした結果を覆そうとする対策である．ただ，シングリッシュに根ざすアイデンティティは多文化を生きる「われわれ」シンガポール人というアイデンティティであり，同政府にはプラスでもあった．二言語水準の低下は，個々人の学習および言語に根ざすアイデンティティ構築にも，結果として社会全体にも否定的影響を及ぼす．

# *4* シンガポール・アイデンティティの行方

　「シンガポールは国家であり，単なる経済体ではない」（リー副首相）[Lee 1998]．まさにこれが，繁栄と安定を求める同国がシンガポール・アイデンティティを必要とした理由であり，同国は国土再開発を軸に住宅供給や二言語併用に取り組み，「政府製の」生活空間を広げつつ住民の政治的社会化を行う．その過程で同政府が社会の基本的考え方とする実利主義・実績主義が住民のアイデンティティの一部となり，中国系・マレー系・インド系シンガポール人という意識，シンガポールへの帰属意識＝シンガポール・アイデンティティが育まれた．独立後，四半世紀で，同国は高所得経済，英語常用社会となり，現在に至る．同国の達成（「庭園都市シンガポール」[リー・クアン・ユー首相が1967年に発案]やチャンギ国際空港の高評価も）も住民の誇りとなり，アイデンティティの一部となっている．シンガポール・アイデンティティ構築への同政府の努力は実を結んだと言えよう．

　英語常用化の状況と影響はただ，一筋縄ではない．一方で，政府非公認のシングリッシュは社会に根付き[18]，異文化の住民を統合し，同国人のアイデンティティとして機能する[19]．シングリッシュを，同国観光庁がユニークな文化として宣伝に利用し，政治家が住民との対話に使う理由はここにある．他方で，標準シンガポール英語（同国風発音は国外でも十分通用する[Tan 2013]）は，その使用層（高学歴層ほど変種の使い分けが可能）の，同国から英語圏への移住の継続（1980年代以降）に関わる[20]．国外移住は，高度な英語力に裏付けられる，頭脳流出にほかならず[21]，その人数は未公表のままである．

　こうした同国のアイデンティティをめぐる状況は近年，複雑さを増している．

　第1は，2008年，北京五輪での独立後初の入賞に関わる．この入賞は2人の帰化人（同国のスポーツの水準向上を目的とする「外国人スポーツ・タレント」計画——巨額の費用で引き抜き・育成する——で2006年に帰化）で，しかも1人は同開会式で同国の国旗を引きずった．同政府は入賞を賞賛したが，国民の反応は，2人にシンガポール・アイデンティティー（同国で艱難辛苦をともにした経験やシングリッシュの使用など）がないなどと，概して冷ややかだった[22]．

　第2は，移民増に伴う人口構造の変化，すなわち外国人比率の高さに関わる．同政府の，経済成長優先の移民政策（住民の少子化・高齢化による労働力不足の外国

人での解消，外国人投資家への永住権や相続税廃止による富裕層の呼び込み）により，総人口に占める外国人（非居住者）比率が３％（1970年）から27％（2021年）へと激増した[23][GOS 2021d]．これが，社会的緊張（公共交通の混雑や生活費・住宅価格の上昇，学校入学の困難，国民の賃金の下落と働き口の縮小，「自国なのに外国にいる気分」，外国人には兵役がないという反発）を生み，人びとの分断（同国で生まれ育った国民 vs. 新移民（新しい国民・永住者）・外国人）となっている．シンガポールで国民であることの意味が問われる状況なのである．

第３は，格差の拡大に関連する．所得の不平等は依然として大きく（ジニ係数は，2020年0.452[GOS 2021b][24]），リー・シェン・ロン首相は2011年，シンガポールにおける著しい所得格差の存在を認めている[Lee 2011]．

「経済成長のため，2030年の目標人口690万人」との2013年人口白書[GOS 2013b]に，国民は，労働力の過度の外国人依存（2030年，総人口の55％が外国人）は経済問題でも外国人嫌いでもなく，国のアイデンティティ・文化の問題（「シンガポール人のためのシンガポールを！」）と，同国史上最大級の，合法的な抗議を展開した．５年後の2018年も格差やシンガポール・アイデンティティをめぐる議論は続く（その中心は，大ヒットの，同国の大富豪を描くハリウッド映画『クレイジー・リッチ！ *Crazy Rich Asians* 』や好調な売れ行き（半年で１万部以上）の，同国の不平等を抉る評論集[Teo 2018]，不平等低減への関与指数が同国は157カ国中147位（累進課税は世界最下位）とのオックスファム報告[Oxfam 2018b][25]）．

たしかにシンガポール政府は，国政選挙を考慮し，一時期より移民受け入れを減らしてはいるが，経済成長重視路線に変わりはない．過去の経済成長重視には，国民と政府の一定の互恵的関係があったと考えられるが[26]，近年は外国人の激増もあって必ずしもそうではない．行き過ぎた外国人依存は，同国を，経済的上昇の波に乗ろうとする外国人の一時的滞在地にしかねず，社会の安定を困難にし，国民内部の，また社会全体の，格差拡大を招く．

格差に由来する国民の亀裂が，シングリッシュにも根ざすシンガポール・アイデンティティを危うくする可能性は否定できない．同政府によるシングリッシュ公認（学校で教えるという意味ではない）は，格差対策，また社会的・社会言語学的現実に見合った政策として，社会的・政治的な意義を持つのではないか．伝統的な方法での，国民への共通項の提示（2019年開催の，ラッフルズに遡る，シンガポール200年史の展示），また，「メディア・イベント」として，消費社会化を取り込んだNDPやシンガポール200年祭も，「われわれ」シンガポール人とい

う意識，シンガポール・アイデンティティに貢献すると思われる．

　「人口増による経済成長」は，「国民」（新国民を除く）の持つシンガポール・アイデンティティを堀崩して行くと思われる．実力主義に関わる学校の試験の競争的性格が緩和されても，実力主義は格差を決して緩和せず，外国人が「国民」生活を豊かにしない（格差拡大を含む）と思われるためである．[27)]

　シンガポール・アイデンティティの重心を経済的・物質的達成から，より包括的かつ精神的なものにするには，国外移民が示唆するように，「シンガポール人のためのシンガポールを」という「国民」の声に同政府が真摯に応えることが重要と思われる．そうすれば，リー・シェン・ロン首相の希望「新世代が自らの『シンガポール物語』を書いてほしい」［Lee 2019］に「国民」は応えるであろう．

注

1）2019年（購買力平価，国際ドル）の場合，シンガポールは $92,270，日本は $45,180［World Bank 2021］．

2）首相（自治期〜1990年11月），上級相（〜2004年8月），顧問相（〜2011年5月）を歴任し，2015年3月逝去．

3）同国の場合，多国籍企業に有利な法制度，政府系企業の主要メディア掌握，経済発展阻害要因の排除（言論・集会の自由の制約など）など．

4）全公用語で「国民の誓い」（「我々の誓い」とも言う）(Our Pledge)（我々，シンガポールの公民は，人種・言語・宗教に関わりなく，民主的社会を建設するため，正義と平等に基づき，我々国民の幸福・繁栄・進歩が達成できるよう，1つにまとまった国民として，誓う）がある．

5）同国特有のことばや表現の通用度は，むしろ言語外的要素に左右される．

6）華人とインド人（5〜14歳）では，家庭で最頻使用言語が英語の比率が2010年，50％を超えた［GOS 2011b］．また，英語圏の高等教育機関入学に，シンガポール人はTOEFL や IELTS のスコア提出免除はない．

7）単語や文法に，マレー語，福建語，広東語，タミル語などの影響を受けた，口語体シンガポール英語．言語学・同関連領域の研究対象であり，日本や欧米の大学が授業で扱う．同国の，国際的な作家 C. リムは「シングリッシュはシンガポール人の感情表現に不可欠」(*Far Eastern Economic Review*, Sept., 2, 1999) とした．『オックスフォード英語辞典』(OED) は2016年，同国特有の表現 (hawker centre や shiok) の追加を始めたが，同オンライン版ではその開始年（2000年）から追加する (lah や kiasu)．

8）公営住宅群，グローバル都市を象徴する建造物（舞台芸術施設エスプラネードなど），シンガポール航空（同国を代表する政府系企業で，世界の航空会社の各種格付けで常に最上位群に位置する），シングリッシュ（2015年以降，"lah" や "leh"（いずれも接尾辞））

を掲げる山車が加わった）など.

9）NDP テーマ・ソング（"Home," "Where I Belong," "We Will Get There" など）の
ほか, 国民の歌（"Reach Out for the Skies," "Stand Up for Singapore," "One People,
One Nation, One Singapore," "Count On Me Singapore" など）, コミュニティの歌
（"Chan Mari Chan," など, 地域・民族の歌）がある. これら（歌詞は書き換えも含む）
は住民の国家への帰属意識や貢献, 同国の達成への誇り, 住民や各民族の統合を歌い,
コミュニケーション・情報文化省心理的防衛局が住民への浸透を図る.

10）協賛セール（特注の SG50ロールス・ロイスの販売も）に加え, 同国旗と SG50ロゴで
機体を飾ったシンガポール航空機の就航もあった.

11）同年のシンガポール植物園のユネスコ世界文化遺産認定も住民の誇りとなった.

12）これには, 政策の結果（同国内の研究者）に対し, 公営住宅の広さや子どもの教育費
の考慮（外国の研究者）という見解がある［中村 2008：151］.

13）人口増加策に, 出産・育児関連の負担軽減措置導入や結婚相談所開設など.

14）兵役は2004年12月以降は2年間で, 永住者は2世から徴兵される. 兵役終了後も年間
最大40日, 40歳または50歳まで予備役召集がある.

15）シンガポール英語を, T. コー国連大使（「国外で, 同胞の存在に声で気づく」［1974年,
Cited in *The Straits Times*, July 25, 1999］や同国の経済紙（*The Business Times*,
August 10, 2001, コー氏と同見解）はシンガポール・アイデンティティとして積極的に
評価した.

16）同運動は, 同政府の「西洋的価値観」否定のもと, 英語の, 伝統的な母語話者への帰
属を認めるという矛盾も内包する.

17）2010年の家庭での最頻使用言語はタミル語36.7%, 英語41.6%［GOS 2011］.

18）2017年のグーグル・アシスタントへのシングリッシュ追加はこの反映である.

19）シングリッシュの発展を図るウェブサイトが複数存在する.

20）国外移住の理由には, 幼少時からの熾烈な学歴競争, 家族の規模への政府の介入, 兵
役, 人種差別などがあった（筆者の同国外での調査, 2005年）.

21）同政府奨学金受給者には政府（系）機関での就労義務が数年ある（就労業務の放棄に
は罰金）. ゴー首相は2002年, 国外移民を「クイッター」と呼び, その行動を嘆いたが,
彼らの同国への愛着の表明や国民の見解を尊重し, 国外の同国人を組織化し, 同経済
の活性化を図る方針に転換した. 海外在住国民は18万人（2021年）［GOS 2021d］.

22）ロンドンとリオの五輪にも帰化選手が出場した（ロンドン五輪では入賞）.

23）総人口に対する外国人人口・比率は, 2020年の場合164.1万人, 29%［GOS 2021a］で
あった. 外国人の減少は新型コロナウイルス感染症の影響と思われる. なお, シンガポー
ル政府（Government of Singapore）による国勢調査（Census of Population）は1970年
以降, 10年ごとに実施されている.

24）最低一人の働き手がいる, 居住者が世帯主の世帯で, 資本所得を除き, 雇用者拠出の
CPF を含む所得で算出. 資本所得や退職者, 外国人を含めると, 格差は拡大する. 居
住者の2割が貧困［Teo 2018］, 全世帯の15.5%が富豪［BCG 2011］との報告がある.

25）同政府の反論：「オックスファムは教育・医療・社会保障支出が不十分というが, 学

力［国際学習到達度調査，PISA］は世界最高水準，出生時平均余命は英米以上，乳児
死亡率は世界最低水準，低所得者には所得支援や技能向上支援がある．エコノミスト誌，
世界保健機関で医療制度は順に世界第 2 位，同第 6 位」［Yahya 2018］．先だって，政府
高官が同国人の新しいアイデンティティを「気遣い」とした［Cheng 2018］──気遣い
は「社会的防衛」を意味する──ことは，格差対策と思われる．同国に最低賃金制はな
く，所得税の最高税率は22％．

26）その一面に，物質主義，消費文化の浸透がある．「建国の父」リー・クアン・ユー元
首相の逝去に伴い，同政府は，同国の 6 〜 18歳人口（国際学校を除く）に対し，同氏
の業績・哲学に関する特別授業を義務づけた．これは，同氏と同氏率いる PAP のもと
での達成を，時代をともにしなかった若年層に結晶化させ，共有させるための国民教育
と思われる．

27）試験制度改革は2024年度からの予定．実力主義は平等に見えながら，スタート時の実
質的な差（文化資本など）を不問に付す．

❏ 推 奨 資 料 ▰▰▰▰▰▰▰▰▰▰▰▰▰▰▰▰▰▰▰▰▰▰▰▰▰▰▰▰▰▰▰▰▰

ジェトロ・シンガポール事務所［2019］『シンガポールスタイル』日本貿易振興機構（ジェ
トロ）(https://www.jetro.go.jp/ext_images/_Reports/02/2019/3ed3c22a26eae8c6/7_all.
pdf).

# 第5章

## ブータンの国民総幸福（GNH）は，オルタナティブな
## 開発政策として「宣言」されたのか？[1]

## *1* GNH の歴史的考察をめぐる課題

　ブータン王国は，北側の中国と南側のインドにはさまれた，チベット仏教を
事実上の国教とする内陸国である．人口は約74万人（2019年，2017年の国勢調査に
基づく政府推計）で，面積は約 3 万8400平方メートル（九州とほぼ同じ），ヒマラヤ
山脈の東端にあり，国土の大半は急峻な山岳に覆われている．

　アジア地域を歴史的に見れば，中国文化圏とインド文化圏に大きく分けるこ
とができるが，その狭間で崇高な精神文化を育んできたチベット文化圏は苦難
の歴史を経てきた［今枝 2013：233］．20世紀後半には，チベットやシッキムと
いうかつての仏教王国が中国やインドに併合されている．他方，ブータンはそ
うした「チベット文化圏最後の砦」であり［今枝 2013：233］，これまで独自の
アイデンティティを追求しつつ，唯一例外的に独立を守り通してきた．

　その独自のアイデンティティの軸をなすのが，チベット仏教に基づく国民総
幸福（GNH：Gross National Happiness）である．GNH のもとでは，「公正で持続
可能な社会経済開発」，「自然環境保全」，「文化の保護と振興」，「良い統治」を
4 本柱として，経済成長の追求に偏重しない，包括的な開発が目指される．国
連では2015年 9 月に同様の観点より，人の生存・生活の基盤たる自然環境を守
るとともに人間社会の調和を大事にしようと説く持続可能な開発目標（SDGs：
Sustainable Development Goals）が，国際社会の優先課題として採択された．その
SDGs を先取りするかのごとく，以前より GNH が追求されてきたとして，ブー
タンは世界的に脚光を浴びている．

　こうした注目度の高まりに合わせて，従来の議論では GNH は高邁な政策と
して称賛されがちであった．以下の引用にあるように，「高い経済成長」を通
した「物質的豊かさ」の追求に片寄らないオルタナティブな開発政策として「宣
言」されたことが「実に驚き」である，といった称賛である．

　ほとんどの途上国は（1970年代には）, 先進国並みの生活の豊かさを手に入れられるようにしようと願い, 高い経済成長の実現を掲げていました.（中略）そのような状況の中, 経済的に決して豊かではなく, 近代化政策の導入を始めたばかりの若い国王が「自分の目指す国づくりとは, 物質的豊かさを第一に掲げるのではありません. ブータン人の幸せや充足を高めることができるような支援こそが政府のやるべきことと考えます」と宣言したのですから, 実に驚きです.（ある GNH 概説書より, 括弧内は引用者）

　しかし, GNH は政府によってある時点で,「人の幸せや充足」に資する確固たる政策として, 大々的に打ち出されたわけではない［平山 2016］. 中国とインドという両「大国」にはさまれ,「国家の独立と安全」を危惧してきた「小国」の為政者にとって, 各国が押し並べて「高い経済成長」を目指す中, その潮流に反して GNH を「宣言」することは容易ではなかったはずである. 実際これまで, 国内南部のネパール系住民の難民問題（1990年前後）, インドのアッサム州の反政府ゲリラ（ブータン領内に潜伏中）の国外掃討の軍事作戦（2004年）, シッキムに隣接する西部高地での中国とインドの対立（2017年）など,「国家の独立と安全」を脅かしかねない数々の出来事に面してきた.

　したがって, ブータンの為政者は国内の「人の幸せや充足」のために, GNH を意のままに追求してきたわけではない.「国家の独立と安全」の目途が立つとともに,「人の幸せや充足」を重んじる世界的潮流に後押しされたからこそ,「小国」ブータンは独自の GNH を謳うようになったのではないのか. そうであれば GNH の来歴を検証する際, 他国との関係や開発をめぐる世界の時勢に即して, 折々にどのような開発政策が提起され, その中で GNH がどう練り上げられてきたのかの経緯に着目する必要があるのではないのか.

　本章ではこうした問題意識より, 隣りの「大国」をはじめとする他国との関係史や, 時々の開発の主流派言説に引きつけながら, GNH が開発計画の中に取り入れられてきた過程を明らかにする. GNH の生成発展の歴史は,「人の幸せや充足」と「国家の独立と安全」の双方を踏まえないと理解できない.

## *2* 「インド仕込み」による開発推進の開始

　GNH の主唱者であるブータン第４代国王のジグメ・センゲ・ワンチュック（在

位1972 ～ 2006年）が，その標語を初めて公言したのは1979年のことである．しかし，それが政府の開発政策として明示されるようになったのは，2000年前後のことである［平山 2016：22-23］．ブータン政府の開発運営の内容を定める5カ年計画の中で，"Gross National Happiness" という言葉が初めて出たのは第8次計画（1997 ～ 2002年）の文書である．ただし，GNH が計画の内実にどのように絡むのかは明確ではなく，それが具体的な開発目標として位置づけられるのは，続く第9次計画（2002 ～ 2008年）の文書内であった［平山 2016：23］．しかも，GNH が公式に政府の長期的な開発政策の軸とされたのは，1999年刊行の『ブータン2020──平和，繁栄，幸福のヴィジョン（*Bhutan 2020：A Vision for Peace, Prosperity and Happiness*）』においてである．

　その上，第4次計画（1976 ～ 1981年）までの5カ年計画は「インド仕込み」（予算面と人材面でのインド頼み）であった［Rose 1977：139］．そのため，ブータン政府は第5次計画（1981 ～ 1986年）まで，中長期的な開発方針を主体的に示すことはなかった［上田 2006：118］．それ以前の5カ年計画では，分野別（農業振興，鉱工業や発電などの産業振興，交通や通信のインフラ整備，保健や教育などの社会サービス拡充など）の活動の列記に止まっている．

　初期の開発計画が「インド仕込み」となった背景には，次のような歴史的経緯がある．チベット文化圏のもとに長い間あったブータンの国勢が，18世紀以降はインドを支配するイギリスとの関係に左右されるようになった［熊谷 2017: 18-19］という事情である．18世紀と19世紀のイギリスとの戦争を経て，ブータンは南部の領土を譲渡し，見返りに補償金を受け取ることを定めた条約をイギリスと結ぶ．チベットでの権勢拡大を進める中国（清）を牽制すべく，同国に接したブータンを緩衝国として「保護＝被保護」関係のもとに置きたいイギリス側の意向に基づく条約であった［長崎ほか 2004：479］．

　他方のブータン側はイギリスとの戦争で軍事力の差を目の当たりにして，以降はイギリスとの対立を避け，安定的な関係を築こうとする［熊谷 2017：19］．しかも，北隣のチベットでの中国進出に鑑みて，イギリスと安定的な関係を保った方が良いことは明白であった．ただしその反面，茶をはじめとする換金作物の栽培に好条件の肥沃な土地の領有権を失ったことで，経済開発に遅れが生じるという憂き目も見る［Basu 2002：351］．

　こうした歴史的経緯を通して，後の「インド仕込み」の開発推進へと連なる，南隣との「保護＝被保護」関係が築かれた．そして1947年のインド独立後もそ

の関係は継承され，それが1949年に締結されたインド・ブータン友好条約に結びつく．同条約ではブータンに独立国の地位が確約される一方，外交に関してはインドの助言に導かれることとされ，「対等な独立国の地位」の実現が国としての至上命題となっていく［今枝 2013：243］．

　1961年には「インド仕込み」で第1次5カ年計画（1961～1966年）が始まるが，その契機は，インドと中国の対立激化による開放圧力であった［Rose 1977：125-126］．国内でも人口増によって土地不足となる地域が出始めており，外国の援助を受けて開発を推進しようというコンセンサスは，1950年代半ばに醸成されていた［Rose 1977：127］．同時に門戸開放への戸惑いもあり，その決定は容易に下されなかった［Rose 1977：127］．そうした情勢を一変させたのが，1950年の中国によるチベットへの軍事侵攻と1959年のダライ・ラマのインドへの亡命であった．その結果，両国間の対立が高まり，国境紛争が起きる．

　当時のある政府高官によれば「小国がかかえる悲劇的な弱みが明らかになり，鎖国政策の抜本的な見直しが必要」であり，ブータンは「もはや自分をとりまく外界の出来事とかけ離れた孤島ではありえない」ことが明らかとなった［今枝 2013：59］．そこで，チベットとの長年の交易関係を断つとともに，外交と軍事だけでなく，開発推進でもインド頼みになると決める．

## 3　GNH主流化の基礎条件の醸成
### ——「インド仕込み」脱却の端緒——

　こうして，第1次計画がインド政府の全面的な資金援助によって始まるが，「被保護国」の地位に甘んじ続けるわけにはいかない．そこで世界各国との友好・協力関係を拡大するとともに，国際機関への加盟を進め，1971年には国連入りを果たす．そして，同年開始の第3次計画（1971～1976年）では3％，第4次計画（1976年～）では18％といった具合に，国際機関の援助額の5カ年計画全予算に占める割合が増えていく．他方，第3次計画では予算面でのインド援助依存は90％となり，第4次計画では77％，そして第5次計画（1981年～）では59％まで下がった［World Bank 1989：68］．

　また，人材面でも「インド仕込み」脱却に向けて歩を進める．1972年には公務員法が制定されて，ブータン人主体の行政体制づくりに弾みがつき，ブータン人公務員数は1977年から1987年にかけて倍増している［World Bank 1989：64］．その結果，第5次計画の開始直前の1980年までには「政策策定に関する政府ポ

ストは自国民によって占められるようになった」(第5次計画の3.05節).

こうした予算面と人材面での制約克服の努力が実を結んで「インド仕込み」の開発推進から脱け出る端緒が開けた. そこで上記の通り,第5次計画で初めて,ブータン政府が主体的に中長期的な開発方針を示すことが可能となった. 第5次計画を策定する際,「インド政府や国連システム(特にUNDP)や他機関と援助交渉を進めるべく,ブータン側が計画案のプレゼンテーションを行えるようになっていた」(4.50節). 第4次計画までのように,インド政府との協議で計画内容が先に決められることもなくなっていた.

## 1 第5次5カ年計画で打ち出された「経済的自立」路線

ただし,こうして「インド仕込み」脱却の展望が開けたからと言って,直ぐにGNHが「宣言」されたわけではない[4]. 第5次計画での開発方針の基軸は「人びとの生活水準の向上」にくわえて,「経済的自立 (economic self-reliance)」に置かれていた (3.03節).「インド仕込み」が別の援助機関「仕込み」に代わるだけでは,「国家の独立と安全」は安泰とはならない. インド援助が同国政府の政治戦略と不可分であるように,他所からの援助にも往々にして政治的思惑がともなう. 援助にできるだけ頼らないで済む経済力をつけて,「国家の独立と安全」を守ることが欠かせない. 後年刊行のある政府文書によると,当時の開発方針の軸は「成長を通した安全保障 (growth-mediated security)」(『ブータン 国別人間開発報告書2000(*Bhutan National Human Development Report 2000*)』の38頁)にあった.

そこで,第5次計画の最終章 (Chapter VII: Development Perspective for the Period 1980-2000) では,開発面で取り残された地域の生計向上のための森林・鉱産物資源の活用 (7.04節) や,世界市場での競争力をつけるための技術導入と人材育成 (7.09節) が挙げられている. また,同計画の終了時までに経常支出を国内で賄えるようにする財源強化 (7.03節) も含まれている.

当時「経済的自立」路線の支柱として期待されていたのが,インド援助で建設され,第5次計画の期間内に操業が始まる予定であったチュカ水力発電所である. 急峻な山岳と安定した川の水量を利用した,ブータン初の大規模発電とインドへの売電が始まることになっており,そうなると貴重な外貨獲得源が生まれ,経済成長にも弾みがつくだろう. 実際,1980年代の国内総生産 (GDP,経済成長の指標) の成長率は年平均7.3%を記録しており,なかんずく発電所の操

業が始まった1987年には14%に達した［World Bank 1989：vi］.

## 2　「経済的自立」路線の背後にあった国際潮流

　第5次計画で「経済的自立」路線が提起された背景を考察する際,ブータンと隣国の関係や地域を越えた世界動向も斟酌しなくてはならない.この点に関しては特に,1970年代に開発の世界的潮流となっていた第三世界主義［Rist 2014：140-170］や,そのもとで生起していた新国際経済秩序（NIEO）と南アジア地域協力連合（SAARC）の構想を挙げることができる.

　当時,国際的に隆盛を誇っていた第三世界主義の柱の1つが,非同盟運動である.東西冷戦期の最中,どちらの陣営にも属さずに世界の平和と安定を図ろうとしていた第三世界諸国による運動である.非同盟運動では1970年代に,植民地の独立後も経済的支配へと形を変えて存続する「新」植民地主義を問題化し,第三世界諸国の「経済的自立」の実現を目指していた.

　そうした中,1973年にアルジェで開かれた非同盟運動の首脳会議で,NIEO構想が打ち立てられ,それが翌年の国連での「NIEO樹立に関する宣言」と「行動計画」の採択へと結びつく.第三世界諸国から輸出される天然資源に対する主権の確立,一次産品価格の安定化,そして,第三世界諸国内での自国の天然資源を用いた工業化の促進を目的とした構想である.

　また,1970年代後半の南アジア地域では,域内諸国間の交易と経済協力の推進による南アジア経済秩序（South Asian Economic Order）の確立を目的の1つとする域内協力体制づくりの動きが生まれた.この構想は後にSAARCとして具現化するが,そこには当時,域内大国としての権勢拡大に注力していたインドの動向を牽制する狙いがあった.そうした思惑のもと,インド以外の南アジア諸国が結束して生まれた動きである.

　インドとの「対等な独立国の地位」の確立を至上命題とするブータン政府にとって,SAARCは他の近隣諸国と交易や経済協力面での関係を深め,インド依存度の高い経済構造を改めていく手段として,国連や非同盟運動以上に大切な存在であった［Mathou 2008：32-33］.準備段階から首都ティンプーで大臣級会議の開催を取り計らうなど,ブータン政府は積極的に関与している.

　NIEO推進やSAARC創設に代表される第三世界主義が活発であった1970年代後半は,ブータン政府が外交面でインド政府の助言に導かれるばかりではなく,より自由に独自の立場を打ち出すようになった時期でもある［Kohli 2002：

633-635］．たとえば1976年には，インドネシアによる東ティモール併合を非難
した国連決議に反対するインドとは逆に，賛成票を投じた．また，ハバナで
1979年に開かれた非同盟諸国首脳会議では，同じくインドの立場に反して，ベ
トナム人民軍の介入によって同年にできたカンプチア人民共和国（現カンボジア
王国）ではなく，従前のポルポト政権を支持する姿勢を表明した．

　こうした当時のインドとの関係の変容や，第三世界主義の興隆という世界の
趨勢は，第 5 次計画で「経済的自立」という中長期的な開発方針の提起した時
期と重なっている．同計画での「経済的自立」の明示は，独自の開発政策を主
張しやすくする当時の隣国関係や世界的動向によって後押しされたことは想像
に難くない．さらに付言すれば，第 4 代国王が1979年に GNH を初めて公言し
たのも，「対等な独立国の地位」の実現に向けて弾みがついた時代趨勢の中で
の独立独歩の意思表示の意味合いがあったのではないのか．その発言は，カン
プチア人民共和国の承認への反対票を投じた，ハバナでの非同盟諸国会議出席
後の帰途，ボンベイの空港で開かれた記者会見でのものであった．

## *4*　GNH 主流化までの歴史的経緯

　ただし，5 カ年計画の軸に GNH が位置付けられるのは，既述の通り2000年
前後のことである．そこに至るまで漸次，次の段階を経て，後に GNH の 4 本
柱として結実する諸要素が取り込まれた．① 第 6 次計画（1987 ～ 1992年）での
文化政策の転換，そして② 第 7 次計画（1992 ～ 1997年）での経済成長の追求に
片寄らない，包括的で持続可能な開発政策の提示である［上田 2006：131；144］．
前者は 4 本柱の「文化の保護と振興」の礎，後者は「公正で持続可能な社会経
済開発」と「自然環境保全」の礎となった動きである．

　①と②は，2013年刊行の政府文書の『幸福——新開発パラダイムの実現に向
けて（*Happiness: Towards a New Development Paradigm*）』で示唆されている通り，
開発をめぐる国際的な諸議論を踏まえた動きである．第二次世界大戦後には国
際社会で「開発についての偉大な知的熟慮，討論，試行」があり，「私たちは
そのすべてにできる限り注意深く耳を傾け，地球大に何が言われ何がなされる
のかを把握した上で，私たちの心のあり方を形づくり，私たちの文化や国で尊
ばれてきた価値と比較対照してきた」(同報告書の 1 頁)．

　そこで本節では，前節で取り上げた第 5 次計画での「経済的自立」路線の提

示の段階を経て，それに続く第6次・7次計画で取られた①と②の動きについて，開発をめぐる世界的潮流に引きつけながら紐解いていく．第5次計画での「経済的自立」路線が第三世界主義の興隆に加勢されて出てきたように，①と②も世界各地の為政者どうしで共有されていた開発をめぐる主流派言説を通して吟味され，開発計画の中に取り込まれた動きである．

## 1　第6次5カ年計画（1987〜1991年）での文化政策の転換

　第6次5カ年計画は文化政策の転換点となった［上田 2006：131］．計画の基本枠組みについての章（Chapter 4：Framework for Sixth Plan）では，「国のアイデンティティの保護と振興」が「国の自立の推進」や「村落部における所得の向上」などに先じて挙げられている．「文化的アイデンティティや価値体系」の保全が5カ年計画で初めて，民族自決や国家主権を守る手段とされ（序文），その点で，文化を「国家の独立と安全」を守る防衛力と見なす，今日まで続く政府姿勢［栗田 2017：58］の確立を後押しした．

　具体的には，有形無形の文化財の保護が重点項目とされるとともに，第6次計画の実施に先立つ1985年に，文化財委員会が設立されている［上田 2006：131］．また，他所では文化に絡められることの少ない，森林保護や土壌保全や保健医療なども，単なる技術課題の域を超えた「文化的アイデンティティや価値体系」に関わるとされた［上田 2006：129］．

　第6次計画が文化政策の転換点となった一因には，1980年代の経済成長の進展によって外国人労働者の流入に拍車がかかり，なかんずく相当数のネパール系移民が国内に住み着くようになっていたという事情がある．それが「国家の独立と安全」を脅かしかねない状況になっていた［今枝 2013：128］．同時期には隣接するインド北西部では民族自決権を要求するネパール系住民のグルカ国家解放戦線が活発化していたし，仏教王国であったシッキムでは1970年代にネパール系住民による民主化運動が生起し，それに乗じたインド政府に併合されたという苦い歴史もある．ブータンでも「アイデンティティの保護と振興」を進めないと「国家の独立と安全」は守られない．

　同時に，文化政策の転換点の背景を検討する際，地域を越えた世界情勢をも斟酌する必要がある．文化論的転回（cultural turn）を基盤とした開発をめぐる当時の潮流である［Nederveen Pieterse 2010：64-82］．文化論的転回とは，開発推進にふさわしい文化とふさわしくない文化を分別し，後者を前者に直そうとす

る従来型の思考から離れて，各地域や各国の文化に合った独自の開発のあり方を重んじようとする発想転換のことであり，開発の第三世界モデルを希求する世界的な気運［Schech et al. 2000 : 40-50］を高めていた．

　こうした動きは，1970年代における第一世界諸国の支配的地位の衰退［Rist 2014 : 140-143］と絡む．その表れとしては，米国のベトナム戦争での敗退や，産油国の利益を国際資本から守るための石油輸出国機構（OPEC）の結成などが挙げられる．また，1972年にストックホルムで「国連人間環境会議」が開かれたことが示す通り，第一世界諸国の内部でも，環境や風土の保全を無下にした画一的な経済成長路線が本格的に省察され始めた時期である．

　開発の第三世界モデルには，アジア式の近代化モデルと第三世界の社会主義モデル［Schech et al. 2000 : 41-50］がある．後者としてよく知られるのが，自給自足の地域経済を基盤とした社会づくりを目指した中国の毛沢東主義や，家族や隣人どうしの互助の伝統に根差した共同農場づくりを志向したタンザニアのウジャマー政策である．資本集約的な産業化を軸としたソビエトの中央集権型モデルとは一線を画そうとした．他方のアジア式の近代化モデルとは，日本やシンガポールや韓国などで「東アジアの奇跡」を生んだ開発方式を指す．経済自由化を軸とした主流型とは違って，政府主導で国内産業を保護し，輸出を振興することに成功した，「アジア独自」の開発方式である．

　さらには，こうした流れを受けて1987年には南委員会（South Commission）が設立されている．同委員会では第三世界諸国の政治家や学者が中心的な役目を果たし，1990年には『南への挑戦（*Report of the South Commission*）』が刊行された．そこでは，近代化によって民族文化が損なわれてはならず，外来の開発方式を闇雲に導入してはいけないと論じられている．

　こうした開発の第三世界モデルの世界的潮流は，「国のアイデンティティの保護と振興」が緊要課題となっていた当時のブータンで，第6次計画を文化政策の転換点にせしめる援軍になったと推察される．同計画の序文では「われわれの開発アプローチの基底をなす主要目的は，文化と価値の保全であり続けてきた」のであって，「社会的や経済的な変化に向けた事業によって，われわれが継承してきた尊い伝統や制度を貶めてはならない」とされている．

## 2　第7次5カ年計画（1992〜1997年）での包括的で持続可能な開発政策

　第6次計画における文化政策の転換に続いて，第7次計画では包括的かつ持

続可能な開発政策が提示された［上田 2006：144］．そこで基本前提とされたのは,
GDP で示される経済成長が進んでも,生活の質が上がるとは限らないという
視座である．「1991年の１人当たりの GDP が370ドルに達したように,ブータ
ンでは1980年代に目覚ましい GDP 成長が遂げられたが,国内総生産は開発の
指標としては狭隘であると,政府は認識している」(2.29節).

　「経済的自立」路線や「成長を通した安全保障」を優先した従来の政府政策が,
いよいよ大きな転機を迎えたという認識の表明である．その背後には開発予算
が1980年代から1990年代初頭にかけて著しく伸びたという事情があった．第６
次計画（1987年～）は第５次計画（1981年～）の約３倍,第７次計画（1992年～）
は第６次計画（1987年～）の約２倍といった具合である．しかも,援助依存度
は徐々に減少し続けていたとはいえ,第７次計画でも全予算の６割前後に上る
見通しが示されている（Table7.4).

　そのため「外国資金という太いパイプの蛇口が全開され,ブータンの経済規
模からすれば,桁外れに巨額な資金が一挙に流れ込み,ブータンは破裂寸前に
なった」［今枝 2013：257］．そこで,1980年代半ばより政府は「ブータンにとっ
て今,本当に必要で,ブータン人自身で実行できるプロジェクトしか受け入れ
なくなった」［今枝 2013: 257-258］．それまでは手っ取り早く工業化を進めるべく,
豊富な森林資源を用いた商業目的の製材や木材加工に力が入れられていたが,
人口増加によって土地開拓や薪消費のペースも上がる中,そのままでは森林破
壊が進みかねないと懸念されていた．あるいは,南部や南西部で産業振興が進
む一方,東部をはじめとする他地域は開発から取り残され,一部の都市居住者
と他所に住む人たちとの間で経済格差が目立つようになった．

　こうした国内の要因とともに,第７次計画で包括的な開発路線を打ち出すよ
う促したのが,開発をめぐる世界的潮流である．第７次計画で参照されている
人間開発（human development）と持続可能な開発（sustainable development）である．
1980年代以降,世界では経済グローバル化が深化し,発展途上諸国でも貿易や
資本流入や技術革新が急速に広まった．その結果,一部地域に経済的恩恵が及
ぶ一方,闇雲な経済成長の追求が蔓延し,各地で経済格差や環境破壊が激化し
ていた［西川 2004： 1-5］．こうした時代趨勢のもと,経済成長の追求に片寄ら
ない開発像が注目されたわけである．

　人間開発は,国連開発計画（UNDP）が年次の『人間開発報告書（*Human
Development Report*)』を1990年に刊行し始めて広まった．自らが望む暮らしを営

む上で必要となる選択肢が狭められていて（たとえば学校に行けない，医療サービスが受けられないなど），潜在的能力を活かせられないとなれば，経済成長によって人がいくら物的に充たされようとも有意義な暮らしを送れない．こうした観点より『人間開発報告書』では毎年，健康状態と教育程度と実質所得を指標とした，国別の人間開発ランキングが発表されてきた．

　第7次計画では，この人間開発概念に即して「教育や保健やその他の社会サービスへのアクセスで測られるような社会的福利の向上が，GDPの向上と同等に大切である」と述べられている（2.29節）．さらにはそれまでの5カ年計画のもと，健康状態や教育程度でどのような進展があり，将来的にどういう改善が求められるかが考察されている（2.30節，2.31節）．

　また，第7次計画では持続可能な開発も言及されている．将来世代のニーズを損なうことなく，現世代のニーズを充たすという定義で，当時世界的に注目を集めるようになった開発のあり方である．持続可能な開発は，国連の任命によるブルントラント委員会が1987年に刊行した『地球の未来を守るために（*Our Common Future*）』で提起された．1970年代には先進諸国を分析対象とするローマクラブの『成長の限界』が話題を集めていたが，ブルントラント報告書では発展途上諸国も含めた全世界を対象として，環境保全と開発推進の両立をいかに図るのかが考察されている．

　この潮流を踏まえて，第7次計画では「環境と持続可能な開発」という題の章（Chapter 4：Environment and Sustainable Development）が設けられている．そこではブルントラント委員会の報告書が紹介されるとともに，同報告書で提唱されていた環境保全と開発推進の両立が，目覚ましい経済成長を遂げるブータンにとっても重要課題であることが指摘されている．

　ブータン国内では当時，後にGNHとして知られる開発のあり方，つまりGDPの向上に偏重しない包括的かつ持続可能な開発路線は正しい，と直観的には考えられていた．ただし，GNH自体が公式政策になっていたわけでも，その実施手法が定まっていたわけでもない［Ura et al. 2015：6］．そうした中，人間開発や持続可能な開発といった（後の4本柱の中の「公正で持続可能な社会経済開発」や「自然環境保全」に相当する）当時の開発をめぐる世界的潮流に引きつけることで，ブータン政府は開発計画で目指そうとする独自路線を，よりよく国内外に説明することができたわけである[5]．

# **5** GNH の歴史的考察の要諦

　今日の GNH 人気からすれば，冒頭の引用に見られるように，経済成長の追求に片寄った世界趨勢に抗して，「小国」ブータンの政府は「人の幸せや充足」を先んじた GNH を「宣言」したと考えたくもなる．しかし，本章で検証してきた通り，そうした見方は差し控えられなくてはならない．

　冒頭でもふれたようにブータンは，インドと中国という両「大国」をめぐる動向に絡んで，数々の「国家の独立と安全」の危機に面してきた．そのため，GNH を軸とした「チベット文化圏最後の砦」としての独自のアイデンティティを打ち出すことで，主権国家としての地位を守っていく必要がある．同時に，「国家の独立と安全」が覚束ないため，他国との関係や時々の世界潮流を無視して，意のままに独自のアイデンティティを追求することは容易ではない．国の為政者は「国家の独立と安全」をめぐる危機に順次対応することで「独立と安全」の礎を固めるとともに，時々の主流派の開発言説に注意を払いつつ漸次，「人の幸せや充足」のための GNH を開発計画に取り入れてきた．

　この点に関して想起されるのが，現代思想のジュディス・バトラーが提唱した「パフォーマティビティ」概念である．その考え方のもとでは，主体が自らの意のままに行う「パフォーマンス」ではなく，主体が主流派の言説に拘束された様態に光が当てられる．主流派の言説のもとでは不平等な権力が働き，主体はその作用のもとで行為し，自らのあり方を定めていくしかない．ただし同時に，行為主体は言説の権力作用を被っているからこそ，逆に言説を内部からぐらつかせ，その脱自然化を促すように行為することもできる．

　こうした両義的な「パフォーマティビティ」は，GNH の主流化の来歴に表れ出ている．たとえば，前出の『ブータン2020──平和，繁栄，幸福のヴィジョン』では，第 7 次計画で取り入れられていた人間開発概念に即して，健康（平均寿命，乳児死亡率など），教育（就学率，識字率など），所得（1 人当たり GDP）面での向上（Part I，14頁の Table 1）や，人間開発指標が0.310（1984年）から0.510（1995年）に上がったこと（Part I，16頁）が先ずは報告される．いわば有力な援助機関のお墨付きを得た形にしているわけである．

　同時に，『ブータン2020』では「開発に資するわれわれの特質（our development assets）」として仏教が挙げられている（Part I，19頁）．しかも，「わ

れわれの仏教的な開発観はしばしば従来型の開発理論とは相容れない」と論じ
た上で（Part Ⅰ, 22頁），「こうした自負は傲慢であると，部外者にしばしば受け
取られてきた」と指摘している（Part Ⅰ, 23頁）．「そうした誤解には，特有の開
発モデルを追求しようとしてきたわれわれの決意に対する理解不足が露呈して
いる」のであり，「仏教的な開発観」のもとで尊ばれる「高僧の見識には，開
発専門家のそれにも劣らないほどの重みがある」（Part Ⅰ, 23頁）．このように
述べて，人間開発も含めた開発の主流派言説に対する違和感が表明されている．

　その違和感とは次のようなものである．　人間開発には功利主義に片寄ってい
るという陥穽がある［Ura 1999：5］．所得面や教育面や健康面で充足される人
が増えるほど当該社会の生活の質は自ずと向上していくという，個人中心の功
利主義である．他方，仏教では自他の区別を乗り越えた境地が説かれる．ブー
タンでは開発のあり方を検討する際，後者の仏の教えを踏まえて，人間開発言
説のような主流派言説では顧みられることの少ない，人間どうしや人間と非人
間（動物や自然）の間のより良い関係づくりが重視されてきた．

　このように主流派の言説に表面上は従いつつ，その脱自然化を内部から図る
という「パフォーマティビティ」には，「インド仕込み」からの脱却を進める
べく，国際援助に頼りながら開発推進を図らざるを得なかった「小国」の苦悩
が見て取れる．この点を踏まえれば，世界各国が押し並べて「高い経済成長」
を目指す中，その趨勢に抗して「小国」ブータンで GNH が「宣言」されたと
する冒頭の引用の不適切さは，より一層明らかとなる．

　開発の主流派言説はオルタナティブな開発言説と対置されるとは限らない．
GNH の対局にあるように思える経済成長の追求も，ブータンで「経済的自立」
や「成長を通した安全保障」が GNH 実現に向けた大事な施策であり続けてき
たように，GNH と真っ向から対立するわけではない．GNH では「国家の独立
と安全」と「人の幸せや充足」が車の両輪のごとく大事にされる必要があり，
そのどちらの成就にも，成長を通した経済基盤の強化は鍵を握る．

　GNH は，時々の世界的な開発言説（第三世界主義，開発の第三世界モデル，人間
開発，持続可能な開発など）に即して練り上げられてきた．「国家の独立と安全」
への対応が進んだことにくわえて，「人の幸せや充足」を大事にする開発の世
界的潮流が存在したことで，政府は GNH を開発計画の軸に据えることができ
た．こうした観点から GNH の来歴は理解される必要がある．

**注**

1 ）本研究は，公益財団法人 JFE21世紀財団の「アジア歴史研究助成」をいただいて進められた．ここに記して感謝申し上げる．より詳細な論考は，同財団の『2017年度 大学研究助成 アジア歴史研究報告書』内で発表している．その中の「ブータン王国の国民総幸福（GNH）の歴史的考察——開発計画の来歴の検証を通して」をお読みいただきたい（http://www.jfe-21st-cf.or.jp/furtherance/pdf_hokoku/2017/a10.pdf）．

2 ）この点は今日まで変わっていない．たとえば，2008年発布のブータン初の成文憲法も，その起草を取りまとめた元の政府高官が回顧しているように，「国家の独立と安全，国益と人民のウェルビーイング」を念頭に起草された［Tobgye 2012］．

3 ）難民問題の発端は，ネパール系移民の増大（第4節1参照）を受けて政府が不法滞在者の取締りを強化し，反政府デモが起きたことにある．同時に，難民問題はインド北西部のネパール系住民による民族自決運動のあおりを受けて激化したものでもあり，単なる政府による少数派弾圧ではない［今枝 2013：122-136］．同問題はそもそも，19世紀にインドを支配していたイギリスが経済開発のためにネパール人を労働者として呼び込み，その一部がブータン南部に定住したことが誘因となった出来事でもある．

4 ）ただし，第5次計画にGNH的な要素がないわけではない．同計画の7つの主な目的(3.03節)の内，最後に挙げられた「社会経済的な格差を抑制した正義」と「伝統を壊さず，環境に負の影響を与えない開発プロセス」は，現在のGNHの4本柱に重なるものである．また，第5次計画では文化的伝統や自然環境の保全活動が散りばめられている．たとえば，文化的建造物の保護やゾンカ語教師の育成など，それまでの計画にも入っていた活動を引き継ぐとともに，新たに，伝統的価値のような無形の伝統を壊さないような教育や観光のあり方が唱えられた［上田 2006：130］．さらには，森林破壊が過度に進まないよう，第5次計画に先立つ1979年には森林伐採が国営化されている．

5 ）GNHの4本柱の概略が公表されるのは，さらに後の1998年の国連開発計画太平洋地域ミレニアム会議（ソウル開催）においてであった．当時のある閣僚による基調講演（題目は『価値と開発——国民総幸福』）でのことである［平山 2016：23］．その講演が思いのほか好評で政府内で「GNH議論が高まった」が，それまではGNHの実践手法を体系化しようとする動きはなかった［森 2016：6］．この点に鑑みても，1970年代に為政者がGNHを「宣言」しようもなかったことがわかる．

### ❏ 推 奨 図 書・推 薦 映 画 〰〰〰〰〰〰〰〰〰〰〰〰〰〰〰〰〰〰〰

ドルジ, K.［2014］『「幸福の国」と呼ばれて——ブータンの知性が語る GNH〈国民総幸福〉——』（真崎克彦・菊地めぐみ訳），コモンズ.

ナマケモノ倶楽部［2016］『タシデレ（幸あれ）！——祈りはブータンの空に——』素敬 SOKEI パブリッシング.

# 第Ⅱ部

## 地球文化のゆくえ

東日本大震災後，エチオピアの人びとが日本の被災者
のために募金を集める（2011年5月　勝間靖撮影）

　第6章は，馬場［1983］より転載したものであり，数値，組織名等の情報は刊行当時のものである．なお，本書で採用された表記で統一するため，編者が字句を修正したところがある．

# 第6章

# 地球文化のゆくえ

　確かに，国民文化や国民性はまだ根づよく残っている．中国人的なものの見方や考え方も存在するし，フランスに行けばフランス人特有の「しぐさ」にも気がつく．マーガレット・ミードは，パリの宿の窓から道ゆく人びとを眺めていると，「あ，あの人はアメリカ人だな」と一見して解ると，アメリカ人の国民性に関する書物に記している．実際，私でも，サンフランシスコやモントリオールの街角に立っている日本人旅行者を見かければ，「あ，あれは日本人だな」と見分けがつくときが多い．それは，その人の風貌，服装，「しぐさ」等に，どことなく日本人独特のものが感じられるからである．ミードも，パリにいるアメリカ人について，同様のことに気づいたのであろう．

　また，柳田国男は，かつて，多くの日本人に見られた死後の世界観に関して，次の4つの点を指摘している．「第一には死してもこの国の中に霊は留まって遠くへは行かぬと思ったこと，第二には顕幽二界の交通が繁く，単に春秋の定期の祭だけで無しに，何れか一方のみの心ざしによって，招き招かるゝことがさまで困難で無いやうに思って居たこと，第三には生人の今はの時の念願が，死後には必ず達成するものと思って居たことで，是によって子孫の為に色々の計画を立てたのみか，更に再び三たび生れ代って，同じ事業を続けられるものゝ如く，思った者の多かったといふのが第四である」［柳田 1962：120；鶴見 1977：14］<sup>1)</sup>．しかしこれは，あくまでもかつてそうであったのであって，いまでも多数の日本人が，そうした共通の死後の世界を抱いているとは思えない．それは単に，昔と今では，日本人の宗教観や死生観が変わっただけでない．価値観自体が多様化し，全ての日本人に認められる「共通項」というものを抽出しにくくなってきたからでもある．日本人の海外旅行者についても同じことがいえる．特に若者の中には，少なくとも外見だけからでは，日本人なのか何国人なのか，判断しにくい人たちも次第に増えてきた．

　これには，いくつかの要因がある．1つには，いま世界中に伝播しつつある近代化（工業化，技術革新，官僚制度を含む組織の合理化，時間観念，消費生活，市場経

済等）が，「近代文明の型」とでもいうべき，精神構造，価値観，行動様式を世界中の人びとにもたらしつつあること[2]．第 2 に，その近代化にともなう交通・通信機関の発達により，あらゆる情報が，その日のうちに，地球上をかけめぐり，人びとはそうした情報を超国境的かつ同時的に共有し得るようになったこと．第 3 には，「異国」の文化や芸術が外部からどんどん侵入してくるため，多くの国々において，いま「雑種文化」ともいうべき文化が発達しつつあることである．たとえば，スウェーデンの人気ポップグループ「アバ」にソ連の若者が夢中になり[3]，欧米の青年たちが日本の禅に強い関心を抱くといった具合に．さらに，各国政府や民間団体による多種多様な文化交流事業が，こうした傾向に拍車をかけている．ただしこの場合，実際は「交流」ではなく，大抵の場合は，先進国から開発途上国へと，その流れが「一方交通」になりがちであることは，留意しておくべきであろう．

　超国境的文化の普遍化と雑種文化の発達は，人物交流に負うところも大きい．たとえば，私がいま教えているカールトン大学（在カナダ・オタワ）では，全学生数の約 1 割が留学生である．だが，この大学に格別留学生が多いというわけではない．欧米の大学では，もっと沢山の留学生を抱えているところも少なくない．

　ある友人の報告によれば，パリにある Ecole des Hautes Etudes en Sciences Sociales（社会科学高等研究院）の社会運動研究センターでは，各セミナーとも 3 分の 1 は外人学生であり，教官やテーマによっては，その数が 3 分の 2 に達する場合もあるという［梶田 1982][4]．また，世界各国の帰国子女の数もおびただしい．1982年現在，両親に連れられて外国に滞在している「海外子女」は，日本の場合だけをみても，3 万人以上はいるだろうと推計されている[5]．彼らは皆，何らかのかたちで「外国」文化を身につけ，「自国」の文化を「外国」に伝えている．学生だけではない．研究者や芸術家の交流，それにスポーツ交流等もますます盛んになってきた．

　旅行者を含む地球的規模の大量の人間往来の中で，現在および将来にわたって，もっとも注目すべきは，移民，外国籍労働者，難民，亡命者の問題であろう．現在，定住移民の流れは，ほぼ，アメリカ合衆国，カナダ，オーストラリア，ニュージーランドに限定されてきた．1910-76年の間に，それらの諸国に移住した人口は**表 6-1**のとおりである［Kritz et al. eds. 1981：161]．これに対して，期限付き（大体 1 年契約）「客員労働者」（外国籍労働者）の数は，世界的視野での

ぞめば，まさに「マルサス的」動態を示しているという［Teitelbaum 1980：27-
29］．たとえば，ペルシャ湾沿いの産油諸国では，3 分の 2 が外国籍労働者で
ある［Weiner 1982：1］．また，世界中の難民の数は，800万から1400万（「難民」
の規定の仕方等により正確な数値は把握しにくい）にのぼるだろうと推定されている．
外国籍労働者の移動は，文化的観点からすれば，文化的にある程度類似した地
域内でなされる場合と，文化的・地理的に大きくかけ離れた諸国へ向う場合と
に大別できる．たとえば，南米諸国の人びとがアルゼンチンやベネズエラに職
を求めて移動する場合は前者，インド人労働者がペルシャ湾岸諸国に職を求め
る場合は後者のケースに担当する．ちなみに，1979年には，湾岸産油諸国に約
33万のインド人「出稼ぎ」労働者がいた［Weiner 1982：2］．こうした人間の移
動を通じて，程度の差こそあれ，前者の場合でも後者の場合でも，地球上のい
たるところで文化接触，同化，摩擦といった現象が展開されている．さらに，

表 6-1　人口中に占める移民の割合

| 国（調査年） | | a. 全人口<br>（単位：1000人） | b. 親が外国生<br>れの人口<br>（単位：1000人） | c. 同比率<br>(b/a) % | d. 本人が外国<br>生れの人口<br>（単位：1000人） | e. 同比率<br>(d/a) % |
|---|---|---|---|---|---|---|
| アメリカ | （1910年） | 92,228 | 18,897₁) | 20.4 | 13,345 | 14.4 |
| カナダ | （1911年） | 7,206 | — | — | 1,586 | 22.0 |
| オーストラリア | （1911年） | 4,455 | — | — | 787 | 17.6 |
| アメリカ | （1930年） | 123,202 | 25,902₁) | 21.0 | 13,983 | 11.3 |
| カナダ | （1931年） | 20,376 | — | — | 2,307 | 22.2 |
| オーストラリア | （1933年） | 6,629 | — | — | 913 | 13.7 |
| アメリカ | （1950年） | 150,844 | 23,578₁) | 15.6 | 10,095 | 6.6 |
| カナダ | （1951年） | 14,009 | — | — | 2,059 | 14.4 |
| オーストラリア | （1954年） | 8,986 | — | — | 1,286 | 14.3 |
| アメリカ | （1960年） | 179,325 | 24,312 | 13.5 | 9,738 | 5.4 |
| カナダ | （1961年） | 18,238 | — | — | 2,844 | 15.6 |
| オーストラリア | （1961年） | 10,508 | — | — | 1,778 | 16.9 |
| アメリカ | （1970年） | 203,210 | 23,955 | 11.7 | 9,619 | 4.7 |
| カナダ | （1971年） | 21,568 | 3,986 | 18.5 | 3,259 | 15.2 |
| オーストラリア | （1971年） | 12,755 | 2,452₂) | 19.2 | 2,579 | 20.2 |
| ニュージーランド | （1971年） | 2,862₃) | — | — | 411 | 14.3 |
| オーストラリア | （1976年） | 13,548 | 2,768₂) | 20.4 | 2,718 | 20.0 |
| ニュージーランド | （1976年） | 3,129 | — | — | 519 | 16.6 |

(注)　1：アメリカの1910-50年の数値は白人のみである．
　　　2：親のどちらかが外国生れの場合を含む．
　　　3：ニュージーランド島領を含まない．

こうした大量の人間移動が，世界各地で経済的，政治的，社会的諸問題を惹起
していることは周知の通りである<sup>6)</sup>.

　しかし，馬場［1983］が主題としてきたのは，そうした客観的現象面の分析
を試みようとするのではなく，個人の内在的・文化的アイデンティティの追求
をめぐる問題であった．この主題で前提とした仮説は，第1に，個人は国家枠
内にあって，社会化過程を通じてその支配文化をただ一方的に吸収する客体だ
けではなく——再度強調したようにもちろんそうした側面もあるが——，自分
自身の価値実現を図ろうとする，文化創造の主体たろうとし，そうした傾向は，
個人の意識化が進むにしたがって，次第に強くなってきていること．第2に，
その結果，各国家の内部に，その国家の支配文化に挑戦する多種多様な文化集
団，地方文化が形成されつつあり，同時に，世界平和と地球環境の保全を希求
するような「地球社会」の文化ともいえるものも発達しつつあること．第3に，
したがって，それぞれの国家が統合・整合された「国民文化」を維持していく
ことは，前述の外在的諸条件ともあいまって，次第に困難になってきているこ
とである．

　アメリカの黒人作家ジェームズ・ボールドウィンは，マーガレット・ミード
との対話『怒りと良心』の中で，次のような告発をしている．

　　　今の世界の黒人たちが行なっていること，言っていることは〔60年代後
　　半——筆者〕，あなたがた白人が黒人たちを抹殺しようとしつづけて来たこ
　　とを認識しての上のことです．黒人たちを焼き殺したり，去勢したり，木
　　に吊したりしただけじゃなく，精神的にも，その理性も感性も心まで殺し
　　てしまったんです．

　　　黒人の子供たちに，お前たちはロクデナシで文明に対して何ひとつ貢献
　　なんかできやしないんだぞと教えることは，つまり自分の母親や兄弟たち
　　を憎むことを教えているんです．ぼくたちの世代は，この結果のもたらし
　　た悲劇を見て来ました．今の若い世代の黒人たちがやっていることは，た
　　とえ行きすぎであるにしたって，正しいことですよ．彼らは今までの考え
　　方を全て拒否し，アメリカ合衆国に向って「これがあなたがたへの請求書
　　だ．おれたちの血で書いた血染の請求書だ．さあ，今こそきちんと支払っ
　　て貰おうじゃないか」と言っているのです．

と．また，ボールドウィンは，「ぼくの考えからすると，アメリカ人のアイデ

ンティティというのは常にぼくをのけ者にすることにある」ともいっている．そしてついに彼はフランスへ「亡命」し，はじめて自分自身を見出すことができた，と述懐しているのである．

　ボールドウィンのように，己れのアイデンティティを模索するため，生れ落ちた国を自ら見捨てて「亡命者」になる人もあれば，本人の意志ではなく，社会的強制作用によって，結果として，「亡命者」やディアスポラ（ユダヤ人などの国外離散）となってしまう人たちも多い．そのような運命をたどったある友人のことを，ボールドウィンは次のように語っている．

　　　ぼくの友人でハイチで生れ，革命でそこを追い出されてアルジェリアに行き，そこでもまた革命で追い出され，フランスに混血児として行った男がいます．そしてマルセイユで犬のように――混血ですからね――扱われています．これが20年か22，3年の間に起こったことなんですよ．彼は自分の国の風物がどんなものかさえよくわからない．そしてこういうことは今世紀の何百万の人間たちの辿った典型的な道です．彼はぼんやり焦点のぼけた3つの国の風物を見ただけで，自分の民族，父親や母親の記憶さえないんですからね．父親も母親も，母国もなかった．何もない．そして，こういうことは今世紀の何百万もの人々の典型的な生き方なんです

と．

　彼は，また，「追い立てられた放浪者のあふれている今世紀では，みんなが亡命者なんです．国家という概念は好むと好まざるとにかかわらず，私たちの目の前から消滅していきます．ドイツに生れようと，スイスに生れようと，フランスに生れようと，そんなことはかかわりない．世界中のすべての人びとが次から次へと追い立てをくって，亡命者になっています」とも述べている．地球上のすべての人びとがやがて亡命者になるというのは1つの鋭い比喩であり，警句である．現に，「労働移民はディアスポラのはじまり」という啓発的な研究報告も発表されている［Weiner 1983］．失業，貧困，差別，疎外，政治的抑圧等々の諸要因により，他国へ移民，難民，亡命者として行った人たちの中には，たどり着いた国でも同じような境遇にさいなまれ，また別の国へと渡って行く場合も少なくない．まるで「カインの末裔」のように．だた，カインとは違って，その人たち自身には何の「罪」もない．

　他方，自ら進んで「地球社会」にアイデンティティを求め，「地球市民」に

なろうとしている人たちもいる．実際，最近では，「地球市民登録」運動も活発化しつつあり，一時下火になっていた世界連邦運動も再び勢いをとり戻してきた．人権，環境保全，軍縮・平和といった，人類の普遍的福祉向上をめざす非国家的国際組織（INGO）の会員の中には，「地球の友」の事例研究でも示したように，そのような意識を抱いている人びとが数限りなく存在する．こうした「亡命者」と「地球人」の間で，まだ国家に第一義的アイデンティティを求めている者もいれば，地方や民族（少数民族）その他さまざまな集団に帰属意識や「生き甲斐」を見出している者もいる．このように現代文化は，個々人のアイデンティティをめぐって，「タテ」軸に，複雑な位相を形成し，「ヨコ」軸には，それぞれの国家の内部と外部から，色とりどりの文化が分裂，統合，相互浸透，拡散作用を繰り広げている．

　馬場［1983］の第2の主題——というよりも問題提起といった方が妥当かもしれないが——は，以上のような世界的文化状況においては，国民文化や国民性を中心とした従来の比較文化的視点からの国際関係の分析は，いま大きな変革を迫られているということである．

　19世紀的あるいはヘーゲル的国家観，歴史観からすれば，国家は個人にとって最高にして最大の，しかも最も重要な社会単位であった．また，各国は確立された領土と主権を有し，至高の「共同体」であるとみなされ，その共同体は，国民の国家に対するアイデンティティないしは忠誠心によって支えられてきた．さらに国家は一個の独立した「意思体」であり，それぞれ固有の民族精神を具有し，歴史を通じて，その精神を実現していこうとする主体でもあった．したがって，外交は他国との関係において，そうした国家の意思を実現する手段であるとみなされてきた[8]．事実，外交は，馬場［1983:ch 1］で示したように，今世紀の中頃までは，国家の支配的価値観の対外的発現であったのである．ヘーゲルによれば，戦争は，そのような独立した意思体たる主権国家が，各自のイデオロギーをお互いに「正義」として主張しあうところに起因する．ただしヘーゲル自身は，必ずしも，戦勝国の正義の方が敗戦国の正義と比べてより正しいものであるとは主張していなかった．つまり，「力はすなわち正義である」とは理解してはいなかった．個別的戦争が，そのつどそのつどの「正義」を決定するものではない．しかしヘーゲルは，長期的展望に立てば，国家間のイデオロギー的葛藤が歴史発展を促す勢力であるとの信念を抱いていたことは確かである［Avineri 1972；Weiss 1974］．また実際，第一次大戦，第二次大戦，その他

の戦争においても，つい最近まで，勝利国はつねに一方的に正しいものとみなされてきた.

　重要なことは，19世紀から20世紀の前半にかけての「時代の精神」は，国家主義あるいは国家中心志向であったということである．そこでの支配的考え方は，ヘーゲルによれば，個人は国家という共同体を通じてのみ，己れの「生」を享受し，自己実現を期待することができる．また文化や民族精神も一元的に，国家枠内に閉ざされている．そして歴史を推進する勢力も国家であり，世界は国家間関係——文字通り“国際関係”——によって成り立っていると理解されていたことである［Avineri 1972：199-200］.

　しかし，いまやこれらの前提はすべて——完全とまではいかないまでも——，覆されようとしている.

　まず第1に，いくつかの事例研究で例示したように，現在この地球上には，超国境・脱国家的なさまざまの文化的アイデンティティを追求しようとするおびただしい数の文化集団が形成され，歴史を通じて，それらの価値実現を図っていこうとしている．そしてそれらの文化集団は，かつて堅固にみえた国民文化の楼閣を国家の内部と外部からゆり動かそうとしている．したがって，国家が外交上，統一ある意思体として君臨していることも，はなはだ困難になってきた．第2に，それらの集団の多くは，他の諸集団や国際機関，場合によっては国家とも提携して，地球的規模の連絡網を張りめぐらし，国際政治や世界史の流れに大きな影響を与えようとしている．つまり，もはや国家のみが歴史の推進力ではない．たとえば，広島・長崎を中心とした反核運動は，日本の国策のみならず，欧米にみられる反核運動とも呼応して，世界の反核・軍縮・平和運動に対する1つの起動力となっている．同様のことは「地球の友」その他の諸集団についてもいえる.[9]

　第3に，個人は第一義的国家に所属し，その「共同体」を通じてのみ自己実現が可能であるとの仮説も崩壊しつつある．ちなみにヘーゲルは，「この世に生を受けたときからわれわれはすでに国家の市民であり，人間としての理性的目的〔の実現〕は，国家において生きることである」と主張している［Avineri 1972：184］．いわゆる「ナショナリズムの時代」には，ヘーゲルのみならず，大半の人たちもそうした考え方に同感であったに違いない．ところが現在では，被抑圧者や少数民族は国家に対して「市民意識」をもたない者も多く，かえってネガティブ・アイデンティティを抱いている者さえいる．ボールドウィンに

代表されるように，「生を受けた」国家を見捨てて，自ら好んで「亡命者」になる人もいれば，もろもろの外的要因により，移民，難民，客員労働者，亡命者，ディアスポラ，デラシネ（根なし草）にさせられていく人びとの群れも地球上に広がりつつあるのである．

　以上のような世界情勢の中で，地球文化は「何処へ」いざなわれるのか．また，人類は何処へ！（クゥオー・バディス・ホミネス）　この大問題に答えることは，私の能力をはるかに超えている．だが，ある程度の予測はたつ．

　技術革新にともなう近代文明の発達は，人物往来・情報交換を一層盛んにし，地球を小さくし，地球文化は，ある側面ではますます画一化されていくであろう．しかし同時に別の側面では，文化の画一化が進むにつれ，われわれ自身の文化を失いたくないとの内在的衝動をつのらせ，文化の個別化をも増幅させることになろう．また，個々人が国民文化（正確には各国内の支配文化）以外の第一義的文化集団を形成しようとする傾向は，それらの集団間の摩擦や紛争を増大させることにもなろう．だが，それだけ国家へのわれわれの関心の凝集性は弱まり，国家間のイデオロギー的対立は緩和されていくのではなかろうか．さらに，個人はいくつかの文化集団にアイデンティティを求める結果，自己の内部でもアイデンティティの相克にさいなまれる場合が増えてくるであろう．そして地球全体としては，ますます混沌とし，錯綜した文化状況がくり広げられていくことになる．

　そのことは，しかし，積極的に評価することもできる．なぜなら，そうした現象がおこるのは，地上のあらゆる絶対的権威・権力が失墜し，各人がそれぞれの価値の平等と参加——歴史の創造と文化の創造への参加——を要求しているからである．また，地球が狭くなり，しかもその中での危機感が高まるにつれ，人類の共同体意識も自ら高揚してくるであろう．

　いまわれわれは，二者択一を迫られている．各自が排他的価値を主張し，もろもろの文化集団間の葛藤の中で，戦争や紛争を増大させていくか，「地球共同体」の意識にめざめて，寛容，忍耐，協力の精神にもとづいて，人類全体の福祉向上に努めるか，のどちらかである．アイデンティティには，本来，「閉ざされた」側面＝主体性，と「開かれた」側面＝同一性（他者との連帯）とがあることを拙者『アイデンティティの国際政治学』では指摘した．個々人が主体性の確立の衝動にかられることは止むを得ないが，それだけ今後はますます，後者の側面も同時に追求していくことが要請される．

　最後に強調しておきたいことがある．馬場 [1983] では，南北問題や，技術革新が世界文明にもたらす影響について，深く立ちいった議論をすることができなかった．しかしいま，第三世界では数億の人びとが飢餓に瀕しており，それよりはるかに多くの人たちが人間らしい生活——というよりも人間性そのもの——を奪われている．しかもそうした問題は，いわゆる「構造的暴力」によるところも大きい．これらの課題に，われわれはどう対処してゆけばよいのか．その仕方とコミットメントの度合に，未来の「地球文化のゆくえ」はかかっているといっても過言ではない．また，既述したように，貧困と環境破壊は密接な関係がある．無制約な産業化・工業化・消費生活は，この地球上にさまざまな危機をもたらすのみならず，南北格差をも広げる．馬場 [1983] では，個々人が文化と歴史創造の主体たろうとしている積極的側面を，いくつかの事例研究を通じて，浮き彫りにしようとした．しかし技術の進歩は，人間同士，人間と社会，そして自然との間に深刻な疎外をつのらせてゆく．高度産業社会は，人間を歴史と文化の主体者にするどころか，人間を歴史から奪い，歴史を人間から略奪しようとしている．

　したがってわれわれは，これから，果して本当に「人間の顔」をした技術とは一体何なのかを，はっきり見極めていく必要がある．無反省な工業化は環境破壊につながるが，最悪の人間環境破壊は，人間そのものの破壊である．

注
1）なお，加藤ほか [1977] では，現代も見られる同問題に関する特徴が語られている．
2）この点に関しては，たとえば，P・バーガーによる一連の研究（Berger [1967]，Berger et al. [1973] 等）や Darby ed. [1986] 等を参照されたい．
3）『朝日新聞』1982年 3 月 2 日．
4）なお，梶田氏は同報告で，パリの普遍文化と雑種文化の混合状況を次のように伝えている．「テレビを観たりラジオをきいたりしても，ニュースの大半が外国からのもので，しかも重要なことは，それが"外国の"ニュースとして必ずしも意識されていないという点だ．というよりも，国内のニュースと国外のニュースとの区別がほとんどなくなってしまっている．これはフランス人の意識の上でそうなのだ．彼らの生活世界は，フランス，そして西欧，世界へと拡がっている．……映画を観ることも多い．……日本語版『ぴあ』にあたる映画情報誌 PARISCOPE にのっている各誌集計のベストテンをみても，フランスの映画が入ることは多くなく，……アメリカ，ドイツ，イタリアの作品が多いが，ベストテンのなかにしばしば第三世界，東欧の作品が入っている．日本の作品が入ることもある」と [梶田 1982：4]．

5）「日本の閉鎖性と海外子女教育問題を考える」外務省情報文化局編集『世界の動き』389, 1982年.

6）人間増加, それに伴う失業者, 貧困の増大, さらには政情不安定（戦争, 動乱, 革命）等々の要因により, 外国籍労働者, 難民, 亡命者の数は, 今後一層増大するものと予測される. これらの人びとにまつわる諸問題は, 現在, 文化人類学, 社会学, 政治学, 国際関係論の重要テーマとなっており, 膨大な研究成果が発表されつつある. 詳しく言及する紙面がないので, ここでは Kritz et al. eds.［1981］のみを参考資料として挙げておく. なお同書には, 秀れた文献も掲載されている.

7）Mead et al.［1971：邦訳 18-86］より抜粋.

8）S. アヴィネリは, ヘーゲルの *Grundlinien der Philosophie des Rechts* から次のような文章を抽出している.「国家は倫理的理念の現実化である. それは自らを表現し, 知らしめる実体的意思としての倫理的精神であり, 自ら知覚し, 自ら思惟する……」「したがって臣民は, 信仰や信頼関係より以上に, むしろ一種のアイデンティティの関係として,〔国家の〕倫理規範に結びつけられているのである」「国家としての国民は, 実体的合理性と直接的現実性において一個の精神であり, したがって地上における絶対的権力である. すなわち, すべての国家は近隣諸国に対して主権をもち, 自主・独立であるということである」［Avineri 1972 Ch. 9 -12, 及び Weiss ed. 1974, 特に"The State and World History"の項を参照した］. 右（上記：訳者注）の引用文は, Avineri［1972 178, 200］. 訳文は拙訳.

9）このような国際圧力団体が実際どのように国家政府や国際機関に働きかけ, 国際政治や世界史に影響を及ぼしているかの事例研究としては, Willetts, ed.[1982], Berry［1977］とそれらの文献を参照されたい.

# 第7章
## 戦争のない世界は実現可能か？

## *1* 不戦の可能性

　現代の日本において，内戦が起きる可能性はない．しかし日本がこのような国内の不戦状態を獲得したのはそれほど遠い昔ではなかった．封建時代を振り返れば，各地域の封建領主が一定の武器と兵力を備え，領土や政治的主権をめぐり各地で内戦を繰り返していたわけである．幕藩体制末期の戊辰戦争を現代に置き換えれば，鹿児島，山口の連合軍と東京，三重，福島を中心とする勢力が武力衝突をしたことになる．現在，我々が享受している国内の不戦状態は，内戦の歴史の果てに得られたわけである．

　このような不戦状態が，国際社会に浸透することは可能だろうか．地域統合の先駆者であるEU（欧州連合）は，半世紀以上を経て不戦を域内に浸透させてきた．現在のEUにおいて，独仏戦争が起こる可能性は皆無といって良い．EUの経験が示しているのは，地域統合が不戦を域内に浸透させる装置として作用するということである．本章ではEUの経験を踏まえ，不戦の地理的拡大の可能性を示したい．第2節では戦争の原因とその予防措置について簡単に整理する．第3節では東西分断の歴史を克服したEUの東方拡大に焦点を当てる．第4節では，冷戦下で行われていた東西欧州貿易を取り上げ，東側に対するEC（欧州共同体）諸国の相互依存戦略が有効に機能し，中東欧のEU加盟に向けた経済的基盤を形成していたことを示す．

## *2* 武力行使の原因と予防措置

### 1　武力行使の原因
　国家による武力行使に関して，その原因を人間の心理，社会構造，国際環境の3つのレベルに分けて簡単に整理したい．

① 人間心理

　人間の内面に，攻撃性や憎悪感情などの武力行使の誘因があり，国家の戦争行為は人間の心理的特性に還元しうるという考え方がある．攻撃性については，動物行動学からのアプローチもあり，集団生活を行う哺乳類の一部で観察されているボス交代に伴う子殺しのような事例も指摘されている．いずれにせよ同種間で大量殺害を行う哺乳類は人間のほか存在しないといえるだろう．

　この問題に関して文化人類学のマーガレット・ミードは，極北地帯の先住民が戦争という概念自体を有しなかったことから，戦争は生物学的必然ではなく社会的産物であると主張した [Mead 1940 : 402-403]．またミードの西サモア調査については批判もあるが，サモア独立国（旧西サモア）は現在においても軍隊を保持しておらず，同様に軍隊を持たない国が他に26カ国も存在する［前田2008］．小国とはいえ軍隊を持たない国家の存在は，武力による安全保障が人類にとって宿命的なものではないことを示している．

② 社会構造

　ここで取り上げるのは軍産官学複合体の存在である．国家が戦争に向かうことによりこれらの社会集団は利益を得るために，政策決定過程に影響力を行使し，政府を戦争へ向けて準備させるのである．軍産官学複合体が存在する社会では，政策決定者の意図や国際環境から独立して（場合によっては連動しつつ），国家を自動的に戦争へ向かわせる社会的仕組みが作用する．

　また冷戦時代には軍事支出の経済的有効性や民生軍事技術の相互転用についても多様な議論がなされていたが［坂井 1984；田中 1983］，武器の高度化に伴う経済的波及効果の低下などによって冷戦後はほとんど注目されていない．

③ 国際環境

　冷戦時代の西側勢力にとってソ連が常に仮想敵国であった．この問題の困難さは，相手国の真意を正確につかむことが原理的に不可能だということにある．他国の敵対的意図の有無を確かめるには，相手国政府の言動と政策から推測するほかない．したがって相手国政府の意図に関しては疑心暗鬼の状態から抜け出ることはできず，国家間で信頼醸成を積み上げるのは困難な作業となる．安全保障のディレンマ（A国の軍備増強がB国の軍備増強を誘発し，結果的にA国の安全保障を不安定化すること）が生まれる要因でもある．

## 2　武力行使の予防措置

武力行使を避けるための措置を以下の5つに整理したい[1].

### ① 平和条約の締結と予防外交

過去の歴史を見ても幾多の平和条約が締結されたが，不戦を保障するものではなかった．戦争準備のために一時的に平和条約を締結するような事例が示しているように，国家間の「約束」である条約はそれ自体で実効性を保障するものではない．破棄した場合に罰則などを課す上位機関が存在しなければ，その実効性を担保することは困難である．平和条約や軍縮条約の実効性は，両国間の信頼醸成の程度によって規定されるといえよう．

予防外交は，冷戦後の紛争処理のあり方として国連事務総長であったガリが提唱し国連が主要な役割を果たすべきであると主張した[2].破綻国家に対して，国連などが国内統治を代替するケースなどが考えられる［納屋 2003：26］.

### ② 政治と経済のポジティヴ・リンケージと相互依存戦略

ポジティヴ・リンケージとは，ある政治目標を実現するために友好的な経済手段を用いることである．他国の外交政策（あるいは国内政策）を変更させるために貿易による財の提供などを指す[3].これに対し敵対的手段を用いることがネガティヴ・リンケージであり，経済制裁がこれに当たる．更にポジティヴ・リンケージにより他国との経済的相互依存を形成し外交関係の安定化を目指す戦略が相互依存戦略である．ポジティヴ・リンケージが外交の安定化にどれほど有効かは事例別に検証する必要がある．冷戦体制下で行われていた東西欧州貿易は，EC諸国とソ連，中東欧の間でポジティヴ・リンケージによる相互依存戦略が実行されていたケースである．

### ③ 地域統合

地域統合とは，経済分野などで複数の国家が制度的に連携し，上位機関への主権の一部委譲をも含む現象を指す．地域統合の代表例であるEUは，第二次大戦後，西独と仏を中心とする6カ国からなる欧州石炭鉄鋼共同体（ECSC）として出発した．戦争を繰り返した独仏が，戦争の原因でもあった石炭と鉄を共同管理する体制がEUの原点である[4].壮大な社会実験ともいえる統合の「深化と拡大」を通じて，独仏間はもちろんのこと，EU加盟国間で戦争が起きる可能性は極小化している．地域統合は経済交流などを軸として加盟国間の軍事的緊張を緩和し，武力紛争を予防する有効な装置として機能する．更にEUの東方拡大は冷戦下の東西分断の歴史を克服し，域内不戦を東側へ拡張した．つま

り地域統合はその「深化」によって域内の不戦を確実なものとし、「拡大」によって域内の不戦を域外へ拡張させる装置なのである。

④ 国連憲章の強化

国連憲章の2条4項には「武力による威嚇又は武力の行使を（中略）慎まなければならない」とある。この文言で武力行使は禁止されたとする解釈もあるが［最上 2006：29-30］、英語原文では "refrain"（慎む）を用いており、国連憲章においても厳密な意味において武力行使は禁じられてはいないのではないか。そこで改めて「武力による威嚇又は武力の行使」を禁じ、罰則規定も設け、2条4項の強化を図る方向が考えられる。ただし現実的には安保理常任理事国の強い反対が予想される。

⑤ 世界政府の模索

仮に世界政府が誕生すれば、理論的には「戦争」は起こり得ない。各国家はその主権を上位の組織である世界政府に委譲し、国際社会は連邦化され、武力を世界政府軍が独占する状態になれば、「国家間の武力行使」という現象自体が消滅する。国際社会が連邦化された後も、民族・地域紛争やテロの可能性は残るため武力行使を完全に防ぐことはできないが、国内不戦を国際社会に浸透、拡張させる最も効果的（かつ実現困難な）方法である。

# *3* 欧州統合と域内不戦の拡張

## 1 不戦共同体としての欧州統合とその拡大[5]

現在の EU が不戦共同体として出発したことは良く知られているが、欧州共同体は経済分野を中心としながら政治、外交、安全保障、社会規範などにおいて統合を進めてきた。半世紀以上の歩みの中で、欧州共同体は不戦を域内に浸透させてきたといえるだろう。特に注目すべきことは、冷戦下の東西分断を克服した2004年5月の中東欧8カ国の加盟であった。

ドイツ統一の実現後、EU にとって残された大きな課題が東西欧州の統一であった。他方、中東欧にとって欧州への回帰は、単に経済的欲求としてだけではなく文化的、心理的欲求に根ざしていた。つまり東西欧州分断という特異な経験を強いられていたことに対する反動が、「拡大と回帰」として現れたといえるだろう。中東欧という旧共産圏の開発途上国を段階的に EU へ加盟させる東方拡大は、EU と中東欧双方に対し重大な課題を突きつけていた。EU にとっ

ては，農業支出を中心とする財政改革，政策決定に関する制度改革，欧州委員会などの機構改革であり，中東欧にとっては加盟のために要求される政治・経済・法的基準[6]を満たすことであった．

　EC は1980年代の南欧への拡大に際して，南欧と EC 加盟国の経済格差是正のために開発支援（「構造政策」）を行ってきた[7]．仮に EU が中東欧に対しても拡大前の基準で構造政策を適用するのであれば，南欧諸国よりもはるかに経済水準の低い中東欧に対する財政支援は一層必要となる．中東欧の１人当たり GDP 平均（1999年）は，購買力平価換算でも EU 平均の41.6％（各国 GDP の規模による加重平均値）しかなかった．しかも中東欧諸国は計画経済から市場経済への体制転換の途上にあり，その他にも民主主義の定着，人権の尊重，法制度の整備，環境問題など多くの困難な課題を抱えていた．また共通農業政策（CAP）を中東欧に適用すれば，ポーランドを始めとする中東欧農業国に対する支出が年間110億 ECU（欧州委員会1997年試算）となり，EU 財政を大きく圧迫することが予想された（1999年 EU 予算の12.6％に相当）．それでは何故このような財政コストを負担しても，EU は東方拡大を目指したのであろうか．

　EU の拡大戦略を理解するには，安全保障から見た分析が必要となる．中東欧諸国の EU 加盟は，EU の単一市場に参入するだけではなく，共通外交安全保障政策（CFSP）においても EU と同調することを意味する．冷戦が終結したとはいえ対ロシア関係が未だ不透明な状況において，ロシアとの境界領域が自己の政治経済的枠組に入ることは，EU にとって単一市場の拡大という経済的利益にとどまらず，安全保障上の利益をもたらすことになる[8]．この点において EU の東方拡大は域内不戦を中東欧へ拡張させるための手段として，財政コストを上回る「利益」を欧州にもたらしたのである．このような東西欧州統一へ向けた動きは冷戦終結後に突如生まれたものではなく，冷戦体制下の東西欧州貿易の中にその原点が確認できる（第４節参照）．

## 2　中東欧加盟と EU の外交戦略

　東方拡大が「欧州の平和と安全」に寄与する点は，欧州委員会が繰り返し強調した[9]．1950年代前半の欧州防衛共同体（EDC）構想の挫折の後，停滞していた政治統合であったが，1970年代から欧州政治協力（EPC）が加盟国間の外交政策調整機能を担ってきた．EPC は従来 NATO との競合を懸念し，軍事防衛問題は協議の対象外としていたが，1987年７月の単一欧州議定書の発効により

EPCは法的裏付けを持ち，その協議議題に「安全保障の政治的経済的側面」が加えられた[10]．その後，マーストリヒト条約（1993年11月発効）により共通外交安全保障政策（CFSP）が規定され，ここにおいて初めて安全保障に関する全ての議題が加盟国の協議対象となった．CFSPがアムステルダム条約（1999年5月発効）によって強化された後，ケルン欧州理事会（1999年6月）において西欧同盟（WEU）のEUへの統合が決定され，EUに軍事行動力を与えることで加盟国首脳は合意した．1999年12月のヘルシンキ欧州理事会において，国際危機に対処する「緊急展開部隊（rapid reaction force）」を2003年までに5−6万人規模（60日以内に配備，最低1年以上駐留）でEUに創設することが合意された．EUはNATOとの協力関係を維持する一方で，独自の防衛体制の形成に着手したのである[11]．さらに2000年11月にブリュッセルで開かれた国防相・外相理事会において，ヘルシンキでの合意内容の実現を確認し，独，仏，英，伊が各々1万人以上の兵士を派遣することが合意され，ポーランド，チェコ，ハンガリーを始めとする中東欧各政府も協力を表明した[12]．中東欧各政府は加盟の前段階において，EUの安全保障政策への協同の意思を明確にしたのである．

　前述のようにEU加盟により中東欧諸国は，単一市場への参入にとどまらず，外交安全保障政策においてもEUと協同することになる．冷戦時代，ソ連陣営に組み込まれていた中東欧が経済的パートナーになるだけでなく政治・軍事的パートナーとなることは，欧州が東西分断の歴史を完全に克服したことを意味する．加えて中東欧は，加盟基準（注6参照）に示された規範や価値も共有することになる．また仮に中東欧で地域紛争が起きた場合に生じるコスト（軍事介入，平和維持活動，難民保護，欧州の政治経済情勢に与える影響など）を考えれば，東方拡大は紛争発生による膨大な潜在的コストを回避するための予防外交としても位置づけることができる[13]．

## **4** 冷戦期の東西欧州貿易にみる西欧諸国の相互依存戦略

### 1　冷戦と東西欧州貿易[14]

　欧州の歴史において東西分断という現象は異質な経験であったため，冷戦構造の崩壊直後にその異質性を払拭しようとする動きが顕在化したのは当然であった．それではこのような志向は，冷戦の崩壊によって突然生まれたのであろうか．筆者は冷戦初期から東西欧州双方に「拡大と回帰」へ向かう志向が存

在し（その経済的表現が東西欧州貿易である），冷戦後においてこの動きが顕在化し
たと考える．本節では，冷戦下の東西欧州貿易を観察し，西欧諸国が米政府か
らの政治圧力に抗して独自の相互依存戦略を追求していたことを示したい．

　冷戦以前において西欧と中東欧が経済交流を行うことは，地理的，文化的状
況から考えて自然な現象であった．しかし冷戦期における東西欧州貿易は，異
体制間貿易という特殊な性格が与えられることになった．第二次大戦が終結し
冷戦が激化するまでの数年は，それまでと同様に西欧とソ連，中東欧の貿易は
行われており，米政府も1947年までは，西欧の経済復興のためにソ連，中東欧
からの輸入を認めていた．**図 7 - 1** は1938年から1964年にかけての東西間輸出
を断続的に表したものである．1950年 1 月に発効したココム（対共産圏輸出統制
委員会）規制が，西欧とソ連，中東欧の経済関係を引き裂く制度的装置として
導入されたが，このような米国主導による貿易制限措置が有効に機能したのは，
1950年前後のわずかな期間でしかなく，1954年 3 月のココムリスト改正を契機
として西欧とソ連，中東欧との貿易は持続的に拡大していった．**図 7 - 2** は
1970年から1990年にかけての東西間輸出を表したものである．1970年から1980
年にかけての EEC，EFTA の対ソ連輸出が7.3倍に増え，ソ連の対 EEC，
EFTA 輸出も同期間で10.7倍に増大した．EEC，EFTA の対中東欧輸出では5.2
倍に，中東欧の対 EEC，EFTA 輸出も5.1倍に拡大した．米国の対ソ連，中東
欧輸出も1970年から1980年にかけて3.5億ドルから38.5億ドルへと飛躍的に上昇
したが（11倍），その規模は EEC，EFTA の対ソ連，中東欧輸出額（308.9億ドル）
の12.5％程度であった[15]．東西欧州貿易と同様に，米国とソ連，中東欧間貿易も

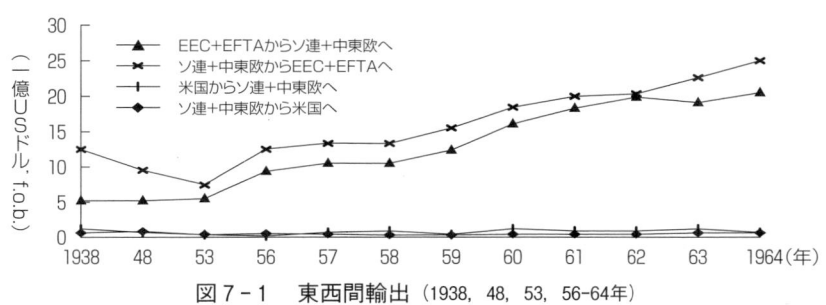

**図 7 - 1　東西間輸出**（1938, 48, 53, 56-64年）

（注）
1 ：東西ドイツ間取引は含まれない．
2 ：中東欧はアルバニアを含み，旧ユーゴスラビアは含まず．
3 ：1938-56年までは断続的な数値しか入手し得ない．
（出所）U.N.,Yearbook of International Trade Statistics 1964，より筆者作成．

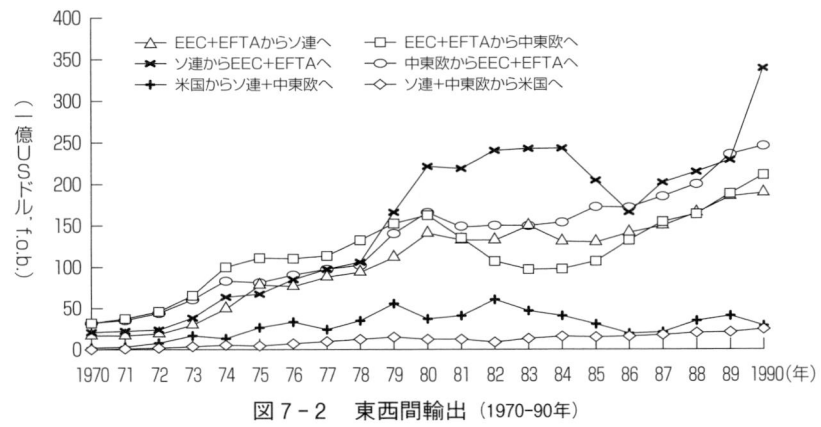

図7-2 東西間輸出 (1970-90年)

(注)
1：東西ドイツ間貿易は含まれない.
2：EEC に英，デンマーク，アイルランドを含む（全期間）.
3：EFTA にアイスランドを含め，英，デンマークは含まず.
4：EEC にギリシャ（79年以降），スペイン，ポルトガル（86年以降）を含む.
5：中東欧に旧ユーゴスラビアは含まず.
(出所) U.N.,Yearbook of International Trade Statistics（各年版）より筆者作成.

拡大傾向を示したが，その貿易規模は対照的であった．その違いが外交の場において明らかになったのが，1980年代前半の対ソ連経済制裁をめぐる EC と米政府の対立であった.

## 2 EC の相互依存戦略

1979年12月のソ連軍によるアフガニスタン侵攻と1981年12月のポーランド戒厳令に際し，欧米諸国は対ソ連経済制裁を行ったが，その制裁内容も制裁の結果も対照的であった．米政府は米ソ穀物協定の超過分（1700万トン）に対する禁輸措置を行ったが，EC の制裁措置は，米政府の対ソ穀物禁輸分の穴埋めをしない，バターの対ソ連輸出補助金の停止であり，対ソ連貿易の中心である工業製品の輸出とエネルギー資源の輸入は制裁対象から外されていた．実際に1980年の EC 諸国の対ソ連輸出は大きく増大し，1979年から1980年にかけて西独が3.02億ドルから3.64億ドルへ20.9％増，仏が1.67億ドルから2.05億ドルへ22.9％増，他の EC 諸国も順調な伸びを見せた.

次に1981年12月のポーランド政府による戒厳令布告に端を発し，米政府とEC が1982年に行った対ソ連経済制裁を取り上げる．米政府の制裁は高度技術

品及び石油，天然ガス設備の輸出許可停止を柱とするものであり，穀物に関しては新規の長期穀物協定交渉の停止に留め，1981年4月に解除されていた対ソ連穀物禁輸措置は発動されなかった．ECの措置は工業製品，贅沢品を中心とした59品目の輸入制限であり，前回同様，対ソ連貿易の中心品目は制裁対象にはならなかった．結果的に1982年の米国の輸出が対前年比で6.6％上昇したのは，国内農業団体の反対を受け穀物輸出を制裁措置に含めなかったことが影響していた．ECの制裁措置は贅沢品等の元々輸入量の少ない品目に限定されたものであり，対ソ連輸入に関してはインフレ抑制策等の影響で対前年比14.2％と減少した仏を除いて，西独（同13.6％増），伊（同14.9％増），英（同30.2％増）と上昇した．このように1979年12月のソ連軍によるアフガニスタン侵攻を契機として米ソ間の政治的緊張が高まったが，EC諸国とソ連，中東欧の貿易は順調に拡大したわけである．実効性のある経済制裁を避けたECの姿勢には，東西欧州貿易を軸として相互依存戦略を追及していたことが示されている．

　また同時期に西シベリアの天然ガスを西欧7カ国（西独，フランス，イタリア，オランダ，ベルギー，オーストリア，スウェーデン）に供給するため，ウレンゴイから西独に至る総延長3500マイルのパイプライン敷設が計画された．この計画によって前記7カ国は1984年の完成後，ソ連から年間400億立方メートルの天然ガス供給を受け，ソ連は毎年約100億ドルの外貨を得ることが見込まれた．ソ連はこのプロジェクトに必要な開発資材を西欧企業に求め，パイプライン関連の対ソ連輸出契約が全ソ連機械輸入公団と英，仏，伊，西独の各企業との間で1981年10月に締結された．

　レーガン政権はEC諸国の対ソ連エネルギー依存の増大を懸念し，また天然ガス供給に伴う外貨のソ連への流入は間接的にソ連の軍事力増強につながるとして反対の姿勢を示していた．米政府は当初，このプロジェクトに伴う資材提供の禁輸を自国企業に限定していたが，1982年6月18日，レーガン政権は対ソ連禁輸措置を強化し，海外の米国系子会社の製品や米国企業からライセンスを受けて生産している企業の製品も禁輸対象に含めることを決定した．この決定は，開発資材の輸出契約を結んでいた西欧企業の対ソ連輸出を事実上禁止するものであった為に，ECからの反発を招いた．欧州委員会は米国国務省に対し外交文書を送り，この措置が「国際法に反し，ECの通商政策への受け入れがたい介入である」とする見解を伝えた．これを受け英，西独，仏，伊の各企業は輸出を強行し，同年11月13日に米政府が禁輸措置を解除することで決着がつ

いた. 結果的にこのプロジェクトは予定より早く完成し, 1984年6月末から操業が開始された.

　これらの事例が示しているのは, EC諸国とソ連との間にはエネルギー資源と開発資材提供及び融資を媒介とする互恵的な経済関係（「経済的相互依存」）が成立していたことである[16]. そしてこの相互依存関係を断ち切ろうとする米政府の制裁を逆に解除に追い込む程, EC諸国がこの関係の維持に固執していたことである. 更にエネルギー資源の対ソ連依存を懸念する米政府の圧力にも屈せず, 天然ガスの輸入先としてソ連を選択したEC諸国政府の姿勢は自己のネガティヴ・リンケージ（第2節2②参照）の余地を積極的に放棄したものと捉えることができる. つまり, EC諸国政府は天然ガス輸出停止というソ連によるネガティヴ・リンケージの可能性が生まれるにもかかわらず, 対ソ連経済依存を高める選択を行ったのである. このようなECの選択は単に経済的動機（エネルギー資源の確保）から説明されるべきではなく, 相互依存戦略の観点から理解すべきであろう. ECの相互依存戦略には, ソ連, 中東欧との経済的相互依存を欧州の政治的安定に転換しようとする意図があったと考えられる[17]. 米政府が冷戦期に行った対ソ連, 中東欧戦略は, 「敵対国」との通商関係を防衛上の不安定要因として捉え, ネガティヴ・リンケージによる「経済的封じ込め」を目指すものであった. これに対しECは, 「敵対国」との通商を軸としたポジティヴ・リンケージによる相互依存戦略を実行したのであった.

## 3　東西欧州貿易とEU拡大

　図7-3は1989年の東西欧州貿易を輸出額で示したものである[18]. ソ連の対中東欧貿易依存度は輸出で25.7％, 輸入で27.5％, 中東欧の対ソ連貿易依存度は輸出で38.7％, 輸入で37.7％であった. 一方, ソ連の対EEC+EFTA貿易依存度は輸出で20.9％, 輸入で16.6％, 中東欧の対EEC+EFTA貿易依存度は輸出で29.0％, 輸入で25.2％であった. 冷戦末期においてもコメコン域内貿易が東側にとって大きな位置を占めていたことは事実であるが, 中欧3カ国にとって対西欧貿易が有した経済的意味は軽視しうるものではなかった. 1989年の西欧・中欧間貿易（中欧の対EEC+EFTA輸出額は126.9億ドル, 輸入額は132億ドル）は, 同時期のソ連・中欧間貿易（中欧の対ソ連輸出額は96.2億ドル, 輸入額は70.5億ドル）を上回る規模に達していた.

　このようにEU拡大の経済的基盤は冷戦期の東西欧州貿易によって築かれて

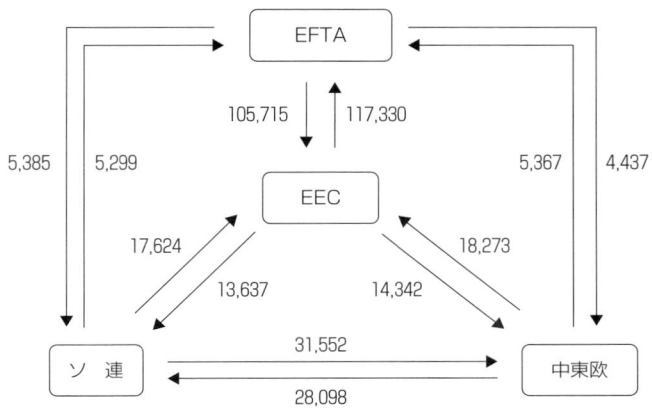

**図 7 - 3　1989年の東西欧州貿易（輸出）**
（注）単位は100万 US ドル（f.o.b.）．東西ドイツ間貿易は含まない．
（出所）U.N., *International Trade Statistics Yearbook 1993*, 及び対ソ輸出にお
ける中東欧のデータ（ブルガリアを除く）は IMF, Direction of Trade Statistics
2004（CD-ROM 版）より筆者作成．

いたのである．冷戦後の EU 拡大の萌芽は，冷戦期の東西欧州貿易にあったと
考えられる．EC は冷戦時代に東側に対しポジティヴ・リンケージによる相互
依存戦略を用いることで友好な通商関係を築き，冷戦後 EU はこれを経済的基
盤とした東方拡大により域内の不戦を中東欧へ拡張させたのである．更に
EC/EU は，拡大に伴う新たな分断線によって生じる域外に対しても安定化策
を講じてきた．1990年から2006年まで行われた INTERREG Ⅰ～Ⅲ（国境を越え
た地域間協力の促進を目的とする戦略的プログラム）は域外の近隣諸国もその対象と
して含んでいた．加えて2004年 5 月に開始された欧州近隣諸国政策（ENP）に
より拡大 EU は，域外諸国との価値の共有（法の支配や人権など）や政治対話と
経済協力によって包括的な安定化策に着手した.[19]

## 5　地域統合の将来

　現在，EU 以外にも多様な地域統合の枠組みがある．ASEAN（東南アジア諸国
連合），SAARC（南アジア地域協力連合），NAFTA（北米自由貿易協定），MERCOSUR
（南米南部共同市場），FTAA（米州自由貿易地域），AU（アフリカ連合）などの地域
統合や ASEM（アジア欧州会議），APEC（アジア太平洋経済協力）などの地域間機

構が存在する．また東アジア地域包括的経済連携（RCEP）は，2019年内の妥結
を目指している

　EC/EU は，統合の「深化と拡大」によって域内不戦を確実なものとし，そ
の範囲を拡張させてきたことは既に確認した通りである．このような EC/EU
の経験は，不戦に向かう国際社会の可能性を提示している．近年ようやく，東
アジアの将来についても共同体創設や共通通貨導入の可能性が語られるように
なったが，100年単位で見れば，国際社会は統合へ向かっているといえよう[20]．
英国の離脱騒動で揺れている EU は（2019年2月現在），22世紀において連邦化
され，欧州中央政府が誕生し[21]，東アジアでは共同体が発足しているかもしれな
い．我々は，世界が連邦化される前の過渡期を生きているのである．


注
　1）本節では，「核の抑止力」に代表されるような相手国の武力行使を抑制するために武
　　　力を拡充するという手段は省いている．
　2）「予防外交」が初めて使われたのは，1960年に当時の国連事務総長のハマージョルド
　　　が年次報告の序文で予防外交の必要性を訴えたとされている［吉川 2000：5］．
　3）政治と経済のリンケージについてはステントの研究に基づく［Stent 1981：9-10］.
　　　ステントはリンケージの枠組として，①「ネガティヴ経済連鎖」，②「ポジティヴ経済
　　　連鎖」，③「ネガティヴ政治連鎖」，④「ポジティヴ政治連鎖」の4つを提示した．政治
　　　と経済のリンケージに関してステントの影響を受けた研究には次のものがある
　　　［Newnham 2000：73-96］．ニューナムは「ポジティヴな経済誘因」と「ネガティヴな
　　　経済制裁」に分け，目的とする相手国の政策を特定の政策と二国間関係全般の政策に分
　　　けた．
　4）この点に関しては，経済史の立場から「ヨーロッパ統合は国民国家（経済）の救済の
　　　ために成立した」とするミルワードの見解もある［遠藤・川嶋 2004：4］．ECSC には，
　　　平和協調体制の実現という動機と併せて，経済復興という目的もあったといえよう．
　5）EU 拡大に関する筆者の論稿は次を参照．永澤［2000：103-24；2001：79-91；2004：
　　　153-71；2006：97-118］．
　6）政治的基準は民主主義及び法の支配の確立，人権の尊重，少数民族の保護，経済的基
　　　準は市場経済の機能，EU の競争圧力に耐えうる能力，法的基準はアキ・コミュノテー
　　　ルと呼ばれる共同体法の受容となっている［European Commission 1997：39-47］．
　7）南欧諸国は1960年代から70年代初頭にかけて急速な経済発展を遂げてはいたものの，
　　　政治的には独裁体制下にあった．EC はこれら南欧諸国の民主化を契機として拡大に着
　　　手したわけであるが，既加盟国との経済格差は大きく，南欧への拡大の成功を危ぶむ指
　　　摘が当初からなされていた．しかしスペインとポルトガルは EU 加盟後順調に発展し，
　　　中心周辺構造を起因として格差は拡大するとの一部の予測を大きく裏切る結果を示し

た．なお構造政策は域内低開発地域を対象としており新加盟国に限定されていない．

8）同時に中東欧の回帰（特に NATO 加盟）がプーチン政権を刺激する結果となった．

9）たとえば European Commission［1997：95-96；2000： 3 - 4 ］．

10）しかし依然として軍事防衛問題は除外された状態にあった［臼井 1995：189-203］．NATO との競合を極力避けようとする EU の姿勢はその後も続いており，CFSP は軍事的・非軍事的危機管理に限定し集団防衛は NATO に任せている．他方，現在の EU の独自防衛構想を根拠付ける ESDI（欧州安全保障・防衛アイデンティティー）は，1993年12月の北大西洋理事会コミュニケにおいて公式に用いられており，米政府は経費と人的資源削減の点で EU が独自の安保外交政策を進めることを歓迎する姿勢を示していた．しかし ESDI も当初は NATO との補完関係において認めるだけであり，欧州における米国のプレゼンスの放棄を指すものではなかった．

11）コソヴォ紛争において EU の軍事的対米依存と EU 諸国軍の脆弱性（衛星偵察能力の欠如，重装備空輸システムの不備，遠距離攻撃用兵器不足など）が露呈したことも欧州の指導者を独自防衛構想に向かわせる要因となった（1998年12月の英仏首脳によるサンマロ宣言）．また CFSP 上級代表のソラーナは EU 独自の防衛構想に懸念を表明する米政府に対し，EU が独力で対処することにより米国は全ての紛争に介入する必要がなくなることを米国側の利点として指摘し，EU 独自の防衛構想が「両者の利益」となることを強調した（*The Guardian*, 25/ 5 /2000）．

12）チェコ，ハンガリー，ポーランド，スロバキア，エストニアも派遣の意思を表明した（*Financial Times*, 21/11/2000）．

13）政治的に不安定な中東欧において，仮に地域紛争が起きた場合に対処するコスト（軍事介入，平和維持活動及び難民保護などのコスト）を考えれば，拡大による財政コストは相対的に安価なものとなろう．これらのコストは介入の規模と期間，地上軍派遣の有無，紛争当事国政府の対応，難民の規模，平和維持軍の規模と期間など，さまざまな要因によって影響されるため，拡大の財政コストと簡単には比較し得ない．しかし旧ユーゴスラビア紛争の例を見ても，拡大は EU の指導者にとって危機管理の手段としても魅力的な選択肢であったといえるだろう．

14）本節では西欧諸国（EEC，EFTA）とソ連，中東欧の貿易を「東西欧州貿易」と表記し，米国を含めた「東西貿易」とは区別する．冷戦期における「東西欧州貿易」については次の論稿にある．永澤［1999：165-82；2009： 2 -21；2011：229-45］．

15）1963年秋に，ソ連が米国，カナダ，オーストラリア等から大量の小麦を買い付けたことから，米ソ穀物貿易は本格的に開始された．1972年の穀物貿易協定の後，その期限が切れる1975年には 5 年間の穀物貿易協定を締結し，米ソ穀物貿易は制度化へ向けて動き出した．これに伴い米国の対ソ連向け輸出額に占める穀物輸出のシェアは増大し，1972年から1979年にかけて平均で60％を占めた．

16）東西欧州貿易は依存度と貿易品目において EC とソ連，中東欧では非対称的であった［永澤 1999：178-80］．EC はこの非対称性をネガティヴ・リンケージに利用しなかった点において，この外交姿勢は相互依存戦略の観点から理解すべきである．

17）西独政府の東方外交がその典型的な例であった［永澤 1999：176-77］．

18) 経済学において貿易依存度を測定する場合は GNP を分母とするが，本節では貿易相手国としての重要度を見るため貿易額全体に占めるシェアで算出した．

19) ENP について，蓮見は「……EU の生み出した制度と理念の『輸出』によって，EU の作り出してきた紛争の平和的解決のモデルを拡張し，域内外の安全保障を確保しようとするソフト・セキュリティ戦略である」と指摘した［蓮見 2005：178］．

20) 冷戦後の旧ユーゴにおいて分裂の傾向を示したことも事実であるが，その後のバルカン半島の展開を見れば分裂した単位が上位の単位（EU）に包摂されるという形で統合へ向かっているといえるだろう．

21) 2011年8月16日の独仏首脳会談において，ユーロ圏の「欧州経済政府 "European economic government"」構想が発表された（*The Guardian*, 17/8/2011）．この構想の実現には至っていないが，仮にこの構想が実現すれば，ユーロ圏は「欧州経済政府」と欧州中央銀行（ECB）を基軸として経済的統一を達成することになる．

❏ 推 奨 図 書・推 薦 映 画 ＞＞＞＞＞＞＞＞＞＞＞＞＞＞＞＞＞＞＞＞

加藤陽子［2016］『それでも日本人は戦争を選んだ』新潮文庫.
中村哲・ペシャワール会編［2004］『空爆と「復興」』石風社.

# 第8章

## 国際的な格差はなくせるか？

## *1* 格差とは何か

### 1 注目を集める「格差」

　かつて「一億総中流」といわれたのも今は昔．近年，「格差社会」という言葉は日本国内でもすっかり定着してしまった．それでも，国内社会であれば，福祉制度によって一定の格差是正が行われる．

　当然のことながら，格差は国内のみならず，国際社会というレベルでも存在する．ところが，中央政府の存在しない国際社会には，法的拘束力を持った福祉制度は存在しない．もちろん，それなりの機能は，たとえばODA（Official Development Assistance=政府開発援助）のような形で実践されている．

　とはいえ，経済が停滞し，まして東日本大震災はじめ毎年のように災害に見舞われた日本は，国内問題解決を優先すべきであり，よそさまの問題など気にしている場合ではない，といった意見もしばしば耳にする．一昔前まで世界最大の供与額を誇っていた日本のODAも，21世紀に入ってからは減少または横ばい状態である．ここ数十年の世論調査によると，ODAには現状額維持を望む声が多く，積極的に増やしていこうという人の数は決して多くない［内閣府世論調査］．

　にもかかわらず，世界的に見ると，ODAをはじめとする国際的な格差是正の取り組みは，むしろ近年増加傾向にある（図8-1）．後述するように，ミレニアム開発目標（MDGs：Millennium Development Goals）や持続可能な開発目標（SDGs：Sustainable Development Goals）といった野心的な試みも見られる．一見私たちとは縁遠いかに思われる問題に，世界はなぜ注目するようになっているのだろうか．

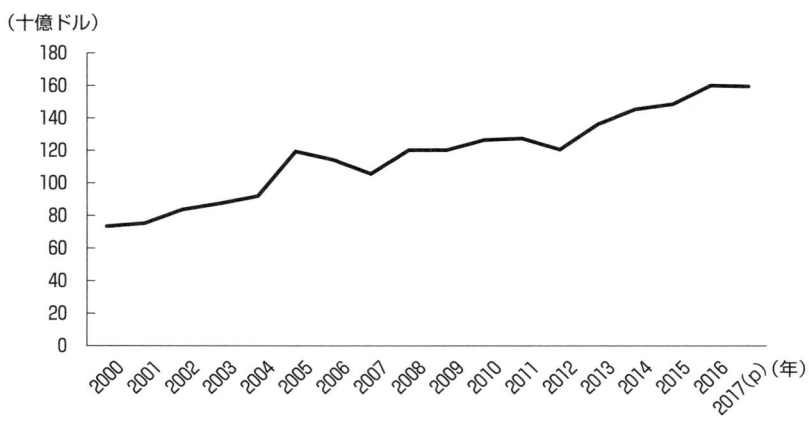

（十億ドル）

**図 8 - 1　ODA 純額（非 DAC ドナーも含む）の推移**

（注）p は暫定値．2016年米ドル換算．
（出所）DAC, Development Co-operation Report 2018のデータを元に筆者作成．

## 2　国際格差の現実

　そもそも国際的な格差とはどの程度のものなのか，世界銀行（World Bank）の発表値をもとに，その現実を確認しておこう．2018年現在，世界約200カ国のうち，上位50カ国の1人当たり年間国民総所得（GNI）は，おおむね2万ドルを超えている．一方で，下位50カ国は，のきなみ2000ドル以下である［World Bank 2019］．これが2010年時点では，下位50カ国が軒並み1000ドル以下であった．事実，世界の格差は今世紀に入り，若干縮小されたように見える．

　しかし，国別で見れば，その格差はさらに際立つ．たとえば2018年，1人当たり年間 GNI は日本が4万1340ドル．それに対し，世界で最も経済的に厳しい状況とされるブルンジでは，1人当たり年間 GNI が280ドルに過ぎない．そこには，なんと100倍を超える極端な格差が，厳然と存在している．

　さらには，同年の中国ですら，その1人当たり年間 GNI は9470ドル，日本の4分の1に満たない．これが2010年時点では10倍以上の差であった．国家としての経済規模で日本を追い抜き，世界第2位に躍り出たとはいえ，その人口は日本の10倍以上に及ぶという厳しい現実がそこにある．実は，中国の1人当たり年間所得が1000ドルを超えたのは，ようやく2001年．近年急速な経済成長で注目を集めていたということは，裏返せば一昔前までそれがきわめて低かったということにほかならない．

　もちろん，こうした数字は現実の 1 つの側面を表しているに過ぎない．先に
あげたデータは，3 年間の平均為替レートをもとに単純比較した「名目値」で
あり，実際の生活水準に近いとされる「購買力平価（PPP）」という手法で比較
しなおすと，その差は幾分縮まる[1]．

　それでも，「国家は平等で対等な存在」とする国際法上の「タテマエ」とかけ
離れた格差の現実は，否定しようがない．さらに，2017年に世界で新たに生
み出された富の82％を世界の最も豊かな 1 ％が手にした一方，世界の貧しい半
分の37億人が手にした富の割合は 1 ％未満であったという報告もある［Oxfam
2018a］．このように，それが単なる「差異」にとどまらず，容認されうるレベ
ルを超えているという現実こそ，「格差」に注目が集まる最大の理由といえる．

### 3　固定化されがちな格差

　「格差」が問題とされるもう 1 つの理由は，それが「固定化」されがちとい
う点にある．「天は自ら助くるものを助く」とは限らない．当事者の努力だけ
では解決しないからこそ，社会はその是正に取り組む必要があるというわけで
ある．

　しかし，自国の国益を最優先するという考え方が国際政治の基本であったか
ら，国際的な格差が存在しても，あえてそれを是正する必然性はないとされて
不思議はなかった．

　もちろん，そうしたあり方に異議を唱える論者もいる．「人類益」や「地球益」，
近年では「グローバル・ジャスティス（地球的な正義）」という議論も活発に行
われるようになってきている．果たして世界はどこに向かうのであろうか．

# *2*　格差是正とは何か

### 1　なぜ格差是正に取り組むのか

　「悪平等」という言葉があるように，単純な平等化を図ることは，かえって
公平性を欠き，社会の活力を失わせるといわれたりする．にもかかわらず国際
社会が格差の是正に取り組んできたのは，もはやそんなことを言っている状況
ではないという危機感によるものである．

　その根拠の 1 つとされてきたのが，格差を放置することは，「道義的」に許
されないとする考え方である．「持たざる者」を助けるのは「持てる者」の義務，

という考えは，古来世界に広く見られる．こうした発想は，人権や平等といっ
た近代社会における重要な理念を体現するものとして，まずは国内における福
祉政策の導入という形で制度化されてきた．

　やがて，第一次世界大戦を経て国際連盟，続いて第二次世界大戦を経て国際
連合といった国際組織が整備されていく中で，格差是正という発想は次第に国
境という枠組みを超えていく．とりわけ世界人権宣言（1948年）や国際人権規
約（1966年）の採択は，格差を是正するという発想が国際的な「規範」として
定着していく大きな足がかりとなった．

　とはいえ，もちろん道義的理由だけで世の中が動くわけではない．「情けは
人のためならず」，そこには損得勘定といった，功利的な判断も働くであろう．
こうした考えには，さらにいくつかのパターンが見られる．

　その1つが，格差を是正するための行動は，あくまで自国の利益のためとい
う発想である．もっとも，その場合，格差の解消は「タテマエ」に過ぎず，成
果が挙がるか否かには大して関心が持たれないことが多い．

　今ひとつが，格差の是正はコストを負担する「支援者」にとっても利益をも
たらすとする考え方である．支援を受けた者は，いずれその恩を返してくれる，
あるいは新たな市場を提供してくれることになるといった考えは，その例とい
える．また，格差の存在は「持てる者」と「持たざる者」に社会を分断し，秩
序を崩壊させるという発想も，古来共同体にとって重要な課題の1つとされて
きた．これらの場合，結果的に道義と損得勘定が一致するということになる．

　格差の是正は，これらさまざまな考えが複雑に絡みあう中で，展開されてき
たのである．

## 2　何を是正するのか

　ところで，格差を是正すると一言でいっても，問題は単純ではない．たとえ
ば，格差と聞いて真っ先に頭に浮かぶであろう経済的な問題＝「貧困」を例に
考えてみよう．

　貧困のとらえ方には大きく2つの立場がある．1つは，1日1.9ドル（約200円）
未満の生活といった「絶対値」としての目安＝貧困ラインを基準とし，それを
下回る場合を貧困と見なす「絶対的貧困」と呼ばれる考え方．いま1つは，経
済力で下から一定の割合（貧困率）の人びとが貧困であると見なす「相対的貧困」
という考え方である．

　これら２つの視点には，それぞれ長所と短所がある．たとえば，１日1.9ド
ル未満という不利な状況は，「貧困」の目安として誰が見ても明確で，具体的
な解決目標の目安としても設定しやすい．とはいえ，世界の経済力が全体とし
て底上げされてくる中，いつまで同じ基準を使い続ければよいのだろうか．実
際，世界の１人当たり年間平均所得は，1990年以降の約30年間で倍以上に増え
（1990年：約4000ドル→2018年：約１万1100ドル），物価だって変動しているのである．
それに応じて国際貧困ラインはかつての１日１ドル以下から，2015年には1.90
ドル以下と修正されてきた[2]．

　一方，格差とはそもそも相対的な発想にほかならず，時代や経済変動を問わ
ず適用しうるという点で，相対的貧困という考え方は長く使えそうである．た
だ，先進国に住む人びとが国内では相対的貧困と位置づけられた場合でも，途
上国に住む多くの人びとより生活水準がはるかに高い場合，どう考えればよい
のだろうか．たとえば日本における貧困問題を考えてみると良い．日本におい
て極めて生活に困窮している人びとが，その数値のみで他国の貧困層よりも
困っていないといえるだろうか．逆に，中国の富裕層は日本の中間層の所得を
遙かに上回ると言われる．私たちはこうした問題をどう考えるべきか．

## 3　経済力以外の格差も

　「お金」がすべてではないにせよ，そもそも経済力がこうした問題を考える
最も一般的な目安とされてきた理由は何だろうか．それは，経済力の向上が，
他のさまざまな社会指標の改善につながると考えられてきたからである．たと
えば，経済力が増せば，学校や病院を建て，あるいはそこに通い，また産業も
発展させることができるなど，その恩恵を被ることができる（かもしれない）と
いうわけである．

　もちろん，お金が十分でなくても，心豊かな生活は存在するという考えもあ
ろう．第５章で触れられているように，ブータンという国が，経済的な豊かさ
よりも幸福の充実を目指すGNH（国民総幸福量）という考え方を提唱している
ことは，よく知られている[3]．

　国際機関においても，とりわけ1990年代以降，経済力に加えて保健衛生（平
均余命）や教育水準（識字率や就学率など）を加味した人間開発指数（HDI）といっ
た目安を考案するなど，格差をさまざまな角度から考えようとする姿勢は強
まってきている[4]．

　いずれにせよ，どのような格差を是正すればよいのかという問いに，単純な正解があるわけではない．むしろ格差の解消には，こうしたいくつもの視点をうまく組み合わせながら，現実と向かい合う必要があろう．

# *3*　世界はどのように取り組んできたのか

## 1　格差の「発見」

　では，実際のところ，国際的な格差はどのようにして是正が図られてきたのだろうか．その歩みを簡単に振り返ってみよう．

　格差を埋めようとする動きが国際的なレベルの問題とされるようになるのは，第二次世界大戦後からといってよい．戦争によって荒廃したヨーロッパ各国や日本に対し，アメリカから提供された「マーシャルプラン」，あるいはIMF（国際通貨基金）や世界銀行といった国際機関から提供された援助が，その先駆けとされている．ただし，そうした措置は一時的なものであることが当初から想定されていた．実際，後に先進諸国と呼ばれるようになる国々は，やがて復興を遂げ，問題は解消していくことになった．

　しかし，まもなく国際社会は新たな格差の問題に直面する．後に「途上国」と呼ばれる国々が次々と植民地からの独立を果たし，新たな国際社会のメンバーとして，その数を急速に増やしていったからである．

　1945年10月，51カ国で発足した国連の加盟国は，1960年代初頭に100を超え，その後も増加し続けていった．少なくとも数の上で途上国は国際社会の大半を占めるようになり，それまで植民地の問題＝国内問題として世界から忘れられてきた貧困の存在が，国際的な格差という課題として浮上することになる．いわゆる南北問題の「発見」＝格差の国際化である[5]．

## 2　開発援助の本格化と埋まらない格差

　南北間の格差にようやく気付いた国際社会は，さっそく1960年代を「（第一次）国連開発の10年」と設定するなど，その是正に向けて本腰を入れ始めた．まず問題とされたのは，国家間の経済的な格差である．途上国側に不足している開発資金などを外部から補う「開発援助」が，その基本的な対策として位置づけられるようになった．

　ところが，途上国の経済成長年率５％をめざした「開発の10年」は，何とか

当初の目標を達成したにもかかわらず，途上国側の不満はむしろ高まっていった．同時期，先進諸国の経済成長も著しく，南北間の格差は縮まらなかったことに加え，途上国が世界貿易に占めるシェアはかえって縮小してしまっていたからである（1963年：23.3%→1972年：19%）．さらに，途上国の人口爆発が国家経済の成長を帳消しにし（1960年代の途上国の年間人口増加率は2.5%），途上国内における貧富の格差もいっそう拡大していったのである．

　団結を強めて先進国と対峙する途上国側は，1970年代に入ると，植民地時代に由来する不公正な国際経済のあり方こそ，国際的な格差を拡大させてきた要因だとする主張を強めてきた．たとえば２度にわたるオイルショックは，自国で取れる天然資源の利権を，植民地支配という歴史的な経緯から先進国側が独占してきたことに対する不満が爆発したものでもあった．

　当時，援助によって格差を是正しようとする先進国と，国際経済のあり方そのものの変化を強く求める途上国の主張の間には隔たりが大きく，両者の対話は思うように進展しなかった．さらに，オイルショックのもたらした世界不況は，先進諸国のみならず非産油途上国にも深刻な経済的打撃を与え，結果として途上国間の格差をも広げることになった（南南問題）．それまで団結することによって問題解決に取り組んできた途上国の連帯は，こうしてもろくも崩れていくのである．

## 3　最貧困層への注目

　一方, 1970年代半ばより, 最貧困層に直接援助を届けようとする「BHN（Basic Human Needs ＝衣食住など，基本的な人間のニーズ）」戦略が，ILO（国際労働機関）や世界銀行といった国際機関によって導入されるようになる．それは，国家間の格差だけではなく，そこで暮らす人びと個人のレベルの問題に目が向けられ始めたことを意味していた．

　同じ頃，先進国から途上国に，そして国家から国民に,「上から」行われる格差是正のあり方にも，疑問が呈されるようになってきた．また,「魚を与えるのでなく，その釣り方を教える」といったたとえに代表されるように，足りない「モノ」を与えるという発想も，次第に「自立・自助を支援する」という方向へと変化し始めた．

　1980年代半ばになると，アフリカで深刻化した飢餓に対し,世界的なアーティストたちが支援のためのチャリティー・コンサートを実施するなど，国際援助

は一大ブームと化した．国際社会に深刻な格差が存在することを，世界の多くの人びとが，意識し始めるようになってきたのである．自治体やNGO（非政府組織）など，国家以外のアクターによる取り組みも，徐々に目立つようになり始めた．このころより，「援助」という上から目線の言葉は，次第に対等な関係を元にした「協力」という言葉に取って代わられるようになっていく．

### 4　冷戦後の国際協力

やがて訪れる冷戦の終結により，国際的な格差是正に向けた動きは，さらに大きく変容することとなった．その1つが，外交政策としてのODAの世界的な見直しである．

冷戦期，東西両陣営は，自らの軍事的安全保障という観点から，いかにして途上国を自分たちの側に取り込むかに腐心し，逆に途上国の側は，いかに両陣営から援助を引き出すかという発想にとらわれがちであった．国際的な格差是正への取り組みは，所詮ロー・ポリティックス（低級政治）に過ぎないとされ，軍事的安全保障というハイ・ポリティックス（高等政治）の前に翻弄されてきたのである．冷戦の終結は，国際的な格差是正の取り組みが，ようやくそのしがらみから解放されることを意味していた．

ここに来て，その存在意義をあらためて問われるようになったODAは，本来の目的が何か，見直しを受けることになる．日本の「ODA大綱」（1992年）発表に見られたように，結果として多くの国々が，環境問題や国際平和，民主化，人権といった普遍的・道義的な視点を重視した援助を謳うようになるのが，この頃からである．

戦争が終わると，人びとは世界に変化を期待する．地球環境サミットの開催（1992年）に見られたように，世界がようやく一致団結してグローバルな問題の解決に取り組めるのではないかという期待が，冷戦の終結によっても高まっていた．世界の格差がもたらした非人道的な兵器の悲劇といわれる対人地雷を禁止する条約がNGOの後押しによって実現された（1997年）ことは，そうした世論が国際政治をも動かす可能性を世に示す，象徴的な出来事であった[6]．

とはいえ，決してそうした期待通りにばかり国際社会が歩むことはできなかった．冷戦というタガが外れたことによって，かえって地域紛争は多発し，またグローバル化の急速な進展は，「格差」という問題の深刻さをあらためて浮き彫りにすることになっていったからである．

## 5　道義と利害の一致へ

そうした中，世紀の変わり目となる2000年に開催された国連ミレニアムサミットは，MDGsを採択した．それは，極度の貧困と飢餓の撲滅，初等教育の普及など8つの分野において，2015年をめどに数値目標を掲げ，国際社会が格差解消に向けて取り組むというものであった[7]．

一方，国家のレベルでも，かつてのような排他的国益ではなく，「開かれた国益」という形で国際的な共通利益を追求する傾向が強まってきた［外務省『ODA白書（〜2014）』『開発協力白書（2015〜）』各年版］．というのも，特定の地域・国家における紛争の勃発や経済の破綻は，容易に周辺国，場合によっては世界全体にまで影響を及ぼしうることが，次第に明らかになってきたからである．

2001年の同時多発テロ以降，テロの温床としての「貧困」を解消するという観点から国際的な格差是正に対する関心が高まっていることは，その1つの表れといえる．道義的目的と政治的な利害関係の一致する傾向が，いっそう強まってきたのである．

# *4* 課題と展望

## 1　格差是正の現実

では，そうした取り組みは実を結んできたのであろうか．実際，世界の貧困率を1990年比で半減させるという目標については，中国やインドなどアジアにおける大幅な経済成長もあり，2015年までに達成された．初等教育の普及や衛生状態の改善も，着実に進んできた［UN 2015］．

とはいえ，格差解消の進捗状況は必ずしも芳しいといえない．とりわけサハラ以南のアフリカ地域では多くの指標の悪化が際立つなど，地域間の格差は解消されていない．都市部と農村部の格差も依然大きく，「最貧困層」と位置づけられる人びとの状況改善が，他の階層に較べ思うように進んでいないことも，深刻な問題である．

このように，国際的な格差の解消は，半世紀あまりにわたる取り組みにもかかわらず，あいかわらず困難な課題であり続けている．

## 2　解決の糸口はあるか

もっとも，少しずつではあるが，その解決の糸口も見え始めてきた．

　たとえば，最貧国の現状を自身の目で見たいと現地を訪れたところ，どうしようもない飢餓や貧困を想像していたのに，実は現地の人びとが意外なほど生き生きと暮らしていて，拍子抜けしてしまったという話を耳にしたことはないだろうか．

　厳しい状況での生活を強いられていることは確かであるものの，最貧困層とされる人びとは，そんな中でしたたかに生きていたりする．そうした状況を目にして，いったい援助とは，格差とは何なのだろう，と悩んでしまうという話も耳にする．

　しかし，実はここに重要な示唆が含まれている．格差という問題は，長年にわたり，外部から「足りない」モノ，カネ，技術などを補うこと＝援助によってこそ是正されると考えられてきた．

　それに対し，人びとが本来潜在的に持っている能力（ケイパビリティ）を活かせていないことが問題ではないか，という考えが次第に強まりつつある［Sen 1992］．不足しているのは「モノ」ではなく，それを配分する政治や社会の公正さではないかという指摘である．もちろんそれは，途上国社会内部の問題にとどまらず，国際社会，グローバルな社会という次元においてもあてはまるであろう．

　さらに，これまで単なる援助の「受益者」としかみなされてこなかった人びと自身の「創造力」が持つ可能性にも注目すべきだという議論も見られるようになった．単に外から「ないもの」を持ち込むのではなく，既にそこに「在るもの」——厳しい現実の中でもしたたかに生きている人びとの力——を活かすことこそ，格差是正の鍵となるという発想である［下村・小林編 2009］．はからずも日本で「格差社会」という言葉が流行語となった2006年にノーベル平和賞を受賞したユヌスの功績は，そうした人びとの「持てる力」を活かす「マイクロ・クレジット」を実現したことであった[8]．

## 3　グローバルな社会という可能性

　もう1つの糸口が，第11章でも触れられているグローバルな社会構築の可能性である．

　たしかに「国家」を超える社会は，いまだ確固と形作られているわけではない．それでも，「国際社会」，あるいは「グローバル社会」とよばれるゆるやかな政治的現実は，既にある程度世界のあり方に影響を及ぼし始めている［吉田

2003].

　グローバルな社会が「共同体」としての側面を強めれば，その構成員の安全と福祉を保障しようとするセーフティネットが機能する可能性も高まる．地球は１つの運命共同体という認識が強まりつつある現在，国家という枠組みを超えた社会が政治的現実として機能する方向に発展できるか否かが，国際的な格差是正のゆくえを左右することになるであろう．

### 4　2030アジェンダと SDGs

　そうした中，2015年に開催された国連持続可能な開発サミットにおいて，「我々の世界を変革する：持続可能な開発のための2030アジェンダ」が採択された．その中に謳われる SDGs は，MDGs の成果と課題を元に，17の目標と169のターゲットからなる，2030年までの15年間に果たすべき国際公約である．

　SDGs の中では，「誰一人取り残さない」を合言葉に，その第１目標として「あらゆる場所で，あらゆる形態の貧困に終止符を打つこと」，10番目の目標として「国内及び国家間の不平等を是正する」ことが謳われている．

　SDGs の１つの特徴は，それを単に途上国の問題と矮小化するのではなく，先進国をも含めたグローバルな課題として位置づけられていることにある．絶対的な格差にも，相対的な格差にも取りくもうとする野心的な意欲がそこには見られる．

　とはいえ，その行方は決して楽観できるものではない．というのも，この取組は1970年代以来国際社会が公約として打ち出しながら，未だ達成が遠い「対GNI 比0.7% の先進国による ODA 提供」が前提とされているからである．実際のところ，この公約を果たしているのは，北欧などわずか５カ国に過ぎず（2017年現在），日本（0.23%）やアメリカ（0.18%）などは長年にわたり目標値の３分の１にも満たない額しか拠出できていないのが現実なのである（図8-2）．

　一方で，多くの日本人はそうした世界の現実に目を向けることがほとんどないのが実情と言わざるを得ない．果たして私たちはどうすべきなのだろうか．

### 5　一気に越えなくてもよい「壁」

　「国際的な格差」というあまりに大きく厳しい問題を前に，私たちはしばしば無力感にとらわれがちである．しかし考えてみれば，こうした問題は，そもそも一気に，完璧な形で解決できるものではない．国家レベル，地域レベル，

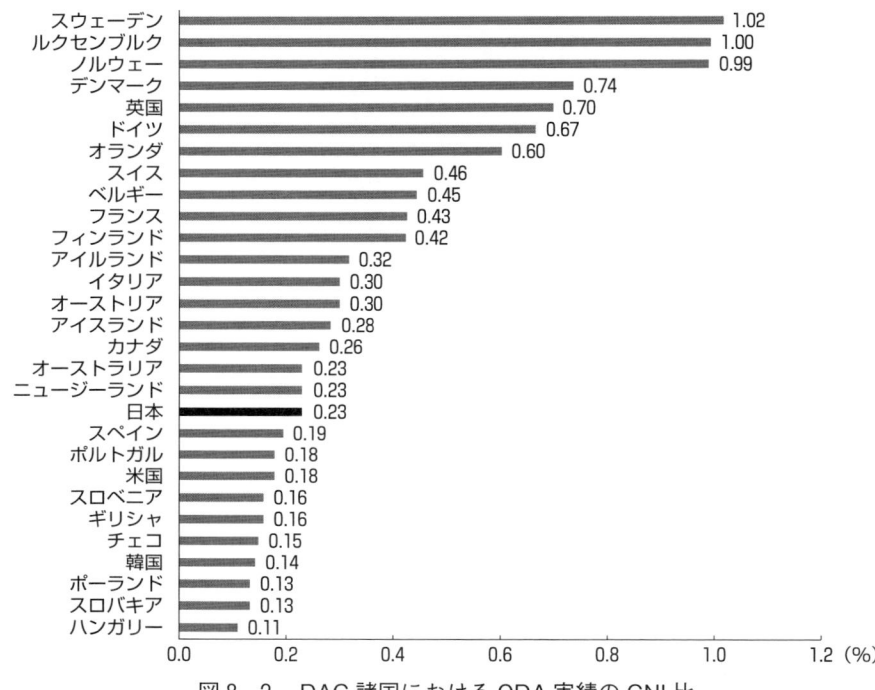

**図8-2 DAC 諸国における ODA 実績の GNI 比**

（出所）外務省『開発協力白書』2018年版（元データは DAC 統計による）.

　あるいは個人レベルでの格差は依然存在する一方，「誰一人取り残さない」という公約も国際社会は目指そうとしているのも事実である．できることから少しずつでも実現を図ること．そして世界から「忘れられがち」な人びとへの思いを大切にし続けること．そうした地道な積み重ねこそ，私たちに求められているように思われる．格差とは，人間の尊厳に関わる問題であり，常に取りくみ続ける姿勢を忘れないことこそ肝要である．

　注
　1）購買力平価（Purchasing Power Parity）とは，物価の違いなどを考慮し，名目上の
　　為替レートを補正して経済の実態に近づけようとする考え方．その場合，2018年の日本
　　の1人当たり年間 GNI は4万5000ドル，中国が1万8140ドル，ブルンジは740ドルとなる．
　　ただし，名目値法も購買力平価法も，経済の「現実」を違った角度から示すデータであ
　　り，どちらが優れているというわけではないことには留意しておく必要がある．

2 ）かつて，１日１ドル以下で暮らす人びとが10億人以上いると言われた時代があった．この目安は，世界銀行が数十年にわたって用いてきた「国際貧困ライン」がもとになっている．データは，それぞれの国の経済事情，為替レートなどによって調整した１日あたりの消費額を基本に算出される．なお，世界銀行は，2008年にこの基準を１日1.25ドルに，2015年には1.90ドルに引き上げた．

3 ）2012年以降は国連でも『世界幸福度報告』が発表されるようになった．日本は2019年の報告で58位と決して高い結果とはいえない．

4 ）国連開発計画（UNDP）は，1990年代より人間開発指数をはじめ，経済力以外の観点からも格差を数値化する努力を続けている［UNDP 各年版］．

5 ）南北問題の「発見」と表現されるのは，それまで存在しながらも，認知されていなかった格差が，ようやく国際社会に意識されるようになってきたということである．

6 ）安いものなら１個数百円という対人地雷は，とりわけ貧困な紛争地域で大量に使用されてきた．非戦闘員をも無差別に巻き込む非人道性に加え，紛争後もその多くが処理されず，被害を拡大してきた．一方，そうした地域の戦闘継続に必要な資金や，地雷をはじめとする兵器を提供し続けたのは，多くの場合，私たち先進国を含むより豊かな国々であった．

7 ）設定された８つの目標は以下の通り．① 極度の貧困と飢餓の撲滅，② 普遍的初等教育の達成，③ ジェンダーの平等推進と女性の地位向上，④ 乳幼児死亡率の削減，⑤ 妊産婦の健康の改善，⑥ HIV/ エイズ，マラリア，その他の疾病のまん延防止，⑦ 環境の持続可能性確保，⑧ 開発のためのグローバルなパートナーシップの推進．

8 ）マイクロ・クレジットとは，それまで一般の商業銀行から融資を受けることができなかった貧困層に，少額の無担保融資を実施し，それによって貧困層の自立を促そうとするしくみ．その成功により，それまで援助の受益者にすぎないとされてきた人びとにも，自ら問題を改善する力を有することが指摘されるようになってきた．

❏ 推 奨 図 書 ▰▰▰▰▰▰▰▰▰▰▰▰▰▰▰▰▰▰▰▰▰▰▰▰▰▰▰▰▰▰▰▰▰▰▰▰▰▰

押村高［2008］『国際正義の論理』講談社．

下村恭民・小林誉明編［2009］『貧困問題とは何であるか――「開発学」への新しい道――』勁草書房．

馬渕浩二［2015］『貧困の倫理学』平凡社．

ムハマド・ユヌス［2008］『貧困のない世界を創る――ソーシャル・ビジネスと新しい資本主義――』（猪熊弘子訳），早川書房．

# 第9章

## 日本はソフトパワー大国たり得ているか？[1]

## *1* は じ め に

　日本はソフトパワー大国なのだろうか．クール・ジャパンという言葉をよく耳にする．日本のファッションやポップ・カルチャーが世界的に注目されて，「かっこいい日本」としてもてはやされている．周知のようにソフトパワーは，ハーバード大学教授のジョセフ・ナイ[Nye 1990]によって提唱された概念である．こちらが望むことを，威嚇や札束，つまり強制ではなく，魅力によって相手が進んでするように仕向ける力である．国として魅力があるかないか，ソフトパワーを考える際の前提となる．

　日本人は戦後，長きにわたって自国を経済大国として世界の中に位置づけてきた．それがバブル経済の破綻後，経済成長に陰りが見え，2011年にはGDP世界第2位の座を中国に明け渡した喪失感を埋めるかの如く，経済力に代わるソフトパワーへの注目が高まった．

　その源泉として自覚的に捉えられてきたのが，漫画，アニメ，ゲームソフトの隆盛である．さらには，「カワイイ」が世界に通じる言葉となり，メディアにおいてはその世界への発信力を誇らしげに紹介する場面も散見される．こうしたポップ・カルチャーは確かにソフトパワーの源泉足りうる[Otmazgin 2008]．ただ，世界の中の日本のソフトパワーを総体的に掌握しようとする試みにおいて，あくまでこれらはその部分的要素に過ぎない．日本のアニメへの世界的注目の高さについて，たとえば中村[2011]は，パリ郊外で毎夏開かれる「ジャパンエキスポ」に2010年は18万人が集まったと紹介した．最近では2018年に主催者の発表で，24万人を超える来場者があった[Japan Expo 事務局]．しかしこれだけを根拠にして日本がソフトパワー大国であるとは言えない．アメリカのボストン郊外，タングルウッドで開催される音楽祭は，70年を超える歴史を誇り，近時は年間35万人もの音楽ファンが訪れる[Boston Symphony

Orchestra 2011] 催しとして存在感を誇っている.

　ここでタングルウッドのソフトパワーが日本のアニメに勝ると主張している
わけではない. 実際のところ何によってソフトパワーを測るのか，管見の限り
確立した学説はみあたらない. しかし，今後の地球文化の行方を占う意味では，
あるいは日本の針路を考える上でも，ソフトパワーに関連するランキングは興
味深い示唆に富む.

　本章では，日本が果たしてソフトパワー大国たり得ているのか，2012年の拙
稿にあったデータとの比較を交えて考察したい.

## *2* ソフトパワーをどう測るか

### 1　大人気の日本？

　クール・ジャパンという呼び名への注目の高まりは，フォーリンポリシー誌
に発表された，マクグレイ[McGray 2002]の論文が引き金になっている. 政治
的経済的苦難が続く中で日本は，グローバルに文化的影響力を静かに拡張させ
ている. 経済大国であった1980年代よりも今日の方が文化的大国のように映る.
その一方で国家として世界に発するメッセージはあまりに少なく，今後日本が
その改善に動くであろうことを示唆する[McGray 2002：54].

　もともとクール・ジャパンは，1997年にイギリスのブレア首相（当時）が宣
言したクール・ブリタニアを真似た呼称である. 本家のイギリスでは流行語の
宿命か,今やそのような陳腐な表現を使うことはめったになくなったという[太
下義之 2009]. 他方，日本のクール・ジャパンはどうだろうか. 経済産業省は
2010年6月に文化産業立国戦略を策定し，クール・ジャパンを機関車として日
本経済を活性化しようと企図した. 省内の製造産業局に「クール・ジャパン室」
を設置する熱の入れようであった[経済産業省 2010]. 2013年の11月には同省が
主導して，官民共同ファンドである海外需要開拓支援機構を発足させている[2].

　政府が介入することで，それはもはやクールではない，という見方も根強い.
日本のクール・ジャパン批判の常套文句は「官製クール・ジャパン」だという
[三原 2014：202]. それに対して鴻上[2015]は，政府ができることは「場」の提
供で，それこそ，一社の力ではどうしようもないことを，国が「場」を提供す
ることで海外の人びとに届ける機能を紹介する. イギリスの場合と異なり，日
本においてはなおその存在感を維持しているのがクール・ジャパンである.

　一過性のブームを危惧することなく，日本の魅力は世界屈指であるとする自己認識をくすぐるデータもある．アメリカのメリーランド大学とイギリスBBC の共同調査の結果がそれである．2011年3月7日に発表された調査結果によれば，57％が日本は世界に「良い影響を与えている」，20％が「悪い影響を与えている」との回答であった［BBC World Service Poll 2011b］．2017年版では，日本については「良い影響」が56％，「悪い影響」は24％で，若干の下ぶれがある．それでもレポートを詳細に見ると，2017年の前の調査発表が2014年にあって，その時はそれぞれ50％と28％であったことが読み取れる．多少落ち込んだ国際的な評価が，近時は回復を見せていると捉えられる．

　なお，2011年のレポート結果と比較して2017年に大きくスコアを悪くしているのはアメリカである．2017年のレポートの調査は2016年12月から2017年の4月まで19カ国で1万8000人を対象として実施された［BBC World Service 2017］．アメリカに対しては，NATO 諸国において厳しい評価が多かった．ドナルド・トランプが第45代のアメリカ大統領になることが決まったのは2016年の12月19日で，正式に就任したのが2017年1月20日であった．アメリカファーストを掲げるアメリカ大統領を前にして，アメリカに対する見方が厳しさを増してきたことは想像に難くない．

　ところで主観的な印象の総体とも言える良い影響，悪い影響のアンケート調査のみでソフトパワーが掌握可能とは言えない．ソフトパワーは軍事力，経済力で代表されるハードパワーと対置される概念で，文化的魅力，政治制度，政策の正当性，民主主義を重んじる価値観が重要になる［Nye 2004：邦訳 26］．あえて2つにまとめるなら，これらは政治的魅力と文化的魅力として捉えられる．ここでは，前版で取り上げた数々のランキングの中から，政治的魅力については民主主義度，文化的魅力に関しては観光競争力に焦点を当てる．これらの変化を見ることで動向を分析しつつ，日本のソフトパワーを掌握する一試みとしたい．

## 2　比較の方法

　自国に誇りを持つことは何ら悪いことではない．それが健全な愛国心と結びつくならば，国家発展の土台となり得よう．しかし，自画像に見とれてそれほどの造作でもないのに自ら美男あるいは美女と自惚れているとすれば，それはナルシストの域を出ない．周囲もそれと認め，自他の認識が一致しているので

あればアイデンティティの確立は可能であろう．そうではなく，自国を誇る気持ちも独りよがりの自己満足であれば，本来の自分にふさわしい将来の進路を見誤りかねない．

　その意味では自国を相対化する尺度を冷静に読み解く作業が重要になる．それは相対的比較による自己イメージの掌握である．一番良いのは世界全部を比べてみることだろう．紙幅も限られているここでは G20 （19）[3]，特にその中の2つの隣国，中国，韓国と適宜比較しながらこの課題に臨みたい．

　国際政治学はパワーを巡る闘争の場であるというのがリアリストの根本的視座である．ソフトパワーもパワーである以上，それが国家間関係に与える影響を看過できない．G20 （19）のパワー分布，特に日中韓の3カ国間関係の基礎部分を浮かび上がらせる作業ともなる．既に大国となった中国と，充分に経済発展を遂げた先進国足る韓国，これら両国との比較は，自らを冷静に分析する視座の精度を上げることにも結びつこう．

　ところでこうしたソフトパワーは国家のブランド力と類似することを，アンホルト［Anholt 2007］が指摘している．その問題意識と筆者のそれは類似するが，アンホルトはランキングを中心に議論を展開しているわけではない．ブランド力は国家のパワーの総体を巧みに表しうる概念ではあるが，分析には不向きな印象を受ける．本章が捉える国家のパワー概念は**図 9−1**に示した．ハードパワーとソフトパワーの総体が国家の影響力となる．それと同時にそのそれぞれが有機的に連関している．バランスを著しく欠く国家は良く言えば個性的であり，その崩れ方のいびつさによっては，周囲の脅威ともなる．軍事力に異常に傾く北朝鮮などがその典型例である．

　諸国家の多様な文化に優劣をつけるかのごとくに尺度で測ろうとすることに

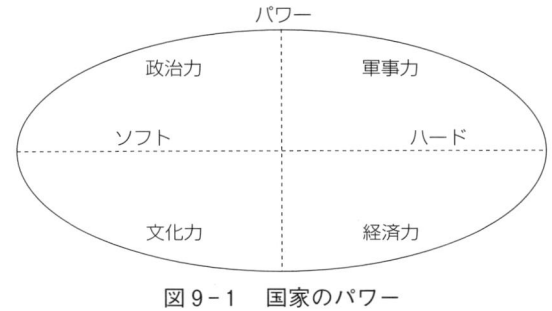

図 9−1　国家のパワー

批判があるかもしれない．文化は多様である．またその異質性ゆえに文化足りえてもいよう．多文化，異文化理解が重視されるゆえんである［青木保 2003］．他方，現代の世界では，世界中で見られる映画があり，スポーツイベントがあり，音楽もある．そこには個別多様な多元的文化とは異なる，地球全体を覆う文化の萌芽がある．当然，その世界大の文化の理解に資する尺度が現出する．世界ランキングの考察は，順位づけが存在している現実を直視することであり，その国際社会的な意味を検討することでもある．

## *3*　民主主義度に見る政治力

　政府の統治のあり方が，現代の民主主義的理念に則っているかどうかはソフトパワーの政治力を検証する上で欠かせない指標の1つである．イギリスのエコノミスト誌傘下のシンクタンクである，Economist Intelligence Unit（以下EIU）が発表している民主主義インデックスはこの点で信頼を勝ち得ている［EIU 2010］．たとえば2011年初頭のチュニジアに端を発してエジプト，リビア，バーレーンと燎原の火のごとく広がった民衆のデモンストレーションに関連する記事において，日本経済新聞は2度にわたってこれら諸国のEIUによる順位を紹介している[4]．またベストセラーを連発している著者，池上［2009：182］もこのランキングに依拠して日本が20位だったと紹介している．

　EIU は選挙過程と多元主義，市民的自由，政府の機能，政治参加，そして政治文化という5つ範疇を設けて各国の民主主義度を捉えている．これらのそれぞれに多くの下位範疇を設け，はい，いいえ，どちらでもない，など，3段階から得られたデータを集計してスコアとしている．市民的自由の場合を挙げれば，①自由な電子メディアがあるか，②自由な活字メディアがあるか，③表現の自由，抗議の自由があるか等，17の項目が並ぶ．

　数値が高ければ高いほど民主主義度は高い．2010年版のデータでは，G20 (19)の平均は6.96で，日本は8.08 と平均を上回っていた．なお韓国の方がより高い数値で8.11，中国に対する評価は厳しく，3.14となっていた．

　2018年版を見てみよう．本章で取り上げた各国の平均は6.76で，僅かながら2010年よりも低く，民主主義に関しては後退していることがわかる．日本は7.99でやはり前回の評価よりも低かった．島嶼国などを除く167カ国を対象とした中で，日本は22位，韓国が21位であった．どちらも「不完全な民主主義」に属

表9-2　G20 (19) ソフトパワー・ランキング

| | ①良い影響2011 | ②良い影響2017 | ③変化(②-①) | ④民主主義度2010 | ⑤民主主義度2018 | ⑥変化(⑤-④) | ⑦観光競争力2011 | ⑧観光競争力2017 | 変化(⑧-⑦) |
|---|---|---|---|---|---|---|---|---|---|
| US | 50 | 34 | -16 | 8.18 | 7.96 | -0.22 | 5.3 | 5.12 | -0.18 |
| China | 45 | 41 | -4 | 3.14 | 3.32 | 0.18 | 4.47 | 4.72 | 0.25 |
| Japan | 57 | 56 | -1 | 8.08 | 7.99 | -0.09 | 4.94 | 5.26 | 0.32 |
| Germany | 61 | 59 | -2 | 8.38 | 8.68 | 0.3 | 5.5 | 5.28 | -0.22 |
| UK | 57 | 51 | -6 | 8.19 | 8.53 | 0.34 | 5.3 | 5.2 | -0.1 |
| France | 51 | 52 | 1 | 7.77 | 7.8 | 0.03 | 5.41 | 5.32 | -0.09 |
| India | 41 | 37 | -4 | 7.28 | 7.23 | -0.05 | 4.07 | 4.18 | 0.11 |
| Italia | — | — | — | 7.83 | 7.71 | -0.12 | 4.87 | 4.99 | 0.12 |
| Brazil | 49 | 38 | -11 | 7.12 | 6.97 | -0.15 | 4.36 | 4.49 | 0.13 |
| Canada | 55 | 61 | 6 | 9.08 | 9.15 | 0.07 | 5.29 | 4.97 | -0.32 |
| Russia | 34 | 29 | -5 | 4.26 | 2.94 | -1.32 | 4.23 | 4.15 | -0.08 |
| South Korea | 36 | 37 | 1 | 8.11 | 8 | -0.11 | 4.71 | 4.57 | -0.14 |
| Australia | — | — | — | 9.22 | 9.09 | -0.13 | 5.15 | 5.1 | -0.05 |
| Mexico | — | — | — | 6.93 | 6.19 | -0.74 | 4.43 | 4.54 | 0.11 |
| Indonesia | — | — | — | 6.53 | 6.39 | -0.14 | 3.96 | 4.16 | 0.2 |
| Saudi Arabia | — | — | — | 1.84 | 1.93 | 0.09 | 4.17 | 3.82 | -0.35 |
| Turkey | — | — | — | 5.73 | 4.37 | -1.36 | 4.37 | 4.14 | -0.23 |
| Argentina | — | — | — | 6.84 | 7.02 | 0.18 | — | 4.05 | — |
| South Africa | — | 36 | — | 7.79 | 7.24 | -0.55 | — | 4.01 | — |
| 平均 | 46.69 | 44.25 | | 6.96 | 6.76 | | 4.74 | 4.64 | |

(注) —はデータ無し。
①BBC World Service 2011より。(%)
②BBC World Service 2017より。(%)
③良い影響の変化
④Economist Intelligence Unit 2010より。(1～10：大きい程より民主主義的)
⑤Economist Intelligence Unit 2018より。(1～10：大きい程より民主主義的)
⑥民主主義度の変化
⑦World Economic Forum 2011より。(1～10：大きい程より観光競争力がある)
⑧World Economic Forum 2017より。(1～10：大きい程より観光競争力がある)
⑨観光競争力の変化
(出所) 各種データに基づき、筆者作成。

している．因みに「完全な民主主義」は上位の20カ国で，トップ10を列挙すれ
ば，ランキングの上位から，ノルウェー，アイスランド，スウェーデン，ニュー
ジーランド，デンマーク，カナダ，アイルランド，フィンランド，オーストラ
リア，スイスが並ぶ．

　G20（19）に戻ると，アメリカの低落は顕著で，マイナス0.22となった結果，
今回は日本よりも下位に位置することになった．前回に比べてさらに民主主義
の視点から大きくスコアを落としたのはロシアで，実にマイナス1.32を記録し
て，2.94であった．これはG20（19）の中ではトルコに次ぐ低さで，中国より
も下である．その中国は，プラス0.18と民主主義度が良くなったという評価で，
3.32というスコアであった．

# 4　観光競争力に見る文化力

　スイスに本部を置く世界経済フォーラムは毎年，世界各国の「旅行と観光業
の競争力指数ランキング（以下，観光競争力）」[World Economic Forum 2011]を発
表している．その内容を世界経済フォーラムのウェブページから詳しく見てお
きたい．「観光競争力」の下位範疇として，次の3つが設定されている．第1
に規制の枠組み，第2に，観光業のビジネス環境とインフラストラクチャー，
そして第3に，観光の，人的，文化的，自然資源がそれである．第1の規制の
枠組みとは，政府の政策または政府が管轄する一般的範囲内の規制を指す．第
2の要素は，ビジネス環境と経済の「ハード」面でのインフラストラクチャー
であり，そして第3はおのおのの国のもてる資産である「ソフト」な人的，文
化的，そして自然を要素としている．

　そしてこの「観光競争力」は，これら3つの下位範疇がそれぞれ，安全と安
心，健康と衛生，空港インフラストラクチャーなど，14項目の柱によって検討
される構成になっている．これらは世界経済フォーラムによる定例の世論調査，
公的に，あるいは国際機関や旅行業機関や専門家から入手可能な出所からの数
的データを含んで数値化されている[World Economic Forum 2011]．

　世界経済フォーラムの「観光競争力」は詳細な統計データを用いた，観光研
究者の間でも，高く評価される指標である．たとえば日本においても，国際観
光研究の第一人者である石森秀三は，国際観光の魅力について考察するのであ
れば，まず，この指標が思い浮かぶと述べた[5]．日本の観光競争力の評価を巡り，

鈴木［2008］もこの指標を土台に議論を展開している．

　他方，外国人訪問者数はより単純に，どれだけの外国人がその国を訪れたか，という数値である．日本政府観光局［2011］が毎年，上位40位までの各国をそのウェブ上で紹介している．2011年版ではG20（19）の内，ブラジル，アルゼンチンを除く17カ国がこの上位40カ国に顔を見せた．たとえば，世界経済フォーラムにおいて，74位とランクづけられているインドネシアも，こちらの単純な外国人訪問客を見れば，日本に次いで34位に登場する．1つの解釈としては，こちらの単純な数値がむしろ世界の経済の動きをも加味して，世界的存在感をより正確に映し出している側面もある[6]．

　次いで変化の趨勢を見究めるため，2017年版をみておきたい．ここでは日本の躍進が目立つ．G20（19）の中の順位は，フランス，ドイツに次いで3位となった．0.32ポイントの上昇は，この中では最大の伸びを示している．逆に0.32ポイント悪くなった国はカナダである．アメリカも0.18のマイナスで，文化的な面のソフトパワーを減じた例となっている．

　トランプ政権のアメリカファーストは，世界的な視点からはアメリカ自身のソフトパワーを損ねてしまっている．アメリカの魅力の低下，あるいは強制ではなく自らアメリカの意向に沿う施策を導き出すソフトパワーの減退は，実はアメリカの利益に反している．ソフトパワーの低下は軍事力，経済力というハードパワーの減退を意味するわけではない．しかし戦後圧倒的なパワーを誇ったアメリカとその主導による世界秩序を所与としてきた国際社会はここに来て大きな転換点を迎えていると言えそうである．そうした中で，トランプ政権との親密ぶりをアピールする日本の安倍政権の姿勢が外交指針として妥当なものと言えるのかどうか疑問が生ずる．日米安保に依拠さえしておけば誤りはないとする惰性による思考停止によって，世界の中のアメリカのソフトパワーの低下を看過してしまうことは，この上もなく危険である．

# 5 ランキング創出力

## 1　ランキングに注目する意味

　上に挙げたランキングは，もちろんソフトパワーを測るために必要十分な指標というわけではない．たとえば政治的正当性に関わるソフトパワーを巡っては，各国が国連とどのように関わっているのかを示すデータは情報量が多く，

日本としては，可能な限り取り扱うべきだろう．国連分担金，職員数，PKO
への要員派遣など，各国の国連に対する貢献度は一目瞭然である．さらに国連
は，市民社会との協働参画を試みる国際機関として，早くからNGOとの協議
関係を築いてきた．その点に注目するなら，各国それぞれが，いくつの国連
NGOを有しているかも，市民社会の充実度を測る政治的ソフトパワー尺度と
なり得る[7]．

　ODAも同様に世界にアピールする政治的価値の再配分の一例である．ある
いは幸福度も政治がうまくいっているかどうかのある断面の表出である．ブー
タン政府が関与したランキング，世論調査会社のギャラップのランキングなど
が著名である．さらには，前述のEIUは世界平和度も発表し，研究自体が魅
力的で，いうなればソフトパワーを持っている．

　文化的なソフトパワーについても，大学ランキング，オリンピックのメダル
数，ノーベル賞受賞者数を含め，数多くの注目すべきランキングがある．ソフ
トパワーを測るという視点からいえば，観光競争力はある断面を示しているに
過ぎない．

　さて，ランキングそのものについて注視すれば，世界遺産数や訪問客数のよ
うに，単純に集計すれば済むランキングがある一方で，民主主義度や平和度，
観光地としての魅力などは周到な調査が欠かせないランキングである．指標を
創出するための研究も必要である．そうしたランキング創出の意義についてあ
らためて言及しておきたい．

　EIUの世界各国民主主義度のランク付けの意図には，当然，望ましい民主
主義のイメージが背景にあって，それを世界に周知しようとする目的が垣間見
える．このランキングを発表することで，国際社会が認識すべき価値について
再定義し，磨きをかけることにつながっている．スイスの世界経済フォーラム
や，名門ビジネススクールであるIMD（International Institute for Management
Development）も多くのランキングを発表している．たとえば観光競争力につい
ては，観光が持つ意義に価値を付与し，結果としてスイスをアピールする力と
なっている．またノーベル賞が発出するメッセージ力は甚大である．このノー
ベル賞の選定によって，世界にとって何が価値あることか，スタンダードを示
すことに成功している．

　製品販売の世界戦略の中で，グローバルスタンダードの構築が重要であると
いわれて既に久しい．いかにすぐれた技術をある製品が兼ね備えていても，そ

れが規格としてグローバルスタンダード化しなければ，結局は世界のシェアを獲得できない．EIU や世界経済フォーラムがランキングによって成し遂げようとしていることは，スタンダードを世界に示し，自らが信奉する価値の基盤拡大に結びついている．そして，世界中がそれに注目すればするほど，その狙いは成功裏に追求されている．それと同時に，そうしたスタンダードを提起するこれら機関それ自体の存在意義，さらにはその本拠地たる国のソフトパワーをも高めている．

## 2　築き上げるソフトパワー

　著名なスポーツ大会もソフトパワーを持つ．全英オープンにより，世界のテニスはトッププレーヤーがその聖地ウィンブルドンに集う．明らかにイギリスの存在感は高まる．

　甲子園を屈指の大会に育て上げた日本高等学校野球連盟（高野連）は，それを世界大の大会に発展させることを目指さないのだろうか．映画賞や音楽，芸術のコンクールも同様である．アカデミー賞，カンヌ国際映画祭のパルム・ドール，ベルリン国際映画祭の金熊賞，ヴェネツィア国際映画祭の金獅子賞と，煌びやかに映画を表彰する場がある．しかし，日本にそうした国際的な賞は根付いていない．2005年に文部科学省が発表したソフトパワー増強策には，世界の国際映画祭や芸術祭の機会を活用して積極的に発信すべきとの提言がある［文部科学省 2005］．しかし自ら国際的な映画祭を築き上げようとする姿勢に顕著であるとは言えない．

　国際的なスポーツイベントの開催，国際学会の主催，このような機会に世界から多くの人びとを招き入れることもソフトパワーの増大につながる．筆者が参加したイスラエルで開催されたアジア研究の国際学会[8]には世界中から多くの著名な学者が参集した．学会会場のヘブライ大学は，大学院生も動員して観光のためのツアーを特別に企画した．学会参加者は明らかにイスラエルをよく知ることになる．観光のソフトパワー同様，ある土地を訪れたことのあるなしは人の認識において決定的な差を生む．参集した学者たちは，一度帰国すれば，100人，200人の学生を前に話をする人間である．授業で一言イスラエルを話題にすれば，明らかに，それだけイスラエルの存在感は高まる．

　クール・ジャパンの牽引役である漫画やアニメ，さらにゲームも含めて毎年授賞式を行っている官による試みは確かにある．文化庁メディア芸術祭がそれ

である．1997年に第1回が開催され，既に14回の歴史を積み重ねている．文化庁によれば，この芸術祭の来場者数も，作品の応募者数も着実に伸びている［文化庁 2011］．さらにこれまで東京で実施されてきたこのメディア芸術祭を東京以外の地でも開催する計画である．さらには海外展も実施して知名度を上げる企てがなされようとしている．東京をメッカとせず，外に出て行く作戦が功を奏するものかどうかはわからない．明らかなことは，メディアにおける取り上げ方は極めて小さく，残念ながら現時点における注目度が高いとは言えない．

# *6* おわりに

　ソフトパワーを把握しようとする試みにおいて本章がとったアプローチはランキングの活用である．ここでは，日本のメディア等が取り上げていることを基準にランキングを拾い上げた．メディアは社会の関心の一断面を表出している．その関心は当該社会がその時点で価値あると捉えていることを投影している．メディアが関心を寄せる世界ランキングはその時代の価値観が如実に反映している．

　日本のメディアがGDPの世界順位をしきりに報道するなら，日本国民が自国のGDPを気にかけている証左である．また，できればその中で上位にいたいとする願望が潜在的に存在していよう．そしてそこに見える願望は日本という国家，国民のアイデンティティとも結びついている[9]．世界の中でどういう国家でありたいのか．文化国家として誇れる国でありたい，平和国家でありたい，こうした意識を知ることは，世界の中の日本を考えるための羅針盤足り得る．

　さて，ここまで表題の問に対する答えを明示してこなかった．「良い影響を与えている」とのデータに示された結果を重視すれば，ソフトパワーを持つ国といえそうである．しかし世界に伝える価値をランキングにして自ら明示する努力は全く不十分である．その点で大国たり得ているとは言えない．国家として何を重視し，何を大切に思うのか．世界にアピールしようとする姿勢は，実は地球的文化の生成への貢献とも結びつく．なぜなら，その価値をめぐり，世界の人びとと会話や議論が可能となるからである．ノーベル平和賞をめぐり世界中が喧々諤々と意見をいう．同じように，たとえば日本発のアニメ大賞をめぐり，世界の人びとが語り合う場を作り出すとき，その時日本は確かに1つの地球文化を生み出している．

　それと同時に，ソフトパワーにおいて影響力を持つためには，他国のソフト
パワーに対する感受性を高めることである．自己を認めてもらう最善の策は，
自分が他者の魅力を認めることである．それによって他者は自己の魅力に胸襟
を開くはずである．人間とはそういう生き物であろう．言語を発達させて，コ
ミュニケーションを重視してきた所以でもある．また日本は，このような相互
認証によるソフトパワーの向上のみならず，外国から学ぶ姿勢を見せていると
きに重要なステップアップを成し遂げて来た．明治期以降，軍隊は積極的に先
進的諸外国からの学びを重視した．陸軍はドイツから学び，海軍はイギリスか
ら学んだ．先進的な国や地域から学ぶことに非常に長けた国が日本であった．
諸外国のソフトパワーに敏感であるためには，外に目を向けることが第一歩と
なる．

注

1 ）本章は，拙稿「日本はソフトパワー大国か？」，戸田・三上・勝間編『国際社会を学ぶ』
　　（晃洋書房，2012年）に基づき，それを大幅に加筆修正した．
2 ）『日本経済新聞』社説「クールジャパンを促すには」2013年11月29日．
3 ）2008年以来，G20サミットが開かれている．EU が含まれているので，これを除く19
　　カ国を基本的なデータとした．それゆえ G20（19）と表記している．なお，ランキング
　　によってはこれら19カ国をすべて網羅していない場合もある．
4 ）『日本経済新聞』「激震エジプト 3 ：『安定』『民主化』欧米外交が迷走」2011年 2 月16
　　日，「経済教室　中東の民主化（上）（図表：主な『イスラム国』と民主化度」2011年 2
　　月24日．
5 ）2010年 3 月16日に筆者が実施した北海道大学観光学高等研究センター長室におけるイ
　　ンタビューから．同日午後 3 時半から 4 時半に渡り，日本の観光競争力について話を伺っ
　　た．
6 ）国際観光の人の流れが地球文化の趨勢を反映し，国際関係の文化的ダイナミズムの縮
　　図だとする議論としては三上［1995］を参照されたい．
7 ）国連 NGO の所在に焦点を当てて，各国の平和に貢献する「力」の指標とみる議論と
　　して三上［2000］がある．
8 ）The 10th Annual Conference of Asian Studies in Israel, The Hebrew University of
　　Jerusalem, May 25-26, 2011.
9 ）日本において国際政治研究上のアイデンティティの重要性は，馬場［1980b］が嚆矢
　　となって認識されるようになる．

❑ 推奨図書 ▰▰▰▰▰▰▰▰▰▰▰▰▰▰▰▰▰▰▰▰▰▰▰▰▰▰▰▰

鴻上尚史［2015］『クール・ジャパン !?』講談社現代新書.

アトキンソン，デービッド［2015］『新・観光立国論』東洋経済新報社.

# 第10章
## 北欧というアイデンティティ
――北欧の世界史的意義とは何か?――

## *1* 世界史における北欧の独自性

現代の世界の中で,そして20世紀以降の世界史において,北欧(Norden)は独特の位置を占めている.北欧とは,通常,スウェーデン,デンマーク,ノルウェー,フィンランド,アイスランドの5カ国をいう.北欧諸国は,欧米そして世界において,近代性を体現する存在として繰り返し注目される一方,北欧諸国自身,その独自性や先進性を世界に向かって主張し,自らのアイデンティティとしてきた.本章では,世界からの視線と自らの存在主張の交錯による北欧アイデンティティの形成過程を素描するとともに,巨視的な視点から北欧の特性を抽出し,その世界史的意義を論じる.

世界史的な視点で見て,北欧について3つの顕著な特徴を挙げることができる.

第1に,北欧諸国は,地理的に辺境的な位置にある小国でありながら,自らの世界史的な意義を世界に対して主張し,世界システムの中で独自の位置を占めてきた.その独自性の認識は国際的にも共有され,特にアメリカやヨーロッパにおいて,北欧はしばしば賞賛,そして時に激しい否定の対象となってきた.北欧は,20世紀の世界システムの覇権国家であるアメリカのヘゲモニー,その支配的イデオロギーや社会経済モデルに対して,対抗ヘゲモニー的なオルターナティブを主張してきたと言える.

第2に,歴史的に北欧域内では国際的な連携や協力がさまざまなレベルで活発に行われ,北欧諸国は,世界でも稀有な実効的なリージョナリズムを発展させてきた.それは,協力だけでなく,特に社会政策の分野において,生産的な競い合いともいうべき独特のダイナミズムを生み出し,各国の社会変革を促進するとともに,国を超えた北欧レベルでのアイデンティティを確固としたものにしていった.

　第3に，北欧諸国は，独自の理念を示すだけでなく，自らが考える理想的な近代を体現する社会体制を実際に作り上げようとし，その結果，北欧の社会は比較的短期間のうちに大きく変化し，世界に他に類を見ないような「超近代的」な社会になっている．北欧は高福祉であることがよく知られているが，その「超近代性」は，ジェンダーの平等，個人化，社会構造の柔軟性などに特によく表れており，人類の文化や社会のあり方の新たな可能性を提示している．

# *2* オルターナティブとしての北欧

## 1　外から見た北欧

　近代性を体現した進歩的存在として北欧（特にスウェーデン）をみる見方は，浮き沈みがありながらも，20世紀以降の世界の中で1つの流れとして連綿として続いてきている．世界における北欧のイメージの歴史的系譜を以下に見ていく．

　北欧が初めて外の世界で大きく注目されたのは，1930年代であった．大恐慌後の経済不況に苦しむアメリカで，ジャーナリストのM.チャイルズによって『スウェーデン：第3の道』と題した著書が出版された．その中で，スウェーデンは，イデオロギーに固執しないプラグマティズムによってアメリカとソ連の中間を行き，資本主義と社会主義の最良の部分を組み合わせて，資本主義をうまく稼働させつつ社会問題への長期的で制度的な対応策を実現した国として称揚された．北欧はアメリカのニューディール主義者の関心を強く引き付け，時の大統領フランクリン・ルーズベルトは北欧に調査団を送った［Andersson 2009：235-36；Marklund 2009：268-72］．

　北欧がもう1つ注目されたのは，その「社会的実験場」（social laboratory）としての性格であった．スウェーデンは，1930年のストックホルム博覧会を1つの契機に，1930年代には建築やデザインを通して近代的な新しい主体や社会を作りだそうとする独自の「スウェーデン的モダニズム」を標榜し［Mattsson and Wallenstein 2010］，ミュルダール夫妻に代表される社会工学的発想とあいまって，新しいアイディアが，改革的な政治家，大衆運動，科学的専門家によって大胆に社会的に実験される場所と見なされるようになっていた．たとえば，集団交渉，社会保険，金融市場の政府規制，地域教育運動などの社会プログラムの実践が注目された［Marklund 2009：265-68］．

　国際機関からの注目もあった．国際労働機関（ILO）は，1919年に設立されてから，望ましい労働法制や社会政策を実現するナショナルな社会モデルを追求していたが，1930年代には北欧の雇用政策に注目してこれを賞賛し，第二次世界大戦後の構想を示そうとした1944年のフィラデルフィア宣言では，1930年代に北欧で確立されていた三頭政治（tripartism：政府・企業家団体・労働組合が平衡を保ちながら政治的な協議や決定を行っていく仕組み）を民主主義的な国民国家のモデルとして，また民主主義を世界に広げていくための国際的規範として打ち出した．また，同宣言では，北欧ですでに確立されていた「好循環の社会」（society of virtuous circles：平等の促進や民主主義の拡大は経済成長を妨げず，この３つの要素は相互に促進しあう）という考え方が取り入れられ，戦後の西欧諸国の復興計画に活かされていった［Kettunen 2011：27-30］．植民地解放の時代の1950-60年代には，ILO は，新しく独立した諸国におけるネーション形成のために労働者が積極的で責任のあるパートナーとなるよう「労働者教育」プログラムを開発したが，そこでも北欧的な三者協議制度がモデルとして主張された［Kettunen 2006：44-51］．

　第二次世界大戦後，米ソの冷戦構造が固定化する中，北欧は，特にヨーロッパにおいて，近代の未来を指し示すものとしてユートピア的なイメージで語られることが多くなった．スウェーデン，ひいては北欧諸国は，単にアメリカとソ連の中間の道を歩んでいるというのではなく，普遍的に適用可能な進歩への道を進む社会モデルを提示しているものと，特にヨーロッパの社会民主主義者の間で見なされるようになる［Kettunen 2006：52；Andersson 2009：233-36］．「モデル」という用語は，1960年代からよく使われるようになり，北欧の社会構成は，ヨーロッパ北部の土着的なものから，その文化的歴史的土壌から切り離されうる普遍的な「モデル」へとその位置づけを変えた［Marklund 2009：277-278］．

　普遍的なモデルとしての評価の高まりは，その反動として強い否定的評価も生み出した．1960年，アメリカ大統領選挙のキャンペーン中，共和党の現職大統領アイゼンハワーは，わざわざスウェーデンに言及し，社会主義的で，深刻な自殺や飲酒の問題を生み出しているとこきおろした［Marklund 2009：276-277］．1971年，イギリスの著述家 R. ハントフォードは，著書 The New Totalitarians において，スウェーデンを全体主義国家として描き出した［Andersson 2009：234］．その後最近に至るまで，アメリカやヨーロッパの右翼陣

営においてスウェーデンや北欧はたびたび反ユートピアとして登場するが，このことは逆説的に，北欧がアメリカやヨーロッパの政治的意識の中で１つのシンボル的存在として特別な位置を占めていることを示している．

　一方，本家の北欧においても，1970年代以降，オイルショックに端を発する経済の停滞と新自由主義の世界的台頭を背景に，「北欧モデル」への批判が次第に強まっていった．また，福祉国家における権威主義や官僚的社会工学を問題視する左翼陣営からの批判もあった［Andersson 2009：236-237］．しかし，その後も福祉国家への原則的な支持は大枠として維持され，特に北欧の中でも遅れて福祉国家化が進んだフィンランドでは，1970年代以降に大規模な公的セクターの拡大や社会サービスの充実が見られた［Kettunen 2001：226］．

　1980年代末の冷戦終結，1990年代からのグローバル化の加速と新自由主義の優越，1990年代前半のスウェーデンとフィンランドの深刻な経済危機は，福祉国家，ひいては北欧モデルの意義や妥当性を強く疑わせた．しかし，北欧諸国が経済危機から短期間で立ち直ると，1990年代後半以降，北欧モデルは，高福祉を維持しつつグローバル化への適応力に優れた社会体制として再び高い国際的評価を得るようになった．

## 2　世界に自己主張する北欧

　こうした世界からの評価と交差する形で，北欧も世界に対して自らの存在と独自性を積極的に主張してきた．

　19世紀から20世紀初めまで，北欧は，西欧やアメリカに比べ社会経済的に低い水準にあり，近代化の中心を必死に追いかけなければならない辺境と自らを位置づけていた．しかし，1930年代には，北欧が確立した三頭政治の仕組みに基づく「北欧的社会」「北欧的民主主義」こそが，国民国家・社会の理想的な形だという考え方が北欧の中で強くなる［Kettunen 2011：30］．スウェーデンでは，建築・都市計画・デザインの分野から，近代的な新しい美や消費者文化を媒介とした合理的で民主的な社会関係を追求する「スウェーデン的モダニズム」の運動が展開された［Mattsson and Wallenstein 2010］．北欧こそ近代化の１つの中心という自負が生まれ，国際組織，特に ILO への参加は，世界に対して，北欧の連帯やアイデンティティを具体化して表現する重要な場となった［Kettunen 2006：50；Kettunen 2009］．

　1940年代以降，北欧の学者や専門家は，国際舞台において，特に国際的社会

政策の領域で北欧的解決策を積極的に主張し，北欧の福祉国家や社会・政治体制は，北欧の外交や国家ブランドの重要な要素になった．第二次世界大戦後，北欧諸国は，発展途上国に対する対外援助に力を入れ，先進国と発展途上国の関係についての国際的議論において主導的役割を果たした．インド，エジプト，アメリカなどで社会保障制度や研究所を作るための支援に，北欧の専門家が派遣された．北欧諸国は，国際的社会政策の分野で牽引者を自任し，北欧の固有の体験を普遍的な進歩への道筋とみなして，「ナショナルな福祉国家」は国際的レベルに投射されるべきであると主張した［Petersen 2011：57-58］．

　また，冷戦の深刻化に伴い，資本主義と社会主義の「中間の道」を行くという方針も，特に北欧の社会民主主義者の間で，より明確に意識されるようになった．冷戦時代において，北欧福祉国家モデルは「第三の道」として国際的な注目を集め，北欧諸国は北欧福祉国家モデルの影響力を，国内的にも外交においても，意図的に利用した［Christiansen and Markkola 2006：21；Petersen 2011：58］．

　福祉国家の冬の時代を乗り越えた1990年代後半以降，北欧モデルは再び脚光を浴びている．2000年のEUのリスボン戦略では，古くからの北欧の考え方であった「生産的要素としての社会政策」原則が提唱され，その後の「社会政策アジェンダ2000-2005」でも確認された［Kettunen 2011：33］．2011年にスイスのダボスで行われた世界経済フォーラムでは，北欧諸国は，The Nordic Way：Shared Norms for the New Reality と題された報告書を提示し，グローバル化の時代に平等と国際競争力の両立を可能にする社会経済体制として，また個人の自立と社会的連帯を同時に実現する社会関係のモデルとして，積極的に北欧モデルをアピールしている［Eklund et al. 2011］．

## *3*　北欧のリージョナリズム

### 1　リージョンとしての北欧

　北欧では，世界でも稀有な実効性の強いリージョナリズムが発展してきた．北欧諸国は，自身にとっても世界にとっても，かなりの程度，統一性のあるリージョンとして現れている．19世紀において，そして20世紀に入っても，北欧各国の政治的・経済的状況の間にはかなりの相違があったが，それにもかかわらず，北欧諸国はおおむね均一な北欧的政治・社会体制に収斂してきた［Christiansen and Markkola 2006：22, 29］．リージョンとしての北欧は，単なる協

力や連携という域を超えて1つの確固とした枠組みとなり，理念的にも実際的
にも，北欧各国のナショナルなアイデンティティ形成，および政治過程や制度
形成に大きな役割を果たしてきた［Kettunen 2011：21；Petersen 2011：42］．また，
それは同時に北欧全体としてのアイデンティティを醸成した．北欧諸国は，一
国単位で，そして北欧リージョンとして，重層的にアイデンティティを模索し，
実現してきたのである．

　20世紀における北欧域内のトランスナショナルな関係の特徴は，① ネット
ワークや交流が全体的に密であったこと，② 交流する主体が政治家や一部の
エリートに限られず，民間団体から個人レベルまで，幅広い大衆ベースの参加
と支持があったこと，③ フォーマルなレベルだけでなく，セミフォーマルな
レベルから非常にインフォーマルなレベルまで多様なチャンネルがあり，しか
もそれらはトランスナショナルな制度に裏打ちされていたこと，④ 単なる情
報交換や交流ではなく，各国がお互いを比較し成果や先進性を競い合う関係が
あり，北欧という場が，域内各国が尊重し採用すべき規範や基準を提供する枠
組みとなっていたことなどである［Christiansen and Markkola 2006：25；Kettunen
2006：53；Petersen 2011：53］．

　北欧諸国間の協力や連携の分野は多岐に及ぶが，中でも最も活発で成功した
のが社会政策の分野であった．各国は情報を交換し，先進的とされる制度を競
うように導入して，福祉国家を発展させていった．社会政策に関して北欧各国
の歴史はほぼ並行しており，時代を画するような改革はそれぞれの国でおおむ
ね数年以内の時間差で行われている［Christiansen and Markkola 2006：15］が，そ
れにはこの北欧という場がもたらす密接な交流と規範力によるところが大き
かったと考えられる．

## 2　北欧リージョンの形成過程

　19世紀半ば，ドイツやイタリアの統一運動などに刺激を受け，北欧でもデン
マーク・ノルウェー・スウェーデンの3国を政治的に統一しようという汎スカ
ンジナビア主義の運動があった．知識人や学生を中心としたこの国際的文化・
政治運動は，その後国王や政府の支持を得て広がりを見せたが，国際情勢の緊
張やナショナリズムの高まりの中，19世紀後半には衰退していった［百瀬ほか
編 1998:197-245］．しかし，政治的な統一運動としては挫折したものの，文化的・
政治的エリートの交流は19世紀から盛んであり，北欧に共有された価値と文化

的遺産があるという意識は促進された.

　社会政策に関する北欧域内の協力は，北欧諸国で最初に一連の包括的な社会立法が行われた19世紀後半に始まった. 1870-80年代には，北欧各国からの法律家，教育者，経済学者などが集う会議が次々と設立され，交流が密になっていった.

　20世紀に入って第一次世界大戦後には，フィンランド（1917年）とアイスランド（1918年）の独立や世界的な国際協調ムードにも刺激されて協力の機運が高まり，北欧諸国間の協力促進を目的とする民間団体である北欧協会（Nordic Association）が北欧各国で設立された. また，19世紀後半から始まっていた労働組合の北欧レベルでの連携は，この時期に拡大・制度化され，1932年の北欧労働協議会（SAMAK）の設立につながった. 国際連盟においても，北欧諸国は地域ブロック的な連携行動を取ってその発言力を強め，また国際連盟の組織としての強化を図ろうとし，国際連盟という場での連携は北欧の一体性の醸成に大きな役割を果たした［Götz 2009］.

　社会政策の分野では，さらなる協力強化を目指して，1919年に第 1 回北欧社会政策会議がコペンハーゲンで開催された. 参加者は，専門家，官僚，利益団体，福祉団体，政治家などであった. この会議において，社会発展と社会権の互恵性に関する北欧レベルでの統一的なガイドラインを作りたいという希望が表明され，各国間の政治経済的条件の違いから直ちに全体の賛同は得られなかったものの，その後，北欧諸国は次第に，この北欧全体のトランスナショナルな社会的市民権という目標に進んでいくことになる. 1940-50年代には，統計の統一を含め，社会政策に関する共通の規範や基準が北欧内で制度化されていき，普遍主義，公的責任，税方式，社会権，予防的社会政策などの要素が北欧各国で出そろっていく［Kettunen 2006：53；Petersen 2011：48-52］.

　第二次世界大戦後，安全保障上の同盟をめざしたスカンジナビア防衛連合や関税連合といったグランドデザイン的な計画が頓挫する一方，より生活に密着した領域において1950年代には重要な進展があった. 1952年には，議会間団体として北欧会議（Nordic Council）が設立されるとともに，通関に関する協定が成立し，北欧諸国の市民は北欧域内をパスポートなしで旅行できるようになった. 1954年には，北欧レベルでの単一の労働市場が形成され，国境を越えた自由な労働移動が可能になった. これは，各国の安全保障上の立場の相違，域内の経済状況の格差などの条件を考えれば画期的なことであった. そこでは，福

祉国家の根幹とされた完全雇用を国際協調によって維持することが目的の１つ
として明示されていた．1955年には，社会保障に関する包括的な協定として「社
会保障に関する北欧条約」（Nordic Convention on Social Security）も成立している．
こうした大衆レベルでの移動や交流の活発化と政策に関する協議・協調の国際
的な枠組みの制度化は，各国ごとの社会福祉の規範の相互認識とその収斂を促
進していった［Christiansen and Markkola 2006：24-25；Kettunen 2006：54-55；百瀬ほ
か編 1998：384-87］．

　その後の北欧単一市場や経済統合の構想は実現せず，EU によるヨーロッパ
レベルでの統合の機運が高まったこともあり，北欧レベルでの協力は以前ほど
の勢いや独自性はもたなくなったが，それでも1971年には北欧会議を補強する
政府間組織として北欧閣僚会議（Nordic Council of Ministers）が設立され，その
後も文化・環境・エネルギー・科学政策などの分野でリージョナルな組織を設
立するなどして，協力の範囲は広がっていった．環境については，1974年に北
欧環境保護条約が締結され，環境汚染があった場合，被害者は国境を超えて提
訴できるなど，環境保護の枠組みが北欧全域レベルで設定された［百瀬ほか編
1998：387-88］．

　1990年代からは，ソ連の崩壊を受けて，北欧会議をはじめリージョナルな諸
組織はバルト海諸国との交流・連携を深め，北欧という枠組みをバルト海沿岸
地域に拡大して再定義していこうという動きもみられる［Musial 2009］．

## **4** 北欧社会の「超近代性」

　北欧は，理念的にも実際的にも，近代性の１つの極致を体現していると自負
すると同時に，外からも相当程度そうみなされてきた．本節では，北欧の実際
の社会のあり方から，「超近代的」とも称される世界史的な射程をもつ側面を
取り上げて，その意義を論じる．

### 1　北欧型福祉国家

　北欧と言えば，まず誰でも思い浮かべるのが，高度な福祉国家ということで
あろう．高福祉高負担と言われるように，北欧諸国では，高い税負担に支えら
れ，国民に対する社会的な給付やサービスが充実している．
　比較福祉国家論の大家であるデンマークのエスピン＝アンデルセンは，『福

祉資本主義の三つの世界』において，世界の福祉国家を自由主義レジーム，保守主義レジーム，社会民主主義レジームの3つに大別した．社会民主主義レジームに分類される北欧型福祉国家は，脱商品化（労働市場に依存せずに生活できる程度）の度合いが最も高く，普遍主義，大きな公的セクター，高度の社会サービスなどの特徴をもつ独特の社会体制であるとされる［Esping-Andersen 1990：邦訳30］．

　社会権と平等が重視される高度な福祉国家であるということは，先進性の具現化として，北欧および北欧各国のアイデンティティの中で，文化的な要素と並んで中核的な部分を占めてきた［Andersson 2009：230；Christiansen and Åmark 2006：354；Petersen 2011：41；Hilson 2008：88］．近代が打ち出した自由と平等という二大原理のうち，覇権国家アメリカが後者を軽視し形式的な機会の平等に還元する傾向を強めてきたのに対し，北欧諸国は，社会権にもとづく実質的な平等の理念を重視し，資本主義や経済成長と両立させつつ発展させてきた．1930年代，スウェーデンで「国民の家」という概念とともに福祉国家の原型が登場して以来，福祉国家の理念は，現代に至るまで80年以上の時を経て，幾度の時代の荒波を乗り越え北欧の精神として生き残ってきたのである．

## 2　ジェンダーの平等

　高福祉であることの影に隠れがちであるが，北欧が世界の中で際立っているのがジェンダーの平等の推進である．国連開発計画（UNDP）のジェンダー不平等指数や世界経済フォーラムによるジェンダー・ギャップ指数において，北欧諸国は常に最上位を占めている．女性の労働力参加率は世界で最も高いレベルにあり，女性の国会議員の比率も高く，女性の大統領や首相もしばしば出ている．

　北欧特有のジェンダーモデルは，すでに20世紀前半から形を現しはじめていた．当時，女性が社会政策の対象になったのは，「人口の質の向上」という国家戦略的観点から出生率の低下や国民の健康状態が問題になったという背景があったが，20世紀初めの婚姻制度改革は，広範囲の離婚自由化，両性の経済的平等の規定など，女性の自由度と経済的権利を促進するものであった．母親の親権の拡大や婚外子の正当化も世界の他の地域に比べて早かった．北欧の女性たちは早くから女性団体を形成してその声を政治に反映させ，ジェンダーの平等は20世紀初頭から政治的アジェンダとしてクローズアップされていた［Melby et al. 2011：147-64]．その背景には，北欧各国の女性団体のリージョナルな連携・協力が活発であったことも見逃せない [Götz and Haggrén 2009：16]．

　第二次世界大戦前後には男女の役割分業を強化して「男性稼ぎ手モデル」の方向に向かう動きもあったが，経済発展による女性労働力の需要増加とフェミニズム運動の高揚を受け，1960年代からは，男女ともに賃労働に携わる「二人稼ぎ手モデル」が明確に志向されるようになった．結婚している女性の家庭外での労働参加率は北欧諸国内で差があった（たとえば，フィンランドでは一貫して高く，ノルウェーでは比較的低い）ものの，1970年代以降の北欧諸国の家族政策は，全般的に女性の労働力参加率を高め，各国の家族を大枠で見て北欧に共通する形態に，すなわち，充実した公的保育サービスや子ども手当に支えられた「普遍的稼ぎ手モデル」，さらには育児休暇を父親にも取らせる施策などによって男女とも育児に携わる「普遍的ケアギバー・モデル」へ，と収斂させていった [Siim and Borchorst 2005：106-108；Melby et al. 2009：10；Melby et al. 2011：162]．

### 3　個人化と家族の変容

　北欧のジェンダーモデルの顕著な特徴は女性の個人化であった [Melby et al. 2011：161-63]．北欧諸国では，女性を夫の付属物や家族の一部としてではなく，平等な権利を持つ個人として見る傾向が20世紀の早いうちからあった．1970年代以降，ますます多くの女性が賃労働に従事するようになるとともに，世帯単位でなく夫婦別の課税制度，母親だけでなく両親を対象とした育児休暇制度など，夫も妻もジェンダー中立的な個人とみなし，伝統的な家族を相対化するさまざまな施策が実施され，女性の個人化は制度化され飛躍的に促進された [Roman 2009：104-105]．

　ほとんどの女性がフルタイムで働く現代の北欧では，課税も社会保障も個人単位であり，正式に結婚して家族となることによる制度的なメリットはない．結婚していなくても，カップルやその子には結婚している場合と同等の権利が認められているため，事実婚カップルが多く，北欧諸国で生まれる子どもの4割〜6割程度は婚外子である [舞田 2017]．離婚が多いということとも合わせ，北欧では婚姻という枠組みが非常に緩いものになっている．

　親子関係に目を転じてみよう．北欧では，法律上，子の親に対する扶養義務はない．子は，通常の場合，高校を卒業すると親の家から出ていき，その後二度と親と同居することはない．介護が必要になった高齢者のケアは，子や家族

ではなく国や自治体の責任とされ，ホームヘルパーや高齢者施設の職員など専門家が主に担う．高齢者は，年金と介護サービスによって，経済的にも介護の点でも，子に依存しない生活を送る．同じ土地に同じ姓をもつ直系家族が代々住んで先祖の墓を守っていくというような伝統的な「イエ」の概念は解体されている．ただし，別居している親子が会ったり連絡したりする頻度は高く，家族は，同居を伴わない情緒的なつながりに集約されて存続している．

子どもの養育は基本的に親の責任とされているものの，かなりの程度，社会が責任を分け持つ構造になっており，それだけ親の負担は軽くなっている．子ども手当が充実しているだけでなく，子どもは保育所や保育ママなどによる保育サービスを受ける権利を持っている．それは子ども自身の権利であるとされており，両親が就労しているかどうかにかかわらず，子どもは保育所に通うことができる．自治体は，子どもに対する保育サービスの確保を法的に義務付けられており，一定期間以上，定員超過などの理由で保育サービスを提供しないでいることは許されない．小中学校の教育費は，学費だけでなく給食費や教材費に至るまで無料である．高校・大学・大学院の学費も基本的に無料であり，大学生以上は，親から離れて暮らしていれば，月額数万円程度の返還不要の就学手当を受け取ることができる．アルバイトによる収入を合わせれば，大学生は経済的に親に頼ることなく，自立した生活を送ることが可能である．

エスピン＝アンデルセンは，『ポスト工業経済の社会的基礎』においてジェンダーを取り入れた新たな類型論を提示したが，そこでは，個人の家族への依存を軽減する「脱家族化」が重要な指標とされ，北欧型福祉国家は脱家族化が最も進んでいる類型と位置づけられる［Esping-Andersen 1999：邦訳 97-104］．家族主義的なモデルにおいて，家族は，金銭的には男性稼ぎ手（夫）による現金収入に，ケアについては女性（妻）による介助・子育て・家事などの無償の感情労働に大きく依存する．北欧においては，夫も妻も賃労働による相当の収入を得て経済的に自立しているばかりか，老齢の親や子どもは税金を原資とする充実した給付や社会サービスを受けられる分，子や親への依存度は低くなる．北欧の社会保障は，家族という単位ではなく夫・妻・親・子という個人を自立に向けて支えることによって，家族の一員としてではなく個人として，女性も男性も子どもも平等に（社会的）権利をもつという理念を現実化している．

スウェーデンの歴史家 L. トラガードらは，北欧の個人主義を国家主義的個人主義（statist individualism）と呼び，アメリカ的な個人主義と区別して，その

特徴を明らかにしている［Berggren and Trägårdh 2010 : 56］．それによれば，アメリカでは，国家の権力を何より問題視し，個人の自由や自立は圧倒的に国家との関係で考えられてきた．反面，市民社会においては，宗教や家族の領域で保守的で伝統的な価値観や行動様式がかなり残っている．北欧では，国家権力よりも，家族をはじめとする市民社会の中にある権力関係を問題にし，個人の平等という理念を男女関係や親子関係にも浸透させ，国家に抗してではなく国家を通して，夫（妻）からの自由，親（子）からの自由を追求してきた．

　その相違は，たとえば，親の子に対する教育権に表れている．アメリカでは，親の子に対する権利が広範囲であり，親の文化的規範に応じて子どもを教育できる．スウェーデンでは，子が親の信仰や信条を押し付けられてはならないという考えから，宗教学校への忌避感が強い．また，ゲイであることやゲイ同志の結婚には寛容だが，同じ理由から，ゲイが養子をとることに関しては強い反発がある．北欧では，子どもは親とは別個の固有の権利をもっており，その権利は国によって守られるべきであると考える傾向が強い［Berggren and Trägårdh 2010 : 61-62］．

　北欧は世界で最も非家族主義的で，最も個人化が進んだ社会であると言ってよいだろう．個人化は現代社会の病理として否定的に捉えられることが多いが，北欧では理念的にも政策的にも個人化を推進し，それを基礎においた社会的なシステムを意図的に追求してきた．親子の権威主義的な関係の否定，ジェンダー役割の柔軟化，性的志向への寛容さ，解放的自己表現や世俗的・合理的価値観の浸透などの点で，北欧は伝統的な価値観からかけ離れており，近現代の文化変容の最先端を体現していると言える．

## 4　社会の柔軟性と流動性

　公的セクターの大きさ，労働組合の強力さなどの特徴は，変化に抗する硬直的な社会を想像させがちだが，北欧の社会は多くの面で非常に柔軟な性質をもっている．

　福祉国家は，通常，政府の財政出動によって需要を喚起するケインズ主義的経済政策と結び付けられるが，第二次世界大戦後の北欧諸国は，一般的な需要喚起によって経済全体を刺激しようとする「単純化されたケインズ主義」から離れていった．スウェーデンの経済学者レーンとメイドナーは，1950年代から，生産性の低い産業を温存しつつインフレを生み出す一般的需要喚起策を批判

し，生産性が高い産業の比重を高めるように産業構造全体を変化させていく選択的な経済政策を主張した．そうして衰退する産業の労働者については，積極的労働市場政策によって職業訓練を提供して新しい技能を身につけさせ，高生産性産業への移動を促す．この政策に対しては人びとを慣れ親しんだ職業や生活基盤から切り離すものだという批判も強く，導入されるまでには紆余曲折があったが，1960年代にはレーン・メイドナーモデルとして定着していった［宮本 1999：113-39］．現在では，こうした考え方はフレキシキュリティと呼ばれる政策に発展し，グローバル化し柔軟化する世界経済に適合的なものとして，北欧を越えて EU も推奨するようになっている［若森 2009］.

レーンは，批判に対して，積極的労働市場政策は，多様で充実した社会福祉政策と連動して，労働者を固定的な学歴や職歴から解放して選択の自由や自己決定権を促進し，人びとが人生のさまざまな局面で主体的に自らの人生を決めていく「自由選択社会」を後押しするものであるとした［宮本 1999：126-27］．一般に北欧では，生涯教育が強調され，職業訓練や教育の費用も無料か安価であるため，高年齢であっても学び直しのチャンスがある．若年層も，たとえば高校を卒業した後何年か社会経験を積んでから大学に入学するという人も少なくない．女性が出産や育児を経てフルタイムの仕事に復帰することも比較的容易である．ジェンダーの平等や家族の枠組みの緩さとあいまって，北欧の人びとのライフコースは変化が多く，多様なものとなる.

北欧では，幼い頃から自立を叩き込まれた個人が，充実した公的支援と多様な自己選択を受容する社会環境を支えとしながら，出生地・「イエ」・家族・職業といったものが従来の社会のように確固とした拠点として機能しない，非常に流動性が高い社会を生き抜いていくことを求められるのである.

## 5 北欧というアイデンティティ

近現代世界における北欧の世界史的意義を 3 つの側面から明らかにしてきた. 19世紀後半からヨーロッパの辺境であることを強く意識して国家・ネーション・社会形成を進めた北欧諸国は，20世紀に入って，他者からの視線と自己イメージのダイナミックな交錯の中で，また北欧域内の活発な相互作用と競い合いの中で，また近代の理念を徹底化する社会変容を推進する中で，独自のアイデンティティを世界に向かって主張するだけでなく，独自な社会を実際に構築

してきた．それは，2度の世界大戦や米ソ冷戦，グローバル化の進展など，厳しい世界政治経済情勢の中で何とか生き延びる方法を見つけ出そうとする努力の結果であったと同時に，馬場伸也にならって言えば，小国でありながら，覇権国家アメリカのイデオロギーや政治経済体制とは異なる道を身をもって示し，自らこそが近代を代表し牽引するものであるとして世界史にその存在を刻み込もうとする営みと見ることができる．

　北欧社会のありようには賛否両論があるところだろう．それは，有史以来，人類にとって基礎的社会単位であった家族を相対化し，男女や親子の関係を大きく変革してラディカルに個人を析出しようとする．また近年ではキャッシュレス化においても世界の先頭を走り，スウェーデンでは現金取引の比率は1％程度に低下し，クレジットカードやスマートフォンによる決済に加えて，手などに埋め込んだICチップで支払いを済ませる人も増えている［Alderman 2018］．こうした動きには，長期的に何らかの形で大きな反動が来ないかと懸念する声もあるだろう．

　移民の問題も北欧諸国を悩ませている．伝統的に外国人に対して寛容な政策を取ってきた北欧諸国では，フィンランドを除いて移民人口の比率はアメリカやドイツと同等かそれ以上になっており，増加する移民や難民に対して高福祉を提供し続けることへの反発が強まっている．北欧が重視する個人間，特にジェンダーの平等という価値観と，移民や難民の出身国に多い家父長制的文化との摩擦も大きな問題である［Siim and Borchorst 2016］．

　しかしながら，北欧社会は1930年代以来，常に，良くも悪くも他で行われないことが大胆に実行に移される「社会的実験場」であった．20世紀前半の北欧で知的障害者に対して広範囲に行われた断種手術はその後真摯に反省され，第二次世界大戦後，北欧は，障害者を施設に閉じ込めるのではなく地域で共に暮らすというノーマライゼーション理念を生みだし，その先駆的実践者となった．誰も置き去りにせず社会の中で共に生きるという考え方は，その後北欧では罪を犯した人にも拡大して適用されるようになり，世界でも稀有な受刑者に対する開放的処遇政策につながっている［岡部 2013］．フィンランドは，2017-18年，国家規模では世界初となるベーシックインカムの社会実験を行った［Kangas et al. 2019］．原発から出る核廃棄物の最終処分場を世界に先駆けて建設したのもフィンランドであり，スウェーデンもそれに続こうとしている．北欧の実験的精神と柔軟な実践主義は，試行錯誤を繰り返しながら今後も自らを突き動かし，

未来を切り開くための示唆を世界に提供していくことであろう.

❏ 推 奨 図 書・推 薦 映 画 ▰▰▰▰▰▰▰▰▰▰▰▰▰▰▰▰▰▰▰▰▰▰▰
東海大学文学部北欧学科編［2010］『北欧学のすすめ』東海大学出版会.
マドセン，M［2011］『100,000年後の安全』アップリンク.

# 第11章

## 国境を越えた「社会」を人びとは作れるのか？

### *1*　グローバル社会はなぜ必要か？

　グローバル化が進む中で，地球環境問題，世界的な貧困など現在の国際社会
では解決が難しいグローバルな課題が生まれつつある．このため，国境を越え
た問題を解決できる社会＝「グローバル社会」を構想する必要が生まれている．
だが，これは国家に意味がないからではない．国家という仕組みは，人びとの
幸せを護るために重要な役割を持つ．だからこそ，植民地支配下の人びとは，
自らの国を持とうとし，そのために自らの血を流すこともいとわなかった．た
だ，いくら国家が重要であるとしても，後で詳しく見るようにグローバル化す
る社会の中で，国家だけでは十分ではない．本章では，まず国家の役割とその
限界を考え，次に，グローバル社会の持つべき機能を検討してみよう．

#### 1　国家の役割とその限界
　現在の国際社会は，対等な主権国家から構成されるということになっている．
この考えの下，国際交渉の場では小国であっても対等に発言でき，大国であっ
ても他国に干渉してはならないとされる．この考え方＝国家主権を提起した
のは，スイスの国際法学者・外交官のヴァッテル（Emerich Vattel）らであり，
小国が大国の介入により振り回されてきた歴史への反省による［Beits 1979：邦
訳 106；高島 1995：43］．現在の国際社会にこのような枠組みがあるからこそ，人
びとは外部の干渉から人びとの生活と尊厳を護るという役割を国家に期待する
ことができる．
　もちろん国家がやるべきことは干渉から人びとを守ることだけではない．で
は，国家は本来どのような役割を果たすべきなのか．これは，次の3つのキー
ワードを用いて考えるとわかりやすい．それは，「尊重」「保護」「充足」である．
なお，この3つの区分は，国際人権法において国家の責任を分析するときに使

われてきた概念である [Committee on Economic, Social and Cultural Right (CESCR) 1990]．人権の実現は人びとの幸せの最低条件なので，国家の果たすべきもっとも基本的な役割を考える上でもこの枠組みを用いることができる．

　ここでいう「尊重」とは，人びとの生き方を認め，不必要な干渉をしないということである．それぞれの人のアイデンティティに関わるような価値観，宗教，思想，表現を尊重し，国家がそれへの干渉を避けることは，人間の幸せのための基本条件の１つである．戦前の日本が植民地支配下の地域で行ったように，特定の宗教を信仰することなどを強制すれば，国家は人びとの幸せを否定する存在となる．次に，「保護」とは，社会関係の中で弱い立場の人びとが不当に尊厳を奪われるような状況を防ぐことを意味する．どんな社会にも，必ず力関係が存在する．治安当局と市民，雇用者と被雇用者，多数派と少数派，金を持っているものと貧しいものなどの関係がそうだ．国家の重要な役割の１つは，弱い立場の人の生命，権利，尊厳を強い者から護ることにある．「充足」とは，市民一人ひとりの生活を成り立たせるための基本的な条件を生み出すための積極的な措置をさす．初等教育，基本的な医療などの提供や経済活動のための環境整備などがこれにあたる．

　それぞれの国が，自らの力で「尊重」「保護」「充足」等の機能を果たすことができれば，グローバル社会について議論する必要などない．だが，現実にはさまざまな理由でそれができない場合がある．その理由の少なくとも一部に，地球に居住する人間を，国家ごとに切り分ける現在の国際社会のあり方がある．

　たとえば，人びとのそれぞれの生のあり方を「尊重」したり，強い者から「保護」することが，現在の諸国家にできているのだろうか？　国際人権 NGO アムネスティ・インターナショナルやヒューマンライツ・ウォッチの報告書によれば，現在も世界の多くの地域で国家を支配する多数派と違う考え方や宗教を持っている人が不当に逮捕・拘禁されている [Amnesty International 2018；Human Rights Watch 2018]．市民のためにあるべき国家が，現実には一部のエリートや多数派のために行動しマイノリティを抑圧することもある．しかも，こうした国家であっても，現在の国際社会の中で「対等な一員」として認められ，開発援助（ODA：Official Development Aid）を受けたり，自国の資源を国際市場に売ることで自らの権力を支える資源（資金や武器など）を得ることができる[1]．

　国家が人びとの幸福のために真摯に行動する意思を持っていても，自国の市民のために十分な働きができない場合もある．経済のグローバル化が進む中，

資源のない貧しい国は，多国籍企業の工場を誘致することにより経済開発や雇用の創出を進める場合があるが，そのためには賃金を安く維持しなくてはならない．この結果，多国籍企業を誘致するために設置する輸出加工区などで労働組合を禁止することとなる．[2]　豊かな国に赴き，移住労働で稼ぐ人びとも多いが，こうした人びとは，移住した国で外国人として権利を制限される．

　さらに「充足」ということで考えるならば，人びとの幸せを生み出すために積極的な政策をとることも，すべての国家にできるわけではない．現在，世界の富は遍在している．高度な工業技術や天然資源を持つ国に富は集中し，これらを欠く国は，自国の労働者の保護を犠牲にし，賃金を低く抑えることでグローバルな資本を導入しなくてはならなくなっている．地球環境問題による被害も特定の貧困国に集中することが予想されているが，問題解決のための資金提供がなされる保障はない．他方，豊かな国がコストの割には自国への利益がないと考えれば，行動がとられなくなる．

　それぞれの国の社会がその内部で完結し，他国との関わりを持たないのであれば，国家単位で考えるだけでいいのかもしれない．だが，現実に私たちが生きている社会は，国境を越えた経済的，政治的な関係で網の目のように結びつけられている．他国で起きるさまざまな問題についても，国際社会の一員である他の国が直接，間接的に影響を与える．国家が自らの権力を悪用したり，本来の役割を果たしていない場合にも，経済的関係やODAを通じて支援される場合もある．逆に，それぞれの国では解決できない問題であっても，国際社会が十分な支援を提供しないことにより，その国の人びとの苦しみを放置することもある．

　実は，現在の国際社会のこうした特徴には，かつて南アフリカが採用していたアパルトヘイト体制とも通じるものがある．アパルトヘイトとは，人口の2割程度を占める白人が8割の有色人種を支配する体制であったが，そのときに使われていた手段の1つに，黒人の各民族に「国家（ホームランド）」を与えるというものがあった．各民族は，痩せた土地を与えられ，それぞれの「国家」の住民と見なされる．そこでは生活できないので，「外国人労働者」として南アフリカに「入国」し，仕事をしなくてはならない．外国人なので，権利を保障する必要はなく，教育や医療，社会保障についても気にする必要はないということになる．現在の国際社会も，他国の安い労働や資源を用いて利益を得つつも，その人びとの生活を護る責務については，「国」の違いを理由に無視・

軽視することができるという仕組みで成り立っているのである．

## 2　グローバル社会はどのような性質を持つべきか

　では，これらの問題を解決するためには何が必要なのだろうか？　国家内で問題が解決されていくプロセスを考えてみれば，1 つのヒントになる．

　国家の中では，問題解決のための力を持つ責任主体が，政治的な意思を持つことから問題解決が始まる．こうした意思は，政府，政治家，マスメディア，圧力団体，市民社会組織などの相互作用が働く中で生み出されていく．それは次に政府や国会の決定という形で社会全体の合意として制度化され，有権者・市民に受容されていく．この合意は，法律などの形で具体化され，政府や自治体などの実施機関に権限を与える．さらに，徴税権を用いて政府が得た資源をこうした機関に投入し，人や物資が調達され，問題解決の努力が行われることになる．このような過程が国内で可能なのは，背景に「国家の中に住む人間は，一つの集団に属し，共同で意思決定を行う」という前提があり，この前提の下で強制力を持つ制度（立法，行政，司法など）が作られ，受容されているからである[3]．

　他方，国境を越えた問題についてはどうなのか？

　まず，国際社会で問題解決のための力を持つ主体は，単一の政府ではない．確かに，国連などの国際機関は存在しているが，これは世界政府ではなく，問題解決のための権限を持っているのは，あくまで個々の国の代表である．世界議会も存在しない．国際連合や欧州連合，アフリカ連合などの地域機関は存在し，世界の，あるいは各地域の問題について議論を行うことができるが，これらの機関は議会とは異なる．そこでの「決定」が自動的にすべての国を拘束することはないからだ．こうした場で生み出された政治的意思が，決議や条約などの形で合意文書としてまとめられることはあっても，国内の法律と異なり，条約は国連などで採択されただけでは効力を持たない（国連安全保障理事会の決議は，それ自体で拘束力を持つと見なされるので，例外である）．それぞれの国が，条約を受け入れる手続き（締約）を行わなくてはならない．このため，対人地雷禁止条約などのように重要な条約であっても，主要国によって締約されないため，十分な実効性をもてないことも少なくない．

　さらに，こうした条約の実施もまずは各国の意思に任される．条約を実現するための資源（資金や人材）も，各国の自発的な意志により拠出されることが多

表11-1　国家と国際社会の問題解決のシステム

|  | 国　　家 | 国際社会 |
|---|---|---|
| 政治的意思形成 | 政府，議会，市民社会組織，マスコミによる「私たちの社会の問題」についての議論 | 国家代表による利害追求，交渉<br>国際 NGO 等による「人類益」の主張 |
| 制度化 | 国会による立法等 | 国際法（条約）の採択<br>各国における条約の批准 |
| 実　　施 | 政府・行政機関 | 国際機関，各国政府 |
| 裁　　定 | 司法機関 | 国際刑事裁判所，WTO の審査など（強制力や管轄がない場合も多い） |
| 資源調達 | 法律に基づき税徴収 | 分担金，自発的拠出 |

（出所）筆者作成.

い．また，条約違反があっても，強制的に実施することは難しい．

　逆に言えば，国境を越えた課題をよりよく解決できるようになるためには，こうした問題が起こらない（起こりにくい）制度と，それが人びとにより受容されるような社会的な状況が必要となる．まず，制度的な面としては，① 強い拘束力・実行力を持つ制度や組織が生み出されること，② その実施のために資源の動員ができるようになること，が必要になるだろう．必要な社会的状況としては，③ グローバルな課題解決のための意思形成がよりよくできる社会，④ その結果が正統なものとして多くの人びと・国家に受け入れられることなどが必要になる．

　このような状況が生まれる方向に社会が変わっていけば，グローバル社会の形成が進んでいるとみることができる．では，その兆しはどのような形で現れるのか．次節では，グローバル社会の制度的および社会的な側面についてさらに詳しく検討しよう．

## *2*　グローバル社会の姿

　全人類が，1つの社会の成員であると強く認識し，1つの世界政府を作ることができれば，話は簡単かもしれない．だが，それはおそらく不可能であり，望ましくもないだろう．なぜならば，70億近い多様な人間の政治的意思を，単一の場で集約することは簡単ではないからだ．より緩やかに権限を集中する世界連邦は，将来的には可能かもしれないが，現状ではその実現に向けての動きはない．では，どのような制度なら可能なのだろうか？　そしてそれを実現す

る道筋はどのように描くことができるのだろうか？　次節では，どのようなグ
ローバル社会の制度枠組みが構想可能なのかをまず検討し，その後それを支え
る社会関係のあり方について考えてみよう．

　ここでいうグローバル社会の制度的枠組みについては，コスモポリタン民主
主義，あるいはグローバル民主主義，世界立憲主義などの概念で多くの論者に
より議論されつつある［Held 1995, Archibugi 2008；武者小路 1996；川村 2005］．ここ
では，特に体系的に議論を組み立てたヘルドの提示するコスモポリタン民主主
義の枠組みについて考えてみよう．

## 1　グローバル社会の制度的条件：コスモポリタン民主主義論

　民主主義について研究してきたデイビッド・ヘルド（David Held）は，主著の
1つ *Democracy and the Global Order*：*From the Modern State to Cosmopolitan
Governance, Stanford*（『民主主義と地球的秩序：近代国家からコスモポリタンガバナン
スへ』）において，世界政府などの枠にとらわれない地球規模の民主主義（コス
モポリタン民主主義）論を展開した．同書でヘルドは，グローバル化により，国
家が最高の自己決定の単位であるという国家主権の概念から現実が乖離しつつ
あり，国家主権は相対化しているという認識を示している．このような中，グ
ローバルな民主主義を考えるときに国家か世界政府かという二者択一に基づく
のではなく，さまざまなレベルで重層的に存在する政治組織（地方，国家，地域，
世界など）が果たすべき機能について考察すべきであるとヘルドは考える．

　では，どのような機能を政治組織は持つべきなのか．ヘルドは民主主義の基
本は「自律の原則」にあるとするところから議論を始める．つまり政治的組織
が正統性を持ちうるのは，それが人びとの「自己決定（self-determination）」を
実現することによると考える．こうした政治組織は，同時に構成員に対して，
平等に制約・支援を行う枠組みを提供しなくてはならない．これは，人びとの
自己決定が，法的に制限された民主的政府により具体化されるという状況を指
す．こうした条件を満たすためには，政治的組織の権力を法により縛ることに
より「自律の原則」を実現・担保しなくてはならない［Held 1995：145］．ヘル
ドは，こうした法枠組みを「民主的公法」とよび，それが国内・超国境的そし
て国際的な政治枠組みの中にコスモポリタン民主法として埋め込まれなくては
ならないとする［Held 1995：227-228］．

　では，重層的な政治組織の中で「自律の原則」を実現するためには，どのよ

うな内容の民主的公法が必要になるのだろうか．これを考えるため，ヘルドは
「自律」を阻害する権力関係を整理し，そうした権力関係において人びとに権
利を保障する法体系を導き出す．具体的には，(1)身体，(2)福祉，(3)文化，(4)市
民団体，(5)経済，(6)強制関係と組織的暴力装置，(7)法的・政治的な規制制度と
いう7つの権力関係の生じる領域において，権利を保障する民主的公法が必要
ということになる．こうした性格を持つ民主的公法が，地方，国家，地域，世
界の各レベルでの政治制度に組み込まれていくことにより，グローバル民主政
に近づいていくことになる．

　ヘルドの議論の優れた点は，「世界連邦」「地球政府」のような完成型をまず
イメージするのではなく，人びとが自分の意思で生きていくことができる社会

表11-2　権力の場と権利の類型

| 権力の場 | 権力類型 | 権利の例 | 権利により授権される行為領域 |
|---|---|---|---|
| 身体 | 健康 | (1)身体的・情動的な良好状態<br>(2)清潔，無毒で，持続可能な環境<br>(3)出産の自己管理 | 身体的必要と快楽の追求，肉体的継続性生物学的再生産や親になるかならないかの自由 |
| 福祉 | 社会的 | (1)普遍的児童保育サービス<br>(2)普通教育<br>(3)地域福祉 | 能力や技能の発達 |
| 文化 | 文化的 | (1)思想・信条の自由<br>(2)表現の自由<br>(3)寛容 | 象徴的秩序および言説諸様式の追求 |
| 市民団体 | 市民的 | (1)自立的結社を形成ないしそれに参加する能力<br>(2)市民団体への積極的な参加<br>個人的・集団的プロジェクト | |
| 経済 | 経済的 | (1)最低所得の保護<br>(2)消費および生産財の多様な形態<br>(3)生産的，金銭的資源への接近手段 | 金銭的な不安定さなしで経済活動を追求する能力 |
| 強制関係と組織的暴力装置 | 平和的 | (1)平和的な共存<br>(2)法に依拠した外交政策<br>(3)民・刑事の（国家）犯罪に対する政治指導者の責任 | 物理的安全と非強制的な関係 |
| 法・政治的な規制制度 | 政治的 | (1)司法における適正手続きおよび法の下の平等<br>(2)討議参加のために適切かつ平等な機会<br>(3)諸政治共同社会を横断する重複的成員を持つ政治諸機関への直接参加および／ないし代表者の選出 | 公共的議題設定，討論および選挙政治への参加 |

(出所) Held [1995：192-193] に基づき筆者作成．

の条件を整理し，そのために必要なかぎりにおいて国境を越えた民主的な関係・制度が必要だとしている点である．この考え方にもとづけば，現実の社会の制度変化の中に，コスモポリタン民主主義の萌芽を見いだしていくことが可能となる．

　たとえば，ヘルドが示した諸権利の内容は，理想主義的で非現実的に見えるかもしれないが，実はその内容の多くは国際的な人権諸条約ですでに定められ，世界の多くの国家が守ることを約束しているものに近い．こうした条約には，「市民的及び政治的権利に関する国際規約（自由権規約）」，「経済的，社会的及び文化的権利に関する国際規約（社会権規約）」などをはじめ，主要なものだけでも 9 つある（表11-3 参照）．これらにより，各国の政府が守るべき権利は細かく規定されており，その実現状況については，国際的な独立の委員会で検証されるシステムまでできている．ただ，前節で述べたように，守るかどうかはそれぞれの国が「締約（＝条約を守ることを約束すること）」しているかどうか，さらにその実施を行う政治的意思がどれくらいあるかによる．国によってはこうした条約に基づく国内法ができ，その実現を担保しているところもある．日本でも，これらの条約に基づいて裁判の判決が出されることはある[4]．他方，条約を締約してもその実施はほとんど行われていない国もある．なお，地域レベルで，人権条約を作り，国家の行動に規制をかけていく仕組みも作られつつある．欧州では，欧州人権委員会，欧州人権裁判所などが設置され，欧州人権条約への違反は，欧州全体でチェックする仕組みができている．そこまで強制力はないにせよ，米州機構にも人権委員会，人権裁判所が，アフリカ連合にも人権委員会があり人権の国を超えて権利の保障状況を監視する仕組みが作られている［阿部・今井 2002］．このように人権条約の採択と実施がされることにより，濃淡はあるにせよ民主的公法が次第に国家や地域レベルに浸透していることが見て取れる．これらの人権条約の批准が進み，その保障制度の実効性が強化されていくことは，グローバル民主政の進展の指標の 1 つとなるだろう．

　ただ，人権条約は，あくまで各国家が自ら実現しなくてはならない義務を明らかにしているだけではある．ヨーロッパ人権裁判所にしても，それぞれの国が人権についての義務を果たしているか相互に監視する仕組みであり，国境を越えて義務を生み出すものではない．たとえば，ある国で医療予算が不十分で基礎的な医療が受けられず，乳幼児死亡率や妊産婦の死亡率が高いとしても，他の国には直接その国を支援する法的義務はなく，せいぜい道義的な義務があ

表11-3　主要な人権条約の一覧

| 名　　　称 | 締約国数 | 日本が締結した条約<br>（締結年月日） | 実施検証機関 |
|---|---|---|---|
| 経済的，社会的及び文化的権利に関する国際規約（社会権規約） | 172 | 1979. 6.21 | 社会権委員会 |
| 市民的及び政治的権利に関する国際規約（自由権規約） | 169 | 1979. 6.21 | 規約人権委員会 |
| あらゆる形態の人種差別の撤廃に関する国際条約（人種差別撤廃条約） | 180 | 1995.12.15 | 人種差別撤廃委員会 |
| 女性に対するあらゆる形態の差別の撤廃に関する条約（女性差別撤廃条約） | 189 | 1985. 6.25 | 女性差別撤廃委員会 |
| 拷問及びその他の残虐な，非人道的な又は品位を傷つける取扱い又は刑罰に関する条約（拷問禁止条約） | 166 | 1999. 6.29 | 拷問禁止委員会 |
| 児童の権利に関する条約（子どもの権利条約） | 196 | 1994. 4.22 | 子どもの権利委員会 |
| 全ての移住労働者及びその家族の権利保護に関する条約（移住労働者権利条約） | 54 | -- | 移住労働者権利保護委員会 |
| 障害者権利条約 | 177 | 2014.1.20 | 障害者権利委員会 |
| 失踪者権利保護条約 | 59 | 2009.7.23 | 強制的失踪委員会 |

（出所）　2018年5月5日段階，国連のウェブサイトに基づき筆者作成.

るだけである．グローバル民主主義実現への最大の課題は，国境を越えた資源の再配分を必要とするような制度を生み出すことができるかどうかであろう．

### 2　グローバル社会の社会的条件——アイデンティティと地球市民としての責任感——

　問題解決のために資源の移転が必要な国際的な貧富の格差の問題や，豊かな国の生活に影響を与える規制を必要とする地球環境問題については，単なる善意を越えた意識が必要となる．トービン税などのように新たな税徴収の仕組み[5]を作り出さなくてはならないかもしれない．気候変動で被害を受ける低地の国々（ベトナム，バングラデシュ，エジプトや太平洋の島々）で人びとの命を守るためには，国際的な公共事業が必要となる可能性もある．また，温室効果ガス排出を抑制するためには，新たな生活スタイルが必要となる．国際的な資金提供や自らの生活への痛みを伴う政策の受容のためには，グローバルな課題の解決が他者への「善意」に関わる問題ではなく，自分たちの属する社会の問題であるというグローバル社会へのアイデンティティに根ざした認識，そして自分たちにも地球の市民として政治的な責任があるとする意識が必要になる．このように，グローバル社会へのアイデンティティと政治的な責任感を持つ人びとを地

球市民と呼ぶことができるだろう. グローバル社会は, 地球市民としてのアイデンティティが増えることにより, 自国の政府や国際関係に影響をもたらすことが可能となる社会といってもよい. では, そんな社会は生まれうるのだろうか?

たとえば, 世界中の人びとすべてが, 国際的な貧富の格差解決を自らの責任と考え, 喜んで新たな税金を払うようになるということはありえるのか?答えは簡単である. それは決してないだろう. だからといって, グローバル社会は決して生まれないと簡単に結論づけることはできない. 自国を振り返ってみても, 国家 (や自治体) への強い帰属意識と政治意識を持ち, 積極的に税金を払って社会を支えようという人だけで構成されているわけではない. むしろ, そうした政治的意識を持つ人びとは少数派である. だが, ふつう国家では, 以下のような仕組みが機能し, 最低限の帰属意識と責任感が生み出され, 「国内の課題を解決することが, 全員の責任である」という「社会的な規範」が維持・受容され, 政府が問題解決のために資源を動員することができる.

第 1 に, 国家形成の物語 (=歴史) を伝える教育やマスメディアの報道, 地域の活動などを通じて国家へのアイデンティティが醸成されている. 共通の言語や文化を持つ国では, これも国家へのアイデンティティの強化に用いられる. 第 2 に, 「国家の中に住む人間は, 1 つの集団に属し, 共同で意思決定を行う」という認識は社会規範としては受け入れられている. この結果, 市民の投票への責任, 納税者の義務などの観念は共有されており, 一人ひとりの意識はともかく, おおっぴらに公的な場で市民やそれを代表する政府の公共的な責任 (社会問題を解決する義務など) を否定することは困難である. 第 3 に, このような認識に基づいて構築された制度が存在しており, そこをとりまくコミュニケーション (選挙活動, マスメディアの報道, 政府の発表, 市民団体・NGO の発言) の中で, 市民と政府の関係が確認される. 第 4 に, 実際にこれらの制度によって一人ひとりの日常生活が支えられる (道路, 教育, 水, 治安, 裁判, 社会保障, 医療など). 国家へのアイデンティティを基盤とした政治的意識は, 自然に生まれ継続しているのではなく, こうした諸制度の働きにより維持・強化されていると考えるべきだろう.

グローバルなアイデンティティに基づく市民意識 (地球市民意識) が生まれる契機は, どこにありそうなのか.

第 1 に地球環境問題や途上国の開発の問題などを伝える教育やメディアの報

道がある．先進国ではこうした報道や教育が行われており，そこから，グローバルな社会が抱える問題への関心が生まれている．インターネットや多国籍のメディア（CNN やアルジャジーラなど）で，地球市民的な視点で報道が行われる場合もある．第2に，国境を越えた人の移動や，モノの移動が増加しているというグローバル化の実態がある．国境を越えた生活体験や結婚は，重層的なアイデンティティを生み出す．第3に，世界のつながりの中で問題が生まれているという認識は，少しずつ共有されてきている．たとえば，フェアトレードは欧米を中心に急速に広がっているが，これは先進国でのこれまでの消費活動が，他国の人びとの生活に大きな影響を与えていたことへの理解から生まれている．第4に，国際人権や気候変動枠組み条約などのように地球的な課題についての制度が生み出され，そこをとりまくコミュニケーション（国際会議での報道，NGO の発言など）で，グローバルな責任について語られる．最後に，国際的な基準が私たちの生活に影響する機会が増え，グローバルな制度の存在の認知が高まっている．こうした基準の中には，私たちに否定的な影響を及ぼすものもあるが，それもグローバルな制度の存在や，その民主的な運用の必要性への認識につながりうる．

　これらはどれも国家アイデンティティを生み出す仕組みに比べれば弱い．しかし，グローバル社会で生み出されている課題は，しばしば非常に深刻であり，メディアの注目や NGO の働きにつながる．こうした動きが制度形成につながっていき，国家の行動を規制したり，方向付けたりすることはある．また，この動きに参加した NGO は，各国でもメディアや市民一人ひとりに働きかけることにより，グローバルな課題についての地球市民的アイデンティティに基いた議論を推進している．

　たとえば，2000年に途上国の累積債務の帳消しを行うことを求めた NGO，ジュビリー 2000 のキャンペーンがある．これは，世界銀行などの国際機関や先進国の政府・金融機関から途上国に安易に貸し出されたお金が，累積債務となり途上国の医療・教育，さらには経済開発に影響を与えていることを問題として行われたもので，先進国の開発協力団体，途上国の NGO，キリスト教団体から労働組合まで参加したネットワークにより進められた．この結果，途上国との関係で先進国の市民が負うべき責任について認識が深まり，世界銀行や先進国政府の途上国への債権が放棄されることとなった［北沢 2000］．

# *3* グローバル社会は生まれるか

　本章でいうグローバル社会とは，国家の存在しない社会ではない．国家の力を越える問題に対して，グローバルな視点から問題解決を行う意思が人びとの中に存在し，それを実現する制度形成が可能となる社会である．そのための鍵となるのが，民主的公法によりさまざまなレベルの政治権力を規制し，方向付けること，それを支持し受け入れる地球市民としてのアイデンティティを持つ人びとが存在し，狭量なナショナリズムへの流れを食い止めることだろう．

　このようにとらえた場合，前節で見たように現実の社会の中にもグローバル社会を生み出す萌芽は多く見いだすことができる．だが，中でも重要なのは，地球市民的なアイデンティティを持つ人びとが参加，支援する国際 NGO の役割である．こうしたNGOがグローバルな制度作りに参加すると同時に，各国で，あるいは地方で人びとの意識を変えるためのキャンペーンを行うことで，グローバルな民主的公法を生みだし，各地で受容することが可能となる．こうしたキャンペーンによる理解の深化が伴わなければ，国際的な問題を解決するための制度も国際社会という新たな権力の場から押しつけられたものとしてしかとらえられないだろう．

　ドイツの政治思想家ハーバーマス（Jürgen Habermas）が述べるように，「政治的エリートが制度改革のイニシアティブを握っている社会では，それに先だって人びとの価値志向が変革され，その共感と支持を得られないのであれば，制度改革は実現されない．それゆえ，そのような『プロジェクト』の最初の名宛人は，政府ではなく，社会運動と非政府組織，つまり国境を越えて活動する市民社会の構成員」[ハーバーマス 1999：94]なのである．

　そして，こうした国際 NGO が活躍できるかどうかは，どれだけの市民の支援を得られるかにかかっている．ネット上をフェイクニュースやヘイトスピーチがとびかう今．既存の政治への不信や不満は，狭量なナショナリズムに，そしてそれを活用する新たな政治エリートの権力にもつながっていく．この中で，世界の人びとの幸せを実現するために何が必要なのか，私たちはいったい何を求め，どのような動きを支持し，参加すべきなのか．これまで以上に，一人ひとりの知恵が求められている．

## 注

1）たとえば，2011年の民主化運動により政権が倒されたエジプトは，米国の支援をずっと受けていた国でもあった.

2）こうした状況については，たとえば Business & Human Rights Resource Centre のウェブサイトが詳しい（http://www.business-humanrights.org/）.

3）「受容されている」といっても，それがすべての人びとが心から信じているものとなっていることを意味しない. 日本でも，有権者であっても投票をせず，国家（政府）には何も期待せず，税金はない方がありがたいと考える人もいるだろう. だが，そう思う人であっても，国家の存在自体が不要だと考えて，強く反対することはない.

4）国際人権法が用いられた有名な裁判としては，北海道の二風谷裁判，静岡ブラジル人入店差別事件などがある.

5）トービン税とは，アメリカの経済学者ジェームズ・トービンが1970年代に提唱したもので，為替取引に低率の課税を行うことで金融市場を安定化させるというもの. 現在では，グローバルな課題を解決するための資金源としても期待されている.

❏ 推 奨 図 書 〰〰〰〰〰〰〰〰〰〰〰〰〰〰〰〰〰〰〰〰〰〰

川村暁雄［2005］『グローバル民主主義の地平——アイデンティティと公共圏のポリティクス——』法律文化社.

ギデンズ，A.［1993］『近代とはいかなる時代か？——モダニティの帰結——』（松尾精文・小幡正敏訳），而立書房.

ヘルド，D.［2002］『デモクラシーと世界秩序——地球市民の政治学——』（佐々木寛・遠藤誠治・小林誠ほか訳），NTT 出版.

# 第Ⅲ部

## 「人類益」へ向けた国際協力の現場
───非国家的行為主体のトランスナショナルな活動───

世界銀行でブリーフィングを受ける大学院生（2009年 8 月　勝間靖撮影）

第12章は，馬場［1989］より転載したものであり，数値，組織名等の情報は刊行当時の
ものである．なお，本書で採用された表記で統一するため，編者が字句を修正したところ
がある．

# 第12章

## 国際社会学へのプロレゴメナ
### ——福祉「国際社会」の構築をめざして——

## *1* はじめに

　近年，非国家行為体（non-state actors）——個人，民衆，（I）NGO（《国際》非政府組織），IGO（政府間組織），地方自治体，少数民族，多国籍企業，等——の国際的場裡<sub></sub>におけるはなばなしい活躍ともあいまって，国際社会学（論）なる新しい学問分野が拓けてきた。[1]　国際社会学（論）とは，①「国際社会」の構造あるいはシステムの把握，[2] ②国家から個人をも含むあらゆる行為体の行動<sub></sub>，行為体間の相互作用，それらの行為体が「国際社会」へ及ぼす影響力<sub></sub>の分析，③「国際社会」変容の洞察あるいは目的論的方向性の提示，を試みようとするものである。

　しかし，国際社会学（論）なる学問が成立するためには，まず「国際社会」が存在しなくてはならない。筆者は，「国際社会」は未熟ではあるが，いま形成されつつあると見る。そこで本章では，第1に「国際社会」がいつごろからどのような要因によって形成されはじめたかを概観し，第2にINGOの1つであるアムネスティ・インターナショナル（人権を守る国際救援機構，1961年設立）を事例に（I）NGOの行動，他の行為体との相互作用，「国際社会」への影響力を瞥見し，最後に「国際社会」が将来発展すべき方向性を示したいと思う。

## *2* 「国際社会」の形成過程

　歴史認識において，歴史を大きく転換させるようなタイミングを把握することは，常に重要である。1648年のウェストファリア条約による西欧国家体系の成立以来，国際政治史（主権国家関係史）にはそのような幾つかの「転機」があった。だが，最大かつ革命的「転機」は，1950年代末葉から60年代にわたってやってきた，と断言できると筆者は思う。なぜならこの時期は，19世紀（ヘーゲル）

的国家間関係が21世紀の「国際社会」形成へと一大転換をとげる端緒となった
からである．その「転機」がなぜやってきたのか，また，それがもたらした歴
史変革の規模の大きさと底の深さを知るためには，まず，19世紀（ヘーゲル）
的国家観と歴史観とはどのようなものであったかを素描しておく必要があろ
う．

　G. W. F. ヘーゲル（1770-1831）は，個人は国家においてのみ自己実現を図る
ことができ，国家自体はその具有する民族精神ないしは国民精神を外交を通じ
て発揚することにより，歴史発展に貢献できると信じた．さらに，その過程で
諸々の国家的イデオロギーは当然相互に対立，葛藤，矛盾に逢着するが，「そ
れぞれの国家の特殊的意志が合意を見いださないかぎり，ただ戦争によっての
み解決されうる」，と主張していた．しかしそれはやむを得ないことであり，
歴史はそうしたイデオロギー的矛盾を通じて弁証法的に発展し，優秀な民族精
神はかぎりなく世界精神に近づく，というのが彼の信念であった［Hegel 1821：
邦訳 590-591（傍点訳者）］．

　かつて，ナチス・ドイツがゲルマンの民族精神による世界制覇を企て，日本
が「皇道」を世界に宣布しようとし，第二次世界大戦後の米ソ両超大国のしの
ぎをけずる確執は，このヘーゲルの予言を実証しようとしているかに見えた．
ところが50年代末に発明されたICBM（大陸間弾道ミサイル）は，米ソ共滅の時
代を招来し，1962年の「キューバ危機」はその象徴的出来事であった．あのと
き，両国は「妥協」を迫られた．ここで大切なのは，爾来，両超大国とも自ら
創出した「核の脅威」により，相互に排他的なエトス（民族精神）でもって世
界秩序を形成するという野望を放擲せざるを得なくなったことである（「パック
ス・アメリカーナ」や「パックス・ソヴィエティカ」の崩壊）．ましてや中小諸国にお
いてをやである．

　J. F. ケネディ米大統領は，「科学によって解放された暗黒の破壊力が全人類
を自滅に巻き込むまえに，東西双方で新しく平和への探求を始めようではない
か」，と訴えた．同時に「核の脅威」はソ連側にもあり，ニキタ・フルシチョ
フ書記長も「平和共存」を呼びかけた．R. ニクソン政権にはもっと現実主義
的な妥協と打算があり——たとえばアメリカ軍のヴェトナムからの撤退，中国
との国交正常化への動き等——，そしてJ. カーター大統領になると，この傾
向（共産主義との妥協）は一層濃厚となる．同政権は，キューバ，ヴェトナムと
の国交を回復したほか，ユーロコミュニズムに対しても寛大であり，演説にお

いても「ソ連や中国との関係改善」を公約していた．また実際，中国とは1979
年 1 月に国交を樹立した．さらに反共主義の権化のようにみなされていた R.
レーガン大統領ですら，ソ連と「交渉する意志」のあることを，すでに最初の
就任演説（1981年 1 月）で表明していたのである．他方，ソ連側でも A. グロム
イコ外相は，「ソ連は米国に対して敵意は持っていない．国際的な安全保障を
強化するために，米国と協力する用意がある」，と力説していた（1984年 7 月）．M.
S. ゴルバチョフ書記長も「交渉と妥協」の気構えを就任当初から見せていた．

　けれども，70年代のいわゆる「デタント（緊張緩和）」期にもソ連は SS20 ミサ
イルを，これに対抗してアメリカはパーシング II などを配備し，さらに SDI（戦
略防衛構想）も打ち出し，両超大国の核軍拡競争は熾烈をきわめた．だが，レー
ガノミックスは結局失敗に帰した．膨大な軍事費は，周知のように，アメリカ
経済を圧迫し，未曽有の財政・貿易赤字を誘発，失業者はうなぎ登りに増大し，
社会的不満や不安が高まった．アメリカの GNP の約 3 分の 1 （推定）しかない
のに，アメリカに拮抗していこうとするソ連の国内事情が，アメリカのそれよ
り一層深刻なものになっていたことはいうまでもない．こうした両国の「お家
の事情」（と世界の反核・軍縮世論の高揚）が1985年 3 月から始まる米ソ包括的軍
縮交渉の道を開き，11月のジュネーブ頂上会談でのレーガン大統領とゴルバ
チョフ書記長との「和解」を導き，やがて1986年10月のレイキャビック首脳会
談を経て，1987年12月 8 日に INF（中距離核戦力）全廃交渉を妥結させ，ゴルバ
チョフ書記長に「ペレストロイカ（立て直し）」を叫ばしめることにもなったの
である．

　このように国家権力＝軍事力の極大化はその自家撞着をきたし，超大国を含
むすべての国家の「絶対性」を否定した．このことは幾つかの点において，歴
史変革に重大な帰結をもたらした．まず第 1 に，かつてそれぞれ排他的絶対性
を主張する国家同士が 1 つの「社会」を構成することは不可能であったが，相
対化された国家は寄り集まって，相互の「妥協と協調」を基盤に――しかもそ
の必要性に迫られて――，文字どおり，「国際社会」を形成しうる，というこ
とである．第 2 に，大国や超大国が享受していた軍事力の相対化――それは前
述したとおり肥大化した軍事力そのものの自家撞着による――は，外交にたけ
た中小諸国や軍備を持たない (I)NGO，地方自治体等を国際政治の場裡に浮
上せしめ，「パックス・ディプロマティカ（外交による世界秩序形成）」時代到来
の契機となることである．第 3 に，国家の「絶対性」が否定されると，個人は

国家の呪縛から解放され，自己実現を国家以外の場所や集団にも求めることができるようになることである．

　ただし，50年代末から60年代にわたって始まった歴史の大変革は，ICBM の発明とか「核の脅威」といった物理的な作用だけによるのではない．上述の第3点とも関連して，個人のアイデンティティの模索の開始という精神作用に負うところも大きい．アイデンティティは，主体性，同一性，自己確立，帰属意識，生き甲斐等々を包摂する複雑な概念であるが，それを最も簡潔に表現すれば，「世界（空）・史（時）における存在証明」ということになろう．その模索は50〜60年代の世界を席捲した「近代化」に伴う世俗化と個人の意識覚醒によって急速に進行した．R. ニスベットは，「一つの亡霊が現代の精神につきまとっている――意識の亡霊，いやアイデンティティの亡霊，存在証明の亡霊，認識の亡霊といってもよい」，と述べている ［Nisbet 1972：53］．

　いままで土や国家に埋没し，運命や宿命に諦観し，神仏に救済を求めていた人間が，己をもはやそうした他律的な「力（絶対的権威・権力）」によって囚われたものとはみなさず，自ら環境を変革し，歴史の創造に主体的にかかわろうとするようになってきたのである．こうして近代化は，歴史の創造を民衆の手に委ねるようになったかわりに，人びとを神の救いや天国から疎外させることにもなった．この世のさまよい人であり，神仏によりどころを求めていた人間は，自己の存在規定を自分自身の内に，自己と他者・社会との関係に求めざるを得なくなったのである．したがってアイデンティティとは，1つには自己の内・外部に，自分が何者であるか，自分自身のものは何であるかを確かめようとする精神作用（主体性の確立，存在証明）を指す．

　だがアイデンティティにはもう1つ，同一性，帰属意識の側面がある．人間は文字どおり，人と人との間，自己と他者との関係において，はじめて自己の存在を規定することができる．こうした人間，とりわけよるべなき葦のような「故郷喪失者たち」［Berger et al. 1973］は，自己が帰属できる人間集団を探し求める．しかし「われら自身のもの」に同一性を求めて遍歴する現代人の行き着くさきは，前述の理由により，もはや必ずしも国家とは限らない．とりわけ現代国家がますます巨大化し，官僚化し，抽象化してゆくにつれ，人びとはもっと身近で具体的なものに己れの求めている価値を見出し，帰属意識を抱くこともある．

　50年代末葉から，黒人公民権闘争，女性解放運動等々のいわゆる「新しい社

会運動」［梶田 1985；高橋 1988］や多種多様な（I）NGO，それに地方主義や少数
民族が台頭してきたのは，こうしたアイデンティティの模索によるものである
［馬場 1980b］．もともとアイデンティティとは「世界・史における存在証明」を
求める精神作用である以上，これらの運動がやがて脱国家・超国境的（トランスナショナル）に広がっ
ていくのは当然のなりゆきである．いまやこれら無数の国家以外の行為体（非
国家行為体）がこの地球を網羅し，コミュニケーション・ネットワークを張り
めぐらし，「国際社会」という１つの「社会」を創出するのに貢献している［日
本国際政治学会編 1978；馬場 1983；馬場・梶田編 1980］．交通革命（殊に民間航空機の発
達），通信革命（コミュニケーション・サテライトの発達），情報革命——これらも50
年代末から60年代に始まった——も，地球をますます小さくし，統合し，「国
際社会」を形成するのに大いに寄与している．

　社会を構成するのに，コミュニケーション（情報，人，物，金の交流）の発達と
ならんで重要なのは，その社会に共に属するという「共属意識」である．われ
われは皆共にこの地球に属しているのだという「共属意識」も50年代末〜60
年代に芽生えはじめた．それは，１つには人工衛星や有人宇宙船の発達による．
人工衛星が最初に打ち上げられたのはソ連のスプートニック１号で，1957年11
月のことである．そして1969年７月にはアメリカのアポロ11号の乗組員が月へ
着陸し，そこから地球を外側から客観的に観察した．

　こうした出来事は，われわれの地球観，宇宙観，世界観に大変革をもたらし
た．ちなみに，アメリカの国連大使であったアドレー・スチーブンソンは，
1965年に，次のような告別演説を行っている．「われわれは皆，旅のみちづれ
——小さな宇宙船の乗客．われわれを支えるこの大切な大気と土壌には限りが
ある．われわれは皆，自らの安全を守るために，この宇宙船の安全と平和を守っ
ていく責務がある．われわれ自身が全滅からまぬがれ得るのは，いまにも壊れ
そうなこの船に〔充分な〕配慮と働きかけ，そして特に愛情を注ぐことである」．
「宇宙船地球号」とか「人類共同体」という意識が生まれてきたのも，ちょう
どこのころからである．

　人類が共通に直面している有史以来の危機——「核のホロコースト」，人口
爆発，資源の枯渇，飢餓・貧困・食糧問題，大気・海洋汚染等による人間の生
存環境の劣悪化，地球生態系の破壊等々——が高まってくるにしたがい，この
「人類共同体」意識も高まってきている．あたかも，福澤諭吉が人びとは「各（おの）
幾千万個の箱の中に閉され，又幾千万個の牆壁に隔てらるゝが如」［福澤 1975：

78]と慨嘆した徳川封建社会が，欧米からの衝撃が招いた共通の危機感によって，たちまちのうちに日本国家という1つの統合された「社会」に変貌を遂げたように．

　以上のような諸要因──それらに加えて，経済分業体制にもとづく国家間の相互依存の深化［Keochane et al. 1977；鴨・山本編 1988；山彰編 1988］──により，50年代末葉から60年代を契機に，「国際社会」なるものが形成され始めた．いまやこの「社会」では，国家のみならず個人から民衆を含む無数の非国家行為体が活躍し，「<ruby>参 加 の 噴 出<rt>パティシペーション・イクスプロージョン</rt></ruby>」という現象を創出している．ただし，この「国際社会」はまだ揺籃期にある．国家の壁は，まだまだ高くて厚い．<sup>3)</sup>第1「外国」に行くには，パスポートやビザがなければはじまらないのである．アフリカその他の第三地域では，民族対立のため国家建設すらままならないところも少なくない．米ソを首長国とする東西両陣営の確執はいまも続いており，そしてなによりも南北格差の深い溝がある．これが，煩雑であるにもかかわらず，「国際社会」という用語にいちいちカッコを付した理由である［馬場 1980c］．

　では次に，そうした「国際社会」で活発な活動を展開している INGO の1つ，アムネスティ・インターナショナル（AI）の拷問廃止運動を事例に，その行動の一端を観察してみることにしよう．

## **3** AI（アムネスティ・インターナショナル）の拷問廃止運動

　1971年，AI は創立10周年を契機に，拷問廃止の国際協定を確立する運動を開始した．それは，「世界人権宣言」第5条に，「何人も，拷問又は残虐な，非人道的な若しくは屈辱的な取扱い若しくは刑罰を受けることはない」とあるにもかかわらず，AI の国際事務局には世界各地から引きも切らず拷問を受けたとの訴えがあり，実際，調査してみると，その非人道的行為はまるで「疫病」のように国々に蔓延していたからである．ここで注目すべきは，AI はすでに1971年の段階で，拷問を「<ruby>国 際 犯 罪<rt>インターナショナル・クライム</rt></ruby>」とみなし，それを防止する一種の国際法の制定に乗り出したことである．当時，国際連合の国際法委員会では，拷問をまだ「国際犯罪」の範疇に入れてはいなかった．

　キャンペーンの戦略は2つ──世論対策と外交対策．前者の究極目標は，拷問に反対する市民の叫びを世界中に湧き立たせること．後者については，国連と各国政府に圧力をかけ，「世界人権宣言」第5条が必ず遵守されるよう法的

措置を講ぜしめることである．この方針にもとづいて，AI はその広報活動に
テレビ，ラジオ，新聞等さまざまなメディアを利用し，多くの支部は各国内で
拷問に関するセミナーや会議を開いた．AI の国際事務局は，国連総会議長宛に，
拷問を「違法」とする30カ国語のアピールを用意し，1973年12月までに100万
人を突破する署名を世界の市民から取りつけた．同じころ，224頁に及ぶ史上
初の『拷問報告書』も刊行し，世の大きな関心を集めた．

　AI は，このような「お膳立て」を整え，1973年12月10, 11日の両日，国連
の「世界人権宣言」25周年記念に合わせて，反拷問世界会議をパリで開催した．
会議には「世界人権宣言」作成に参加したインドの L. メノン夫人，国連総会
前議長の E. ハンブロ＝ノルウェー大使らを含む世界の著名人や指導者たち，
それに数多くの NGO・INGO の代表者ら約300人が出席した．そして多くの提
案がなされ，その中には，「拷問廃止国際規約を緊急に起草し，国連の承認を
得ること」，というのも含まれていた．また，基調講演者たちは会議の全参加
者を代表して，「国連総会が世界中の拷問を違法とする」よう要請したアピー
ルに署名し，国連総会議長宛に電送した．この会議は，国連やその傘下の諸国
際機関および世界の市民に拷問廃止の緊要性を訴えるのに大きく貢献した．

　こうして，AI が会議で提唱した拷問に関する「国際規約」は，翌年の国連
総会でとり上げられることになった．同総会は，11月6日の決議 (3218) にも
とづき，1975年9月のトロントにおける第5回国連犯罪防止及び犯罪者処遇会
議（以下，犯罪防止会議と略称）に対して，その国際規約を練り，「被拘禁者処遇
最低基準規則」（以下，「最低基準規則」と略称）のなかに反拷問規則を挿入するよ
うに命じた．そこで AI の国際事務局は第5回犯罪防止会議に合わせて2つの
セミナーを開催し，会議には代表を送りこみ，さらに会議用の書類も作成した．
その骨子は，会議が拷問を国際法上の犯罪として宣言すること，拷問廃止およ
びすべての囚人の人権保障に関する条約を起草すること，を要請するもので
あった．

　一方，AI の各国支部も一斉に拷問廃止緊急活動を開始したが，なかんずく，
オランダ支部は第5回犯罪防止会議に大きな影響を与えた．同支部は国際事務
局と連帯して，オランダ政府と警察官組合を動かし，そこから資金を調達し，
オランダの警察幹部とヨーロッパ8カ国の警察代表を招いて拷問に関するセミ
ナーを開催．「拷問行使の命令に対する不服従又はそれを無視することは，法
執行人の義務である」との「ハーグ宣言」をなし，第5回犯罪防止会議にその

旨を伝えた．このころ，スウェーデン支部も同様，活発な動きを示していた．

　会議（1975年9月，予定地を変更してジュネーヴで開催）は多くの課題を抱えていたが，「最低基準規則」の改訂が第一順位の議題となっていた．同会議では，この問題については，拷問その他非人道的な処遇及び刑罰を禁止する宣言案の作成が先決であるとし，オランダおよびスウェーデン主導による宣言案を全会一致で可決した．次いで同宣言案は第三委員会の審議に付されたが，西欧諸国の全面的な支持を得，11月21日（2166会合），オランダ，スウェーデン，日本を含む21カ国共同提案として，無表決で採択された．そこでこの宣言案は第三委員会の決議案（A／C.3／L.2187）として総会に回され，ここでも表決に付すことなく，12月9日の総会決議（3452）で採択された．

　このようにして「拷問等禁止宣言」が公布されたにもかかわらず，依然として，その「極悪な人権侵害」は，数十の強権政府のもとでまさに「組織的」に行なわれていた．ここにいたって，この問題の解決は，単に国連内にとどまらず「国際社会」全般にわたって，焦眉の急と感じられるようになった．そうした国際的雰囲気を醸成したのは AI の主導によるものであるが，このころから拷問廃止運動に本腰を入れ始めたその他の NGO・INGO の活躍も見逃してはならない．たとえば国際法曹委員会（ICJ）は，以前から AI と協力してこの問題に取り組んできたが，第5回犯罪防止会議に対しては，まず，「最低基準規則」をすべての囚人に適用するよう改正し，その規則に拷問を防止するために特別の法的・行政的措置を挿入することを前提条件に，同目標の達成をはかる29項目の改正や新規則の追加を提言していた．

　またスイスには，拷問廃止のみを目的とする Swiss Committee Against Torture なる NGO も新設された．この NGO は，スイスで最も著名な弁護士，法律家，医者，大学教授等のいわゆるオピニオシ・リーダーたちによって構成され，スイス政府へはもちろんのこと，ジュネーヴにある人権委員会，世界保健機関（WHO）その他の国際機関に強力な圧力を加えた．1977年8月，世界教会協議会（WCC）の中央委員会も「拷問に関する声明文」を発表し，全世界の教会に対し，拷問廃止運動に尽力するよう促した．

　以上のような国際情勢のもとに，また，「世界人権宣言」30周年を翌年にひかえた1977年11月1日，スウェーデンは拷問等に関する条約案を作成する決議案を第三委員会に提出した．それに39カ国が共同提案国として加わり，同決議案は無表決でその委員会を通過した．この決議案は，第三委員会の勧告にもと

づき，12月8日の本会議でも無表決で採択された．そこで国連総会は人権委員会に対し，拷問等の禁止に関する条約案を起草するよう要請した．この決定が下るや，スウェーデンは条約案の起草を開始し，翌年の1月18日，人権委員会に草案を提出した．

この間，AI，ICJ，WCC，国際赤十字委員会（ICRC）等のINGOは，ICJ主導のもとに，協力して，拷問等の禁止に関する国際規約試案を作成した．そして前述のスウェーデン案には，この試案が大きな影響を与えていたのである．なぜなら，これらのINGOは，スウェーデンの閣僚や議員のなかのこれらINGOのメンバーや共感者，さらには友人たちを通じて，常に試案に関する情報を流していた．またこれらのINGOは，そうしたスウェーデン案が間違いなく人権委員会に提出されるよう，ニューヨークの国連本部やジュネーヴにあるパレデナシオンで，いろいろなルートを通じて，熱心なロビー活動を続けてきたからである．スウェーデン案の人権委員会提出より3日早く，International Association of Penal Law も国連事務総長宛に試案を提供していた．

これらがやがて形成されていく「拷問等禁止条約」の土台となるのだが，人権委員会は3月7日の決議（18）で，まずそうした草案を検討するワーキング・グループを1979年の人権委員会第35会期直前の一週間にわたって開催することにし，経済社会理事会は5月5日の決定24でそれを了承した．ところが各条文ごとに列強の意見が対立し，字句修正についてすらそれぞれの見解が齟齬する始末で，結局，84年になってようやく「拷問等禁止条約」草案はまとまった．人権委員会はその条約案を同年3月6日の決議（21）により無表決で採択し，経済社会理事会の承認を経て，第39回国連総会に提出した．そしてついに，1984年12月10日の「国際人権デー」に，国連総会は第三委員会の報告（A／39／708）にもとづき「拷問等禁止条約」を可決した．こうして，拷問は「国際犯罪」であり，したがって国際法でこれを禁止すべきである，とのAIの主張は，運動を開始してから約13年を経てやっと成就した．

AIはこの目的を達成するために，大小さまざまなINGO・NGOと連帯し，それらのINGO・NGOは各国政府を突き動かし，世界の世論を喚起し，国連総会，第三委員会，経済社会理事会，人権委員会，世界保健機関，ユネスコその他の国際機関に強力な圧力をかけたのである．これで（I）NGOの行動，他の行為体との相互作用，「国際社会」への影響力を垣間見たことにし，次に「国際社会」の未来への発展の方向付けを試みることにする．[4)]

# *4* 福祉「国際社会」の構築をめざして

第1節で，ヘーゲル的国家観や歴史観はその正統性を否定され，人類は全く新しい歴史発展の方向を探ろうとしていることを指摘した．それは端的に言って，主権国家間関係が「国際社会」形成へと移行していることを意味した．しかしこの歴史転換は既述した諸要因により，他律的（非人為的）になされてきたものである．これからわれわれは，この「国際社会」をどういうものに仕立て上げていくべきか，その歴史創造に主体的に関与していかなければならない．筆者は，従来，社会科学は客観的かつ予見的であることを「鉄則」としてきたことをよくわきまえている．けれども有史以来の危機に直面して，これをそのまま放置すれば，予見できることは人類史の終焉である．そうした状況にあって，現代の社会科学は先導的でもなければならない．現に，政策科学という学問もすでに発達してきている．

このような認識に立って，未来の「国際社会」のとるべき方向をここに提示すれば，それは福祉「国際社会」の構築であろう．その目的を成就することができるか否かは，全世界の人びとのさらなる意識覚醒と，そうした「国際社会」の土台となる普遍的な価値——排他的な「国 益」を超克する「人 類 益」——の設定と，それを達成しようとするわれわれ一人ひとりの意志にかかっている．

ここに「人類益」なる新しい価値概念を導入したのは，次の2つの理由による．その1つは，「社会」の強靱性は，ある共通の目的を達成しようとするときに得られるものであり，「人類益」の促進という全人類にとって普遍的な価値実現をめざすことは，いまだ脆弱な「国際社会」をより堅固なものにしていくために必要不可欠だからである．2つには，福祉「国際社会」とは，一体どういうものなのかを明らかにするためである．では，「人類益」とは何なのか，という疑問が当然湧いてこよう．これについて筆者は，① 核兵器を含むすべての軍備と戦争からの解放（永久平和の確立），② 飢餓や貧困からの解放（全人類の経済的福祉の確立），③ 環境・地球生態系の破壊からの解放（自然と人間の調和の確立），④ そしてなかんずく，人間性の解放（人格の尊厳の確立），を想定している．この他，すべての国家間に支配や抑圧のない絶対平等の原則が樹立されることも必要であろう．

これらすべてを成就してはじめて福祉「国際社会」が構築されたといえるし，積極的平和がこの地球上にもたらされたともいえるのである．この「人類益」を促進していく上で期待されるのは，排他的「国権の伸張」とか「国益の追及」を第一義的目的としていない行為体＝非国家行為体，とりわけ（I）NGO の働きである．実際，上記 4 つの価値実現をめざす反核・軍縮・平和（I）NGO，開発（I）NGO，環境（I）NGO，人権（I）NGO は，相互に協力しながら，いまめざましい活躍をしているのである ［Johansen 1980；馬場 1985］[5]．

## **5**　お わ り に

拙論はあくまでも，「国際社会学へのプロレゴメナ」にすぎないことを，お断りしておきたい．紙幅と筆者の能力不足のため，多くのことが書けなかった．特に「国際社会」の構造・システムを提示できなかったのは遺憾とする次第である．読者の皆様にご寛赦願いたい．

注
1 ）筆者は1973年に，国際社会学なる学問分野開拓の必要性を最初に提唱した ［馬場 1973］．
2 ）主として経済学の分野でS. アミン，A. G. フランクらの「従属論」，J. ガルトゥングの「構造的暴力論」，I. ウォーラーステインとその研究グループの「世界システム論」等がある．
3 ）庄司興吉氏は「世界社会学」を提唱しておられるが，国家が厳然と存在するかぎり，時期尚早の感がする ［庄司編 1986］．
4 ）AI の拷問廃止運動について詳しくは，馬場 ［1987］ とその資料を参照されたい ［馬場 1982；福田 1988］．
5 ）近頃，ソ連のゴルバチョフ書記長も「全人類的利益（オプシチェエラヴェチエスキイ・インツエリエス）」を唱導している．

# 第13章
## 地球規模問題を解決するためには？

## *1* 地球社会の実態と問題の根本原因

### 1　地球社会の実態

　加速する地球環境破壊，深刻化する貧困と拡大する格差，終わりの見えない紛争など，現在，地球社会は深刻で複雑な問題に覆われている．たとえば，飢えに苦しむ人びとは8億2100万人，そして1億5000万人以上の子どもたちが発育阻害にある一方で［FAO et al. 2018］，2018年には最富裕層26人が，世界人口の所得下位38億人分と同等の富を所有している［Oxfam 2019：11］．紛争による2016年の死者数は15万7000人[1)]，1970年からの40年間で野生動物は58％減少し［WWF 2016］，森林の50％が破壊されている[2)]．このままでは，2050年には生物多様性が完全に消滅すると予測されている[3)]．

　さらに，気候変動に関する政府間パネル（IPCC）は，2018年10月，早ければ2030年にも世界の気温が産業革命前に比べて1.5度上昇すると警告した［IPCC 2018：6］．言い換えれば，気候変動の悪影響を最小限にし，人類が何とか生存できるようにするために残された時間は，あと12年しかないとのレッドカードを国際社会は突きつけられたのだ．

　なぜこのような事態になってしまったのだろうか．地球規模問題の原因は多々考えられるが，ここでは大きく3つに絞って考えてみよう．

### 2　巨額の資金の不足

　まず，地球規模問題を解決するための構想，政策，プロジェクトは数え切れないほどあるにもかかわらず，それらを実施するための資金がないことが挙げられる．たとえば，「2030年までに貧困を撲滅する」などの目標を掲げた持続可能な開発目標（SDGs：Sustainable Development Goals）を達成するには，途上国全体での取組みに，年間3.3兆ドル（372兆9000億円．1ドル＝113円で計算．以下同様）

〜 4.5兆ドル（508兆5000億円）の資金を要すると試算されている［UNCTAD 2014：xi］．しかしながら，現在の「援助疲れ」や先進国の財政状況を考えると，これだけの資金が供給されるとは考えづらい．

### 3　ギャンブル経済の膨張とタックス・ヘイブン

　次に，より本質的な原因として，近年，国際経済が大きく変容したことがある．世界には2つの経済がある．1つは実際にモノやサービスを売ったり買ったりする経済で，これを実体経済という．それに対し，大金を投機目的で，株式，債券，デリバティブ（金融派生商品），為替取引などに投資して，利ざやで短期的利益をあげるギャンブル経済（ないしマネーゲーム経済）がある．

　2012年の世界の実体経済が72.2兆ドル（8158兆円）であったのに対して，同年のギャンブル経済の規模は901兆ドル（10京1813兆円）で，実体経済の12倍にも達した［上村 2014a：78；2016a：6；2016c；上村編2015：1］．つまり，何の社会的利益も生まず，巨額の金を動かして巨利を求めるマネーゲームが，世界経済を「支配下」に置いている．このようなギャンブル経済の動きに，国や企業は逆らえない．なぜなら，逆らえば国債や株式が売りを浴びせられ，価格が暴落するからだ．そうなれば，国家は経済破綻し，企業は倒産するのである［佐久間 2002：113］．

　こうして，一部の富裕層や金融機関，多国籍企業は不条理にお金を儲け続けているのであるが，さらに悪いことに，彼らは儲けたお金を帳簿上タックス・ヘイブン（租税回避地）に移し，結果としてどこにも税金を払わない．しかも，タックス・ヘイブンは口座情報を秘匿するので，そのような「悪行」は外からはわからないのである［上村 2014b；2016b］．

　このギャンブル経済とタックス・ヘイブンを放置したままでは，格差は縮まるどころか拡大するのは火を見るよりも明らかである．

### 4　公正なグローバル・ガヴァナンスの欠如

　なぜ地球社会は，地球規模問題を解決するための資金を生み出せず，ギャンブル経済のような多くの人びとを不幸にする不公正な行いを制御できないのだろうか．それは，現在のグローバル・ガヴァナンス（地球社会を統治，運営する仕組み）が「1％の，1％による，1％のための統治」と呼ばれるとおり，少数の強国や強者が大多数の小国や弱者を犠牲にして，自分たちの都合のよいルー

ルを制定するなど，民主性も，透明性も，アカウンタビリティ（説明責任）も
欠いたものになっているからだ［Held 2000］．たとえば，現在大きな力をもつ
G７はいうまでもなく，G20についても，G７にブラジル，中国，インドなど
13の新興経済国が加わっただけで，残りの173カ国は蚊帳の外である．

　また，開発や債務問題で大きな力をもつ国際通貨基金（IMF：International
Monetary Fund）や世界銀行の理事会にいたっては，お金があればあるほど議決
力が増す「１ドル１票制」を敷いており，とくにアメリカが大きな議決権をもっ
ている．もちろん，そこには弱者や貧者はもちろんのこと，彼らの声を代弁す
るNGO（非営利の民間団体）の参加も認められていない．

### 5　本章の概要

　どうすれば巨額の資金の不足，ギャンブル経済の膨張やタックス・ヘイブン，
公正なグローバル・ガヴァナンスの欠如を解決し，持続可能な地球社会をつく
ることができるのだろうか．本章では，その鍵として，グローバル・タックス
に着目し，その有効性を検討するとともに，実現可能性まで射程に入れて考察
を進めていきたい．

　まず地球規模問題の解決策としてのグローバル・タックスを詳しく検討し，
次にグローバル・タックスの導入に伴ってつくられるグローバル・ガヴァナン
スについて吟味し，最後にグローバル・タックスの導入に向けた近年の動向を
見ていこう．

## *2*　グローバル・タックスの可能性

### 1　グローバル・タックスとは何か？

　グローバル・タックスとは，大きく捉えれば，地球規模で税を制度化するこ
とである．これには３本の柱がある．まずはタックス・ヘイブン対策で，金融・
口座情報を各国の税務当局が共有することである．次に，金融取引税，地球炭
素税，タックス・ヘイブン税など実際に国境を越えた革新的な税を実施するこ
とで，これは国際連帯税とも呼ばれている．最後に，課税をおこない，税収を
管理し，税収を地球公共財のために公正に使用するための透明で，民主的で，
説明責任を果たすことのできる統治の仕組みを創ることである［上村 2016b：87
-88；2016c；2018a；2018b：5-6；上村編著 2019］．

　これが実現すると，まずは巨額の税収が得られる．あらゆるグローバル・タックスが実現すれば，理論上最大で年間300兆円近い税収が得られる．つまり，地球規模課題の解決やSDGs達成のための財源のほとんどがこれで満たされるのである［上村 2016b：107-109；2016c；2018a；2018b：6］．

　次に，負の活動も抑制される．金融取引税が導入されると，取引をすればするほど儲けが少なくなるので，1秒間に1000回以上の取引を行うような投機的取引が減少して，金融市場が安定する．地球炭素税によって電気を使えば使うほど，ガソリンを使えば使うほど，化石燃料を使えば使うほど，税金を多く払わなければならなくなれば，化石燃料の使用が抑えられ，二酸化炭素の排出が削減される．そして，税収を再生可能エネルギーの開発・普及に向ければ，気候変動問題の改善に大きく踏み出すことができる［上村 2016c；2018a］．

　そして，後述するとおり，グローバル・タックスによって，現在の地球社会の運営（グローバル・ガヴァナンス）はより透明で，民主的で，説明責任を果たせるものとなりうる．

　グローバル・タックスなど実現不可能だと思われるかもしれないが，第1の柱は，自動的情報交換とBEPS（税源浸食と利益移転）という形ですでに始まっている．自動的情報交換とは，各国の税務当局がタックス・ヘイブンを含め各国にある自国民の金融口座情報を自動的かつ相互に交換する国際的な仕組みで，2017年に開始された．BEPSは，主として多国籍企業による国際的租税回避によって，各国の税源が浸食され，利益が移転されていることに対して，2012年にOECDがプロジェクトを立ち上げ，多国籍企業の国際的な課税逃れに対抗するための15項目の行動計画を打ち立てている［上村 2016b；上村編 2019］．

　第2の柱も，2006年7月からすでに実施されているものがある．それが，航空券連帯税だ．これは，グローバル化の恩恵を受けている飛行機の利用客（豊かな人びと）に課税し，その税収をHIV／エイズ，マラリア，結核という三大感染症に苦しんでいる貧しい人びとの治療のために創設された国際機関（国際医薬品購入ファシリティ，Unitaid）の資金源にするという税制である［上村 2009：279-80；2016b；2016c；上村編著 2014；2019］．

　航空券連帯税は，現在フランス，チリ，コートジボワール，韓国など10カ国で実施されている．税のかけ方は国によって異なるが，フランスの場合，フランスを出発するすべての国際航空便において，ファースト・ビジネスクラスの

乗客には40ユーロ（5000円．1ユーロ＝125円で換算．以下同様），エコノミークラスには4ユーロ（500円）の税を課している．

税収は Unitaid に集められ，連帯税という安定した財源を用いて，大量かつ長期的に HIV／エイズ，マラリア，結核，C型肝炎の医薬品を購入することで，これらの価格を劇的に低下させ，途上国の貧しい人びとの治療に貢献している．実際に「2006年の創設以来，UNITAID は10億ドル（800億円）を投入して94カ国で16のプロジェクトを支援し，今では HIV／エイズの子どもたちの4人中3人が UNITAID の支援により，治療を受けている」[UNITAID 2010：16]．

航空券連帯税は，2006年にフランスの主導で創設された「革新的開発資金に関するリーディング・グループ」の設立総会の場で発表され，その後もリーディング・グループは，今日までグローバル・タックスなどさまざまな革新的な資金メカニズムを議論している．

このように，グローバル・タックスは萌芽的ではあるがすでに実施されているのみならず，さまざまな構想が議論されている．そのなかでも特に注目されるのが，金融取引税とグローバル通貨取引税である．

## 2 金融取引に対する課税の可能性

金融取引税はシュテファン・シュルマイスター（Stephan Schulmeister）らが提唱している構想で，通貨取引のみならず，株式，債券，デリバティブ，1次産品など，あらゆる金融資産の取引への課税を指す [Schulmeister 2009：2]．

この税により，株価，為替レート，1次産品価格の不安定さが弱められるのみならず，実施国政府に多大な税収をもたらす [Schulmeister 2009：1]．2007年の試算によると，金融取引税の税収は，もし主要な国々が金融取引税を導入した場合，0.01％で2860億ドル（32兆3180億円），0.05％で6550億ドル（74兆150億円）となる [Schulmeister 2009：12-15]．

金融取引への課税はリーディング・グループの主要なテーマの1つであった．そこで，リーディング・グループは2009年10月に「開発のための国際金融取引に関するハイレベル・タスクフォース」を創設した．タスクフォースは，専門的な観点から研究を進めるために，専門家委員会を設置した．そして，2010年7月に専門家委員会が出した結論は「各国はグローバル通貨取引税を導入すべし」というものであった．

グローバル通貨取引税とは，世界の大多数の通貨の取引決済が集中的に行わ

れる多通貨同時決済銀行（CLS銀行）において，決済時に0.005％の税金をかけ，税収を新たに創設するグローバル連帯基金（GSF：Global Solidarity Fund）に上納するという構想である［Taskforce 2010：21］[4]．グローバル通貨取引税の税収は年間250億ドル（2兆8250億円）から343億8000万ドル（3兆8849億円）と試算されている［Taskforce 2010：22-23］．

### 3　ギャンブル経済の抑制と多額の税収の確保

　これまで見てきたように，金融取引税が実施されれば，税の政策効果によってギャンブル経済が抑制される可能性が示されている．また，この税が導入されれば，74兆150億円という巨額の税収が生み出されることが明らかになっている．すなわち，投機的取引を抑制しつつ，巨額の資金を創出する方法はすでに存在するのだ．また，税の政策効果も，税収も小さくなるが，グローバル通貨取引税は，税収が国庫を経由せず，直接グローバル連帯基金に入るという意味で画期的であり，文字通り「グローバル」タックスだといえよう．

　となると，あとは民主的で，透明で，アカウンタブルなグローバル・ガヴァナンスを創造することができるのかどうかという課題だが，この点について次項で検討していこう．

## 3　公正なグローバル・ガヴァナンスをめざして

　グローバル・タックスを実施しようとすれば，それを統治・管理するためのガヴァナンスが必要となる．また，きちんと納税してもらうためには，多様で，多数の納税者に対して説明責任を果たさなければならない．そのためには，税収の使途を民主的に決め，そのプロセスやお金の分配に関する情報などについて透明性をもって伝える必要がある．つまり，グローバル・タックスのガヴァナンスは，グローバルなレベルで民主的で，透明で，アカウンタブルでなければならない．この点を念頭に，グローバル・タックス導入時に創られるガヴァナンスについての構想と，現実のガヴァナンスをみてみよう．

### 1　通貨取引税機関（CTTO）と持続可能な開発のための連帯基金（FSDD）

　この分野で先鞭をつけたのは，2001年に通貨取引税機関（CTTO：Currency Transaction Tax Organization）の創設を提唱したヘイッキ・パトマキ（Heikki

Patomäki）であった［Patomäki 2001］．CTTO とは，通貨取引税を調整し，徴税を行う国際機関で，その役割は加盟国からの徴税に加えて，税率を定め，課税ベースを定義し，免税の範囲を決定し，監視と監査を行うことである［Patomäki 2001：202-203；上村 2009：324；上村編著 2015：158-60］．

　パトマキは，まず CTTO の中に主要な決定を行う閣僚理事会と，理事会を監視，牽制する民主議会を設けてチェック・アンド・バランスを働かせ，次に民主議会が政府代表に加えて，国会議員代表，NGO・労働組合（市民社会）代表から構成される新たな制度を構想している．

　また，億単位の人口を擁する国々と，数万人の小国の人口の相違を意思決定により公正に反映させるために，議決権に人口の大小を加味し，人口大国は3票，小国は1票，その中間の国々は2票という具合に，既存の国際機関より民主的，かつ公正となりうる制度を考案している［Patomäki 2001：202；上村 2009：324；上村編 2015：158-159］．

　ブリュノ・ジュタン（Bruno Jetin）は，パトマキの構想を引き継ぎ，持続可能な開発のための連帯基金（FSDD：Fonds de solidarité pour le développement durable）を提唱している［Jetin 2002］．ジュタンは，通貨取引税を管轄する機関の3つの基本的役割と3つの原則を明示している．すなわち，通貨取引税を実施する機関は，① 通貨取引税にかかわる国際条約を交渉し，② 課税の実施に必要な技術的な基準を設定し，③ 税収が諸国間で適切に分配されるように調整するという基本的役割を，透明性，アカウンタビリティ，民主主義という3つの原則に則って，果たすことを求めている［Jetin 2002：115, 123；上村 2009：328；上村編 2015：160］．その上で，ジュタンは新たに FSDD の創設を提唱している．

　FSDD は各国理事会と民主総会からなり，理事会において，人口大国は3票，小国は1票，その中間にあたる国は2票というように，理事国は人口規模に見合った議決権を持つ［Jetin 2002：123-25；上村編著 2015：161］．

　民主総会は，政府代表（1国1名），国会議員代表（人口の規模によって1名から5名），そして市民社会代表（政府代表と国会議員代表を合わせた議席の4分の3）から構成される．市民社会代表はあらかじめ定められたリストのなかから，抽選で選出される．選出されなかった NGO や労働組合，ならびに地方公共団体は，FSDD に直接提案を出す権利をもつ［Jetin 2002：125-26；上村 2009：330-31；上村編著 2015：161］．

　また，ジュタンは税収の使途について，一方で地球レベルの環境・社会プロ

グラムと為替準備基金，他方で各加盟国によって実施される国別プログラムという2つの基本的なプログラムに分配されると論じている．FSDD はグローバル・プログラムに関してはその目的や優先順位，資金創出の費用を議論するが，国別プログラムに関しては各国に分配される資金の割合を決定するだけで，実質的なプログラムの内容は各国によって決定される［Jetin 2002：126；上村2009：331；上村編 2015：161-162］．

　パトマキやジュタンの提案はあくまでも構想段階であるが，グローバル・タックスの導入に伴って新しく設立されるであろう国際機関がいかに民主的なものになりうるかということを示しており，その点での彼らの貢献は大きい．とりわけ，政府代表，国会議員代表，市民社会代表から構成され，人口の大きさを票の重さに結びつけたユニークな民主議会（民主総会）の創設という構想は傾聴に値するだろう［上村 2009：323-327；上村編 2015：160］．


## 2　グローバル連帯基金（GSF）

　先に見たように，タスクフォース専門家委員会はグローバル通貨取引税を提唱し，その税収を新たに設置するグローバル連帯基金（GSF）に上納することを各国政府に提言した．GSF とは，グローバル通貨取引税の徴税，分配，管理を統治する機関であるが，その創設に当たり，アカウンタビリティ，民主主義，公正な代表性，透明性の原則の重要性を強調している．また，新しい基金が直接税収を使うのではなく，基金は上記の原則に基づいて現場でプロジェクトなどを実施する既存の機関に資金を分配することが提唱されている［Taskforce 2010：30；上村編 2015：166］．


## 3　国際医薬品購入ファシリティ（Unitaid）

　以上はグローバル・タックスのガヴァナンスの「構想」であったが，ここからは Unitaid という「実存する」ガヴァナンスについて検討していこう．

　Unitaid は，2006年9月の国連総会開会式の場で正式に設立された．Unitaid は理事会，諮問フォーラム，事務局，信託基金から構成されている．その中で最も重要な機関は理事会である．理事会は意思決定機関であり，諸目的を定め，活動計画を立て，パートナーシップを推進することに責任を負っている．理事会は，創設国（フランス，ブラジル，チリ，ノルウェー，イギリス）＋スペインから6名，アフリカ連合，アジアから各1名ずつ，市民社会（NGO，患者コミュニティ）

から2名，財団から1名，世界保健機関（WHO：World Health Organization）から1名の合計12名の理事で構成されている［Uemura 2007：126；上村 2009：293-94；2016b：113-115；上村編著 2015：163-164］．また，そのパフォーマンスを公正に評価するために，第三者評価も行っている［上村編 2015：164-165；上村 2016b：115］．

　メンバーの数が少ないことなど，Unitaid はいくつかの課題を抱えているが，Unitaid のガヴァナンスについては評価すべきものがある．とりわけ，最も重要な理事会の中に直接 NGO のメンバーが入っている点は，意思決定の中核部分で市民社会や草の根の現場の想いを保証する仕組みと見なすことができる．そして，それは既存の国際機関と比較して，より民主的であることを示している［Uemura 2007：126；上村 2009：294-301；2016b：115；上村編 2015：165］．

　いずれにしても，グローバル・タックスを財源とする国際機関は，現在の加盟国の拠出金で成り立つ国際機関と異なり，桁違いに多数で，多様な納税者からの税を財源とする．税を取るからには，説明責任を果たさないといけない．そのためには，お金の流れや意思決定の過程を透明にするだけでなく，税収の使途などを民主的に決定するために，意思決定のプロセスに多様なステークホルダー（利害関係者）に直接かかわってもらう必要がある．さらに，加盟国からの拠出金に依存しなくてよくなるということは，財政的に自立を果たし，国益のくびきから解放されて，純粋に地球益のために活動できることを意味する．

　すなわち，Unitaid に加えて，金融取引税機関，地球炭素税機関，武器取引税機関など，グローバル・タックスを財源とする国際機関が多数誕生することで，現在の「1％のガヴァナンス」を変える可能性が生まれるのである．そして，これが現実化すれば，既存のガヴァナンスよりも民主的で，透明で，アカウンタブルな新しいタイプのグローバル・ガヴァナンスが創られることになるだろう．そして，紙幅の関係でここでは議論はできないが，これが世界政府の創設にまで展開する可能性を拓くのである［上村編 2015：172-75；2019；上村 2016b：124-26；2018b：6-7］[5]．

## 4　グローバル・タックスの実現に向けた近年の動向

　しかしながら，金融取引への課税に対しては金融業界が反対しているのみならず，各国の財務省も慎重だ．たとえば，これらの税は市場を歪める，技術的

に不可能，世界で一斉に実施しなければ租税回避が起こるというような批判を
浴びせている．

## 1　ロビン・フッド・タックス・キャンペーン

　このような状況下で，金融取引に対する課税の実現に向けて大きく旗を振っ
てきたのは市民社会であった．たとえば，2010年初頭，金融取引税の実現を訴
えるロビン・フッド・タックス・キャンペーン（RHT キャンペーン：Robin Hood
Tax Campaign）が始まった．ロビン・フッドは，中世イングランドの伝説上の
義賊で，弓の名手．富める者から財貨を奪い，貧しい者に分け与えたとされる．
キャンペーンは，富める金融業界に課税し，税収を貧しい者に分け与えること
をロビン・フッドに例えている．

　このキャンペーンの背景には，金融業界が引き起こした世界金融危機が実体
経済に大きなダメージを与えているにもかかわらず，イギリスの銀行業界には
1兆ドル以上の救済資金が支払われ，幹部は巨額のボーナスを受け取っている
ことがある．これに反感と怒りを覚えた庶民の声を背景に，金融業界に課税を
求めるキャンペーンが RHT キャンペーンである．とりわけ，通貨取引を始め，
すべての金融取引に0.05％ の税を課す金融取引税の実現をキャンペーンはめざ
している［上村 2011：160-161］．

## 2　動いた欧州委員会

　金融取引に対する課税を提唱し始めたのは市民社会ばかりではなかった．
G7のリーダーや金融業界までもが同様の議論を始めたのである．たとえば，
イギリスにおいて金融業界を監督する官庁のトップであったアデール・ター
ナー（Adair Turner）金融サービス庁長官（当時）は，2009年8月に「シティ（ロ
ンドンの金融街）における金融業界は肥大化しすぎたばかりでなく，『社会的に
無益だ』」と評し，過度の暴利行為を防止するためにシティに対する課税を支
持すると表明して，「もし自己資本比率の引き上げで不十分であれば，私は金
融取引に対する課税——トービン税——を喜んで考慮する」と言明している[6]．

　同じ時期に，ペール・シュタインブリュック（Peer Steinbrück）ドイツ財務大
臣（当時）も，「金融市場参加者の全員が同等の貢献を行うようにするためには，
すべての G20 参加国におけるグローバル金融取引税の課税が明らかに適切な
手段といえる．すべての金融商品取引に対して0.05％の課税を実施することを

めざし，G20が具体的措置を取るように」提案している[7].

　リーディング・グループが，「開発のための国際金融取引に関するハイレベル・タスクフォース」閣僚会議を開催して専門家委員会を創設し，委員会がグローバル通貨取引税の導入を提言したのは，まさにこの流れのなかにあった．

　そして，2011年9月28日に歴史の歯車が大きく回ることになる．この日，欧州委員会は，欧州連合（EU：European Union）加盟各国に対し，欧州金融取引税を2014年1月に導入するEU指令案を提示したのである．その後，2013年1月，フランス，ドイツ，イタリア，スペインなど11カ国による金融取引税が欧州財務相会合で議論され，採択されたが［上村 2013：252；2014a：95；2015：24-25；諸富 2015：31］，イギリスは同年4月に欧州金融取引税は違法であると欧州司法裁判所に提訴した［Schulmeister 2014；上村 2014a：95；上村編著 2015：181-182］．翌年，欧州司法裁判所は，イギリスの異議申し立てを棄却した．そして，2015年12月，10カ国財務相は，金融取引税の導入で大筋合意し（エストニアは離脱），2016年12月の財務相会合で，欧州委員会にEU指令案の作成を要請するところまできた．現在Brexit（イギリスのEU離脱問題）で様子見の状態であるが，金融取引税が現実になる可能性は十分残っている．

　通貨に課税しない，税収の使途が主に加盟各国とEUの財源確保となっているなど，本来のグローバル・タックス（国際連帯税）の趣旨とはずれるところもあるが，この金融取引税が実施されるとなれば，それはとても大きなインパクトを与えるだろう．

## 3　日本の動向

　日本においてもグローバル・タックスについての議論が，市民社会，研究者，国会議員，政府などさまざまな主体によってなされてきた．2001年に研究者がトービン税研究会を，2006年に研究者やNGOがグローバル・タックス研究会を立ち上げ，2008年2月に超党派の国会議員が「国際連帯税創設を求める議員連盟」を創設し，2008年9月には政府が地球環境税等研究会を設置した．これら異なるセクターによる活動の成果が合流して，国際連帯税推進協議会が2009年4月に創設された．協議会は寺島実郎氏が座長を務めていたため，通称「寺島委員会」とも呼ばれた．

　メンバーは研究者，NGO，国会議員，労働組合，金融業界から構成され，外務省，財務省，環境省，世界銀行がオブザーバーとして参加した．寺島委員

会の目的は，国際連帯税，とりわけ通貨取引税の実現方法，税収の具体的使途，ガヴァナンスを検討し，その立法化をめざすことであった［寺島委員会 2010：1］．一年半近くにわたる議論を経て，寺島委員会は2010年 9 月に最終報告書を刊行し，報告書は前原誠二外務大臣（当時）に手交された．その主な内容は，まず各国ですでに実施されている航空券連帯税を早急に導入し，続いてリーディング・グループの専門家委員会が提唱する税率0.005％のグローバル通貨取引税を導入することを日本政府に提言するものであった．同時に，当時リーディング・グループの議長国となっていた政府に強いリーダーシップの発揮を求めた［上村編著 2014：138］．

　2010年12月に東京で開催された第 8 回リーディング・グループ総会では，日本が何らかのグローバル・タックスの導入を表明することが期待された．しかし，前原大臣の出した結論は，「政府税制調査会の議論を通じ，国民の理解を増進したい」というものであった［上村 2013：254；上村編著 2014：138］．

　その後，市民社会は国際連帯税の実現を求める NGO でグローバル連帯税フォーラムというネットワークを作り，国際連帯税創設を求める議員連盟と連携しながら活動を継続した．これらの活動の結果，2012年 8 月に成立した「社会保障の安定財源の確保等を図る税制の抜本的な改革を行うための消費税法の一部を改正する等の法律」に，「国際連帯税について国際的な取組の進展状況を踏まえつつ，検討すること」という文言が入ることとなった［上村編著 2014：139］．

　しかし，日本経済団体連合会（経団連）は，2012年10月に「平成25年度税制改正に関する提言」を発表し，航空券連帯税であれ，金融取引税であれ，国際連帯税の導入に明確に反対を表明している．また，実質的に政府の税制を決定づけていく自民党税制改正大綱では，「国際連帯税」の言葉さえ掲載されないという状況であった［上村 2013：255；上村編 2014：139］．

　そのような状況を打開すべく，第 2 次寺島委員会がグローバル連帯税推進協議会と名称も新たにし，2014年10月に再びスタートし，2015年12月に最終報告書を刊行，菅義偉官房長官に手交された．さらに，2016年11月には，今度は外務省が「国際連帯税を導入する場合のあり得べき制度設計等に関する研究会」を設置し，2017年 2 月に最終報告書を刊行している．

　そして，2018年 4 月，日本を出国するすべての人（日本人，外国人を問わず）に1000円課税する国際観光旅客税が，ついに参議院で可決，成立し，2019年 1 月

から実施されることとなった．しかし，その実態は，グローバル・タックスの仕組みを「盗んで」税金を取りながら，肝心の税収は日本の特定の業界（観光業界）に還元させる悪質な制度であり，国際連帯税とはまったく別のものとなった［上村 2018b：7-8］．これには，2020年の東京オリンピックを控え，観光分野に予算を求める官邸からの圧力があったと言われている．

## 5　グローバル・タックス実現のゆくえ

　このように，グローバル・タックス実現への道のりはまだまだ険しい．しかし，すでにグローバル・タックスの第1の柱は着実に進展しているし，第2の柱についても，今後SDGsの達成が資金不足のために難しいことが明白になっていくことが予想されるなか，フランスなどは独自に金融取引税を開始し，その税収の一部を地球規模課題に充当することを始めている．

　そして，実は日本においても，河野太郎外務大臣（当時）は，G20，国連での会議などあらゆる場で，SDGsの達成のために国際連帯税の必要性を説いており［上村 2018b：8］，グローバル・タックスの第2の柱が進展する可能性も十分ある．その1つの証左に，2019年1月から，日本は再びリーディング・グループの議長国となり，この議論をまさにリードする立場となった．2019年はG20大阪サミットもあり，欧州金融取引税の動向も併せ，今後の展開から目が離せない．

注
1）『日経新聞』2017年5月9日．
2）World Resource Institute（https://www.wri.org/our-work/topics/forests，2019年2月27日閲覧）．
3）WWF International の Vanda Fejes 氏へのインタヴュー（2019年2月18日，於：WWF Internatinal）．
4）CLS 銀行は，外国為替取引の時差リスクをなくすために，中央銀行と大手銀行からなるコンソーシアムによって2002年に創設された．CLS 銀行は決済インフラのグローバルなハブであり，決済リスクを減少させるために世界17の主要通貨のネッティング（相殺取引）と決済サービスを提供している．これらの通貨はグローバルに取引される通貨のすべての価値の94％を占めている［CLS Bank 2011：1］．
5）詳細は，上村［2018b］，上村編［2019：第10章］を参照のこと．
6）*The Guardian*, 27 August 2009.

7）*Financial Times*, 24 September 2009.

❏ 推 奨 図 書・推 薦 映 画 ◤◤◤◤◤◤◤◤◤◤◤◤◤◤◤◤◤◤◤◤◤◤◤◤◤◤◤◤◤◤◤◤◤

朝日新聞 ICIJ 取材班［2018］『ルポ タックスヘイブン――秘密文書が暴く，税逃れのリア
　　ル――』朝日新聞出版.

伊藤恭彦［2010］『貧困の放置は罪なのか――グローバルな正義とコスモポリタニズム――』
　　人文書院.

上村雄彦［2009］『グローバル・タックスの可能性――持続可能な福祉社会のガヴァナン
　　スをめざして――』ミネルヴァ書房.

上村雄彦［2016］『不平等をめぐる戦争――グローバル税制は可能か――』集英社.

上村雄彦［2018a］「いまこそグローバル・タックスの実現を――地球規模の課題を解決す
　　るために――」『imidas』，https://imidas.jp/author_data/G721

上村雄彦［2018b］「大きな変革の時代へ――グローバル・タックスと世界政府を考える――」
　　『中小商工業研究』第137号，4‒8頁.

上村雄彦編［2014］『グローバル協力論入門――地球政治経済論からの接近――』法律文
　　化社.

上村雄彦編［2015］『グローバル・タックスの構想と射程』法律文化社.

上村雄彦編［2016］『世界の富を再分配する30の方法――グローバル・タックスが世界を
　　変える――』合同出版.

上村雄彦編［2019］『グローバル・タックスの理論と実践――主権国家体制の限界を超え
　　て――』日本評論社.

志賀櫻［2013］『タックス・ヘイブン――逃げていく税金――』岩波書店.

Chavagneux, C. and R. P. Palan［2006］Les Paradis Fiscaux, Paris：La Découverte（杉
　　村昌昭訳『タックス・ヘイブン――グローバル経済を動かす闇のシステム――』作品社，
　　2007年）.

中村都編［2017］『新版 国際関係論のファーストステップ』法律文化社.

諸富徹［2013］『私たちはなぜ税金を納めるのか――租税の経済思想史――』新潮社.

〈映画〉

ザウパー，H.［2007］『ダーウィンの悪夢』ジェネオン・ユニバーサル・エンタテインメ
　　ント・ジャパン.

ズウィック，E.［2007］『ブラッド・ダイヤモンド』ワーナー・ホーム・ビデオ.

ファーガソン，C.［2010］『インサイド・ジョブ―世界不況の知られざる真実』ソニー・
　　ピクチャーズ・エンタテイメント.

# 第14章

## 子ども兵士のいない世界を創る
—— 子どもが武力紛争に関与させられないためには？ ——

## *1* 子ども兵士とは？

「子ども兵士」という言葉を聞いたことがある人もいるだろう．そもそも，子ども兵士とは誰なのだろうか．ふつう，兵士になるのは大人のはず．それなのに，なぜ子どもが兵士にならないといけないのだろうか．子ども兵士が用いられるような武力紛争のなかで生きる子どもたちは，どのような状況に置かれているのだろうか．こうした，武力紛争の影響を受けた子どもたちの問題について，国際社会ではどのように取り組まれているのだろうか．そして，私たちに何ができるのだろうか．本章では，こうしたことを，読者の皆さんと考えていきたい．

まず，最初に，子ども兵士とは何か，簡単に定義しておこう．子ども兵士とは，軍隊や武装集団に参加する18歳未満の者である．戦闘員だけでなく，料理人，荷物運搬人，メッセンジャーとして軍隊や武装集団に参加する18歳未満の者も，子ども兵士と呼ばれている．また，性的搾取や強制結婚の対象として徴用された女子も，子ども兵士に含まれる．つまり，武器を携帯していなくても，軍隊や武装集団に関わっていれば，男女を問わず，兵士として扱われるわけである．

本章では，「少年」という言葉は使わず，「子ども兵士」という用語を使うことにする．その理由として，まず，「少年兵士」や「少年兵」という表現は男子をイメージさせる点で誤解を招く恐れがある．また，日本では，法律によって「少年」の年齢が異なるため，混乱しやすい．そこで，第3節で出てくる『子どもの権利条約』の第1条で定義された「子ども」＝「18歳未満の者」に基づき，「子ども兵士」という用語を使う．

## 1　映画で知る「子ども兵士」問題

　こうした子ども兵士は世界に25万人以上いると国際連合（以下，国連）は推定している．子どもが兵士となる理由はさまざまである．武装集団は，男女の子どもを拉致または誘拐して兵士にするほか，子どもを出兵させるよう家族に強要する場合もある．また，貧困，虐待や差別，社会や仲間からの圧力などのために，家族から離れて，軍隊や武装集団に入るしか選択肢が残されない子どももいる．場合によっては，自分や家族が受けた暴力に憤り，相手に報復するために，兵士となることをみずから志願する子どももいる．拉致または誘拐された子ども兵士に関心が集まりがちだが，みずから兵士となることを志願する子どもが多い理由を分析しなければ，問題の解決は難しい［杉木 2015］．

　以上のように説明されても，子ども兵士のイメージが湧かない読者も多いだろう．それほど，日本に住む私たちの日常生活からかけ離れた存在だともいえる．筆者は，以前に国連児童基金（以下，ユニセフ）の職員として，アフガニスタンで勤務したことがある．そこで，若いタリバーン兵士と遭遇することが何度かあり，その際に観察した子ども兵士のイメージをもっている．しかし，子ども兵士の状況は国によって異なるので，そのときの印象をあまり固定的にもたないほうがいいと考えている．また，ある程度は規律のとれた政府の軍隊なのか，それとも非政府の武装集団なのかによっても，子ども兵士の置かれた状況は大きく違ってくるだろう．

　読者の皆さんにお勧めしたいのは，映画を見ることだ．子ども兵士とは何かを知るために，映画などの映像を活用することは有効である．『ジョニー・マッド・ドッグ（Johnny Mad Dog）』という映画はご存じだろうか．内戦によって分断されたアフリカの国を舞台として，反政府の武装集団の一部である「マッド・ドッグ（狂った犬）」と呼ばれる指揮官をもつ部隊が描かれる．この部隊は，15歳のジョニーを指揮官とした子ども兵士から構成される武装集団なのである．

　この映画は，ジャン＝ステファーヌ・ソベール（Jean-Stéphane Sauvaire）監督によってフランス，ベルギー，リベリアの３カ国で制作された．興味深いことに，映画のなかで子ども兵士を演じたのは，リベリアの元「子ども兵士」だった．リベリアのオーディション会場に集まった600人の元「子ども兵士」から選ばれた15人が，映画のなかで実体験に基づいてリアルに演じている．2008年のカンヌ映画祭において「ある視点」部門 HOPE 賞を受賞したことで知られる作品でもある．

　それ以外にも，レオナルド・ディカプリオ（Leonardo DiCaprio）が主演したことで知られる『ブラッド・ダイヤモンド（Blood Diamond）』という映画がある．舞台は西アフリカのシエラレオネである．反政府の武装集団は，武器調達の資金源であるダイヤモンドの採掘のために，住民を拉致して強制労働させている．そこでは，子ども兵士やカラシニコフ自動小銃などが出てくる．こちらは，2006年にエドワード・ズウィック（Edward Zwick）監督によって制作された米国映画であるが，人気のハリウッド・スターが主演で，アカデミー賞にもノミネートされたということで，広く話題となった．

　いずれの映画も，現在ではDVDとしてリリースされているので，入手して鑑賞することはそれほど難しくないだろう［詳しい情報は，章末の「推薦図書・推薦映画」を参照］．

　映画のほか，書籍をとおして「子ども兵士」問題への理解を深めることも大切である．とりあえず基礎的な情報を知りたい人が最初に手に取る本としてお勧めなのは，『銃をもたされる子どもたち——子ども兵士——』［アムネスティ・インターナショナル日本 2008］である．バランスよく情報がまとめられており，いい入門書となっている．また，子ども兵士の声をまとめた本［後藤 2005］のほか，子ども兵士との関わり方を知るためのマンガ［田原・西原 2008］もある．いずれも読みやすい本なので，気軽に手に取ってもらいたい．

## 2　日本の10代の子どもたちが取材した「子ども兵士」

　子ども兵士とは何か，もっと知りたい，調べたい．そういった意欲をもった若い高校生の記者に取材を受けたことがある．『中国新聞』紙上で2007年から2012年まで月に2回掲載された特集紙面「ひろしま国——10代がつくる平和新聞——」のジュニアライターは，中学生や高校生が中心である．彼らや彼女らが子ども兵士について取材を進めるなか，筆者にもインタビューをおこなったのである．

　ジュニアライターたちは子ども兵士についての取材を多面的に進め，その結果としてまとめられた記事が「ひろしま国——10代がつくる平和新聞——」（第49号）として掲載された．読み応えのある記事となっているので，図書館などで手に取って読んでほしい[1]．のちに，ほかの平和に関するテーマと合わせた50号分が1冊の本となって出版された［中国新聞社 2009：216-19］．

　先に，「子ども兵士のイメージが湧かない読者も多いだろう．それほど，私

たちの日常生活からかけ離れた存在だ」と書いた．しかし，この本を読むと，子ども兵士について知りたいという熱意をもって取材すれば，日本においてもかなりのことが分かり，ある程度のイメージをもつことが可能であることを教えてもらえる．「なぜ子ども兵士が存在するのだろう？」という疑問を抱き，その理由を解明しようと考え，そのために自分でリサーチすることは，とても有意義な学習の進め方であることを示している．

## 2　武力紛争の影響を受けた子どもの現状

　本章では，「子ども兵士」に焦点を絞って議論を進めていく．しかし，武力紛争の影響を受ける子どもたちが直面する問題は，もちろん「子ども兵士」だけではない．貧困，栄養失調，不健康のほか，教育を受ける機会の欠如など，他の途上国と同様に，基礎的な社会サービスをめぐる問題が多く残されている．とくに，武力紛争によって，政府の行政機能が麻痺するなど，子どもの生存や発達に不可欠な社会サービスがまったく受けられない状況もみられる．ここでは，武力紛争下におかれた子どもの現状について，理解を深めていこう．

### 1　武力紛争の形態の変化

　武力紛争は，1989年の東西冷戦の終焉に伴い，その形態を変えてきた．とくに1990年代以降，国家間の戦争の数が減る一方で，国内における紛争が増えてきている．国内紛争においては，暴力の蔓延が分散化していて，武力紛争は局地的に発生することが多い．

　暴力を用いる行為主体はどう変わってきただろうか．従来からの国家間の戦争では，相対的に規律のとれた政府の軍隊が中心的な役割を果たしてきた．それに対して，今日の国内紛争では，非国家的な武装集団が顕著な存在となっている [Singer 2006]．

　紛争の性格としては，国内における資源をめぐる争いが増えている．つまり，政府の正統性に政治的に異議を唱えるというよりも，経済的な利権をめぐって政府と対立していることが多い．たとえば，ダイヤモンドやレアメタル（希少金属）が採掘される土地の支配をめぐっての紛争がある．また，そうした非国家的な武装集団が，国境を超えてネットワーク化され，国際的なテロリズムの資金源となる場合もある．

　以上のような武力紛争の形態・行為主体・性格の変化に伴って，非戦闘員である市民への悪影響が深刻化してきている．なかでも，より脆弱な立場におかれている子どもや女性への影響について，とくに注目する必要があるだろう．

## 2　武力紛争の影響を受ける子ども

　武力紛争のため，多くの子どもの安全が脅かされている．国連の推定によると，10億人の子ども（18歳未満）が武力紛争の影響を受けた国または領域に住んでいる．そして，そうした子どものうち3億人は5歳未満である［OSRSG-CAAC and UNICEF 2009］．さらに，580万人の子どもは難民として，880万人の子どもは国内避難民として生活することを余儀なくされている．

　武力紛争の影響を受けた子どもは，貧困・栄養失調・不健康のほか，教育の欠如によって苦しまされる［UNICEF 2009］．たとえば，予防接種を受けられないために，ポリオや麻疹（はしか）といった感染症に対して予防できていない子どもが多い．また，安全に通える学校が近くになく，教育を受ける機会がない子どもも大勢いる．つまり，紛争によるガバナンスの欠如は政府の行政機能を麻痺させており，その結果，生存や発達のために必要な保健・教育に関わる基礎的な社会サービスへのアクセスを子どもたちから奪っているのである．さらに，紛争によってトラウマなどに苦しむが，社会心理的なサポートを受けることは困難である．このように，武力紛争の影響を受けている子どもたちは，さまざまな暴力や搾取に対して脆弱な状況におかれているのである．

## 3　子ども兵士への注目

　武力紛争の影響を受けた子どもは，そもそも暴力や搾取に対して脆弱であるが，反対に，みずからが兵士となって暴力を用いる側にまわることもある．洗脳されやすくて命令に従順に従う子ども兵士の増加は，基礎教育を受ける機会を逸して，戦うことしか知らない若者を増やしている．そして，それが武力紛争の蔓延化につながっているのである．

　子どもでも携行できる軽い小型武器の普及は，兵士として子どもが徴用される可能性を大幅に増やしてきた．国連の推定によると，武装集団または軍隊に関わっている子どもの数は25万人以上である．こうした子ども兵士の存在とその増加傾向は，国際社会に強いショックを与えた．

## *3*　国連における「子ども兵士」問題への関心の高まり

　子ども兵士をめぐる論争は，国連を中心として展開してきた．とくに1990年代以降に「子ども兵士」問題への関心が高まってきた背景として，いくつかの重要な動きがある．ここでは，まず第1に，国連加盟国をおもな行為主体とした「子どもの権利」をめぐる論争を振り返る．そして第2に，国連事務総長のイニシアティブによる調査研究の成果と，それによる安全保障論への影響をみる．第3の動きとしては，国際 NGO によるアドボカシー（政策提言）活動について考える．そして，最後に，元「子ども兵士」による告発に注目する．

### 1　『子どもの権利条約』

　武力紛争に限定されないが，とくに困難な状況にある子どもを保護するための国際的な取組みは，「子どもの権利」という人権規範の国際的な形成と密接な関係がある．国際連盟では，1924年に『子どもの権利に関するジュネーブ宣言』が採択されている．そして，第二次世界大戦が終わったのち，国連において，1959年に『子どもの権利宣言』が採択された．こうした「子どもの権利」をめぐる国際的な議論をふまえて，1979年の国際子ども年から10年後の1989年には，『児童の権利に関する条約（以下，子どもの権利条約）』が国連総会で採択され，国際法上拘束力のある国際人権条約として位置づけられるようなったのである．

　『子どもの権利条約』にはすべての国連加盟国が署名しているが，そのうち国際法上の拘束力を受け入れるための批准の手続きをとっていない国は，米国のみとなっている．それ以外のすべての締約国は，『子どもの権利条約』の履行が国際法上に義務づけられているのである．

　こうした「子どもの権利」という国際規範の形成と並行して，多国間外交の舞台において政治的な国際公約が合意されており，それらは具体的な行動のための国際協力を進めるうえで重要な役割を果たしてきた．たとえば，『子どもの権利条約』採択の翌年である1990年には，国連で「子どものための世界サミット」が開催され，具体的な国際目標が設定され，その進捗をモニターする任務がユニセフに与えられた．

　「子どもの権利」の国際的保障という潮流のなかで，1993年にウィーンで開

催された世界人権会議においては，とくに困難な状況にある子どもを保護することの重要性が強調された．そのなかで，武力紛争の影響を受けた子どもを国際的に保護する必要性も指摘されたのである．

『子どもの権利条約』の履行義務を国際的に監視するメカニズムとして，子どもの権利委員会が設置されている．『子どもの権利条約』の第38条などは武力紛争の影響を受けた子どもの保護について締約国の義務を規定している．そこでは，15歳未満の子どもの敵対行為への直接的な参加が禁止されている．しかし，子どもの権利委員会において，子どもと武力紛争に関する特別議論が実際におこなわれたのは1992年になってからであった．1992年の子どもの権利委員会での特別議論を経て，1993年に国連総会は，国連事務総長に対して，子どもと武力紛争に関する独立専門家の任命を求める決議を採択した．このことが国連における関心の高まりにとって，とくに重要である．

## 2　国連事務総長のイニシアティブ

1993年の国連総会決議を受けて，ブトロス・ブトロス＝ガリ（Boutros Boutros-Ghali）国連事務総長（当時）は，グラサ・マシェル（Graça Machel；元モザンビーク教育大臣，ネルソン・マンデラ元南アフリカ大統領夫人）を独立専門家として任命した．その後，グラサ・マシェルは，『武力紛争が子どもに与える影響』報告書［United Nations 1996］を作成した．この報告書は，25万人以上と推定される多くの子どもが武装集団または軍隊に関わっていると指摘し，世界の人びとに驚きを与えた．

『武力紛争が子どもに与える影響』報告書が公表された翌年の1997年，「子どもと武力紛争に関する国連事務総長特別代表」の職が設置された．初代の特別代表としては，ウガンダ出身のオララ・オトゥヌ（Olara Otunnu）が任命され，武力紛争下にある子どもの保護へ向けた活動が継続されることになった．

オララ・オトゥヌの任期（1997-2006年）終了後，2006年よりスリランカ出身のラディカ・クマラスワミ（Radhika Coomaraswamy）が2代目として，2012年よりアルジェリア出身のレイラ・ゼルギー（Leila Zerrougui）が3代目として，2017年よりアルゼンチン出身のヴィルヒナ・ガンバ（Virgina Gamba）が4代目として着任している．

特別代表は，ユニセフや国連ミッションと協力しながら，武力紛争の当事者と交渉し，子どもの保護についての具体的な約束を取り付けようと努力してき

た．こうした活動は，子ども兵士の徴用が国内紛争の蔓延化をもたらしているとの認識を高めることになった．そして，第 4 節 3 項で説明するとおり，安全保障理事会での議論にも影響を及ぼし，1999年には子ども兵士に関する決議1261が採択されるに至った．

　マシェルによる1996年の『武力紛争が子どもに与える影響』報告書で提起された問題を再検討するため，2000年 9 月には，カナダのウイニペグにおいて「戦争の影響を受けた子どもに関する国際会議」が開催された．

　その後，マシェル報告書から10年目の戦略的な再検討がおこなわれ，2009年に刊行されている［OSRSG-CAAC and UNICEF 2009］．

　「子どもと武力紛争に関する国連事務総長特別代表」の役割については，20年間の活動をまとめた文書が参考になる［OSRSG-CAAC 2016］．

### 3　国際 NGO によるアドボカシー

　子ども兵士の禁止を厳格化するうえで，国際 NGO によるアドボカシーは重要な役割を果たしてきた．『子どもの権利条約』に関する NGO グループは，ユニセフと連携しながら，敵対行為への参加や，軍隊および武装集団によるすべての形態の徴兵において，最低年齢を15歳から18歳に引き上げるための原則を提案した．さらに，「子ども兵士の使用を止めさせるための連帯」という国際 NGO は，新しいガイドラインの策定を促進した．

　国際 NGO は，超国境的（トランスナショナル）なネットワークを形成したうえで，国際社会における行為主体として顕著な存在となってきた．たとえば，紛争国における子ども兵士の現状を現地 NGO と協力して調査し，その結果を国連や国際会議で報告している［Brett and McCallin 2002］．そして，市民社会の影響力が比較的に強い先進国において，世論を喚起して，政府が子ども兵士の禁止を厳格化するように提言している．

### 4　元「子ども兵士」は告発する

　暴力や搾取によって「子どもの権利」の侵害に遭った当事者が，単に犠牲者として終わらず，新しい問題意識と行為主体性を獲得したうえで，現状を変えるために国際社会に登場する事例も出てきている．

　たとえば，イシメール・ベア（Ishmael Beah）は，12歳のときから，子ども兵士としてシエラレオネ政府の軍隊に従軍した．その 3 年後，ユニセフによって

保護され，自分の体験を少しずつ語るようになった．その後，米国へ移住したが，26歳になってから，自分の体験を英語で出版して，広範な読者へ向けて「子ども兵士」問題とその深刻さを告発している［Beah 2008］．

　そうした人びとのなかでも，とくに現状変革についてリーダーシップを執ることができる者を，従来にはなかった形での，国際政治における行為主体として位置づけられるのではないだろうか．

　ベアのような元「子ども兵士」たちによる数多くの証言は，国際政治の最も「周縁」におかれている武力紛争下の子どもの状況を，国際社会に広く知らせることになった．そして，そのことは，子ども兵士をなくすことへ向けて，国際的な関心を高めることにつながった．

## *4*　子ども兵士をなくすためのアプローチ

　それでは，子ども兵士をなくすためには，どうすればいいのだろうか．法的な保護，人道支援，国際犯罪化の3つの側面からアプローチしてみよう．

### 1　人道・人権の問題としての法的な保護

　「子ども」の定義について，『子どもの権利条約』の第1条は，18歳未満であること，としている．しかし，子ども兵士については，別の年齢での制限が規定されている．第38条は，15歳未満の子どもの敵対行為への直接的な参加を禁じている．第1条によって，「子ども」の定義は18歳未満とされているが，一部の国の反対もあり，15歳以上の子どもについて禁止することができなかった．また，禁止されている内容は，「敵対行為への直接的な参加」のみであり，戦闘員以外としての軍隊や武装集団への参加は含まれていない．

　しかし，前の節でみたとおり，国連加盟国，国連事務総長，国際NGO，元「子ども兵士」などの動きによって，この「子どもの権利」という国際規範は，その後の選択議定書などの国際条約やその他の法的拘束力をもたない宣言などによって，さらに発展してきた．

　子ども兵士の禁止を厳格化するため，1997年，『子どもの権利条約』に関するNGOグループとユニセフは，南アフリカで会議を開き，『ケープタウン原則』をまとめた．そこでは，敵対行為への参加だけでなく，軍隊および武装集団によるすべての形態の徴兵において，最低年齢を18歳に引き上げるための提案が

おこなわれた．また，これらの点について，『子どもの権利条約』への選択議定書という形で，国際人権条約として採択すべきであると論じられた．

　さらに，児童労働という視点からは，1999年，国際労働機関（ILO：International Labour Organization）においてILO条約第182号が採択された．そこでは，18歳未満の子どもの徴兵を「最悪の形態の児童労働」として分類し，即時の撤廃を求めた．また，同年，アフリカにおいては，『子どもの権利と福祉に関するアフリカ憲章』が採択され，18歳未満の子ども兵士が禁止された．

　こうした潮流のなか，2000年の国連総会において，『子どもの権利条約』への選択議定書として，18歳未満の子どもの徴兵と敵対行為への参加を禁じる『武力紛争への子どもの関与に関する子どもの権利条約の選択議定書』が採択されたのである．2019年3月末現在，168カ国が締約国となっている．

　もっとも，こうした進展にもかかわらず，2017年時点で，武装集団または軍隊による子ども兵士の徴用は，『武力紛争への子どもの関与に関する子どもの権利条約の選択議定書』を批准した国を含め，14カ国においてみられた．このような実態をみると，すでに締約している国に対して義務の履行を求めると同時に，まだ締約国でない国に早く署名・批准するように働きかけて，この選択議定書の普遍性を高めるよう努力していかなければならないだろう．

　また，『子どもの権利条約』とその選択議定書に加えて，より具体的なガイドラインも必要とされている．政府や国際機構だけでなく，国際NGO「子ども兵士の使用を止めさせるための連帯」によって，新しいガイドラインの策定が進められた．その結果，2007年2月，「戦争から子どもを解放せよ」会議がパリで開催された．そこで78カ国の政府は，子ども兵士をなくすための『パリ規約』と，そのためのガイドラインである『パリ原則』を宣言するに至った．

　この国際会議において，元「子ども兵士」であるベアが，フランス外務大臣とユニセフ事務局長との間に立ち，当事者として子ども兵士の解放を力強く訴えたことは，特筆すべきである．ベアのような当事者は，国際会議などで自分の体験を語ることを通して，政策提言の過程のなかで現場のリアリティを伝える象徴的な語り部として，国際的な規範の発展へ寄与している．

　このように，子どもの徴兵を人道・人権の問題として位置づけ，子どもの法的保護のための国際人権規範の形成と発展を促進することは，子ども兵士をなくすための重要なアプローチの1つとなっている．

## 2　人道支援による子どものエンパワーメント

　兵士として徴用される子どもの多くは，国内紛争から起因する貧困などによって，もともと脆弱な生活環境に置かれている．つまり，軍隊や武装集団が徴兵するという需要側からの「引寄せ要因」だけでなく，貧困や社会的排除によって，それ以外の選択肢が残されていないという供給側の「押出し要因」も作用している．そうした子どもに対して，子ども兵士にならなくても済むよう，別の選択肢をつくるためには，貧困問題に取り組むことが重要となってくる．

　「人間の安全保障（human security）」の視点から言い換えると，子ども兵士として徴用されることで直面する恐怖から自由にするという「保護」のための戦略だけでなく，徴兵に応じなくても済むように，貧困を生み出す欠乏の状態から自由にするという「エンパワーメント」（empowerment：力をつける）の戦略が求められているのである．

　国連加盟国は，2000年のミレニアム・サミットで『国連ミレニアム宣言』を採択した．21世紀を迎えようとするなか，国連加盟国の国家元首または政府首脳は，「平和，安全保障，軍縮」「開発と貧困」「環境の保護」「人権，民主主義，よい統治」「弱者の保護」「アフリカのニーズへの対応」「国連の強化」などについて改めて決意を表明したのである．このうち「開発と貧困」「アフリカのニーズへの対応」「環境の保護」などとの関連において，ミレニアム開発目標（MDGs：millennium development goals）を2015年までに達成することが合意されている．その具体的な内容として，「極度の貧困と飢餓の軽減」「初等教育の完全普及」「ジェンダー平等と女性の地位向上」「乳幼児死亡の削減」「妊産婦の健康の改善」「HIV／エイズ，マラリアなどの疾病の蔓延防止」「環境の持続可能性の確保」「開発のためのグローバル・パートナーシップの推進」が開発目標として含まれている［勝間 2012］．

　そして，国連加盟国は，2015年の持続可能な開発サミットで『我々の世界を変革する——持続可能な開発のための2030アジェンダ——』を採択した．そこで，持続可能な開発目標（SDGs：sustainable development goals）を2030年までに達成することが合意されている．その具体的な内容として，「貧困をなくそう」「飢餓をゼロに」「すべての人に健康と福祉を」「質の高い教育をみんなに」「ジェンダー平等を実現しよう」「安全な水とトイレを世界中に」のほか，「人や国の不平等をなくそう」「平和と公正をすべての人に」が合計17の目標に含まれている．

　こうした SDGs の達成へ向けた進捗状況をみると，途上国のなかでも，とく
に国内に武力紛争を抱えた国では大幅な後れをみせている．さらに，紛争国に
おいても，とくに脆弱な状況に置かれた子どもたちは，武力紛争の影響を大き
く受け，場合によっては，子ども兵士として徴用される以外の選択肢をもたな
いこともある．

　こうした欠乏から自由にするためには，武力紛争の影響を受けた子どものエ
ンパワーメントを目的として，基礎的な社会サービスの提供をとくに優先的に
おこなっていく必要があるであろう [内海・中村・勝間 2008]．たとえば，学校で
学んでいる子どもは兵士として徴用されにくいという傾向があるので，教育を
受ける機会の提供が重要とされる．

　このように，子どものエンパワーメントへ向けた人道支援をおこなって「押
出し要因」を軽減し，選択肢を増やすことは，子ども兵士をなくすための重要
なアプローチの1つとなっている．

## 3　安全保障の問題としての国際犯罪化

　画期的なこととして，武力紛争の影響を受ける子どもについて，子どもの権
利の侵害というだけでなく，安全保障の問題としても議論されるようになった．
1999年から，国連の安全保障理事会において，国際の平和と安全の議題のもと
で「武力紛争下の子ども」が正式に取り上げられるようになったことは特筆さ
れるべきであろう（決議1261）．そこでは，武力紛争下の子どもの保護と，国際
社会における安全保障との関連性が明示化されたため，それ以降，安全保障理
事会は，この問題について積極的に議論するようになったのである．たとえば，
国連の平和維持活動においては，「子どもの保護アドバイザー」を配置するよ
うになった．また，子ども兵士に関する違反については，違反者である政府の
軍隊または非政府の武装集団の一覧表が作成されるようになった．

　さらに，2004年，安全保障理事会の決議1539は，国連事務総長に対して，以
下の6つの分野における子どもの権利の侵害に焦点を絞ったモニタリングと報
告のメカニズムを設置するよう求めた．

　①　殺害または手足切断
　②　徴兵または武力紛争における利用
　③　学校または病院に対する攻撃

　④ レイプまたは他の深刻な性暴力

　⑤ 拉致

　⑥ 人道的アクセスの拒否

　その後，2005年の決議1612は，そのメカニズムの設置を決定した．実際には，2006年，ブルンジ，コンゴ民主共和国，ネパール，ソマリア，スリランカ，スーダンの6カ国において実際に試験的に設置され，その後，拡大されている．

　こうしたなか，安全保障の問題として国際犯罪化する動きが出てきた．つまり，子どもに対する戦争犯罪について，その実行者個人を処罰する常設の国際刑事裁判所が成立したのである．1998年に採択された『国際刑事裁判所に関するローマ規程』は2002年に発効し，その翌年から国際刑事裁判所は活動を開始した．そこでは，15歳未満の子どもについて，徴兵または敵対行為へ直接的に参加させることは，戦争犯罪とされた．実際，ウガンダ北部における「神の抵抗軍（LRA：Lord Resistance Army）」という武装集団による子ども兵士の徴用に関する裁判は，実行者を処罰し，重要な判例を提供するに至った．

　このように，子ども兵士を安全保障の問題として位置づけると同時に，国際犯罪化することは，「引寄せ要因」の源泉となっている需要側への抑止につながり，子ども兵士をなくすための重要なアプローチの1つとなっている．

# 5 私たちに何ができるか

　それでは，最後に，子ども兵士をなくすため，私たちに何ができるのか，ということを考えてほしい．

　第1に，子ども兵士の問題について，もっと詳しく知ってもらいたい．まず知らなければ，自分がとるべき行動も見えてこないものだ．この章の第1節で説明したとおり，手始めに，映画や書籍で気軽に次のステップへ進んではどうだろうか．そのあと，自分なりにリサーチして，さらに学びを深めてもらいたい．

　第2に，子ども兵士の問題と，自分の生活との接点を見つけてもらいたい．この章の第2節で，子ども兵士が徴用される国内紛争の要因の1つとして，ダイヤモンドやレアメタルなどの経済的な利権をめぐる争いをあげた．ダイヤモンドは，日本でも婚約指輪として広く購入されている．また，レアメタルの1つであるコロンバイト–タンタライト（通称コルタン）という鉱石は，携帯電話

などの部品に用いられている．このように，知らないうちに，消費者としての私たちは，子ども兵士の問題とはどこかでつながっているかもしれないことを感じてほしい．

　第 3 に，具体的に何か行動できることを模索してほしい．たとえば，婚約指輪としてダイヤモンドを買おうというとき，それが紛争によって「血に染まったダイヤモンド（blood diamond）」なのかそうでないのか，消費者としては判断が難しい．そうしたなか，紛争に関わったダイヤモンドが市場に流通できないようにする「キンバリー・プロセス」と呼ばれる認証制度も，産出国の政府だけでなく，ダイヤモンド関連の企業，NGO などによって合意されている．

　第 4 に，『武力紛争への子どもの関与に関する子どもの権利条約の選択議定書』が発効した2002年以来，毎年 2 月12日が子ども兵士の使用に反対する国際デー「レッド・ハンド・デー（red hand day）」と設定され，世界の各地で子ども兵士に反対するイベントが開催されている．近くでイベントがある場合，それに参加してみてはどうだろうか．もし，近くになければ，関心ある仲間と日頃の学習の成果を持ち寄って，研究発表会を開いてもいいかもしれない．

　さあ，この章を読み終わった読者の皆さん．勇気をもって，次のステップを踏み出そう！

## 付記
本章は早稲田大学特定課題研究助成費（2018B-318）による研究成果の一部である．

## 注
1 ）http://www.hiroshimapeacemedia.jp/hiroshima-koku/special/index_20090427.html, 2019年 9 月 5 日閲覧．

❏ 推 奨 図 書 ・ 推 薦 映 画
内海成治・中村安秀・勝間靖編［2008］『国際緊急人道支援』ナカニシヤ出版．
勝間靖編［2011］『アジアの人権ガバナンス』勁草書房．
シンガー，P. W.［2006］『子ども兵の戦争』（小林由香利訳），日本放送出版協会．
ベア，I.［2007］『戦場から生きのびて——ぼくは少年兵だった——』（忠平美幸訳），河出書房新社．
ズウィック，E.［2006］『ブラッド・ダイヤモンド（Blood Diamond）』ワーナー・ホーム・ビデオ．
ソベール，J.-S.［2008］『ジョニー・マッド・ドッグ（Johnny Mad Dog）』ハピネット．

# 第15章

## 援助は本当に役立っているか？

―途上国で進むガバナンス改革の光と影，そして日本にできること―

## *1* はじめに

　国際協力は第二次世界大戦後，それまで植民地化されてきたアジア，アフリカをはじめとする諸国の独立とともに始まり，半世紀以上にわたって莫大な資金と労力を投入して進められてきた．そのあり方についても研究者，実践者を含めて，これまた膨大な議論が交わされ，さまざまな政策や理論，概念が生み出されてきた．しかし国際社会のこうした努力にもかかわらずいまだに貧困問題は解決せず，貧富の格差と貧困の深化は，グローバリゼーションのなかでかえって進んでいる側面さえある．日本の協力についても常に多方面から批判を受け続け，「本当に援助は役に立っているのか？」「国内に問題が山積するなかで，日本が国民の血税を使って援助をすることにどこまで意義があるのか？」といった疑問がぶつけられてきた．本章ではこうした疑問に対する答えを求めて，国際協力の現場から見た援助の潮流の一例として途上国で急激に進められるガバナンス改革を取り上げて紹介し，日本の協力という視点も織り交ぜてそのあり方について考察を加えてみたい[1]．

　本章を通じて，国際協力機構（JICA：Japan International Cooperation Agency）という日本の援助機関の現場で日々暗中模索する者が見つめてきた国際協力の姿をお伝えできればと考えている[2]．

## *2* 世界で進むガバナンス改革
### ――その光と影――

### 1　1980年代の構造調整プログラム
#### ――弱者を犠牲にした発展政策のもたらしたもの――

　国際協力の世界では1980年代から90年代初頭にかけて国際通貨基金（IMF：International Monetary Fund）と世界銀行（以下，世銀）が主導した構造調整と呼ば

れる政策の嵐が吹き荒れた．そのころ発展途上国の多くは70年代の二度の石油
危機を発端とする深刻な累積債務・国際収支危機に陥っていた．これを救済す
べき IMF・世銀は支援融資を準備したが，この支援を受けるにあたり，条件
として途上国政府に課されたのが「構造調整プログラム[3]」である．これは市場
原理を重視する新古典派経済学理論に基づいて，途上国政府に対して国の政治
経済の根本的構造変革を迫るものであった．しかもそれを受け入れなければ援
助がもらえないという，いわゆる「援助のコンディショナリティー」として打
ち出されたのである．そこでは，マクロ経済の成長と国際収支・財政収支の改
善を目指して，それまでの保護主義的な規制や関税を撤廃し（自由競争原理の導
入と市場経済化・貿易自由化），国営企業の民営化や公務員削減をはじめとする「小
さな政府」の追求による行政の効率化，ならびに緊縮財政によって財政赤字を
解消することが求められた．ちなみにこれは日本の「小泉構造改革」と同様の
ものである．彼らの論理は，こうした構造改革を通じてマクロ経済を発展させ
なければ貧困問題の解決・改善はあり得ないし，逆にマクロ経済が発展すれば
その恩恵はいずれすべての国民に行きわたる（トリクルダウン理論）というもの
であった．

　ところがその結果なにが起こったか．市場経済化と貿易自由化が進む中，国
際競争力を持たない途上国の多くでは，国際収支は改善するどころか悪化を続
け，1人当たり国民所得は却って低下した．スタートラインも足腰の強さも異
なる者に対して，過去の経済成長によって基礎体力を十分過ぎるほどにつけて
きた先進国と「自由競争」させたことの当然の帰結である．また国内ではほん
の一握りの強者が「勝ち組」として富と成功を独占し，「自由競争」という美
名の下，それ以外の「負け組」（国民の大部分）はより貧困を深化させた．緊縮
財政は教育，保健医療，公衆衛生，農業普及といった，弱者が必要とする最低
限の公共サービスの機能不全を，さらに致命的なものにした．そのうえ，構造
調整が続いた10年間，多くの国で公務員の新規採用が凍結された．これらの国
ではその影響で現在，経験を積んだ働き盛りの30代，40代の中堅職員が「失わ
れた世代」としてぽっかりと欠けてしまっている．構造調整のツメあとが，政
府の機能向上を20年後の今に至るまで困難なものにしているのである．

## 2　構造調整から貧困削減，ガバナンス改革支援へ
### ──途上国で進むガバナンス改革の現実──

　1980年代から10年余にわたって推進してきた構造調整が「予想に反して」成功しなかったことを受けて，世銀は貧困削減に向けて政策を転換した．マクロ経済を改善することに執心した構造調整に対して，「我々の究極的な目的はマクロ経済そのものではなく，貧困をなくすことであるはず」という極めてまともな議論がやっとなされるようになった．さらに，それまで世銀・IMF は途上国に対し構造調整をはじめとする政策を強要し，途上国側がこれを受け入れることで自分たちが援助適格国と認証しなければ他のドナーも協力を留保することが多いなど極めて大きな影響力を持つにもかかわらず，自らが援助の調整役になることをしてこなかった．この点についても我々には無責任と映り直接間接に抗議してきたが，この政策転換を機に，ドナー協調による援助調整の音頭も取るようになった．途上国政府自身のオーナーシップの下に１つの包括的プログラムを策定し，貧困削減という最終目標に向けて，政府と全てのドナーの努力を結集するという戦略には十分にうなずけるものがあった.[4]

　他方で，同じ世銀・IMF により，「構造調整が失敗したのは，途上国政府自身のガバナンス能力の弱さが最大の原因である」という（勝手な）分析も打ち出された．しかも世銀・IMF は，米国と共にこれを援助の前提条件とし，ガバナンスの良くない国（ほとんどの途上国）に対してはガバナンス改革を断行することを政府が受け入れなければ援助はしないとするという手法をとった.[5]こうした経緯を経てガバナンスというテーマが登場するわけであるが，本章ではそのなかでも私自身の専門分野である地方分権化について起こっていることに触れる．

　1990年代に入ると多くの途上国で，ドナー側の強い指導もあって地方分権化が急激に進められるようになった．地方分権化そのものについては，地域の特性や住民のニーズをより的確に反映した行政サービスの提供（行政サービスの向上）や地域の意思決定プロセスへの住民参加の促進（地域自治とガバナンスの向上）などの点から正当化される．基本的方向性としては，適正な分権化自体は理論上は合理的と言える．しかし実際途上国で起こっていることを見ると，あまりにも理不尽な形で改革が進められているケースが目立つ．

　私が1991-96年に勤務したニカラグアでは，条件が整わないのに急激に地方に権限が委譲されたために大混乱が起こっていた．貧しい農村部の村役場を訪

れると，トタン屋根，日干しレンガ造りの掘っ立て小屋に古びた机が 1 つある
だけの「役所」で，村長が泣きついてくる．「国は突然『ゴミ処理はおまえた
ちに分権化する』と言うが，人も金も施設も機材も経験もノウハウも無いのに，
どうやってやれと言うのか？」．これがニカラグアで行われた地方分権化の典
型的な悲劇である．しかも分権化の対象となっているのは（国によって若干の違
いはあるが）ゴミ処理の他，保健医療，教育，農村道路，上下水道など住民にとっ
て最も基本的な行政サービスである．最も必要とされている行政サービスが，
地方分権化されたために機能しなくなるという矛盾に直面している．

　隣国ホンジュラスでも地方分権化が進められている．ニカラグアも同様であ
るが，人口数百万，面積も九州や四国程度のちっぽけな国で一様に判を押した
ように地方分権化が進められている．ホンジュラスの場合，こんな小さな国に
自治体が300以上も存在する．貧しい市町村になると年間予算は300万円程度．
そこに居るのは市長，副市長，会計役と秘書の 4 人だけ．いわゆる我々が思い
描く「役所」と「地方公務員」は，存在自体しないのである．こんな分権化体
制を敷いて，どうやって行政サービスを機能させようというのか？

　タンザニアでは1996年以来，世銀・IMF や欧米ドナーの強力な指導の下，
急激に地方分権化が進められている．しかも彼らが目指している分権化は
「ディーバイディー」と呼ばれるもの（D by D：Decentralization by Devolution. 権
限委譲による分権化[6]）で，それは分権化のなかでも最も純度の高い，高度なもの
である（先進国が自国内の改革において議論しているのと同じ種類の分権化．2000年の小
泉改革も同様）．これをまだ「国づくり」もおぼつかない段階のこの国が，数年
の間に一足飛びにやろうというのである．

　そこでは欧米ドナーがコモンバスケット・ファンド[7]を組んで，80ページ以上
にわたる水も漏らさぬような詳細緻密な実施計画書を策定し，活動を進めてい
る．国としての責任官庁は地方自治庁であるが，実際に分権化プログラムを実
施するのはコモンバスケットにより雇われたタンザニア人，英国人，アイルラ
ンド人等のコンサルタント・チームであった．さらに運営上の決定はコモンバ
スケットの運営委員会で行われる．名目上の議長は地方自治庁次官であるが，
議論ではドナーが資金提供者として寄ってたかって介入する．

　私はプログラムの実施が開始された2000年から 3 年近くが経った2002年11月
に初めて同国地方分権化支援の調査に訪れた．この時前記のような状況を目の
当たりにし，「こんな急激な改革をして大丈夫なのか？」という懸念と同時に，

「ここはいったい誰のための国なのか？」と愕然としたものである．1961年の独立以来，「独立の父」故ニエレレ大統領の下で進めてきたアフリカ型社会主義国家建設という夢と希望に破れ，世銀・IMF の構造調整を受け入れてがんばってみたがうまく行かない．1994年には IMF から不合格の烙印を押されて援助が中止され，あわてて「心を入れ替え」頭を下げて援助を再開してもらい，1996年から4年もかけてドナーの手取り足取りの指導の下で膨大緻密な分権化プログラムを策定した．その設計図に従って「分権化」という敷かれたレールの上を突っ走らされ，それでもうまく行かずドナーから叱られっぱなし．そんななかで，もうどうしてよいか分からず自信喪失してしまっているタンザニア人と，「どうしてうまくできないのか？」と苛つくドナーたち．私にはそんな構図に見え，怒りさえ覚えたものである．

　我々が最初に行ったのは，タンザニアの地方分権化改革の現場の最前線で日々暗中模索を続ける地方行政官のリーダーたちを日本に招いて日本の国づくりや地方制度づくり，経済社会開発の経験を共有し，「自分たちの国のことは自分たち自身で考えて決める」という当たり前のことを訴えて議論し，タンザニアにとって最適な国づくりの方向性を考えてもらうことであった．（日本の経験がいかに途上国に役に立つかについては次節3参照．）地方自治庁の幹部や州，県の行政長官を招いたこの研修はタンザニア政府内で非常に高く評価され，17年経った現在も続けている．またこの研修後，日本での学びを自分たちだけに留めず他の同僚とも共有したいとの参加者からの提案で，各州で毎年ローカルセミナーを開いてきた．これまでに本邦研修に参加した幹部行政官は延べ200名を超え，ローカルセミナー参加者も含めると6500余名に上る．2018年度からはその輪を大統領府や財務省をはじめ中央省庁にも広げ，タンザニア政府は次回の研修を主要各省の次官級を対象に実施することを提案して来ている．

　この研修は，タンザニア側のみならず日本側にとっても同国の社会文化的背景や歴史的経緯も含めた実情と課題への理解をより一層深める重要な学びの場となった．そしてそれが更に，日本としてどのような協力ができるのかをより深く分析し，タンザニア側と意見交換しながら両国の協力内容を協働で策定する重要な「場」となってきた．その結果として2005年に形成され，その後も双方の議論を通じて改良修正を加えつつ現在に至るまで実施されているのがJICA の協力プログラム「タンザニア地方行政改革」である．

　この協力プログラムでは，タンザニア政府の極めて限られた予算と人員の中[8]

でも，国民の必要とする教育，保健医療，上下水道，農業普及，道路建設保守等の行政サービスを提供し地域開発と住民の生活改善を進めることができる，そんな地方行政サービス・モデルの構築を目指している．

　タンザニアは日本の国土の約2.5倍，人口約5700万人を抱える一方，1人当たり GDP は US\$936.33（2017年），国家予算は日本円換算で約1.6兆円（2018年度）と経済財政的には極めて厳しい状況にある．職員数についても日本の自治体と比較すると100分の1程度しかない[9]．このような現状の中で政府が単独で国民の必要とする行政サービスを提供することを期待するのはそもそも不可能であると言っても過言ではない．懸命に頑張れば先進国政府と同程度とは言わずとも，せめてその半分くらいの機能は果たせるのではないか，と考えるのは，はっきり言って「幻想」でしかない．そしてこれはタンザニアに限らず，ほとんどの途上国が直面している現実なのである．

　他方，タンザニアには1961年の独立以来，「建国の父」として今も国民から絶大な尊敬を集める故ニエレレ初代大統領の指導の下で進められてきた「住民の自助努力」による地域改善の実践が全国に広く深く根付いている．政府が来てやってくれるのを待つのではなく，自分たちの本当に必要なことは自分たちでできる限りやる．そうすることで自分たちの地域を自分たちの手で良くし，自分たちの生活改善を進める．経済的にも集落内でグループを作り，協働で生計向上を図っていく．そんなことがこの国では当たり前に行われてきた．

　我々はそこにタンザニアという国の大きなポテンシャルを見出す．振り返ってみれば日本でも明治の国づくりの当初，政府が極めて限られた貧しい国家予算を富国強兵と殖産興業に集中させなければならなかった中で，学校を建てるのも先生を雇って給料を払うのも集落の道普請も，地域住民の自助努力で進められたケースはあちこちに見られた．大分一村一品運動を見ても，貧しい地域の住民が貧困から脱却するために知恵を絞って協働で努力する姿に，地方自治体が寄り添ってその自助努力を最大限に引き出し，住民同士，そして地域と自治体とが協働で地域開発を進めて行った結果が，現在の成功に繋がっている．

　JICA の「タンザニア地方行政改革」プログラムは，上記のようなタンザニアの持つ偉大なポテンシャルを最大限に活かし，政府だけが行政サービスに悪戦苦闘するのではなく，地域住民の自助努力を引き出し，政府と地域コミュニティーとが協働でその地域に必要な行政サービスを改善し，地域開発を進めるモデルを開発し，これを実証して制度化し，普及展開することを進めている．

　すでにタンザニア国内のさまざまな地域で，住民の自助努力で道路，小学校，中学校，診療所，ため池，灌漑施設等の建設がなされ，これを自治体が支援して地域の開発と行政サービス改善が進められている．

　これが，現在我々がタンザニア人と共に進めている試みの一例である．我々は「外部者」としてタンザニア人が自分たちの国のもつ素晴らしい財産と可能性に気づき，誇りと希望を持って自分たちに最も適した国づくりを進めて行けることを願い，これからも彼らに寄り添って行きたいと思っている．

# *3* 日本としてできること
## ——それはたくさんある！——

　以上に紹介したような国際協力の潮流のなかで，我々が日本の協力として考え取り組んできたことは，決して偶然の産物ではない．それは日本固有の経験に基づいた，途上国の国づくりと開発（とくに能力開発）に対する見方，さらにそうした受入国の努力に対する支援のあり方に関する我々なりの洞察から出ているものである．そしてそこからは，日本の積み上げてきた経験が，今の途上国にとっていろいろな意味で大変参考になる教訓や「留意すべきポイント」を豊富に含んでいることが確認できるのである．

## 1　明治期の国づくり経験
### ——外部モデルの受容プロセスと「和洋折衷」モデルの創出——

　日本は現在の主要な援助提供国のなかで，唯一非西欧文明圏の「後進国」から先進工業国になるというプロセスを経験した国である．先進国からさまざまなことを学び，取捨選択と試行錯誤を繰り返して発展してきたのが日本である．

　当時の日本は，200余年に亘る鎖国を廃して国を開き，後発国として資本主義，帝国主義という「グローバリゼーション」に曝されながら西欧列強を「目標」として国家建設を進め，制度整備，経済開発の道を模索してきた．その道程の中には，一方でそうした「目標としての西欧」のモデル導入とそれに伴う伝統の破壊（外部モデルの受容），他方でそれに対する抵抗と自国の伝統の見直し（日本的アイデンティティの追求）というサイクルを繰り返しながら独自のモデル（「和洋折衷」モデル）を模索して発展してきた経験が詰まっている[10]．

　翻って日本人として今の途上国のガバナンス改革を見るとき，こうした議論と試行錯誤の繰り返しを自分たち自身の力で進める「主体的な外部モデルの受

容プロセス」が欠けていることに対する懸念を禁じえない．「制度構築支援」の名の下，西欧ドナーから持ち込まれたモデルを取り入れ，それに向けた改革の実施プログラムをドナーの支援で雇われた外部コンサルタントにデザインしてもらって，それをわき目も振らずに実施させられているように我々には見える（そしてその達成度は常にドナーによってモニタリングされている）．

　「国づくり」において，そんなやり方がうまく行くとは，我々の経験からはとても思えないのである．「国づくり」はプロジェクトではなく，プロセス，しかも長い長いプロセスである．そうした内発的発展と能力開発のプロセスを経ない「制度構築」は，「砂上の楼閣」になりかねないと我々は懸念し，途上国にも他のドナーにも訴え続けているのである．

## 2　日本の曖昧な中央地方関係とゆっくりとした改革のプロセスの経験が，今の途上国に問いかけるもの

　日本は戦後の民主化から2000年の地方分権化改革に至るまで，非常に長い時間をかけてゆっくりと改革のプロセスを進めてきた．また日本の中央地方関係は，よく言えば国と地方が協力しながら行政サービスを進める「融合型[11]」の関係，悪く言うと責任の所在が曖昧で地方の独立性が明確でない，国のコントロール体制として批判されてきた．

　しかしながら，現在途上国が直面している問題に照らしてこれらの制度を見直すと，実はそこから意外に面白い教訓が抽出できることに気づく[12]．本章ではその一例として，機関委任事務を取り上げる[13]．分権化のなかでも純度の高いものである Devolution（委譲）[14]を追求するタンザニアのような途上国が例外なく直面している問題として，委譲された多くの重い権限・責任に地方自治体の側の能力が追いついていない問題と，中央省庁からの抵抗・非協力の問題がある．これに対して欧米ドナーと途上国政府は，前者には自治体に対する「研修」で，後者には中央省庁への「啓もう」という紋切り型の手段で解決しようとしてきた．しかしこれらはお世辞にも有効な解決策になっていない．

　その点，日本ではどうであったか．機関委任事務制度の下で多くの日常業務を担ってきた地方自治体職員は，何か問題や困難に直面した際には中央の担当省庁に電話して相談した．省庁の職員はそれに懇切丁寧に対応して必要な情報とノウハウを与え解決策を一緒に考えてきた．そして地方自治体は，そういう実務経験を何年も積み重ねることによって能力をつけていったのである（これ

がOn-the-Job Training, いわゆるOJTである[15]). 機関委任事務制度は戦後55年続いた. その間，役所に入った新人が経験を積んで幹部になり，定年を迎えるまでの約40年のサイクルをカバーして，十分に組織としての能力が育った段階で，2000年の分権化改革を迎えた．これだけの準備をし，Delegation を通じた過渡期の[16]プロセスを踏んではじめて，日本は最終的な Devolution をスムーズに断行することができたと見ることができる．これに対し，同じことをタンザニアは，その準備プロセスを経ずに一足飛びにやろうとしている，と我々の眼には映るのである．

　また，省庁の職員が懇切丁寧に自治体職員の問題解決に寄り添ったのは，決して日本の省庁の人間が親切な「お人よし」だからではない．それは本来自分たちに責任のある仕事を自治体にやってもらっていたからである．つまり，機関委任事務という Delegation の制度をとっていたからこそ，「抵抗」ではなく自然に「協力」したのである．

　欧米先進国ドナーが途上国で，自国で進めるのと同様の分権化（Devolution）を進めさせながら，中央省庁が協力しないとこれを「抵抗勢力」とみなし，強引に彼らに「理解」を迫る情景は，イソップ童話の「北風と太陽」を思い起こさせる．本当に必要なのは，中央と地方が納得して協働できる体制と，最終的な分権化体制に無理なく移行する Transition Strategy（これもプロセス）を考えることであるというのが，我々の見方である．

　紙面の都合で取り上げられないのが残念であるが，日本の経験の中には機関委任事務の他にも，途上国の課題に照らして参考になる示唆を与えてくれるものがたくさんある．一例をあげると，辺境の貧しい地域の自治体でも優秀な人材を確保し，同時に自治体の能力開発を OJT によるノウハウ移転で可能にしてきた中央と地方の人事交流[17]や，地方交付税制度によるナショナル・ミニマム・スタンダードの確保体制[18]，汚職を防ぎ組織の目的のために職員の能力を最大限に引き出すための人事制度の工夫[19]，都道府県と市町村という地方自治の二層構造，さらに市町村からコミュニティに至る連携構造などである．私が働くJICA では，これら日本の経験を途上国の課題に照らして分析し，援助に活かしていく方法を常に議論しているところである[20]．

3　日本的支援——制度の押し付けではなく，途上国の自助努力に寄り添う援助——

　以上の説明からご理解いただけるのではないかと思うが，ガバナンス支援の分野において我々は，欧米ドナーが「制度構築」と称して自分たちのモデルを持ちこみ，1つのプロジェクトのように期限を決めて「国づくり」を強引に進めさせようとする傾向がしばしば見うけられることに違和感を覚えている．我々は日本自身の発展してきた過程と経験から，内発的発展と能力開発のプロセスを経ない「国づくり」はあり得ないし，それには「外からの焦り」は禁物であると思っている．これは一般にはあまり認識されていないようであるが，日本人専門家たちの援助の現場における基本姿勢の1つの大きな特徴は，常に相手の「自力更生」「自助努力」を最重視して仕事をしてきた点にある[21]．

　一国のガバナンスを考えるときに，誰が見ても正しい唯一絶対の答えなど，まずあり得ない．それぞれに利点と欠点を併せ持ったさまざまな選択肢を比較して，これが最善であると自分たちが納得するものを自分たち自身で1つ1つ選び取っていくこと，創り出していくこと，そのプロセスこそが重要だと考える．そして援助国としての我々の役割は，そのプロセスに寄り添い，必要な情報やノウハウ，助言を提供しながら相手国が考えを深めて経験し，能力をつけて行くのを側面支援することでしかないと考えている．

## 4　日本だからこそできる援助，二国間協力の存在意義を求めて

　前節で述べたとおり，援助の現場にいる我々は，日本だからこそできる協力はたくさんあると確信している．実際日本は議論や宣伝が得意ではないので広く知られるところになっているとは言えないが，ガバナンスや参加型開発の分野でも，世界の各地で興味深い実績を残している．

　その一方で，こうした日本だからこそできる援助を行うための環境は，最近どんどん難しいものになってきていると言わざるを得ない．2010年前後から吹き荒れた「事業仕分け」の嵐の爪痕はもとより，「成果主義」という名の下，JICA の事業に対しても厳しい目が向けられるようになっている．これらは日本の協力に対して，一方でコスト削減と効率性，他方で目に見える成果を短期間に示すことを強く求めるものになっている．もちろん厳しい国内情勢の中，国民の血税を使って行っているのであるから，これらは全て重要な要請である．

　しかしここで敢えて指摘したいのは，極端なコスト削減と「効率性」の追求，

短期間に目に見える成果を出すことへの圧力が，日本の援助の長所の発現を難しくする危険性をはらんでいることである．相手国の自助努力，自力更生に寄り添い，一緒に考えて経験的学習を積み上げながら能力開発を進めて行くような協力には，相応の時間とプロセスが必要になる．また同じ目標を設定しても，相手側の置かれた状況や能力，経験の度合いは千差万別である．こうした相手側の状況に合わせ，発展段階に応じてきめ細かな働きかけを行ってきたのが日本の専門家たちであった．それが，厳しい締め付けと，目に見える成果を時間内に出すことへの過度の圧力の下，非常に難しくなっていると，現場にいる我々は感じている．相手側と一緒に試行錯誤したり，後戻りして考え直すというプロセスが許されないところでは，日本の強みは発揮できない．

　また，援助の世界においても市場原理による「公正な競争」の追求が叫ばれるようになり，以前のように JICA が丁寧に人材発掘から行って専門家を派遣することが難しくなっている．インフラや機材の調達における入札同様，求められる業務内容と資格要件（スペック）を確定して公示し，応募した人材やコンサルタント会社から「客観的に」選んでプロジェクトを委託する方法を主流化しようとする傾向が強くなっている．広く公募して多くの中から最良のリソースを最安値で調達するという市場競争の発想は合理的に見えるかもしれない．しかし，「ひと」の持つ経験・知見には「その人ならでは」という類のものも多い．日本だからこそできる援助は，そうした日本の経験を世界に提供できる人物を送ってこそ可能になる．どんな案件にでも入札してくる「ジェネラリスト」のコンサルタント会社にできるものなら，日本でなくてもよいのである．

　かねがね私は，二国間協力の実施機関としてこれまでの JICA に不足してきたのは，「この人でないと！」という，日本の経験を伝えられる第一級の人材を発掘し，粘り強く説得して国際協力の世界に引っ張り出してくる積極的な人材の発掘・調達であると訴えてきた．終身雇用の労働文化がまだまだ残る日本社会で，本当に第一級の人材は，公示して待っているだけでこちらの世界に飛び込んで来てくれるほど仕事に困っていない．こちらから三顧の礼をもって，その人の持つ経験がいかに途上国にとって必要か，それがどれだけ意義深いことかを説明し，食らいついて説得してその気になってもらうのが，この国の二国間協力を担う組織である JICA の重要な役割ではなかろうか？

　国際機関は世界中の労働市場から広く人材調達ができる．その代わりに「日

本の経験」のような特有の背景は持っていない．だから国際機関にとっては広く開かれた市場から公募するのが最も合理的である．しかし，日本の経験を活かした二国間協力を追求するのであれば，それと同じやり方で（しかも狭く閉鎖的な日本の労働市場で）人材調達を行っていていいのか？　「この人！」という人材の「一本釣り」も含めて，日本だからこそできる援助を提供できるようにするためにどんな体制が望ましいのか，二国間協力の存在意義を見つめ直して，もっと議論していく必要がある．

　日本の二国間技術協力には非常に大きな意味がある．しかし，その本当の強みを発揮するためには，我々に残された課題は多い．それが今の現実でもある．


注

1）ところで，これらの考察を進めるにあたり本章では，「弱者の眼から見た現実」「現場での視点」という2点を重要な礎として据えている．本書は故馬場伸也先生の薫陶を受けた弟子たちが，その教えを踏まえて後の人生を歩んできた経験から，国際社会の見方についての考えを持ち寄ったものである．そういう意味では，私は馬場先生との出逢いによって人生を最も大きく変えられた者の1人だと思っている．先生は国際社会を学ぶ上で，「常に弱者の眼で世界を見るようにしなさい．そしたら世界は違って見えてくる」と我々に教えられた．現場を大切にする基本的姿勢も大学時代に先生から植え付けられたものである．さらに先生は，研究をするにしても実践者になるにしても，まずは「人格を磨け！」と常々強調された．これらの教えは自分にとって大きな衝撃であった．人格が磨けたかどうかは別にして，「弱者の眼で現場を見よ！」という教えは，その後の自分の仕事において，一貫して最も大切な座右の銘になっている．

2）本章で展開する議論はあくまで筆者個人の見解であり，一切の文責は筆者にある．

3）構造調整が発展途上国にもたらした問題の指摘については非常に多くの書籍，論文がある．たとえば，Stiglitz［2002：Ch. 3；Ch. 4］，George and Sabelli［1994：Ch. 3］，毛利［2001］参照．特にStiglitzの著作は，ノーベル経済学賞受賞の世界的経済学者で世銀の上級副総裁まで務めた著者が構造調整をはじめとしたIMF・世銀の政策を批判したものとして世界的に衝撃を与えた．

4）「包括的開発の枠組み（CDF：Comprehensive Development Framework）」と呼ばれるアプローチで，これは世銀のウォルフェンソン総裁（当時）が提唱したものである．この考え方に沿って貧困削減のために包括的枠組みとして各国で策定されたのが「貧困削減戦略ペーパー（PRSP：Poverty Reduction Strategy Paper）」である．

5）構造調整の失敗からガバナンス支援アプローチへの変遷に関しては，JICA［2003］参照．

6）分権化の1つの分類方法として，① Deconcentration（裁量権の分散化），② Delegation（委任），③ Devolution（委譲）がある．①は中央省庁がその同じ組織内の

地方の出先や付属機関に裁量権を与えること，②は国が地方自治体や他の組織に業務を委任することで，日常業務は委任先機関が行うが，最終責任と権限は国に残るもの．日本が2000年まで採用してきた機関委任事務はその典型例（後述の第3節2参照）．③は業務，機能，責任，権限を含めて国が地方自治体に委譲するかたちの分権化で，最も分権度合いが強い［JICA 2007：103（Ch.3 Box 3‒1）；JICA 2004：66-67］.

7）援助協調の有効な手段として，受入国政府とドナーとが包括的プログラムを策定し，それに必要な資金をそれぞれに拠出して，単一の財源とする援助形態．実施に関するモニタリングや意思決定はその運営委員会で行われる．コモン・ファンドとも呼ばれる［JICA 2001：147-48；2003：21-22］.

8）たとえば長野県の農林水産部門の職員数は2018年度で1,222名．更に県内77市町村のそれぞれに数名から数十名の職員が勤務している．それに比べてタンザニアの県はほぼ同程度の面積をカバーするのに，郡，村レベル配属職員を含めても総勢20-30名しかいない．予算も同様に日本の自治体の100分の1に満たないレベルである．

9）注8参照.

10）この明治期近代国家形成期の日本国内各界の沸き立つような議論と血の滲むような試行錯誤のプロセスを知る上でお勧めの一冊としては，石川［1995］.

11）各国の分権化の度合いや中央地方関係を見る際の分析枠組みとして，「集権型‒分権型」に加えて「融合型‒分離型」という切り口がある．融合‒分離については JICA［2007：104（Ch.3 Box 3‒2）］，JICA［2001：138-40，181-84］，青木［2006：116-17］，秋月［2001：166-73］，JICA［2004：67］参照.

12）機関委任事務や中央地方の人事交流など，戦後の学界では国による地方のコントロール，集権的体制の象徴として批判的に見られることが一般的であったが，村松岐夫（京都大学名誉教授）は，日本的行政の機能の仕方としてこれらが地方行政とその能力開発に与えた正の影響を指摘している．この分析は途上国の地方行政を考える上でも大変有効である［村松 1988；1994］.

13）機関委任事務とは国が最終権限と責任を保持しながら実際の日常業務を地方自治体という機関に「委任」するものである．日本は2000年の分権化改革までの長期間，政府の行う行政サービスの多くについて，一貫してこの分権化形態をとってきた．注6で触れた分権化の3分類で言うと，機関委任事務は Delegation にあたる．このため日本では多くの業務を地方自治体が担っていながら，実はその多くは本来国がするべきことを裁量権もないまま代行して「やらされている」として強い批判を受けてきた．その結果2000年の分権化改革で廃止となり，本格的な Devolution に移行した.

14）注6参照.

15）OJT の有効性については，JICA［2004：63］参照.

16）注6参照.

17）日本の地方行政の発展に中央地方の人事交流が果たした役割については，［稲継 2000］が興味深い分析を提示しており，途上国の地方行政を考える上でも役に立つ.

18）ナショナル・ミニマム・スタンダードとは，政府が国民全員に保障するべき最低限の公共サービスの水準のこと.

19）この点でも稲継［2000］が途上国にも参考になる有益な分析を提示している．

20）その一環として JICA では『日本の地方行政──学びと改革の経験──』という視聴
　覚教材を2009年に日本語，英語，スペイン語で作成した（https://jica-net-library.jica.
　go.jp/jica-net/user/lib/contentDetail.php?item_id=801，2019年 6 月22日閲覧，但し，ア
　クセスは JICA 関係者に限られている）．

21）「自助努力」「自力更生」の尊重をはじめとする現場での日本人専門家の姿勢について
　は，加藤［1980］を参照．また，JICA 専門家としてではないが，アフリカでの現地側
　との接し方や援助に対する考え方について，欧米人との違いを現場で感じる日本人専門
　家の回想として，服部［2009］は非常に面白い．

❏ 推 奨 図 書 ▰▰▰▰▰▰▰▰▰▰▰▰▰▰▰▰▰▰▰▰▰▰▰▰▰

石川一三夫［1995］『日本的自治の探究──名望家自治論の系譜──』名古屋大学出版会．

国際協力機構編［2009］『日本の地方行政──学びと改革の経験──』JICA-Net マルチメ
　ディア教材．

下田道敬［2009］「最近のアフリカの地方分権化改革と日本の支援」，栗本英世編『紛争後
　の国と社会における人間の安全保障』大阪大学グローバルコラボレーションセンター
　（https://ir.library.osaka-u.ac.jp/repo/ouka/all/48247/glocol01_048.pdf，2019年 6 月22日
　閲覧）．

スティグリッツ，J. E.［2002］『世界を不幸にしたグローバリズムの正体』（鈴木主税訳），
　徳間書店．

服部正也［2009］『ルワンダ中央銀行総裁日記（増補版）』中央公論新社．

村松岐夫［1988］『地方自治』東京大学出版会

村松岐夫［1994］『日本の行政──活動型官僚制の変貌──』中央公論新社．

# 第16章

## 国連は平和の実現にいかに貢献できるか？
### ——国内紛争に対する国連の役割の考察を通じて——

## *1* 21世紀における平和の課題と国連

### 1　変化する国際平和の課題

　国際連合（以下，国連）は，20世紀前半に起きた2つの世界大戦の教訓をもとに，「国際の平和と安全（international peace and security）」を維持するために国家の代表が集まってつくった国際組織である．それから70年以上が経ち，国際社会の平和を実現するための課題が変化している．

　国連を設立したとき，その創設者達にとって一番大きな平和の問題は，侵略戦争の防止であった．ある国が別の国を侵略するなどして国際社会の平和を破壊した場合，他の国々が集まり協力して侵略国を制裁する「集団安全保障（collective security）」という考え方をもとに，国連の仕組みが設計された．

　しかし，今日の私たちにとって平和と安全を脅かす問題は，国家間の戦争だけでなく，貧困，感染症，環境汚染，国内の武力紛争，核・化学兵器の拡散と使用，テロリズム，国際組織犯罪など多岐にわたる［UN 2004］．では，平和と安全に対するこのような現代の脅威にはどのような特徴があるのだろうか．

### 2　現代の脅威の特徴

　第1に，ヒト・モノ・カネ・情報が国境を越え地球規模で飛び交うグローバル化のなかで，現代の脅威もたちまち国境を越え，地球規模の影響を与えることだ．確かに，環境汚染や感染症などの問題は以前から存在していた．しかし，影響する地域が比較的限られていたこれらの問題が，グローバル化の進展とともに，その範囲を広げ，また拡散するスピードも格段に高まっている．2007年に米国の金融危機に始まった世界経済の低迷をはじめ，地球温暖化，国際テロリズム，エボラ出血熱などの国際感染症などは，現代の脅威が与える影響の範囲と速さを示す良い例であろう．つまり，グローバル化により「国内」の脅威

と「国際」の脅威の垣根が無くなりつつあり，一国内で起こる脅威が全ての国々に対する脅威になる可能性が高まっている．

　第 2 に，異なった脅威が互いに関連し合い，国境を越える脅威になることだ．たとえば，ある開発途上国の貧困の問題を考えてみよう．貧困は，それだけでは必ずしも紛争の直接的な原因ではないが，それにともなう社会的不満は紛争を起こす土壌を生み出す．そして，紛争などで国家機能が麻痺している国は，しばしば国際テロリストや国際組織犯罪集団の温床となり，他の国々の安全を脅かす．21世紀初頭に起きた米国での同時多発テロ事件とアフガニスタンの内戦との関係や，長年の内戦で無政府状態になっていたソマリアの近海における国際船舶への海賊の襲撃などが良い例であろう．

　また，先進国が排出量の大半を占める温室効果ガスが引き起こす気候変動は，排出量がわずかな開発途上国にも，資源の枯渇や大規模な人の移動などの影響を与える可能性がある．そして，それがまた貧困や紛争を引き起こす原因になることがある．このように，ある脅威が他の脅威を引き起こし，複雑に関連しあうことによって，国際社会全体としての危険性がさらに高まっているのだ．

　第 3 に，国境を越え，相互に関連し合うこれらの脅威は，どれも一国だけでは解決できなく，国際社会が協力して取り組む必要があることがわかる．核兵器技術の拡散，国際テロリスト集団への対応，温暖化の防止，感染症の対策などは，一国の国内で規制強化などの対策をいかにしても効果が限られていることは明らかであろう [UN 2004]．

　つまり，今日の国際社会の平和と安全を守るためには，国家間戦争という国連設立時に想定されていた脅威だけでなく，多様化した脅威にも対応できる包括的な新しい集団安全保障を構築する必要があるのだ．では，国際社会がこの新しい集団安全保障を構築するためには何が必要だろうか．

## 3　新しい集団安全保障と国連

　まずは，何が国際の平和と安全を脅かす問題かについて，国際社会の認識が一致する必要がある．たとえば，ある国にとっては国際テロリズムが自分の国の安全を脅かす大きな問題かもしれないが，そのように考えない国もある．開発途上国の貧困や紛争は，人道上の問題かもしれないが，国際平和に対する脅威とは捉えない国もあるだろう．先に述べたように，現代の脅威の脱国境性と相互関連性を認識し，他の国が直面している脅威も自らの安全を脅かす問題と

捉えなければ，国際社会が一致して取り組むことはできない．

　次に，新しい集団安全保障を実現する仕組みを作る必要がある．そのために
は，国際社会を構成するメンバーの協力を促進する政策や制度が必要となる．
ここで重要になるのが，国家以外のアクター（行為主体）の役割である．

　第二次世界大戦が終結した時，国際社会の主要なアクターは国家であった．
この主権国家体制といわれる秩序を前提に，国連の安全保障の仕組みもつくら
れた．しかし，それから60年以上経った今日の国際社会では，国家だけでなく
NGO（非政府組織）に代表される市民社会や民間セクターなどさまざまなアク
ターが，地球規模の問題解決に重要な役割を果たすようになっている．また，
欧州連合（EU：European Union）やアフリカ連合（AU：African Union）などの地
域機関も，国際問題の解決に大きな役割を果たしている．つまり，新しい集団
安全保障の政策や制度をつくるには，これらの多様なアクターが，グローバル，
地域，国，コミュニティのそれぞれのレベルで，平和と安全を促進できるよう
な仕組みづくりをすることが重要になる．

　また，侵略国に対する制裁を中心とした集団安全保障の考え方では，軍事力
は重要な解決手段の１つであった．しかし，貧困や内戦，環境問題や感染症な
ども国際社会の平和と安全を脅かす問題と考えるならば，社会経済面など幅広
い分野でも協力できる体制をつくることが大切になってくる．

　では，国際社会の集団安全保障を実現する仕組みとして設立された国連は，
このような現在の平和と安全の課題に対して，どのように対応しているのだろ
うか．脱国境化し，相互関連性が深まっている今日の多様化した脅威に対応す
るために，国連はどのような取組みをしているのだろうか．

　本章では，現代の脅威の１つである国内の武力紛争に対する国連の平和活動
に焦点を当て，国際社会における新しい集団安全保障を構築するための課題を
考えてみたい．先述したように，国連設立時の集団安全保障の中心は，「国家間」
の平和の維持であった．国家を優越するような権威が国内にも国外にも存在し
ないとする主権国家体制においては，国内の紛争に対する他国の関与は国家主
権の侵害，あるいは内政干渉と考えられる．つまり，国連創設者たちにとって，
「国内」の平和の問題は，国際社会の平和と安全を脅かす集団安全保障の問題
とは必ずしも認識されていなかった．

　しかし，平和維持，平和構築，紛争予防，人道支援などを通じて，国連の国
内紛争に対する取組みは，今やその中心的な活動の１つになっている．そこで，

なぜ，そしてどのように国内紛争が国連の取り組むべき課題となったのかを振り返ってみよう．

# *2* 国内紛争に対する国連の役割の変化

## 1　国連の集団安全保障の仕組みと冷戦

国連の創設者たちは，国家間紛争を解決するための集団安全保障体制の要として，安全保障理事会（以下，安保理）という機関を国連システムの一部としてつくった．この安保理は，5カ国（アメリカ，ソ連，イギリス，フランス，中国）の常任理事国と，2年の任期で交代する他の10カ国の非常任理事国の計15カ国によって構成される国連の意思決定機関である．常任理事国には，「拒否権」という権限が与えられ，5カ国のなかで1カ国でも反対すれば，安保理としての決定ができないという仕組みになっている．これは，国連の前身である国際連盟が大国の不参加や大国間の対立のため機能せず，結果として第二次世界大戦を阻止できなかった教訓に基づいていた．

国連の憲法ともいえる国連憲章（以下，憲章）は，集団安全保障における安保理の役割を第5〜8章に定めている．なかでも，第6章は国家間対立の平和的解決を促進する役割，そして第7章では安保理が，国際の平和と安全に対する脅威の認定を行い，脅威に対して必要な手段を講じると定めている．つまり，安保理は，ある事態に対し，それが平和に対する脅威あるいは破壊かを判断し，必要に応じて侵害国に対して集団で制裁を行う権限が与えられているのだ．

さらに，国連の加盟国は，安保理の決定に従う義務があり，制裁は最終手段として武力行使も含まれている．憲章第7章はこの軍事行動を可能にするために，安保理が軍事参謀委員会を設置し，国連加盟国から提供される兵力によって構成される国連軍を指揮することも定めている．

しかし，国連が発足してまもなく，常任理事国である米国とソ連が対立する冷戦が始まった．そのため，全常任理事国の意見が一致することはまれで，国連の創設者たちが想定したようには安保理は機能しなかった．その結果，集団安全保障体制としての国連の役割は非常に限られたものであった．

こうしたなか，国連が武力紛争解決において重要な役割を果たす機会が訪れた．それが，1956年に「スエズ動乱」と言われるエジプトと英国，フランス，イスラエルを巻き込んだ国際紛争である．その際，国連は中立的立場で停戦を

監視するために国連緊急軍をスエズに展開し，世界中を再び戦争に巻き込みかねないと危ぶまれた危機を回避することに成功したのだ．

　「平和維持（peacekeeping）」と呼ばれるこの活動（PKO：Peace Keeping Operations）は，国連憲章のなかでは明確に規程されていない活動，つまり，当初の国連の集団安全保障の仕組みのなかでは想定されておらず，新たに「発明」された紛争解決の手段であった．平和維持とは，国家間紛争終結後に，停戦と兵力引き離しを監視する活動であり，国連が公平な第三者として紛争当事者間に緩衝地帯を設けて平和を保つことにより，外交を通じた紛争の平和的解決を側面から支援するものであった．

　平和維持活動には，① 紛争当事者の同意，② 中立性，③ 自衛のみの武器使用という3つの原則がある．そして，平和維持活動を行う警察官や軍事要員は国連加盟国から派遣され，現地の国連事務総長特別代表の指揮下におかれる．つまり，平和維持は，憲章で想定されていた制裁手段としての国連軍とは，目的や役割，指揮系統が違うことがわかるだろう．そのため，平和維持活動は，紛争の平和的解決を定める憲章第6章と平和への脅威，破壊に対する行動を定める第7章の中間な措置を意味する「6章半の活動」ともいわれる．

　その後，国連の平和維持活動はキプロス紛争（1964年）や中東危機（1973年），レバノンでのイスラエル兵の引き離し（1978年）などで一定の効果を発揮した．1998年には，世界平和への貢献が認められ，国連の平和維持活動はノーベル平和賞を受賞した．

## 2　冷戦終結後の平和維持活動の拡大と限界

　1980年代後半に始まった米ソの冷戦終結は，国際社会に「地殻変動」ともいえる大きな影響を与えた．国連にとっては，常任理事国間の恒常的な対立が終息することで，安保理が協調して行動できる環境が整い，国連設立時に想定された集団安全保障の仕組みが機能できる可能性が高まった．

　そして1990年，冷戦後の国連がどのように集団安全保障を実現できるかを試す機会が現れた．それが，イラクによるクウェート侵攻である．この事態を，安保理は憲章第7章にもとづき，「国際の平和と安全」の破壊と認定し，最終的に国連加盟国に対してあらゆる必要な手段（all necessary means）の行使を許可した．この安保理の承認をもとに，米国を中心とする多国籍軍が形成され，イラクに対する武力行使が行われた．この湾岸戦争は，戦闘開始から約2カ月

という短期間で，イラクがクウェートから撤退することにより終結した．これは，憲章第7章に言及した安保理決議にもとづき，多国籍軍が編成され，武力行使が実施された最初のケースであり，後ほど触れるように，その後の国連の国内紛争に対する関与の仕方に大きな影響を与えた．

　国連の紛争解決に対する期待が高まるなか，1992年，ブトロス・ガリ（Boutros-Ghali）元国連事務総長は『平和への課題』報告書を発表した．そこで，国連によるさまざまな紛争解決手段の概念を整理し，冷戦後の世界において国連をどのように強化すべきかを提案した．そして，このような冷戦直後の国際環境の変化は，国連の国内紛争への関与に大きな変化をもたらした．

　第1に，国連が，当時急増していた民族紛争などの内戦に対して，国家間紛争を解決する手段として生まれた平和維持のアプローチを積極的に活用することになったことが挙げられる．**図16-1**は，1945年から2010年までの国家間紛争（inter-state conflicts）と国内紛争（intra-state conflicts）の件数の推移を表している．冷戦が終結した1980年代後半から，国内紛争が急増していることがわかるだろう．その結果，1989年から1994年までに，安保理は20件の平和維持活動を承認し，平和維持要員も1万1000人から7万5000人へと急増した．このように，平和維持アプローチの国内紛争への応用は，国連の国内紛争解決への関与を飛躍的に増大させた．

　第2に，国連が関与する内戦の件数が増加しただけでなく，その活動内容も

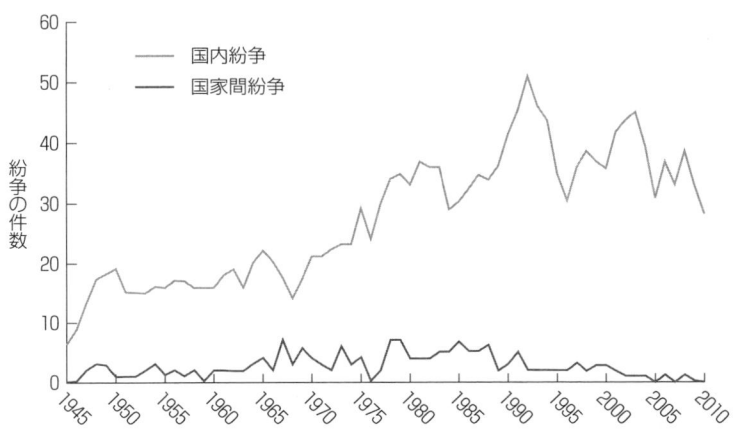

**図16-1　1945-2010年の国内紛争および国家間紛争の件数**
（出所）Heiderberg Institute for International Conflict Research 2010.

拡大することになった．国家間紛争に対する平和維持活動では，国連の役割は主に停戦の監視という軍事活動が中心であった．しかし，国内紛争では，内戦で疲弊，破壊された国家そのものを再建し，社会，経済も復興しなければ，紛争が再発する可能性が高まる．そこで，国連の活動も，従来の軍事的な平和維持活動だけでなく，政府機能の復旧，治安の回復，難民の帰還，選挙支援など，より包括的な支援が重要になってくる．先の『平和への課題』では，これらの平和を強化・定着する活動を，「平和構築（peacebuilding）」と定義し，紛争解決における国連の新しい役割として打ち出した．

　このような国連の平和維持と平和構築が結合したモデルは，従来の軍事的監視を中心とした「伝統的PKO」に対して，「複合型PKO」と呼ばれている．複合型PKOは，国連ナミビア独立移行支援グループ（UNTAG）が平和維持活動に加えて，選挙の実施と新政権樹立支援を行ったことに始まり（1989年），その後，カンボジア，ニカラグア，モザンビークなどで，国内紛争に対する国連の支援策として展開され，一定の成果を収めた．

　第3に，湾岸戦争で使われた安保理の国連憲章第7章にもとづいた承認をもとに，多国籍軍が結成され，軍事介入を行うモデルが，国連を通じた国内紛争解決の1つの手段として使われるようになったことだ．1992年のソマリア，1994年のハイチ，同年のルワンダ，1995年のボスニア・ヘルツェゴビナに対して，安保理の承認をもとに多国籍軍が展開された（憲章第7章は言及されていないが，イラク北部の難民保護を目的に1991年，多国籍軍が派遣されている）．「平和執行（peace enforcement）」，あるいは「平和強制」とも呼ばれるこの方法は，安保理の承認と要請に基づいて，加盟国が自主的に軍隊を編成し，武力行使をするというものである．国家間紛争であった湾岸戦争とは異なり，安保理が国内紛争に対して武力行使を承認する目的は，大量虐殺や大規模な飢餓などの深刻な人道危機の阻止や内戦後の治安確保や安定化など多岐にわたる．

　しかし，ここで注意が必要なのは，多国籍軍の指揮権はあくまでも，多国籍軍参加国や北大西洋条約機構（NATO）などの軍事同盟にあり，安保理にも国連事務総長にもないということである．厳密に言えば，国連が軍事介入に行うのではなく，国連に授権された多国籍軍による武力行使である．つまり，この方法も国連の集団安全保障の仕組みとして当初に想定されていた国連軍による武力行使とは違い，1990年代に新たに生み出された紛争解決の方式といえる．

　国連による，あるいは国連を通じた国内紛争解決への関与が急拡大する一方

で，その後の国連の平和活動に大きな影響を与えた３つの事態が1990年前半に相次いで起こった．後述するように，この国連の「失敗」ともいわれる出来事は，国際社会が取り組む紛争解決の課題に現在でも影響を与えている．

　第１は，ソマリアでの平和維持活動の失敗である．長引く内戦と旱魃のために大量の飢餓難民が発生していたソマリアでは，人道援助活動を警護するために多国籍軍が派遣されていた．1993年，安保理は多国籍軍の任務を引き継ぐため，第２次国連ソマリア活動（UNOSOM II）を展開した．その目的は，人道支援を護衛し，武装グループから強制的に武器を取り上げる武装解除など多岐にわたる任務が含まれていた．そのため，従来の平和維持活動における紛争当事者の同意や自衛のみの武器使用という原則を超え，安保理は UNOSOMII に強制権限（相手の同意なしに，必要があれば武力を使う）を与えた．しかし，強制権限の行使によって紛争当事者との不偏中立性を失った UNOSOMII は，現地武装勢力と戦闘を起こし，翌年その任務を達成できないまま撤退した．

　第２は，ルワンダの集団虐殺（ジェノサイド）である．民族対立が激化していたルワンダでは，1993年から停戦監視と新政権樹立支援を任務とした国連ルワンダ支援団（UNAMIR）が活動していた．現地の UNAMIR からの虐殺が行われる警告は聞き入れられず，1994年４月に多数派のフツによる少数派ツチに対する集団虐殺がエスカレートするなか，国連事務総長は安全保障理事会に虐殺を防止するための国際部隊の増派を提案した．しかし，国連加盟国の反応は鈍く，必要な要員が集まらなかった．その結果，虐殺が始まっても対応する権限も装備も十分に与えられていない UNAMIR はそれを阻止することができず，80万人ともいわれる人びとが殺された．

　第３は，スレブレニッツアの虐殺である．ルワンダの問題が起こっていた頃，旧ユーゴスラビアから独立したボスニア＝ヘルツェゴヴィナでは，１つの民族が他の民族を徹底的に抹殺するという「民族浄化」が進行していた．紛争が激化するなか，安保理は現地に展開していた国連保護軍（UNPROFOR）に対し，人道支援を警護し，攻撃にさらされている人びとを守るために設けた「安全地域」の治安を維持するという任務を与えた．しかし，UNPROFOR は，任務拡大に必要な兵士や装備を増強されなかった．そうしたなか，1995年７月「安全地域」の１つであるスレブレニッツアがセルビア系武装勢力に攻撃された．UNPROFORは，重装備の武装勢力の前に抵抗できず，スレブレニッツアは陥落し，その後に起きたセルビア系勢力による7000-8000人ともいわれるムスリム人（現在のボ

シュニャク系住民）に対する集団処刑を食い止めることができなかった.

　以上，冷戦の終結という国際環境の変化により機能回復した安保理は，内戦の急増という事態を受け，集団安全保障体制としての国連を国内紛争に積極的に関与させるようになった. そして，国際平和に対する脅威を定めた憲章第7章が，深刻な人道危機を引き起こす国内紛争に適用されることにより，この問題が国際社会における集団安全保障の課題だという認識が生まれた. さらに，平和維持や平和構築，あるいは平和執行という集団安全保障の仕組みとして当初想定されていなかった手段が開発され，国内紛争解決のために用いられた.

　しかし，一方，新たに開発された紛争解決の仕組みの課題や限界も露呈することになった. この不完全な仕組みは，国連の「失敗」という形で表れ，紛争解決全般における国連の役割と有効性に対する失望と批判が高まった. そして，1990年代後半に入ると，平和維持活動は全体的に縮小し，国連は自らの活動の見直しを迫られることになった.

## 3　ブラヒミ報告と保護する責任

　1990年代に急拡大し，またその限界に直面した国連の国内紛争解決の経験を検証し，現在の国連の平和活動の考え方と仕組みに大きな影響を与えた2つの報告書が21世紀の初頭に提出された. それが，2000年に提出された「ブラヒミ報告」と2001年の「保護する責任」の報告書だ.

　ブラヒミ報告は，アナン（Annan）前国連事務総長が設置した国連平和活動に関する専門家委員会の報告書であり，委員会議長でアルジェリア元外相 L. ブラヒミ（Brahimi）の名前にちなんでつけられた. 委員会は，それまでの国連平和活動の問題点を洗い出し，国連が紛争解決に効果的に取り組むためのさまざまな提言を行った.

　報告書は，冒頭で国連は「戦争の惨禍から将来の世代を救う」ために設立されたにもかかわらず，「過去10年間この課題への対応に何度も失敗した. そして現状も改善されたとはいえない」と指摘. その失敗の大きな原因として，国連の平和活動が，紛争が「終結した状態」に展開されるのではなく，そのような状態を「つくり出すため」に展開されたためであったと論じた.

　つまり，国連の平和維持活動が，時として内戦が終結していない状況に展開され，現地の治安状況が危険ななかで，その任務が拡大し，複雑になる一方，任務を遂行するために必要な資源と権限が与えられず，結果として，悪化する

状況を阻止できず，また平和を構築する条件をつくることができなかったため
と結論づけた．そして，報告書は，「国連が平和を守るために部隊を派遣する
となれば，戦争と暴力により残存している諸勢力に対し，これを退ける能力と
決意がなくてはならない」として，さまざまな改革案を提起した．

　改革案の柱の 1 つが，国連平和活動の取組みの強化と連携の推進である．第
1 に，多くの内戦では，貧困や社会的不平などの問題が民族対立や宗教対立を
助長することが多い．そこで，紛争の根本的原因を解決する長期的な「紛争予
防（conflict prevention）」を国連平和活動の中心的課題にすることを提言した．

　第 2 に，平和維持と紛争後の平和構築は不可欠であり，両者が密接に協力し
て行われる必要性を説いた．先の「平和への課題」の報告書で定義されたよう
に，平和構築とは除隊兵士の市民生活への復帰，法の支配強化（現地警察の訓練や，
司法改革など），民主化（選挙支援など），政府機能の回復や和解の促進などが含ま
れる．しかし，平和構築で重要な役割を担う国連開発計画（UNDP：United
Nations Development Programme）などの他の国連開発機関と国連平和維持部隊が
協同して，国内紛争後の復旧・復興を進めるための戦略や制度が十分には整備
されていなかった．そこで，国連システム全体として取り組むためのさまざま
な機能強化策が打ち出された．

　第 3 に，国連事務総長が進行中の紛争に外交や調停を通じて，和平合意を促
す「平和創造（peacemaking）」という活動がある．この活動を進めるうえでも，
平和維持や平和構築の役割と限界の理解を深めることで，国連が効果的に支援
できるような和平合意の成立を促す重要性が提起された．

　さらに，ブラヒミ報告書は，ルワンダ，スレブレニッツアでの経験をもとに，
暴力の危険にさらされている現地の一般市民を保護することを国連平和維持活
動の任務に取り入れ，それに必要な資源を供与する必要性を提起した．[1)]

　この一般市民への大規模な攻撃や暴力行為に国際社会はいかに対応すべき
か，という課題に対して，新しい国際規範を提起したのが，もう 1 つの報告書
である「保護する責任」だ．これは，カナダ政府が支援した「介入と国家主権
に関する国際委員会」が出した報告書の題名でもある．

　この議論の背景として，いわゆる人道的介入の問題がある．前述したように，
国家主権体制を前提とした国際社会においては，国家主権尊重と内政不干渉と
いう原則がある．しかし，人道的介入の考え方は，ある国において集団殺害や
迫害，あるいははなはだしい人権侵害など，深刻な人道上の危機が起きている

場合，それを防止するために当該国の同意を得ることなしに，他国が武力行使を含む強制的な介入を行うことができるというものである．

　人道的介入か国家主権尊重かという問題は，国連が発足する以前から存在していた．しかし，国連の「失敗」と評価された前述した事態に見られるように，1990年代に頻発した国内紛争では，正規の兵士よりも，一般の市民の方が多く犠牲になっていた．さらに，1999年にNATOが人道的介入を理由に，新ユーゴスラビアに空爆を行った事件により，この問題に対する活発な議論が起こっていた．[2]

　こうしたなか，アナン前国連事務総長は2000年に発表した「ミレニアム報告書」で国際社会に対してこう問いかけた．「もし，人道的介入が国家主権に対する受け入れられない攻撃であるなら，ルワンダやスレブレニッツアのような事態——つまり，われわれ人類共通のいかなる教えにも背くような大規模で組織的な人権侵害——に対して，われわれは，どのように対応すべきだろうか」．

　この問いに対し，先の国際委員会は，「国家が主権を持つということは責任を意味し，人びとを保護する主要な責任は国家自身にある．しかし，内戦などにより国家がその住民を守れない場合，保護する責任は国際社会に移行する」とする保護する責任という考え方を提唱した．

　これは，「保護する責任」という新概念のもと，従来の国家主権の考え方を，国家が国民を「支配する権利」から国家が国民を「守る責任」に定義し直し，「介入する権利」という外部者の視点から「保護」という被害者のニーズに焦点を移すことにより，先の「国家主権尊重」か「人道的介入」かという相反する議論への代替的な視点を提起し，国際社会の合意形成を促したものである．[3]

　ブラヒミ報告と保護する責任の両報告書の提言をもとに，国連は多岐に渡る組織改革を行った．たとえば，国連内での平和構築活動の連携を強化するための新たな機関として2006年に「国連平和構築委員会」が発足した．また，「保護する責任」の概念は，2005年の国連総会首脳会合（世界サミット）の成果文書で，文民を集団殺害，戦争犯罪，民族浄化，人道に対する罪から保護することは国家固有の責任であると確認される一方，国連を通じた国際社会の保護する責任の重要性も確認された．

　さらに，ブラヒミ報告以降，和平プロセスへの妨害阻止や「文民の保護」の任務遂行のためには武力行使を含む「あらゆる手段」をとることを認められた「強化された（robust）」国連平和維持活動が，急速に拡大・発展した．これに

対し，2008年には国連PKO局が「キャップストーン・ドクトリン」と呼ばれる文書をまとめ，平和維持活動の3原則を（1）主たる紛争当事者の同意，（2）不偏性・公平性，（3）自衛・任務防衛以外の実力の不行使と再定義し，国連平和維持活動の新しい原則と指針を示した．

このように両報告書は，国内紛争は集団安全保障の課題であるという冷戦後に形成されつつあった国際社会の認識をさらに発展させ，国連の役割と機能強化のための指針となった．それと同時に，国連が，国際社会の集団安全保障の仕組みとしてどのような課題と限界に直面しているかを明らかにすることにも寄与したのである．

こうして，1990年代後半に縮小していた国連の平和維持活動は，1999年にコソボと東チモールで新たな部隊が展開されたのを皮切りに，再度拡大した．2019年の時点で，14の平和維持活動が展開されており，その要員も12万人を超えている．また，その他のさまざまな国連機関も，紛争予防や平和構築の分野で活動の強化を図っている．

## 4　持続的な平和（Sustaining Peace）

2016年，国連総会と安保理は平和構築に関する決議を同時に採択し，その中で国連が目指す新たな平和活動の考え方として「持続的な平和（Sustaining Peace）」という概念を打ち出した[4]．持続的な平和とは，「あらゆる層の住民のニーズを考慮」し，「紛争の勃発，拡大，継続，及び再発防止，根本原因への対処，紛争当事者に対する敵対行為停止に向けた支援，国民和解及び復旧・復興・開発を目指す活動」を通じて，「社会共通のビジョンを構築するという目標であり，プロセス」と定義した．

つまり，国連の平和活動をさらに進化させるには，従来の紛争後の活動を主とした狭義な平和構築の考え方から，紛争予防を含む紛争前及び紛争中も対象とする包括的なアプローチが必要との認識が示された．そして，この包括的な「持続的な平和」のビジョンを達成するためには，国連はその活動の3本柱である「平和・安全保障」，「開発」，「人権」をより統合することを求められた．

これらの課題に対して，国連は，アントニオ・グテーレス事務総長の下でさらなる改革を進めている．2019年1月には国連平和活動の一貫性を向上するために国連政治平和構築局（DPPA）と国連平和活動局（DPO）が新設された．また，国連の開発システムの分野では，UNDPの下に置かれていた国連常駐調整官

（RC：Resident Coordinator）の機能を分離独立させ，国（現地）レベルでの国連機関間の連携・調整の強化を図っている．

# *3* 新しい集団安全保障の構築に向けて

　「国連は平和の実現にいかに貢献できるか？」本章は，この大きな問いに対し，まず国連とは，20世紀前半に起きた2つの世界大戦の経験から，平和に対する主な脅威は国家間紛争であるとの認識に基づき，その解決のためにつくられた集団安全保障の仕組みであることを指摘した．一方，グローバル化が進展する21世紀の世界では，平和を脅かす問題が，多様化・複雑化し，その解決には国際社会が一致協力できる体制，つまり新しい集団安全保障の構築が不可欠であることを論じた．そこで，国連が国際社会における新たな平和の課題にどのように貢献できるかを考察するために，国内紛争に対する国連の役割と制度の発展を例として検討してきた．では，この考察が，貧困や温暖化，国際テロリズムなど他の新たな脅威に対する集団安全保障体制を構築するうえで，どのようなことを示唆しているのだろうか．

　まず，国際社会の多様な意見をまとめ，脅威に対する共通の認識を形成する仕組みとして，国連が果たす役割の重要性が挙げられる．国内紛争が国際平和の脅威であるという認識は，安保理での議論を中心に発展し，多くの場合，その決定によって国際社会の関与のレベルと内容が決められた．

　次に，国内紛争に対する国連の現在の平和活動のほとんどが，国連設立後に考案され，改良され続けている仕組みであることからもわかるように，国際社会は，変化する平和への脅威に対応するために，半世紀以上前につくられた国連の「未完成」な集団安全保障システムを改良し続ける必要があることだ．

　一方，詳細に検討することができなかったが，「国際の平和と安全の維持」という国連が掲げる理念の実現は，現実の国際政治構造や大国間のパワー・ポリティクスによって大きく影響されていることを認識することも重要だ．本考察から，国連の役割と機能が冷戦中と冷戦後に大きく変化したことからも明らかであろう．また，集団安全保障の要として安保理の役割が重要になる一方，「どの」紛争に，「どのように」国際社会が関与すべきかについてその行動が必ずしも一貫していないことがある[5]．この国際政治のダイナミクスを理解することは，国連が集団安全保障を実現するための課題に取り組むうえで必要な作業で

ある.

　最後に, われわれ一人ひとりが国際社会の一員として, 平和と安全を実現するために, どのような貢献ができるかを考え, 行動することが大切になっていることを指摘したい. たとえば, 国内紛争に関する国際社会の規範形成や国連のさまざまな平和活動の発展に寄与したのは, 各国の政策立案者だけでなく, 研究者や国連・開発協力の関係者, 市民社会組織のアドボカシー運動などである. そして, いまや, 安全保障の問題は, 伝統的な国家安全保障の考え方に加えて, 国際社会の集団安全保障, さらに, われわれ一人ひとりにとっての「人間の安全保障」という視点が重要になっている. 国際社会の新しい集団安全保障を構築するために, われわれ一人ひとりが貢献できる場が広がっているのだ.

## 付記

　本章の内容は, あくまでも筆者個人の意見であり, 必ずしも筆者が所属している組織の見解を反映しているわけではない.

## 注

1 ) ブラヒミ報告書がまとめられた同じ時期に, 安保理でも「武力紛争下における文民の保護」という議題が議論されていた.

2 ) この軍事介入は, 新ユーゴスラビアのコソボ自治州で, 再び「民族浄化」の危険性が高まっていた際, NATO 諸国が安保理での武力行使容認決議を受けずに, いわば国連を迂回して行われたものであり, その合法性と正統性が問われた.

3 ) 報告書は, さらに, 介入という事態発生時の外部の「対応」に偏りがちな視点に対し, 保護という被害者のニーズへ重点を移すことにより, 人びとを紛争や残虐行為から守るための, 介入以前の「予防」と以後の「再建」を含む総合的な取り組みの重要性も指摘している.

4 ) "Security Council Resolution 2282," S/RES/2282 (2016) ; "General Assembly Resolution 70/262

5 ) たとえば, 保護する責任という規範から見たスーダンのダルフール内戦（40万人以上が殺害されたといわれる）と2011年のリビア内戦に対する国際社会の関与の違い, あるいは2003年のイラク戦争をめぐる国連を舞台とした国際社会の対立などが挙げられる.

## ❏推奨図書 〰〰〰〰〰〰〰〰〰〰〰〰〰〰〰〰〰〰〰〰〰〰〰〰〰〰〰〰

東大作［2009］『平和構築——アフガン, 東チモールの現場から——』岩波書店（岩波新書）.
最上敏樹［2001］『人道的介入——正義の武力行使はあるか——』岩波書店（岩波新書）.

# 第17章

## 国際公務員とは何か？
——パレスチナでの滞在を通して——

## *1* 変容する国際社会と国連

　「人生は貴重で，短い．私は，ここで一体何をしているのだろうか」と自問する．エレッ検問所で国連のナンバープレートの付いた自家用車がランプに上げられてイスラエル軍政府から委託された治安警備会社の職員にチェックされるのを2時間以上待ちながら．

　エレッ検問所はガザ地区とイスラエルの境界に設けられている．ガザのパレスチナ人労働者がイスラエルに出稼ぎに出るときは，そこで厳しいセキュリティチェック（治安尋問）を受ける．ガザで働く国連職員やNGOの職員も外国人用の検問所で，ガザからの出入りの際に車とともに入念な検問を受ける．検問は，パレスチナ自治政府が樹立されてから一段と厳しくなった．ガザは，湾岸戦争時から国連の規定により単身赴任地に指定され，1997年から2度目のガザ勤務の当時の私の場合，妻と幼い2人の息子はエルサレムで暮らし，私はガザに単身赴任し，ガザとエルサレムを週2回往復する生活が続いていた．週末となる木曜日の夕方は，私と同じ境遇で，ガザから家族の元に帰る国際職員でエレッ検問所は大混雑だ．通常なら15分程で終わる車のチェックを待つ時間は2時間を越えることも珍しくない．

　「歴史発展とは，民主化と民衆化の過程である」．故馬場伸也先生の名著『アイデンティティの国際政治学』のなかにある私が感銘を受けた言葉だ．大学と大学院を通じて，先生から薫陶を受け，国際公務員として国連パレスチナ難民救済機関（UNRWA：United Nations Relief and Works Agency for Palestine Refugees）と国際民間航空機関（ICAO：International Civil Aviation Organization）の2つの国際機関で，総務人事補佐や国際人事管理に携わり30年が経過した．

　現代国際社会は，錯綜している．国家のみならず，国際組織，地域組織また，非政府組織，非営利団体などが独自の活動を展開している．世界のどこかでの

出来事が瞬時にして世界中を駆け巡る現代の情報化社会において，普通の人びとが 世界が直面する課題を地球規模で考え，地域に根ざした活動をおこなう（Think Globally and Act Locally）機会や，世界と関わり，顔と顔の見える関係を構築する契機は無尽蔵だ．

　私たちの生きる宇宙船地球号のなかで人類益促進のために国連の果たす役割は大きい．1980年代に，馬場先生は，国益に対する概念としての人類益を，平和，開発，人権，環境と定義されたが，その先見の明には敬服せざるを得ない．国連は，21世紀のミレニアム宣言を採択し，まさしくその人類益を実現するためさまざまな活動を行っている．一方で，安保理における常任理事国の拒否権や，総会における1国1票制，また国連総会の決議の実効性など，国連の組織，制度についてさまざまな議論や批判がある．しかしながら，人類が直面するさまざまな課題解決に向けての議論の場，世界のフォーラムとしての役割は評価してもし過ぎることはない．

　本章の目的は，おもに私の UNRWA での体験を紹介し，国際公務員とは何かを考察することだ．将来，国際機関で働いてみたいと希望する人の一助になれば幸いである．

## 2　国連パレスチナ難民救済機関（UNRWA）への就職

　大学時代の国際関係論のゼミ仲間がパレスチナ問題やイスラーム・パワーについて報告するのを，当時の私は「自分とは関係のない遠い国のこと」として聞いていた．大学時代に入会した国際学生交流サークルで，主にアジアの学生との交流を通じて彼らの社会をより良くする熱意に接し，また南北問題や開発と人権の問題と接し，将来は，第三世界で働いてみたいと考えていた．馬場先生から国際公務員の道を示唆されたが，当時の私は，国際公務員が何なのか全く無知だった．幸い，馬場先生の推薦と尽力で，大学院時代に交換留学生としてカナダに1年間留学する機会を得，その後，外務省からの若手の国際公務員（JPO：Junior Professional Officer）派遣制度――国際機関に就職を希望する若手を日本政府の拠出で2年間国際機関に派遣するというプログラム――に応募し，運良く合格し，エルサレムにある UNRWA のヨルダン川西岸地区地域事務所に派遣される運びとなる．

　私にとって，難民問題は一時的なその場しのぎの緊急，人道援助という印象

が強く，個人的には，第三世界の開発や人権や恒常的な民生の向上を目指す活動に携わりたいという希望をもっていた．また，自分が魅せられ，興味，研究の対象であったアジアではなく，中東やパレスチナ問題についてまったく門外漢の自分に不安もあった．しかし，そういった個人的な不安を超えて，未知の世界，自分の価値観と違う世界との出会いや異文化体験を通して，自分の常識を打破し，新しい事を学びたい欲求と，国連機関で自分の可能性を試してみたい欲求が，パレスチナに向かう大きな動機であった．

## 1　UNRWA という組織

UNRWA は，1948年の第1次中東戦争で，故郷を追われ難民としてのテント生活を余儀なくされたパレスチナ難民の救済のために国連の臨時特別機関として設立され，1950年5月に活動を開始した．以来 UNRWA の任期は，3年毎に国連総会で更新されている．レバノン，シリア，ヨルダン，ヨルダン川西岸地区，ガザに地域事務所を持ち，難民キャンプで教育，保健，社会救済プログラムを実施している．教師や保健スタッフを主とする約3万人の職員を抱え，職員の数の規模では，国連最大の機関である．それは，UNRWA の設立理由の1つが，パレスチナ難民への雇用創出であったからだ．実際，UNRWA の職員のほとんどは，パレスチナ職員で国際スタッフは百数十名に過ぎない．

UNRWA の使命は，当初は，パレスチナ難民への食糧その他の物資供給が主な活動だったが，時代の経過とともに，活動の重点は，パレスチナ難民に教育，保健，社会救済事業をはじめとする人道的援助をおこなうことに移った．UNRWA に登録されているパレスチナ難民の数は，500万人以上にのぼる．

UNRWA の活動はすべて，各国政府，民間団体の自発的拠出金によって賄われている．UNRWA は国際社会のパレスチナ難民問題への取組みの象徴と言える一方，国連の臨時機関として発足した UNRWA が70年近く経過した現在もまだ活動を続ける現実が，パレスチナ問題の難しさを如実に物語る．また，一方で，UNRWA は，パレスチナ難民の主体性を喪失させ，国際社会に依存する態度を助長し，難民問題を恒久化する役割を果たしたと非難される．最近，国連批判をよく耳にするが，UNRWA は，限られた財源のなかでパレスチナ難民に対して重要かつ有意義な活動を実施している．

## 2　インティファーダの生活

　私が，当地に到着したのは，1988年10月末，時は，いわゆる第１次インティ
ファーダの真只中だった．「インティファーダは，国際社会にパレスチナ問題
の存在を再認識させると共に，イスラエル占領に立ち向かう非抑圧者としての
民衆というイメージを印象づけました．あれほど，パレスチナ人が一体となっ
て団結して何かに立ち向かった例はかつてなかったでしょう．もちろん，イン
ティファーダで失ったものも小さくありませんでした．とくに，パレスチナ人
が誇りにしていた教育的水準が完全に破壊されてしまいました」とパレスチナ
人の友人，モハンマドは言う．

　ヨルダン川西岸，ガザ地区は，1967年の第３次中東戦争以来イスラエルの占
領下にあった．パレスチナ人民衆自身のイスラエル占領政策に抗議する大衆蜂
起，石の革命と言われるインティファーダは，武器を放棄した老若男女のイス
ラエル占領軍に対する投石，商店のストライキ，イスラエル製品のボイコット，
税金の不支払い，イスラエルへの就労拒否を始めとする一般大衆のイスラエル
占領に対する非暴力，不服従運動と位置づけられる．インティファーダ開始以
来，イスラエル軍とパレスチナ人の衝突は増加し，イスラエルの占領政策は，
国外追放，裁判なしの行政拘留，大学や学校の閉鎖，道路の封鎖，家屋破壊，
外出禁止令など，より厳しく弾圧的なものとなった．

　インティファーダは，UNRWA の活動にも大きな影響を与えた．占領地では，
インティファーダ以降，国連の決議により緊急プログラムが創設され，パレス
チナ人とイスラエル軍の衝突を監視，報告するため難民キャンプを巡回する難
民担当官のプログラムや法律相談プログラム，また，増加する一方の負傷者に
対して緊急診療所が開設された．緊急プログラム創設以降，たとえば，
UNRWA 西岸事務所の国際スタッフはそれまでの６人から30人近くに急増し
た．また，UNRWA の小中学校閉鎖に伴い，教育部では，家庭教育に力点を
置いた教材づくりのチームが急設されたり，教師の多くは，学校の閉鎖中ほか
の勤務に就いたりした．

　私が，初めて投石を経験したのは，同僚とともに UNRWA の車でエルサレ
ムの北15分ぐらいの所に位置する西岸の町ラマラを訪れたときである．西岸の
イスラエル軍民政部の本部に書類を届け，町の中心に入り，車がスピードを緩
めた時，突然商店街のなかから数人のパレスチナ青年が飛び出し私たちの車に
投石の雨を降らせた．なかには，かなり大きな石も含まれていて私が座ってい

た後部座席のドアは，かなりへこんだ．石があと20センチ高く飛んできて窓ガラスが割れていたらと思うと今でもゾッとする．同僚の話では，おそらく，UNRWA の車とイスラエル軍の車を取り違えたのだろうとのことだった．

また，出張でガザを訪れたとき，イスラエル軍の兵士がモスクに乱入して発砲し，数人のパレスチナ青年が殺害される事件が起きて，人びとの怒りは最高潮に達し，ガザは，野戦場と化した．外出禁止令が敷かれ，燃えるタイヤで煙るガザの町中を車で通り抜けていくために同僚とともに何度も車から降りてバリケードを取り除いた．

### 3 パレスチナ難民キャンプ訪問

エルサレム近郊にあるシュファット難民キャンプにある UNRWA の小学校を巡回訪問していたときの事だ．当時はまだ，イスラエル軍が西岸地区を統治していた頃でイスラエル軍が，難民キャンプを巡回に来た．キャンプの若者がイスラエル軍に向かって投石を始め，UNRWA の小学校に逃げ込んできた．彼らを追ってイスラエル軍も小学校入ってくる気配で校長先生が，「UNRWAの学校は，国連の建築物なので，イスラエル軍には侵入する権利がありません．国際職員として私と一緒にイスラエル軍との交渉に立ち会って下さい」と乞われて，小学校の正門に向かう．イスラエル軍の交渉は，校長先生がおこない，私は緊張して立ち会っただけだが，イスラエル軍の主張は，UNRWA の学校に投石する若者をかくまう権利はない，投石をやめさせろ云々，校長先生は，国連の建物への不可侵の権利，イスラエル軍が難民キャンプから出て行けば自然と投石は終わる云々．交渉の途中にも石が屋根越しに飛んできて，校長先生から「石が飛んでくるから気をつけて下さい」と注意を促された．

難民キャンプと聞いてテント生活を想像する人は少なくない．もちろん，難民キャンプが創設された当初は，パレスチナ難民キャンプもその例に洩れなかったが，1948年の第 1 次中東戦争から半世紀以上，1967年の第 3 次中東戦争から50年以上経った現在，西岸には19のガザには 8 つの難民キャンプが点在するが，それらは，今では，小さな町，村落の様相を呈している．

一口に難民キャンプと言っても，当時 7 万人を超える人口を擁するインティファーダ発祥の地ガザのジャバリア難民キャンプからわずか数千人を抱える西岸の小さなキャンプまで，大きさから気質までそれぞれ千差万別だ．難民キャンプで生活するパレスチナ難民もまた同様に一様でない．たとえば，死海のほ

とり世界最古の町と言われるエリコ近郊のアクバジャブル難民キャンプは，
1967年の第3次中東戦争までは，5万人を超えるパレスチナ難民を抱える中東
で最も大きな難民キャンプだった．その戦争で多くの人がヨルダンに避難して，
1989年当時は，約3000人の難民が暮らしていた．土塀でできた小さな家屋群は
そのまま放置されて廃墟の感があり，最も貧しいキャンプの1つに数えられた．
難民担当官とキャンプを訪れたとき，我々の窮状を聞いてくれと呼び止められ，
貧しそうな一軒の土塀の家に招かれた．そこで出されたアラビアコーヒーを飲
みながら，「豊かさとは何か」と考えた．

　インティファーダが始まると，幹線道路沿いにある難民キャンプはフェンス
で囲まれ，キャンプ内の主だった通りは，セメントづけされた数段に積み重ね
られたドラム缶で封鎖された．ベツレヘムの少し南に位置するデヘイシャ難民
キャンプはインティファーダ以前から占領に対する抵抗運動の激しさで知られ
ていた．このデヘイシャ難民キャンプには，日本政府の援助でコミュニティ・
センターが建設されたが，その建設予定地が幹線道路沿いであったためその建
設許可がなかなか下りず，着工が大幅に遅れた．1989年4月にイスラエル占領
当局はキャンプで激しさを増すインティファーダへの制裁措置としてベツレヘ
ムからヘブロンに続く幹線道路沿いで唯一車の通行が可能であったキャンプの
入口を封鎖した．そして回転式通行門を設けた．そのため，車は迂回してキャ
ンプの背後の細い路地から入ることを余儀なくされた．キャンプ内の道は狭く
て，舗装もなく，そのうえキャンプ自体が人口過剰のため多くの人が行き来し，
物資配達のトラックの通行は困難を極めた．そのため配給所への食糧，物資の
配達，ゴミの回収，トイレの汚水タンクの洗浄などが難しくなり，難民たちの
間では，緊急の病人やケガ人の運搬が心配事となった．

　インティファーダ発祥の地ガザのジャパリア難民キャンプのど真ん中には，
イスラエル軍の駐屯地が設けられていた．毎日夕方4時頃になると日常茶飯事
となったパレスチナ青年たちの投石と銃を持ったイスラエル軍兵士の衝突が始
まり，1人，2人と負傷したパレスチナ青年がUNRWAの診療所に運び込まる．
私も一度とならず，難民担当官とキャンプを巡回中に衝突の現場に遭遇し，わ
が身の危険を肌で感じた事もあった．と同時に「占領」の現実と不条理を感じ
ずにはいられなかった．

### 4　ガザ転勤

　私のUNRWA西岸事務所でのJPOの任期も終わりに近づいた1990年6月，人事異動でガザの総務部に国際ポストの空席ができた．イラクがクウェートに侵略した直後の8月中旬に面接試験があり上司の推薦や日本代表部のご尽力で，ガザの総務人事部補佐のポストに9月から正規職員として採用される運びとなった．

　1967年の第3次中東戦争でイスラエルに占領されるまでは，ヨルダン川西岸はヨルダン領，ガザはエジプト領だった．西岸の人びとは，比較的教育的水準も高く，豊かで，アラブや湾岸諸国との繋がりも密であるのに対し，ガザは教育水準も低く，貧しく，孤立して，イスラーム原理主義の影響が強いと言われていた．地中海に面した6キロから10キロの幅で約45キロ拡がる360平方キロの面積を持つガザ地区には当時約70万人の人びとが住み，UNRWAに登録された難民はその3分の2以上を占めた．狭いガザの中に当時イスラエルの入植地が10カ所以上つくられ，大きな土地を専有し，パレスチナ人地域は，200平方キロより少ないと見積もられ，その人口密度は世界有数に数えられた．また，当時入植地に住むイスラエル人約2500人の使用する水の量は，ガザに住む約70万人のパレスチナ人全体の水使用量の3分の1にのぼると言われた．

　西岸，とくにエルサレムでの生活とガザの生活は趣をまったく異にした．当時は，境界線こそなかったが，エルサレムは，東と西に分断された都市である．アラブ，パレスチナ地区である東エルサレムは，インティファーダ期間中は，ストライキなどで，とくに夕方からは，ゴーストタウンの感を呈したが，ユダヤ人地区である西エルサレムに行けば，いわゆる先進国の生活を享受できた．スーパー，映画館，カフェ，レストランと普通の便利な生活があった．一方，ガザはイスラーム教の強い影響で，インティファーダ期間中は，いわゆる娯楽というものが，一切禁止された．加えて，ガザでは，毎日午後9時から翌朝3時まで外出禁止令が敷かれていた．さすがに私たち外国人は外出できたが，町をパトロールするイスラエル兵のジープとパレスチナ人の政治犯を収用するイスラエルの刑務所の光が妙に明るくイスラエルの占領を象徴していた．

### 5　湾岸戦争体験

　なぜ，パレスチナ人は湾岸戦争でサダム・フセインを支持したのだろうか．
　インティファーダが始まった当初は，世界中のメディアがパレスチナに注目

したが，インティファーダは，パレスチナ民衆に対して目に見える何ら具体的
な成果を上げないまま３年目の半ばを過ぎようとしていた．パレスチナ人自身
もインティファーダに疲れ始めていた．その間の世界の関心は，ベルリンの壁
の崩壊に象徴される米ソ冷戦の終結，東西ドイツの統一や中国の天安門事件な
どに向かって，パレスチナ問題は，再び，忘れ去られようとしていた．そんな
時にクエートに侵略したイラクのサダム・フセインは，巧みに，イラクのクエー
ト侵攻とイスラエルのパレスチナ占領を関連づけた．パレスチナ人の間には，
パレスチナ問題に関する国連決議はいっこうに実行されない一方で，反イラク
決議の実行に力を入れる国際社会に対する反発，また，クエート侵攻まで容認
するわけではないが，パレスチナ問題の解決に無力なアラブの国ぐに，とくに
石油で豊かなクエートに対する反感があったかもしれない．「パレスチナ解放」
の大義を国際社会にアピールするイラクのサダム・フセインに，袋小路で他に
選択肢を持たないパレスチナ人が自分たちの夢を託したのも仕方がなかったの
かもしれない．

　度重なる和平工作も実を結ばず，年が明けて1991年を迎え，１月15日が近づ
くと国連職員の家族にもイスラエルからの避難命令が出た．私の妻もキプロス
に避難し，その後，日本に帰国した．ガザでも国連機関の職員は，自宅を出て
国連の簡易宿泊施設に寝泊まりするように指示があり，私たちはそこで３月中
旬まで約２カ月合宿生活を余儀なくされた．ガザ全体には外出禁止令が引かれ，
国連の国際職員にガスマスクが配布されるような説明会などが開催されたりし
て緊迫した雰囲気が増したが，私自身は，最後まで，まさか戦争は起こらない
だろうと楽観的に高をくくっていた．

　国連軍がイラクに侵攻する前日にガザで UNRWA の国際職員に対する車爆
破未遂事件がおきた．ガザでは国連，とくに UNRWA はパレスチナ難民のた
めの国連機関でかつ当地で最大の雇用機関でもあり，人びとに好意的に受け入
れられていた．しかし，パレスチナ人の支持するイラクに対する攻撃を承認し
た国連を良く思わない一部の人の仕業は，国連職員に対する脅迫と受け取られ
た．

　国連の簡易宿泊施設での合宿生活では24時間態勢が敷かれ，緊急の事態に対
処した．国連軍がイラクに侵攻し，最初のスカッド・ミサイルがテルアビブに
飛んできた１月17日夜中，２時ぐらいに当直の同僚が各部屋を回り，ガスマス
クを付けるように呼びかけた．まさかガザにミサイルは飛んでこないと思いな

がらも最初の夜は私も動揺した．こうして私は，湾岸戦争をガザで体験することになる．それから，戦争が終結するまでの間にミサイルが飛んでくる度にガスマスクを付けて密閉室に避難した．

　ガザの外出禁止令は，湾岸戦争が終わるまで続いた．パレスチナ人は，外出許可書を所持しない限り，24時間外出することが許されず，町も難民キャンプも人通りが途絶えひっそりとした．幸い UNRWA の職員には外出許可書が発行された．最初の１週間は，私たちは，緊急事態にこそ国際社会がパレスチナ問題を忘れていないことを示すため，国連の旗を掲げてガザのパレスチナ人に国連の存在をアピールしようと，ガザの町や難民キャンプを精力的に巡回した．２週間目に入ると UNRWA は緊急食糧援助に奔走した．湾岸戦争中に，私の得た一番の収穫は昼夜の別なく身を粉にして働く同僚と時間を共有出来たことだ．彼らの献身的に活動を続ける姿勢に私は少なからず触発され，感銘を受けた．また，湾岸戦争を通じてさまざまな人間模様が繰り広げられた．湾岸戦争のために緊急に派遣されてガザに来る同僚もいれば，「自分の身の安全が一番大切だ」，「私は家族と離れて暮らすことはできない」，「人生には，お金よりも大切なものがある」と言ってガザを去っていった同僚たちもいた．

## 6　ガザでの生活

　湾岸戦争でパレスチナ人が失ったものは計り知れなかった．とくにクエートを初めとする湾岸諸国への出稼ぎで働くパレスチナ人は，それらの国から閉め出され，占領地のパレスチナ人の主要な収入源の１つであった彼らからの送金が途絶えた．また，サウジアラビアや湾岸諸国からのパレスチナ解放機構（PLO: Palestine Liberation Organization, 現在のパレスチナ自治政府の前身）に対する援助も激減した．西岸とガザにおけるイスラエルの占領は相変わらず続いた．また，暴力事件が起こる度にその制裁措置としてガザは閉鎖され，経済は一段と疲弊し，失業率も上昇した．湾岸戦争後に UNRWA で難民キャンプの清掃員を公募したところ，１万人以上の応募があったのには驚いた．UNRWA の活動のなかでも経済基盤の整備に目が向けられ中小企業育成のための融資プログラムが開始された．一方，湾岸戦争はパレスチナ問題の解決なしに中東和平と地域の安定が不可能であることを世界に再認識させ，アメリカとソ連の指導の下1991年10月にマドリードで中東和平交渉が開始された．

　湾岸戦争の際に，ガザは国連の規定によって単身赴任地に指定された．戦争

終結後は，妻の妊娠と出産のためガザと日本を 3 カ月に 1 度往復する生活が始まった．また，翌年 4 月に妻と新しく生まれた息子がエルサレムで暮らし始めガザとエルサレムを往復する生活となった．ガザでは，国連とくに UNRWA の職員は現地の人びとに好意的に受け入れられていたが，イスラエル占領地のガザで暮らすことは，いつ何が起こるかもしれないという意味で常に緊張を強いられた．町中でも難民キャンプでもパレスチナ人とイスラエル兵の衝突現場にはたびたび遭遇した．幸い，湾岸戦争を共に経験したという一体感，また，ガザの厳しい環境のなかで生きる同志という連帯感からガザの国際スタッフの団結は強かった．よく集まってパーティや行事を企画し，単調になりがちな生活を楽しむ工夫を努力した．今にして思えば，あの当時にこそ一念発起してアラビア語を勉強しておくべきだったと反省と後悔することしきりである．

## 7 再びエルサレムへ

1993年 1 月に私は再びエルサレムの西岸事務所に転勤になった．結果的にガザとエルサレムを往復する生活の大変さを UNRWA に聞き入れてもらう形での転勤となった．

ユダヤ教，キリスト教，イスラーム教の聖地である国際都市エルサレムは，さまざまな価値と文化を持った人びとが共存する活気に満ちた町だ．エルサレムをめぐるさまざまな争いと攻防，破壊と再生の歴史があり，現在もエルサレム問題はイスラエルとパレスチナの大きな争点の 1 つだ．当時のエルサレムは境界線こそなかったが，分断された都市だ．エルサレムは西エルサレムと東エルサレム，旧市街と新市街，敬虔なユダヤ教徒の住む地区と宗教をまったく感じさせない世俗的な地区，また，第 3 次中東戦争以来なし崩し的に作られた新しい入植地などさまざまな顔を持つ．エルサレムの持つ不思議な魅力が人びとを引きつけ，問題を複雑にする．

エルサレムのイスラエル化は急速に進んでいた．私が，ガザ滞在でエルサレムを離れた 2 年 4 カ月の間にも，町の様子はがらりと変わった．たとえば，1967年までの国境線だった無人地帯を取り壊しての幹線道路の設置や，エルサレム近郊の急ピッチな入植地の建設は，その既成事実化を図るものだ．

1991年10月マドリードで始まった中東和平交渉は占領地からも代表団を送りだしたが，進展なく回を重ね，イスラエル占領地への実際的な成果はほとんど何ももたらさなかった．1992年12月には当時のラビン政権が400人余のイスラー

ム原理主義のハマスと呼ばれるグループに属するパレスチナ人をレバノン国境に国外追放したため交渉自体も暗礁に乗り上げた．和平交渉に賭ける期待が大きかった分，占領地のパレスチナ人たちの失望は増幅した．この事件以降，暴力事件が多発した．

## 8　ヨルダン川西岸，ガザの封鎖

　その結果，イスラエル政府は，テロ防止対策として1993年3月末以来西岸とガザを閉鎖した．西岸，ガザとイスラエルを結ぶ幹線道路には，数多くの検問所が設けられ，西岸，ガザに住むパレスチナ人は，特別な許可書がない限りイスラエルと東エルサレムに来ることができない．そのため，占領地のパレスチナ人は日常生活において多大な困難に直面した．まず，西岸とガザには，当時あわせて10万人以上のパレスチナ人が日雇い労働者としてイスラエルで働いていると見積もられていたが，彼らの大半は，閉鎖以来，事実上の失業状態で，彼らとその家族の経済的困難は恒常的なものとなった．また，許可書が発行されても，暴力事件が起こる度にそれらは一方的に無効にされるため，彼らの雇用は大変不安定な状態だ．

　また，西岸から東エルサレムの総合病院に向かう患者を乗せた救急車が検問所を通過することができないケースや，医師や患者が病院に来ることができないケースが報告された．農業分野でも，収穫物をイスラエルや東エルサレムに出荷する事ができないため，その価格が暴落した．

　さらにこの閉鎖によって西岸の町と東エルサレムは完全に遮断され，その影響は商品や人の移動といった経済活動だけでなく，社会的，文化的活動にまでおよんだ．「私たちの土地であるはずのエルサレムに来るために許可書が必要なんて本当にひどい話よ」と言う私の同僚の怒りの言葉は，西岸に住むパレスチナ人の政治，経済，文化の中心である東エルサレムに対する彼らの特別の感情を端的に表していた．UNRWA でも西岸の閉鎖のためラマラやベツレヘムの西岸の町から通う多くの職員は特別の許可書がないと東エルサレムにある UNRWA 西岸事務所に来ることが出来なくなった．暴力事件が起きる度に，その許可書も無効となるため職員が通勤できなくなり，UNRWA の活動は困難を極めた．

### 9　和平合意以降──再びガザへ──

　オスロ合意のもと，パレスチナ自治政府がガザと西岸地区に樹立された．国連をはじめとする国際社会もその支援に乗り出し，その一環として UNRWA の本部がウィーンからガザに移転した．本部の移転に伴い，多くの経験豊富な国際職員が治安の面，家族生活，子どもの教育などを理由に転職または辞職した．ガザ本部の国際人事管理部を支援するよう，私はガザ転勤を命じられた．こうして私は2度目のガザ勤務となり，家族はエルサレムに残り，エルサレムとガザを週2回車で往復する単身赴任の生活が始まった．

　パレスチナ自治政府下のガザは，イスラエル占領軍がガザから撤退し，湾岸諸国からの援助などで海岸線に新しいホテルが建設されたり，さまざまな国ぐにや国際機関，非政府組織の援助団体が実施する自治政府を支援する活動で活気づいていた．しかしながら，一方で以前はイスラエル占領に対して老若男女，貧富の差を問わず，パレスチナ人が一致団結していた状況が，パレスチナ自治が進展するなかで，パレスチナ人社会のなかの貧富や格差の拡大といった逆説的な状況ももたらした．

## *3*　国際民間航空機関（ICAO）に転勤
　　──ガザからモントリオールへ──

　UNRWA での仕事，とくに最後の3年間，ガザの本部の国際人事管理部で働いた時期は，上司や同僚にも恵まれて仕事にやりがいを感じ，充実していたが，週2回のガザとエルサレムの往復，子どもたちの成長時期に家族と離れ離れの生活は辛かった．家族と一緒に暮らせる勤務地で働きたいと国連機関の空席に応募を重ねた．幸い，いくつかの機関から採用通知が舞い込み，家族会議を開き，知人友人に相談した結果，国際民間航空機関に2000年4月からお世話になることになる．国連の勤務は，ニューヨークやジュネーブ，ウィーンなどの本部を除き，ほとんどが，発展途上国の地域事務所に集中する．地域事務所で働くの最大の利点は，自分たちの仕事の成果がより直接的に目に見える形で現れ，実感できるという事だろう．一方，本部勤務は，その組織の全体像を俯瞰できるというメリットがある．また，本部勤務から地域事務所への転勤の方が，比較的容易である．

　国連機関の人事管理は共通項が多いため，人事部に所属していると，他の国連機関への転勤も可能だ．

　ICAO は，1944年のシカゴの国際会議で設置された，民間航空の安全運行を目的とする国連の専門機関である．本部はカナダのモントリオールにあり，7つの地域事務所が世界に広がる．9.11の民間航空機を利用したテロ事件以降，ICAO は，航空機運行の安全性を高めるため，その活動は一層の注目を集めている．

　モントリオールは，故馬場先生がかつて日本外交史の教鞭をとられたマッギル大学がある土地でもある．馬場先生は，カナダの歴史や外交にも造詣が深い．モントリオールはカナダのケベック州に属し，ケベック州の公用語はフランス語だ．ケベック州は，アイデンティティの模索という意味ではとても興味深い土地だ．北米にありながらケベック州では，フランス系カナダ人が多いため，カナダとは違う独自のアイデンティティを求めて，カナダからの分離独立を目指す運動と，カナダ連邦政府との連携を重視する人びとがせめぎあう．カナダは移民の国だが，モントリオールではフランス語の影響かヨーロッパのみならずアフリカやラテンアメリカからの移民も多い．最近はアジアからの移民も増えている．モントリオールはモザイクの文化（さまざまな文化がその独自性を保持しながら共生する）と呼ばれている．

# 4 国際公務員をめざす人へ

　以上，私のパレスチナ滞在を中心に俯瞰したが，人生の段階やそのときの状況で人生の優先順位は変わる．30歳までは自分のために，60歳までは家族のために，60歳からは社会のためにと人生目標を設定してみたものの，人生は計画どおりにはいかない．自分が置かれた状況，環境のなかで，最良と思われる選択をし，最善を尽くす．その繰り返しだ．

　人生は万事塞翁が馬で，学生時代に英語が得意でなかった私が，国際公務員として働いている．将来きっと役に立つので，語学は何か国語でも学習することをお勧めする．

　国際機関で働くことをめざす人にとって情報収集も大切だ．国連や国際機関の情報はそれぞれのウェブサイトで検索可能だが，外務省の国際機関人事センターや国連大学にある国連広報センターでも貴重な情報を提供している．また，国連に勤める有志が作る国連フォーラムのウェブサイトにも貴重な情報が掲載されている．

　国際公務員の雇用は不安定だ．国連本部のような大きな組織に勤めると本部とフィールドの定期的な転勤があり，単身赴任地や困難勤務地に赴任することもある．また，国際公務員として海外生活が長くなると，日本に生活基盤がなくなり，根無し草的存在になる恐れもある．国際公務員としての立場と日本人としてのアイデンティティをいかに両立させるかは，切実な問題だ．

　自分はやりたい仕事に就くわけだから少々の困難にも耐えられるが，その自分勝手につき合わされる家族は大変だ．新しい生活環境への順応，言葉の問題を始め，パートナーや子どもの教育，両親のことなどさまざまな問題に直面する．まず，パートナーが海外生活を苦とせず，異文化体験を楽しむ事ができるか．また，パートナーの職業，仕事の事はどうするか．子どもの教育に関しては，海外生活において日本語の保持や日本人としてのアイデンティティをいかに保持するか，また，年老いた親の世話をどうするかといった問題に直面する．

　国連の求める人材の適性能力のひとつに多様性への尊重（respect for diversity）がある．国連は，世界中の人が集まる国際的な職場だ．地道で忍耐強いコミュニケーションが重要だ．マネジメント・スタイルも上司によってまったく異なる．良い上司に恵まれるか否かが職場での生き残りに影響を与える場合もある．が，概して私の経験からは，最善を尽くして仕事を続ければ，認められる職場だ．国際公務員は中立性を求められる．そのなかで，常に弱者の視点を忘れず仕事に取り組む志が高い同僚たちと巡り会えたことは，私が国際機関で働いて得た最大の収穫だ．

　国連は，政治，経済，社会的プログラムを第一線で担う職員がいる一方で，人事や財務，物資調達，ロジスティックまた，通訳翻訳などの言語のサポートなど，いわば縁の下のサポートに携わる多くの職員に支えられている．

　また，最近の傾向として，国連機関で働く邦人女性が増加している．能力ある女性が国際機関で活躍する事実は，まだ女性の活躍がさまざまな形で制限される男性中心の日本社会の反面教師であるのかもしれない．

　「歴史発展とは，民主化と民衆化の過程である」．人類益実現のため，国際公務員としてその過程に参画する人が増えることを切望する．

❏ 推 奨 図 書 ・ 推 薦 映 画 ▰▰▰▰▰▰▰▰▰▰▰▰▰▰▰▰▰▰▰▰▰▰▰▰

国連広報センター・マルチメディアライブラリー［1995］『パレスチナ苦悩の100年：
　Palestine 1890s-1990s』国連．

# お わ り に

　馬場伸也教授（大阪大学法学部）は，1989（平成元）年10月6日，52歳の若さで急逝された．当時，本書の第1章以下の執筆者全員が大学院生であり，教授の到着を教室で待っていたことを思い起こす．本書は，大阪大学大学院において馬場教授から薫陶を受けたゼミ生が，馬場教授が提唱した国際社会の捉え方に従い，各章を担当した．また，馬場教授とご親交の深かった初瀬龍平教授（当時，神戸大学）に序章をお願いした．還暦のお祝いもさせて頂けなかったことが心残りだが，本書を故・馬場教授に捧げたい．

　本書は，馬場教授が1980年代に展開させた「国際社会学」の理論を土台としながら，それをさらに発展させた研究を通して，2010年代の国際社会の動きを学ぶために執筆された．したがって，本書の各所に，馬場教授の著書名や概念が登場している．第Ⅰ部のタイトルは『アイデンティティの国際政治学』（東京大学出版会，1980年）から，第Ⅱ部のタイトルは『地球文化のゆくえ』（東京大学出版会，1983年）から頂いた．第Ⅲ部のタイトルには，馬場教授が提唱された概念である「人類益」（「『人類益』の促進を市民の手で」，初瀬龍平編『内なる国際化』三嶺書房，1985年；増補改訂版1988年など）を用いた．

　1980年代，馬場教授は，日本における国際政治学および国際関係論の理論的な発展の最先端を走っていたといっても過言ではない（略歴・主要著作目録は，『阪大法学』160・161号，1991年を参照）．国家と国家の間の政治現象として国際政治を説明しながら，支配者である「米国を中心とした権力・影響力理論が王座を占めてきた」従来の学問に対して，被支配者の側から国際政治を捉えなおす視点を強調し，「アイデンティティ理論」を提起したのである．近年になって第3の理論としてもてはやされている「コンストラクティビズム（constructivism）」が登場するずっと以前のことである．

　また，大国中心の外交研究に対して，自らが専門とするカナダ研究の立場から，「ミドル・パワー」概念を提起し，中小国の側から外交を問い直す作業にも着手していた（編著『ミドル・パワーの外交』日本評論社，1988年）．

　社会的な「弱者」を重視する視点は，「人類益」や「福祉『国際社会』」（「国際社会学へのプロレゴメナ」『阪大法学』149・150号，1989年；編著『現代国際関係の新次元』

日本評論社，1990年に再録）といった概念提起にも表れている．

　私たちは，今後も，大国中心ではなく，「被支配者」や「弱者」の視点を常に忘れずに，国家中心ではなく「人間中心」の国際政治学を，21世紀の今，改めて提起し，さらに発展させていきたい．

　最後に，「師」の馬場教授を突然に失い，文字通り「路頭に迷っていた」私たちを，多くの先生方が支えて下さった．ここで改めて感謝申し上げたい．

　なお，本書の刊行は，晃洋書房編集部の丸井清泰氏の理解と阪口幸祐氏の協力なくしては不可能であった．心からの謝意を表したい．

　　　2012年12月20日

　　　　　　　　　　　　　　第二刷に感謝し，編者一同を代表して

　　　　　　　　　　　　　　　　　　戸田　真紀子

## 改訂版に寄せて

　『国際社会を学ぶ』を出版してから 7 年近くが経った．馬場教授が旅立たれてから30年目の年に改訂版を出版できることは望外の喜びである．改訂版には，ご遺族ならびに東京大学出版会及び日本評論社のご了承，ご厚意を頂き，各部の冒頭部分に馬場教授の論文を掲載することができた（第 1 章は『アイデンティティの国際政治学』，第 6 章は『地球文化のゆくえ』，第12章は『現代国際関係の新次元』より転載）．馬場教授がこれらの論文を執筆されてから40年近い年月が経っているが，その分析の鋭さと強い主張はいまだに色あせることはない．

　これまで私たちをご指導下さった諸先生方，今回も序章をご担当下さった初瀬教授，そして各章の執筆者にも厚く御礼を申し上げたい．改訂版を刊行するにあたり，晃洋書房編集部の丸井清泰氏と福地成文氏には多大なご尽力を頂いた．感謝申し上げる．

　　　2019年 9 月10日

　　　　　　　　　　　　　　平和を祈念し，編者一同を代表して

　　　　　　　　　　　　　　　　　　戸田　真紀子

# 参　考　文　献

〈邦文献〉

青木栄一［2006］「国・都道府県・市町村」，村松岐夫編『テキストブック地方自治』東洋経済新報社.

青木保［2003］『多文化世界』岩波書店.

阿部浩己・今井直［2002］『テキストブック国際人権法（第二版）』日本評論社.

アムネスティ・インターナショナル日本［2008］『銃をもたされる子どもたち――子ども兵士――』リブリオ出版.

『アムネスティ・レポート　世界の人権』編集部［2010］『世界の人権2010（アムネスティ・レポート）』現代人文社.

五十嵐誠一［2011］『民主化と市民社会の新地平――フィリピン政治のダイナミズム――』早稲田大学出版部.

池上彰［2009］『知らないと恥をかく世界の大問題』角川 SS コミュニケーションズ.

石井正子［2002］『女性が語るフィリピンのムスリム社会――紛争・開発・社会的変容――』明石書店.

石川一三夫［1995］『日本的自治の探究――名望家自治論の系譜――』名古屋大学出版会.

―――――［1996］「地方改良運動と地方体制の再編」『中京法学』30(4).

泉靖一編［1980］『マリノフスキー，レヴィ＝ストロース』中央公論社.

伊藤勝美［1978］「ケベック州の国際活動」，日本国際政治学会編『非国家的行為体と国際関係』有斐閣.

今枝由郎［2013］『ブータン――変貌するヒマラヤの仏教王国――（新装増補版）』大東出版社.

上田晶子［2006］『ブータンにみる開発の概念――若者たちにとっての近代化と伝統文化――』明石書店.

上村雄彦［2009］『グローバル・タックスの可能性――持続可能な福祉社会のガヴァナンスをめざして――』ミネルヴァ書房.

―――――［2010a］「地球福祉の実現と国際連帯税――国内外の最新の動向を中心に――」『公共研究』6(1).

―――――［2010b］「地球環境税の可能性――気候変動レジームと国際連帯税レジームの交差の中で――」，倉阪秀史編著『環境――持続可能な経済システム――』勁草書房.

―――――［2011a］「途上国の貧しさ・先進国の貧しさ――その原因を探る――」，中村都編『国際関係論へのファーストステップ』法律文化社.

―――――［2011b］「NGO による開発支援の変化――先進国 NGO の 5 世代理論と現在の動

向──」，中村都編『国際関係論へのファーストステップ』法律文化社.

─────［2011c］「より公正な地球社会をめざして──国際連帯税と世界社会フォーラムを中心に──」，中村都編『国際関係論へのファーストステップ』法律文化社.

─────［2012］「NGO と開発協力── MDGs の達成と NGO の可能性──」，勝間靖編『テキスト国際開発論──貧困をなくすミレニアム開発目標へのアプローチ──』ミネルヴァ書房.

─────［2013］「金融取引税の可能性──地球規模課題の解決の切り札として──」『世界』844.

─────［2014a］「金融取引に対する課税とグローバル・ガヴァナンスの展望──グローバル不正義を是正するために──」『横浜市立大学論叢』（人文科学系列），65(2・3).

─────［2014b］「グローバル金融が地球共有財となるために──タックス・ヘイブン，「ギャンブル経済」に対する処方箋──」，日本国際連合学会編『グローバル・コモンズと国連』（『国連研究』第15号）国際書院.

─────［2016a］「グローバル・タックスの可能性を求めて──ピケティの格差理論と格差縮小の処方箋を中心に──」，日本租税理論学会編『中小企業課税』財経詳報社.

─────［2016b］『不平等をめぐる戦争──グローバル税制は可能か？──』集英社.

─────［2016c］「『グローバル・タックス』が世界を変える！──富の再分配と持続可能な世界の実現に向けて──」『シノドス』(http://synodos.jp/international/17878, 2019年 6 月21日閲覧).

─────［2018a］「いまこそグローバル・タックスの実現を──地球規模の課題を解決するために──」『imidas』(https://imidas.jp/author_data/G721, 2018年 6 月25日閲覧).

─────［2018b］「大きな変革の時代へ──グローバル・タックスと世界政府を考える──」『中小商工業研究』137.

─────編［2014］『グローバル協力論入門──地球政治経済論からの接近──』法律文化社.

─────編［2015］『グローバル・タックスの構想と射程』法律文化社.

─────編［2019］『グローバル・タックスの理論と実践──主権国家体制の限界を超えて──』日本評論社.

臼井実稲子［1995］「安全保障政策」，大西健夫・岸上慎太郎編『EU の政策と理念』早稲田大学出版部.

内山秀夫［1979］「文化政治論への構想」『法学研究』（慶應義塾大学），52(9).

内海成治・中村安秀・勝間靖編［2008］『国際緊急人道支援』ナカニシヤ出版.

江口朴郎［1954］『帝国主義と民族』東京大学出版会.

─────［1958］『歴史の現段階』東京大学出版会.

─────［1974］『江口朴郎著作集 第 1 巻』青木書店.

─────［1980］『世界史における現在』大月書店.

──── ［1984］『現代史の選択』青木書店.

──── ［1986］『世界史の現段階と日本』岩波書店.

衛藤瀋吉・渡辺昭夫・公文俊平・平野健一郎［1982］『国際関係論』東京大学出版会.

遠藤乾・川嶋周一［2004］『ヨーロッパ統合史資料総攬』旭図書刊行センター.

太下義之［2009］「英国の『クリエイティブ産業』政策に関する研究」『季刊 政策・経営研究』
　　3（http://www.murc.jp/report/quarterly/200903/119.pdf，2011年8月30日閲覧）.

大芝亮編［2008］『国際政治学入門』ミネルヴァ書房.

太田和宏［2005］「未完の社会改革」，川中豪編『ポスト・エドサ期のフィリピン』アジア経
　　済研究所.

岡部達味［1984］「シンガポールの二種言語政策」，土屋健治・白石隆編『東南アジアの政治
　　と文化』東京大学出版会.

岡部眞貴子［2013］「デンマークにおける犯罪者の社会復帰の取り組みの動向──我が国へ
　　の示唆として──」『海外社会保障研究』183.

小倉充夫［1980］「開発社会学と後発的発展の問題」，日本国際政治学会編『国際開発論』有
　　斐閣.

織完［1979］「リンケッジ・ポリティックス」，日本国際政治学会編『戦後日本の国際政治学』
　　有斐閣.

海外経済協力基金（OECF）［1992］「世界銀行の構造調整アプローチの問題点について」『基
　　金調査季報』73.

外交防衛調査室・課［2004］「国連安保理決議に基づく多国籍軍の「指揮権」規定とその実態」
　　『ISSUE BRIEF NUMBER』（国立国会図書館），453.

外務省［各年版］『ODA白書』（〜2014），『開発協力白書』（2015〜）.

──── ［2003］『2003年版 政府開発援助（ODA）白書　日本の国際協力──新ODA大綱
　　の目指すもの──』外務省（http://www.mofa.go.jp/mofaj/gaiko/oda/shiryo/hakusyo/
　　03_hakusho/index.htm，2011年10月4日閲覧）.

──── ［2004］『2004年版 政府開発援助（ODA）白書　日本の国際協力──日本のODA50
　　年の成果と歩み──』外務省（http://www.mofa.go.jp/mofaj/gaiko/oda/shiryo/hakusyo/04
　　_hakusho/index.htm，2011年10月4日閲覧）.

──── ［2011］『「わかる！国際情勢」Vol.75（2011年7月29日）』外務省（http://www.
　　mofa.go.jp/mofaj/press/pr/wakaru/topics/vol75/，2011年7月31日閲覧）.

外務省情報文化局編集［1982］「日本の閉鎖性と海外子女教育問題を考える」『世界の動き』
　　389.

梶田孝道［1982］「パリの生活のなかで国際関係を考える」『津田塾大学国際関係研究所報』
　　11.

──── ［1985］「新しい社会運動」『思想』737.

勝間靖編［2011］『アジアの人権ガバナンス』勁草書房.

――――編［2012］『テキスト国際開発論――貧困をなくすミレニアム開発目標へのアプロー
チ――』ミネルヴァ書房.

勝本清一郎編［1969］『透谷全集』第二巻, 岩波書店.

加藤周一・M. ライシュ, R.J. リフトン［1977］『日本人の死生観』上下巻（矢島翠訳）, 岩
波書店.

加藤俊作［1980］「軍縮と非政府組織」, 馬場伸也・梶田孝道編『非国家的行為主体のトラン
スナショナル活動とその相互行為の分析による国際社会学』津田塾大学国際関係研究所.

金子文夫［2006］「[解説]トービン税とグローバル市民社会運動」, ブリュノ・ジュタン『トー
ビン税入門――新自由主義的グローバリゼーションに対抗するための国際戦略――』（和
仁道郎訳）, 社会評論社.

鴨武彦・山本吉宣編［1979］『相互依存の国際政治学』有信堂.

――――［1988］『第2版 相互依存の理論と現実』有信堂.

川島緑［2014］「南部フィリピン紛争――宗教的民族概念の形成と再定義をめぐって――」『ア
ジア太平洋研究』39.

川田侃［1958］『国際関係概論』東京大学出版会.

――――［1980］『国際関係の政治経済学』日本放送出版協会.

――――［1996］『川田侃・国際学 I ――国際関係研究――』東京書籍.

――――・三輪公忠編［1980］『現代国際関係論』東京大学出版会.

川西晶大［2006］「安保理機能の拡大とその限界――国連安保理による非軍事的強制措置の
決定について――」『レファレンス』663.

――――［2007］「『保護する責任』とは何か」『レファレンス』674.

川村暁雄［2005］『グローバル民主主義の地平――アイデンティティと公共圏のポリティク
ス――』法律文化社.

北沢洋子［2000］『持続可能な開発と国際援助――国際政治を動かした Jubilee2000国際キャ
ンペーンについて――』Jacses Briefing Paper Series（「環境・持続社会」研究センター）,
14.

木場紗綾［2010］「スラムの住民運動と外部者――フィリピン・マニラ首都圏の事例から――」
神戸大学大学院国際協力研究科提出博士論文.

吉川元［2000］『予防外交』三嶺書房.

――――編［2003］『国際関係論を超えて』山川出版社.

旧制姫路高校江口朴郎先生追悼文集刊行委員会編［1990］『それでも地球は動く』旧制姫路
高校江口朴郎先生追悼文集刊行委員会.

日下渉［2013］『反市民の政治学――フィリピンの民主主義と道徳――』法政大学出版局.

草野厚［2007］『日本はなぜ地球の裏側まで援助するのか』朝日新聞.

熊谷誠慈［2017］「ブータンの歩みをたどる」，熊谷誠慈編『ブータン——国民の幸せをめざす王国——』創元社．

栗田靖之［2017］「日本とブータンの交流史——京都大学を中心に——」，熊谷誠慈編『ブータン——国民の幸せをめざす王国——』創元社．

栗原彬［1980］「奴隷と馬鹿の哄笑」『朝日ジャーナル』22(20)．

黒沼ユリ子［1980］『メキシコからの手紙——インディヘナのなかで考えたこと——』岩波書店．

経済産業省［2010］「クール・ジャパン室の設置について」6月8日（http://www.meti.go.jp/press/20100608001/20100608001.html，2011年8月30日閲覧）．

鴻上尚史［2015］『クール・ジャパン⁉』講談社．

合田美穂［2001］「シンガポールにおける華人青少年の伝統行事に対する態度」『立命館言語文化研究』13．

国際協力機構［2001］『「地方行政と地方分権」報告書』国際協力事業団国際協力総合研修所（http://www.jica.go.jp/jica-ri/publication/archives/jica/field/pdf/2001_08.pdf，2011年10月4日閲覧）．

————［2003］『援助の潮流がわかる本——今，援助で何が焦点となっているのか——』国際協力出版会．

————［2004］『JICA におけるガバナンス支援——民主的な制度づくり，行政機能の向上，法整備支援——』（調査研究報告書）（http://gwweb.jica.go.jp/km/FSubject0401.nsf/8f7bda8fea534ade49256b92001e9387/1a7980f7a0459fe2492570f4003fd863/$FILE/%E8%A1%A8%E7%B4%99%20%E3%81%9D%E3%81%AE%E4%BB%961165KB.pdf，2011年10月4日閲覧）．

————［2007］『アフリカにおける地方分権化とサービス・デリバリー——地域住民に届く行政サービスのために——』（http://www.jica.go.jp/jica-ri/publication/archives/jica/field/pdf/200711_gov_00.pdf，2011年10月4日閲覧）．

————［2009］『日本の地方行政——学びと改革の経験——』（CD-ROM），国際協力機構．

国際協力推進協会［2006］外務省監修『経済協力参加への手引き』国際協力推進協会．

後藤健二［2005］『ダイヤモンドより平和がほしい——子ども兵士ムリアの告白——』汐文社．

小森雅子［2004］「平和に対する脅威についての一考察——イラクの場合——」『沖縄大学法経学部紀要』4．

近藤正規［2003］「ガバナンスと開発援助——主要ドナーの援助政策と指標構築の試み——」『平成14年度国際協力事業団客員研究員報告書』国際協力事業団国際協力総合研修所．

斎藤鎮男［1979］『国際連合の新しい潮流』親有堂．

斉藤孝編［1966］『国際関係論入門』有斐閣．

坂井昭夫［1984］『軍拡経済の構図』有斐閣．

佐久間智子［2002］「［解説］日本に住む私たちは，WTO をどう捉えたらよいのか」，スーザン・ジョージ『WTO 徹底批判！』（杉村昌昭訳），作品社.

三藤亮介［2006］「ケニア独立運動の原点」，戸田真紀子編『帝国への抵抗』世界思想社.

CNN English Express［2011］『CNN ニュースセレクション：Serious about Leaning』，April，朝日出版社.

清水奈名子［2008］「武力紛争下の文民の保護と国連安全保障体制——ダルフール紛争への対応を中心として——」『宇都宮大学国際学部研究論集』26.

下田道敬［2009］「最近のアフリカの地方分権化改革と日本の支援」，栗本英世編『紛争後の国と社会における人間の安全保障』GLOCOL ブックレット 1，大阪大学グローバルコラボレーションセンター（http://www.glocol.osaka-u.ac.jp/about/booklet01_shimoda.pdf，2011年10月 4 日閲覧）.

下村恭民・小林誉明編［2009］『貧困問題とは何であるか 「開発学」への新しい道』勁草書房.

Japan Expo 事務局［2018］「第19回 Japan Expo 開催報告書」（http://www.sefa-event.com/doc/1807/1807_Japan%20Expo_Report_JPN，2019年 6 月 6 日閲覧）.

庄司興吉編［1986］『世界社会の構造と動態』法政大学出版局.

杉木明子［2015］「紛争の「加害者」としての子ども——シエラレオネ内戦と子ども兵士問題——」，初瀬龍平・松田哲・戸田真紀子編『国際関係のなかの子どもたち』晃洋書房.

鈴木勝［2008］「世界観光競争力ランキングと観光立国日本」『大阪観光大学紀要』8.

砂田一郎［1978］「市民運動のトランスナショナルな連携の構造」，日本国際政治学会編『非国家的行為体と国際関係』有斐閣.

関寛治［1977］『地球政治学の構想』日本経済新聞社.

関恒樹［2013］「スラムの貧困統治にみる包摂と非包摂——フィリピンにおける条件付現金給付の事例から——」『アジア経済』54(1).

高島忠義［1995］『開発の国際法』慶應通信.

高田和夫編［1998］『国際関係論とは何か』法律文化社.

——————［2007］『新時代の国際関係論』法律文化社.

高橋和夫［2009］「外交——軌跡と針路——」，林敏彦・高橋和夫編『世界の中の日本』放送大学教育振興会.

高橋進［1988］「西欧社会のゆくえ」，馬場伸也編『講座政治学Ⅴ国際関係』三嶺書房.

高柳先男［1973］「機能的統合の論理」，日本国際政治学会編『国際社会の統合と構造変動』有斐閣.

滝川勉［1976］『戦後フィリピン農地改革論』アジア経済研究所.

田口晃［1977］「『多極共存型』デモクラシーの可能性」『思想』632.

竹内好［1966］『現代中国論』勁草書房.

竹田恒泰［2011］『日本はなぜ世界でいちばん人気があるのか』PHP 研究所.

田中直毅［1983］『軍拡の不経済』朝日新聞社.

谷川榮彦・木村宏恒［1977］『現代フィリピンの政治構造』アジア経済研究所.

田原実・西原大太郎［2008］『テラ・ルネサンス I』インフィニティ.

チトー，J. B.［1974］『ヨシプ・ブロズ・チトー――非同盟社会主義の歩み――』（島田浩訳），
　　恒文社.

中国新聞社［2009］『10代がつくる平和新聞――ひろしま国――』明石書店.

鶴見和子［1977］『漂泊と定住と』筑摩書房.

―――――［1980］「内発的発展論へむけて」，川田侃・三輪公忠編『現代国際関係論』東京大
　　学出版会.

寺島委員会［2010］『環境・貧困・格差に立ち向かう国際連帯税の実現をめざして――地球
　　規模課題に対する新しい政策提言――』国際連帯税推進協議会最終報告書（http://
　　www.cao.go.jp/zei-cho/gijiroku/senkoku/2010/__icsFiles/afieldfile/2010/11/22/
　　senkoku2kai6_1.pdf, 2011年10月 4 日閲覧）.

道券康充［2011］「人間の安全保障」，中村都編『国際関係へのファーストステップ』法律文
　　化社.

―――――［2011］「進化する国連の平和活動と平和構築の取り組み」，中村都編『国際関係へ
　　のファーストステップ』法律文化社.

戸田真紀子［2004］「悲劇の紛争」『社会科學研究』55(5 - 6).

―――――［2015］『貧困，紛争，ジェンダー――アフリカにとっての比較政治学――』晃洋
　　書房.

内閣府［2002］『高齢者の生活と意識：第 5 回国際比較調査結果報告書』ぎょうせい.

―――――［2004］『平成16年版 少子化社会白書』（http://www8.cao.go.jp/shoushi/whitepaper/
　　w-2004/html-h/index.htmlf, 2011年 8 月30日閲覧）.

永井陽之助［1973］『多極世界の構造』中央公論社.

永石雅史［2015］「フィリピン・ミンダナオ和平プロセスの阻害要因の分析――水平的不平
　　等の視点から――」『同志社グローバル・スタディーズ』 6.

長崎暢子・小谷汪之・辛島昇［2004］「独立後の国家と国民」，辛島昇編『新版世界各国史 7
　　南アジア史』山川出版.

永澤雄治［1999］「冷戦期における西欧諸国の対ソ連政治経済戦略――新冷戦までの東西貿
　　易を中心として――」『経済学』（東北大学），60(4).

―――――［2000］「EU の東方拡大と財政改革――『アジェンダ2000』とベルリン欧州理事
　　会を中心として――」『経済学』（東北大学），62(3).

―――――［2001］「EU 東方拡大の政治経済学――安全保障戦略と拡大コストの相克――」『総
　　合政策論集』（東北文化学園大学），1(1).

───── ［2004］「欧州における政治経済的秩序の再編── EU と NATO の拡大を中心として──」『総合政策論集』（東北文化学園大学），4(1)．

───── ［2006］「合理的行為者モデルによる EU 拡大分析──構成主義的分析による合理モデル批判を受けて──」『総合政策論集』（東北文化学園大学），5 (1)．

───── ［2007］「EU 拡大をめぐる合理主義と構成主義の検討── F. Schimmelefenning 等による構成主義分析と合理主義の接点──」『総合政策論集』（東北文化学園大学），6 (1)．

───── ［2009］「東西欧州貿易の歴史的意味──冷戦期における EC の経済外交戦略──」『ロシア・ユーラシア経済──研究と資料──』926．

─────［2011］「冷戦末期の東西欧州貿易と EU 拡大」『総合政策論集』（東北文化学園大学），10(1)．

中原喜一郎・大隈宏 ［1979］「国際統合」，日本国際政治学会編『戦後日本の国際政治学』有斐閣．

中村伊知哉 ［2011］「日本の文化発信力に強み　ものづくりとの複合策を」『日本経済新聞』4 月 5 日．

中村都 ［2005］「シンガポールの『知識集約都市国家』構想」，田坂敏雄編『東アジア都市論の構想』御茶の水書房．

───── ［2006］「シンガポールにおける英語による教育──"国民教育" を中心に──」『JASEC Bulletin（日本英語コミュニケーション学会紀要）』15(1)．

───── ［2008］『シンガポールにおける国民統合』法律文化社．

─────編 ［2017］『新版　国際関係論へのファーストステップ』法律文化社．

納家政嗣 ［1979］「トランスナショナル・リレーションズ」，日本国際政治学会編『戦後日本の国際政治学』有斐閣．

───── ［2003］『国際紛争と予防外交』有斐閣．

西川潤 ［1978］『経済発展の理論』日本評論社．

───── ［1980］『南北問題』日本放送出版協会．

───── ［2004］『世界経済入門（第三版）』岩波書店．

西浦直子 ［2009］「国連憲章第 7 章下における武力行使授権の問題点──学説の検証を中心として──」『社会科学ジャーナル』68．

西村謙一 ［2005］「東アジアの地方分権とシビル・ソサエティ」田坂敏雄編『東アジア都市論の構想』御茶の水書房．

───── ［2008］「フィリピンの地方自治における NGO の参加──カビテ州総合沿岸管理事業を例として──」『大阪大学留学生センター研究論集 多文化社会と留学生交流』12．

───── ［2009a］「フィリピン市民社会論」，田坂敏雄編『東アジア市民社会の展望』御茶の水書房．

─────［2009b］「フィリピンの地方自治への市民参加」，田坂敏雄編『東アジア市民社会の展望』御茶の水書房.

─────［2009c］「フィリピンにおける地方分権化論」『大阪大学留学生センター研究論集 多文化社会と留学生交流』13.

日本国際政治学会編［1978］『非国家的行為体と国際関係』有斐閣.

日本政府観光局［2011］「世界の国際観光の動向」（http://www.into.go.jp/jpn/tourism_data/global_tourism_trends.html, 2011年 4 月 5 日閲覧）.

日本ユネスコ協会連盟［2010］「世界遺産リスト地域別リスト2010年 8 月現在」（http://www.unesco.jp/contens/isan/list.html, 2011年 2 月28日閲覧）.

人間の安全保障委員会［2003］『安全保障の今日的課題──人間の安全保障委員会報告書──』朝日新聞社.

野尻高経・裳岩ナオミ・加藤光利［1982］「日本の閉鎖性と海外子女教育問題を考える」，外務省情報文化局編集『世界の動き』389.

墓田桂［2010］「『恐怖からの自由』は保障できるか？ 国際平和と安全に関する近年の政策議論──国内避難民の保護の観点から──」『Review of Asian and Pacific Studies』35.

蓮見雄［2005］「欧州近隣諸国政策とは何か」『慶應法学』2.

初瀬龍平・定形衛・月村太郎編［2001］『国際関係論のパラダイム』有信堂高文社.

服部正也［2009］『ルワンダ中央銀行総裁日記（増補版）』中央公論新社.

ハーバーマス，J.［1999］『法と正義のディスクルス──ハーバーマス京都講演集──』（河上倫逸），未来社.

原田金一郎［1976］「ラテン・アメリカにおける低開発経済論の展開」『六甲台論集』23(3).

馬場伸也［1973］「国際関係の政治社会学」『社会学講座』7，東京大学出版会.

─────［1977］「大国外交から提携外交へ」『中央公論』92(2).

─────［1978］「非国家的行為体と国際関係」，日本国際政治学会編『非国家的行為体と国際関係』有斐閣.

─────［1979］「従属理論から連帯理論へ」『世界』407.

─────［1980a］「国際人権問題と NGO」，川田侃・三輪公忠編『現代国際関係論』東京大学出版会.

─────［1980b］『アイデンティティの国際政治学』東京大学出版会.

─────［1980c］「国際社会のゆくえ」『非国家的行為主体のトランスナショナルな活動とその相互行為の分析による国際社会学』津田塾大学国際関係研究所.

─────［1982］「NGO と国際社会」『国際政治と日本の選択』日本評論社.

─────［1983］『地球文化のゆくえ』東京大学出版会.

─────［1985］「『人類益』の促進を市民の手で」，初瀬龍平編『内なる国際化』三嶺書房.

──────［1987］「『人類益』の追求をめざして──アムネスティの拷問廃止運動を中心に──」，武者小路公秀・臼井久和編『転換期世界の理論的枠組み』Ⅱ，有信堂.

──────［1989］「国際社会学へのプロレゴメナ──福祉『国際社会』の構築をめざして──」『阪大法学』149-50（馬場伸也編『現代国際関係の新次元』日本評論社, 1990年に再録）.

──────・梶田孝道編［1980］『非国家的行為主体のトランスナショナルな活動とその相互行為の分析による国際社会学』津田塾大学国際関係研究所.

馬場浩也［1980］「市場民主主義と人種差別」『経済評論』29(6).

東大作［2009］『平和構築──アフガン，東チモールの現場から──』岩波書店.

樋山千冬［2003］「冷戦後の国連安保理決議に基づく『多国籍軍』」『レファレンス』626.

平山雄大［2016］「GNH『誕生』を巡る基礎的文献研究」『GNH（国民総幸福）研究』3.

福澤諭吉［1975］『文明論之概略』（現代日本文学大系2），筑摩書房.

福田菊［1988］『国連とNGO』三省堂.

藤永茂［2006］『『闇の奥』の奥──コンラッド・植民地主義・アフリカの重荷──』三交社.

文化庁［2011］「文化庁メディア芸術祭について」（http://plaza.bunka.go.jp/festival/about/, 2011年8月16日閲覧）.

星野郁［2005］「北欧の福祉国家と社会モデルの現状と可能性」『研究年報 経済学』（東北大学），66(3).

星野俊也［2006］「軍事介入」，大芝亮・藤原帰一・山田哲也編『平和政策』有斐閣.

細谷千博・南義清編［1980］『欧州共同体（EC）の研究』新有堂.

堀芳枝［2005］『内発的民主主義への一考察──フィリピンの農地改革における政府，NGO，住民組織──』国際書院.

舞田敏彦［2017］「婚外子が増えれば日本の少子化問題は解決する？」『ニューズウィーク日本版』2017年7月13日（https://www.newsweekjapan.jp/stories/world/2017/07/post-7974.php, 2019年6月21日閲覧）.

前田朗［2008］『軍隊のない国家』日本評論社.

正井泰夫監修［2005］『今がわかる時代がわかる世界地図 2005年版』成美堂出版.

松葉真美［2010］「国連平和維持活動（PKO）の発展と武力行使をめぐる原則の変化」『レファレンス』708.

松本剛明［2011］「第177回国会衆議院外務委員会第4号」松本（剛）国務大臣発言，平成23年3月30日.

三上貴教［1995］「観光の国際関係論──そのプロレゴメナとして──」『札幌学院法学』11(2).

──────［2000］「不均衡の国連NGO ──本部所在地の分析を中心に──」『修道法学』22(1-2).

三原龍太郎［2014］『クール・ジャパンはなぜ嫌われるのか』中央公論新社.

宮本太郎［1999］『福祉国家という戦略——スウェーデンモデルの政治経済学——』法律文化社.

宮本正興・松田素二編［1997］『新書 アフリカ史』講談社.

ムアンギ, G.C.［2006］「『土地と自由のための戦い』か『マウマウ』か」, 戸田真紀子編『帝国への抵抗』世界思想社.

武者小路公秀［1976］「国際学習過程としての平和研究」, 日本国際政治学会編『「平和研究」——その方法と課題——』有斐閣.

———［1977］『国際政治を見る眼』岩波書店.

———［1980］「現代における開発と発展の諸問題」, 川田侃・三輪公忠編『現代国際関係論』東京大学出版会.

———［1996］『転換期の国際政治』岩波書店.

———［2009］『人間の安全保障』ミネルヴァ書房.

———・蝋山道雄編［1976］『国際学』東京大学出版会.

村田晃嗣［2009］「リアリズム——その日本的特徴——」, 日本国際政治学会編『日本の国際政治学 1 学としての国際政治』有斐閣.

村松岐夫［1988］『地方自治 現代政治学叢書15』東京大学出版会.

———［1994］『日本の行政——活動型官僚制の変貌——』中央公論新社.

毛利良一［2001］『グローバリゼーションと IMF・世界銀行』大月書店.

最上敏樹［2001］『人道的介入——正義の武力行使はあるか——』岩波書店.

———［2006］『いま平和とは——人権と人道をめぐる9話——』岩波書店.

百瀬宏［1980a］「『新冷戦』とフィンランドの立場」『世界』416.

———［1980b］『北欧現代史』山川出版社.

———［1993］『国際関係学』東京大学出版会.

———［2003］『国際関係学原論』岩波書店.

———ほか編［1998］『北欧史』山川出版社.

森靖之［2016］「GNH の来歴・概要」『ブータンの国民総幸福（GNH）—— GNH の来歴・現況, その今日的意義——』報告書, 国際開発学会社会連携委員会.

諸富徹［2002］「金融のグローバル化とトービン税」『現代思想』30(15).

文部科学省［2005］「文部科学省における国際戦略（提言）2 我が国のソフト・パワーの増強」（http://www.mext.go.jp/a_menu/kokusai/senryaku/teigen/05092901/003.htm, 2011年3月11日閲覧).

———［2010］「国際学力調査」（http://www.mext.go.jp/a_menu/shotou/gakuryoku-chousa/sonota/07032813.htm, 2011年3月30日閲覧).

柳田国男［1962］「先祖の話」『柳田国男集』10, 筑摩書房.

山影進編［1988］『相互依存時代の国際摩擦』東京大学出版会.

山下光［2004］「イラク戦争と国連安全保障理事会――武力行使の正当性の問題を中心に――」『防衛研究所紀要』7(1).

―――［2005］「PKO 概念の再検討――『ブラヒミ・レポート』とその後――」『防衛研究所紀要』8(1).

―――［2006］「国際平和協力活動における「専門部隊」とその理論的背景」『防衛研究所紀要』9(2).

山田公平［1991］『近代日本の国民国家と地方自治』名古屋大学出版会.

山本慎一［2007］「国連安保理による『授権』行為の憲章上の位置づけに関する一考察――多機能化する多国籍軍型軍事活動を例として――」『外務省調査月報』 2.

山本満［1976］「南北問題とは何か」，日本国際政治学会編『「平和研究」――その方法と課題――』有斐閣.

吉田晴彦［2003］「地球市民と地球市民社会」，吉川元編『国際関係論を超えて――トランスナショナル関係論の新次元――』山川出版社.

―――［2017］「国際援助という問題」，中村都編『新版 国際関係論へのファーストステップ』法律文化社.

吉田靖之［2000］「国連安保理事会決議に基づく多国籍軍の法的考察――安全保障理事会の『授権』を中心に――」『防衛研究所紀要』3(1).

魯迅［1966］「賢人と馬鹿と奴隷」『魯迅作品集』2（竹内好訳），筑摩書房.

若森章孝［2009］「フレキシキュリティ論争とデンマーク・モデル」『関西大学経済論集』59(1).

〈欧文献〉

Abinales, P. N. and J. A. Donna [2005] *State and Society in the Philippines*, Lanham: Rowman & Littlefield.

Alderman, L. [2018] "Sweden's Push to Get Rid of Cash Has Some Saying, 'Not So Fast'," *The New York Times*, 2018. 11. 28.

Alipala, J. [2019] "MNLF questions membership of Bangsamoro Transition Authority," Philippine Daily Inquirer (FDI), February 24, 2019 (https://newsinfo.inquirer.net/1089311/mnlf-questions-membership-of-bangsamoro-transition-authority, 2019年5月22日閲覧).

Amin, S. [1976] "Some Thoughts on Self-Reliant Development, Collective Self-Reliance and the New International Economic Order," United Nations African Institute for Economic Development and Planning, Dakar, R/2773, November（武藤一羊訳「自力更生と新国際経済秩序」『展望』228, 1977年）.

Amnesty International [2011] *Amnesty International Annual Report 2011*, Amnesty

International (http://www.amnesty.org/en/annual-report/2011).

———— [2018] Amnesty International Report 2017/18: The state of The world's Human Rights, Amnesty International (https://www.amnesty.org/en/documents/pol10/6700/2018/en/, 2019年5月22日閲覧).

Anderson, B. [1988] "Cacique Democracy in the Philippines : Origins and Dreams," *New Left Review*, 169.

Anderson, D. [2005] Histories Of The Hanged: The Dirty War In Kenya And The End Of Empire. London: W. W. Norton & Company.

Andersson, J. [2009] "Nordic Nostalgia and Nordic Light : The Swedish Model as Utopia 1930–2007," *Scandinavian Journal of History*, 34(3).

———— and M. Hilson [2009] "Images of Sweden and the Nordic Countries," *Scandinavian Journal of History*, 34(3).

Angeles, J. V. [1997] "The Role of the Naga City Urban Poor Federation in the Passage of Pro-Poor Ordinances and Policies," in Marlon A. Wui et al eds., *State-Civil Society Relations in Policy-Making*, Quezon: Third World Studies Center.

Anholt, S. [2007] *Competitive Identity : The Brand Management for Nations, Cities and Regions*, New York : Palgrave Macmillan.

Anyadike, O. [2019] "Reporter's Diary : Boko Haram and the battle of ideas." *The New Humanitarian*, 6 Aug. 2019 (http://www.thenewhumanitarian.org/analysis/2019/08/06/Nigeria-boko-haram-ISWAP-and-battle-ideas-Lake-Chad?utm_source=The+New+Humanitarian&utm_campaign=2af672f8f5-RSS_EMAIL_CAMPAIGN_ENGLISH_CONFLICT&utm_medium=email&utm_term=0_d842d98289-2af672f8f5-15678921, 2019年9月9日閲覧).

Archibugi, D [2008] *The Global Commonwealth of Citizens*, Princeton: Princeton University Press (中谷義和・高嶋正晴・國廣敏文ほか訳『グローバル化時代の市民像・コスモポリタン民主政に向けて』法律文化社, 2010年).

Avineri, S. [1972] *Hegel's Theory of the Modern State*, Cambridge University Press.

Baetens Beadsmore, H. [1998] "Language Shift and Cultural Implications in Singapore," in Gopinathan, S. et al., eds., *Language, Society and Education in Singapore: Issues and Trends*, Second edition, Singapore: Times Academic Press.

Bamba, N. and J. F. Howes [1978] *Pacifism in Japan : The Christian and Socialist Tradition*, Vancouver : University of British Columbia Press; Kyoto : Minerva Press.

Basu, G. K. [2002] "The transition to capitalism in Bhutan: notes on British connection," in V. Grover ed., *Bhutan: Government and Politics*, New Delhi: Deep and Deep Publications.

Bautista, V. A., et al. [2002] "Philippine Experience in Health Service Decentralization," in Proserpina Domingo Tapales et al. eds., *Local Government in the Philippines : A Book of Readings,* vol.3, Diliman, Quezon City, Philippines : Center for Local and Regional Governance and National College of Public Administration and Governance, University of the Philippines.

BBC [2011] "Nigeria attacks claimed by Islamist sect Boko Haram," (http://www.bbc. co.uk/news/world-africa-13618775?print=true, 2011年 6 月25日閲覧).

───── [2015] "Kenyan Muslims shield Christians in Mandera bus attack," (http:// www.bbc.com/news/world-africa-35151967, 2019年 4 月 7 日閲覧).

───── [2019] "Nigeria election 2019: Mapping a nation in nine charts," (https://www. bbc.com/news/world-africa-47149528, 2019年 4 月 7 日閲覧).

BBC World Service Poll [2011a] "Embargo 00:01 GMT 07 March 2011," (http://news. bbc.co.uk/2/shared/bsp/hi/pdfs/05_03_11_bbcws_country_poll.pdf , 2011年 8 月 3 日閲覧).

───── [2011b] "Country Rating Poll 2011," (http://www.bbc.co.uk/pressoffice/ pressreleases/stories/2011/03_march/07/poll.pdf, 2019年 1 月 8 日閲覧).

───── [2017] "Country Rating Poll 2017," (https://globescan.com/images/images/ pressreleases/bbc2017_country_ratings/BBC2017_Country_Ratings_Poll.pdf, 2019年 6 月 8 日閲覧).

Beah, I. [2008] A Long Way Gone : Memoirs of a Boy Soldier. New York: Sarah Crichton Books (忠平美幸訳『戦場から生きのびて──ぼくは少年兵士だった──』河出書房新社).

Beits, C. [1979] *Political Theory and International Relations,* Princeton, N.J.: Princeton University Press (進藤榮一訳『国際秩序と正義』岩波書店, 1989年).

Berger, P. L. [1967] *The Sacred Canopy : Elements of A Sociological Theory of Religion,* New York : Doubleday (薗田稔訳『聖なる天蓋──神聖世界の社会学──』新曜社, 1979年).

Berger, P. L., Berger, B. and H. Kellner [1973] *The Homeless Mind : Modernization and Consciousness,* New York : Random House (高山真知子・馬場伸也・馬場恭子訳『故郷喪失者たち──近代化と日常意識──』新曜社, 1977年).

Berggren, H. and L. Trägårdh [2010] "Pippi Longstocking : The Autonomous Child and the Moral Logic of the Swedish Welfare State," in H. Mattsson and S.-O. Wallenstein eds., *Swedish Modernism : Architecture, Consumption and the Welfare State,* London: Black Dog Publishing.

Berry, J. M. [1977] *Lobbying for the People,* Princeton: Princeton University Press.

Boston Consulting Group (BCG) [2011] *Global Wealth 2011*, (http://piketty.pse.ens.fr/files/BCG2011.pdf, 2018年11月10日閲覧).

Boston Symphony Orchestra [2011] "The History Of Tanglewood," (http://www.bso.org/bso/mods/toc_01_gen_images.jsp?id=bcat13050002, 2011年 8 月16日閲覧).

Brett, R. and M. McCallin [2002] Children : The Invisible Soldiers. Stockholm: Rädda Barnen (渡井理佳子訳『世界の子ども兵──見えない子どもたち──』新評論, 2009年).

Buendia, E. E. [2005] *Democratizing Governance in the Philippines*, Quezon City : University of the Philippines.

Cheng, K. [2018] "Singaporean identity 'particularly pertinent' as Republic moves into next phase: Indranee," *Today* (Singapore : Media Corp), May 18. (https://www.todayonline.com/singapore/singaporean-identity-particularly-pertinent-republic-moves-next-phase-indranee, 2018年 7 月15日閲覧).

Chomsky, N. [1972] *Language and Mind*, New York: Marcourt Brace Jovanovich.

Christiansen, N. F. and K. Åmark [2006] "Conclusions," in N. F. Christiansen et.al., eds., *The Nordic Model of Welfare : A Historical Reappraisal*, Copenhagen : Museum Tusculanum Press.

Christiansen, N. F. and P. Markkola [2006] "Introduction," in Christiansen, N. F., et.al., eds., *The Nordic Model of Welfare : A Historical Reappraisal*, Copenhagen : Museum Tusculanum Press.

Christiansen, N. F., et.al., eds. [2006] *The Nordic Model of Welfare : A Historical Reappraisal*, Copenhagen : Museum Tusculanum Press.

CIA [2011] "Nigeria," (https://www.cia.gov/library/publications/the-world-factbook/geos/ni.html, 2011年 7 月10 日閲覧).

Clammer, J. [1980] "Religion and Language in Singapore," in Andreas, E.A. et al., eds., *Language and Society in Singapore*, Singapore: Singapore University Press.

Clarke, G. [1998] *The Politics of NGOs in South-East Asia : Participation and protest in the Philippines*, London : Routledge.

Committee on Economic, Social and Cultural Rights (CESCR) [1990] *General Comment No. 3 : The Nature of States Parties' Obligations (Art. 2, Para. 1, of the Covenant)*, UN Committee on Economic, Social and Cultural Rights (CESCR)(http://www.unhcr.org/refworld/docid/4538838e10.html).

Coronel, S. S. [1995] "The Killing Fields of Commerce," in Jose F. Lacaba (ed.), *Boss : Five Case Studies of Local Politics in the Philippines*, Pasig : Philippine Center for Investigative Journalism & Institute for Popular Democracy.

Corpuz O.D. [1989] *The Roots of The Filipino Nation*, vol. II, Quezon City : AKLAHI

Foundation.

Darby, W. T. ed. [1986] *Sojourns in the New World*, London: Methuen and Co..

Dasgupta, S. [1968] "Peacelessness and Maldevelopment," *Proceedings of the International Peace Research Association Second Conference*, 11.

Dayan, D., et al. [1992] *Media Event: Live Broadcasting of History*, Cambridge, MA.: Harvard University Press (浅見克彦訳『メディア・イベント——歴史をつくるメディア・セレモニー——』青弓社, 1996年).

EIU (the Economist Intelligence Unit) [2010] "Democracy index 2010," (http://graphics. eiu.com/PDF/Democracy_Index_2010_web.pdf, 2011年 8 月27日閲覧).

———— [2018] "Democracy index 2018," (https://www.prensa.com/politica/democracy-index_LPRFIL20190112_0001.pdf, 2018年 7 月26日閲覧).

Eklund, K. et al. [2011] The Nordic Way : Shared Norms for the New Reality (http:// www.globalutmaning.se/wp-content/uploads/2011/01/Davos-The-nordic-way-final.pdf, 2011年 8 月30日閲覧).

Elkins, C. [2005] *Imperial Reckoning : The Untold Story of Britain's Gulag in Kenya*, New York : Owl Books.

Esping-Andersen, G. [1990] *The Three Worlds of Welfare Capitalism*, Cambridge : Polity Press (岡沢憲芙・宮本太郎監訳『福祉資本主義の三つの世界』ミネルヴァ書房, 2001年).

———— [1999] *Social Foundations of Postindustrial Economies*, Oxford ; New York : Oxford University Press (渡辺雅男・渡辺景子訳『ポスト工業経済の社会的基礎——市場・福祉国家・家族の政治経済学——』桜井書店, 2000年).

European Commision [1997] *Agenda 2000* : For A Stonger and Wider Union, Bulletin of the European Union, Supplement 5/97.

———— [2000] *Enlargement Strategy Paper : Report on Progress towards Accession by Each of The Candidate Countries* (http://ec.europa.eu/enlargement/archives/pdf/ key_documents/2000/strat_en.pdf, 2011年 8 月30日閲覧).

Fabros, A. et al. [2006] "Politics of Place and Identity : Social Movement Experiences in the Philippines," in Aya Fabros, et al. eds., *Social Movement in the Philippines,* Pasig: Institute for Popular Democracy.

FAO, IFAD, UNICEF, WFP and WHO [2018] *The State of Food Security and Nutrition in the World: Building Climate Resilience for Food Security and Nutrition*, Rome: FAO.

Ferrer, M. C. [1997] "Civil Society Making Civil Society," in M. C. Ferrer ed., *Civil Society Making Civil Society*, Quezon: Third World Studies Center.

Fishman, J. [1998] "The New Linguistic Order," *Foreign Policy*, 113.

Foley, J.A. [2001] "Is English a First or Second Language in Singapore," in Ooi, V.B.Y., *Evolving Identities: The English Language in Singapore and Malaysia*, Singapore: Times Academic Press.

Frank, A. G. [1969] *Latin America: Underdevelopment or Revolution*, New York : Monthly Review Press（大崎正治・前田幸一・中尾久訳『世界資本主義と低開発——収奪の《中枢-衛星》構造——』柘植書房，1976年）.

Galtung, J. [1969] "Violence, Peace, and Peace Research," *Journal of Peace Research*, 6(3).

———— [1977] *Socio-Cultural Development Alternatives in a Changing World, Project Meeting Report*（HSDPD-5／UNUP-7).

———— [1978] *Goals, Processes and Indicators of Development, A Project Description*（HSDPD-9/UNUP-11).

Gayle, Curtis Anderson [2011] 'Eguchi Bokurō : "Asia in World History" 1953' in Sven Saaler and Christopher W. A. Szpilman eds., *Pan-Asianism : A Documentary History, Volume 2 : 1920-Present*, Lanham : Roman and Littlefield Publisher.

George, S. and F. Sabelli [1994] *The World Bank's Secular Empire*, Harmondsworth : Penguin Books（毛利良一訳『世界銀行は地球を救えるか——開発帝国50年の功罪——』朝日新聞社，1996年).

Götz, N. [2009] "'Blue-eyed Angels' at the League of Nations : The Genevese Construction of Norden," in Götz, N. and Haggrén H., eds., *Regional Cooperation and International Organizations : The Nordic Model in Transnational Alignment*, New York : Routledge.

———— and H. Haggrén [2009] "Introduction: Transnational Nordic Alignment in Stormy Waters," in N. Götz and H. Haggrén eds., *Regional Cooperation and International Organizations : The Nordic Model in Transnational Alignment*, New York: Routledge.

———— and H. Haggrén eds. [2009] *Regional Cooperation and International Organizations : The Nordic Model in Transnational Alignment*, New York : Routledge.

Government of Singapore (GOS) [1979] *Report on the Ministry of Education 1978*, Singapore : Singapore National Printers.

———— [1983] *Economic and Social Statistics Singapore, 1960-1982*, Singapore : Department of Statistics.

———— [1993] *Census of Population 1990 : Economic Characteristics*, Singapore : Department of Statistics.

———— [2010] *Census of Population 2010 : Advance Census Release*, Singapore : Department of Statistics.

———— [n.d.] *Census of Population 1980 Singapore : Economic Characteristics*, Singapore : Department of Statistics.

———— [2011] *Census of Population 2010*, Singapore: Department of Statistics.

———— [2013a] (Second Impression 2018), *Inquiring into Our World*, Primary Social Studies, 1-6, Singapore: Marshall Cavendish.

———— [2013b] *A Sustainable Population for a Dynamic Singapore: Population White Paper* (https://www.population.sg/whitepaper/downloads/population-white-paper.pdf, 2013年2月23日閲覧).

———— [2014] (reprinted 2018) *Character and Citizenship Education*, Textbooks Primary 1-6, Singapore: Marshall Cavendish.

———— [2021a] *Census of Population 2020*, Singapore: Department of Statistics.

———— [2021b] *Key Household Income Trends, 2020*, Singapore: Department of Statistics (https://www.singstat.gov.sg/-/media/files/publications/households/pp-s27.pdf, 2022年2月11日閲覧).

———— [2021c] *Population in Brief 2021*, Singapore: Department of Statistics (https://www.population.gov.sg/files/media-centre/publications/Population-in-brief-2021.pdf, 2022年2月11日閲覧).

———— [2021d] *Population Trends 2021*, Singapore: Department of Statistics (https://www.singstat.gov.sg/-/media/files/publications/population/population2021.pdf, 2022年2月11日閲覧).

———— [n.d.] *Total Land Area of Singapore* (https://data.gov.sg/dataset/total-land-area-of-singapore, 2022年2月11日閲覧).

Haas, E.B. [1970] *Human Rights and International Action*, Stanford, Calif.: Stanford University Press.

Hanhimäki, J. M. [2008] *The United Nations : A very short introduction*, New York : Oxford University Press.

Hegel, G. W. F. [1821] *Grundlinien der Philosophie des Rechts*, Berlin : Nicolai (藤野渉・赤沢正敏訳『法の哲学』中央論社，1972年).

Heiderberg Institute for International Conflict Research [2010] *Conflict Bolometer 2010*, Heiderberg : Heiderberg Institute for International Conflict Research (http://hiik.de/en/konfliktbarometer/pdf/ConflictBarometer_2010.pdf, 2011年10月4日閲覧).

Held, D. [1995] *Democracy and the Global Order : From the Modern State to Cosmopolitan Governance*, Stanford: Stanford University Press (佐々木寛・遠藤誠治・小林誠ほか訳『デモクラシーと世界秩序——地球市民の政治学——』NTT出版，2002年).

Held, D.d ed. [2000] *A Globalizing World?: Culture, Econimics, Politics*, London and New York: Routledge in association with The Open University (中谷義和監訳『グローバル化とは何か——文化，経済，政治——』法律文化社，2002年).

Hillman, D, Kapoor, S. and S. Spratt [2006] "Taking the Next Step: Implementing a Currency Transaction Development Levy," Commissioned by the Norwegian Ministry of Foreign Affairs, UK : Stamp Out Poverty.

Hilson, M. [2008] *The Nordic Model : Scandinavia since 1945*, London : Reaktion Books.

Holden, W. N. and R. D. Jacobson [2012] *Mining and Natural Hazard Vulnerability in the Philippines*, London: Anthem Press.

HRW (Human Rights Watch) [2010] "Nigeria : Investigate Massacre, Step Up Patrols," (http://www.hrw.org/en/news/2010/03/08/nigeria-investigate-massacre-step-patrols?tr=y&auid=6055202, 2011年 7 月24日閲覧).

───── [2011] "Nigeria : New Wave of Violence Leaves 200 Dead," (http://www.hrw.org/en/news/2011/01/27/nigeria-new-wave-violence-leaves-200-dead, 2011年 7 月23日閲覧).

───── [2009] "Arbitrary Killings by Security Forces," (http://www.hrw.org/en/reports/2009/07/20/arbitrary-killings-security-forces-0, 2011年 7 月 3 日閲覧).

Human Rights Watch [2018] *World Report 2018: Our annual review of human rights around the globe, Human Rights Watch* (https://www.hrw.org/sites/default/files/world_report_download/201801world_report_web.pdf, 2019年 5 月22日閲覧).

Hymer, S. [1976] *The International Operations of National Firms : A Study of Direct Foreign Investment*, Cambridge, Mass. : MIT Press（宮崎義一編訳『多国籍企業論』岩波書店，1979年）.

ICISS (International Commission on Intervention and State Sovereignty) [2001] *The Responsibility to Protect : Report of the International Commission on Intervention and State Sovereignty*, Ottawa : International Development Research Centre."

IPCC [2018] "Global Warming of 1.5 ℃ : Summary for Policymakers, Intergovernmental Panel on Climate Change," (https://www.ipcc.ch/site/assets/uploads/sites/2/2018/07/SR15_SPM_version_stand_alone_LR.pdf, 2019年 6 月21日閲覧).

Jetin, B. [2002] *La taxe Tobin et la solidarité entre les nations*, Paris: Descartes & Cie（和仁道郎訳『トービン税入門──新自由主義的グローバリゼーションに対抗するための国際戦略──』社会評論社，2006年）.

Kangas, O. et al., eds. [2019] "The Basic Inc.ome Experiment 2017-2018 in Finland. Preliminary results," Ministry of Social Affairs and Health, Helsinki.

Kant, I. [1795] *Zum ewigen Frieden*, Königsberg : Nicolobius（土岐邦夫訳『永遠の平和のために』河出書房，1965年）.

Kapoor, S. [2007] "A financial market solution to the problems of MDG funding gaps and growing inequality," Speech at the 3rd Leading Group Conference in Seoul, 3-4

September 2007.

Karaos, A. M. A. [2006] "Populist Mobilization and Manila's Urban Poor: The Case of SANAPA in the NGC East Side," in A. Fabros, J. Rocamora and D. Velasco eds., *Social Movements in the Philippines*, Quezon City: Institute for Popular Democracy.

Keochane, R.O and J. S. Nye [1977] *Power and Interdependence*, Boston : Little, Brown.

Kettunen, P. [2001] "The Nordic Welfare State in Finland," *Scandinavian Journal of History*, 26(3).

———— [2006] "The Power of International Comparison: A Perspective on the Making and Challenging of the Nordic Welfare State," in N. F. Christiansen et.al., eds., *The Nordic Model of Welfare : A Historical Reappraisal*, Copenhagen : Museum Tusculanum Press.

———— [2009] "The Nordic Model and the International labour Organization," in Götz, N. and H. Haggrén eds., *Regional Cooperation and International Organizations : The Nordic Model in Transnational Allignment*, New York : Routledge.

———— [2011] "The transnational Construction of National Challenges : The Ambiguous Nordic Model of Welfare and Competitiveness," in P. Kettunen and K. Petersen eds., *Beyond Welfare State Models : Transnational Historical Perspectives on Social Policy*, Cheltenham : Edward Elgar Publishing.

———— and K. Petersen eds. [2011] *Beyond Welfare State Models : Transnational Historical Perspectives on Social Policy*, Cheltenham : Edward Elgar Publishing.

Kildal, N. and S. Kuhnle eds. [2005] *Normative Foundations of the Welfare States : The Nordic Experience*, London : Routledge.

Kohli, M. [2002] "Dragon Kingdom's urge for an international role," in V. Grover ed., *Bhutan: Government and Politics*, New Delhi: Deep and Deep Publications.

Korten, D. [1995] *When Corporations Rules the World*, San Fransisco : Kumarian Press & Berrett-Koehler Publishers（西川潤監訳・桜井文訳『グローバル経済という怪物——人間不在の世界から市民社会の復権へ——』シュプリンガー・フェアラーク東京，1997年）.

Kothari, R. [1974] *Footsteps into the Future*, New York: The Free Press.

Kristensen, P. H. et al. [2011] "Denmark : Tailoring Flexicurity for Changing Roles in Global Games," in Kristensen P. H. and K. Lilja eds., *Nordic Capitalisms and Globalization : New Forms of Economic Organization and Welfare Institutions*, Oxford : Oxford University Press.

Kritz, M.K., Keely, C. B. and S. V. Tomasi eds. [1981] *Global Trends in Migration*, New York: The Center for Migration Studies.

Lee, H.L. [1998] "Singapore of the Future," in Arum M. et al, eds., *Singapore: Re-engineering Success*, Singapore: Oxford University Press.

——— [2011] "Speech by Prime Minister Lee Hsien Loong at the Debate on The President's Address, 20 October 2011 at Parliament" (https://www.pmo.gov.sg/ Newsroom/speech-prime-minister-lee-hsien-loong-debate-presidents-address-20-october-2011, 2011年11月23日閲覧).

——— [2019] "Join hands to write a greater Singapore Story : Lee Hsien Loong," *The Straits Times.*, Jan. 20 (https://www.straitstimes.com/singapore/pm-lee-join-hands-to-write-a-greater-singapore-story , 2019年 2 月 5 日閲覧).

Lee, K. Y. [2000] *From Third World to First : The Singapore Story 1965-2000, Memoirs of Lee Kuan Yew*, Singapore : Times Editions and Singapore Press Holdings（小牧利寿訳『リー・クアンユー回顧録——ザ・シンガポール・ストーリー——』（上下巻），日本経済新聞社，2000年).

Lévi-Strauss, C. [1962] *La Pensée sauvage*, Paris : Plon（大橋保夫訳『野生の思考』みすず書房，1976年).

Lijphart, A. [1977] *Democracy in Plural Societies : A Comparative Exploration*, New Haven : Yale University Press（内山秀夫訳『多元社会のデモクラシー』三一書房，1979年).

Lim, L. [1978] *Women Workers in Multinational Corporations: the Case of Electronics Industry in Malaysia and Singapore*, Ann Arbor, Michigan : University of Michigan.

Lu, L. [2013] "Can English be a Singaporean mother tongue?," *Today*, July 15, 2013.（http:// www.todayonline.com/commentary/can-english-be-singaporean-mother-tongue, 2017年10月13日閲覧).

Machiavelli, N. [1950] *The Prince and The Discourses*, New York: The Modern Library.

Marklund, C. [2009] "The Social Laboratory, the Middle Way, and the Swedish Model : Three Frames for the Image of Sweden," *Scandinavian Journal of History*, 34(3).

Mathou, T. [2008] *How to Reform a Traditional Buddhist Monarchy: The Political Achievements of His Majesty Jigme Singye Wangchuk, the Fourth King of Bhutan (1972-2006)* , Thimphu: The Centre for Bhutan Studies.

Mattsson, H. and S.-O. Wallenstein eds. [2010] *Swedish Modernism : Architecture, Consumption and the Welfare State*, London : Black Dog Publishing.

McCoy, A. [1994] ""An Anarchy of Families" : The Histriography of State and Family in the Philippines," in Alfred W. McCoy, *An Anarchy of Families : State and Family in the Philippines*, Quezon City: Ateneo de Manila University Press.

McGray, D. [2002] "Japan's Gross National Cool," *Foreign Policy*, May/June.

McRae, K. D. [1973] *Consociational Democracy*, Toronto/Montreal: Carleton Library.

Mead, M. [1940] "Warfare is Only An Invention-not A Biological Necessity," *Asia*, 40.

──── [1968] "Alternatives to War," in M. H.Fried, M.Harris, and R. F. Murphy eds. War : *The Anthropology of Armed Conflict and Aggression, Garden City*, N.Y. :The Natural History (「戦争に代る道」, 大林太良・蒲生正男・渡辺直経訳『戦争の人類学』ぺりかん社, 1977年).

Mead, M. and J. Baldwin [1971] *A Rap on Race*, New York: U. B. Lippincott Co. (大庭みな子訳『怒りと良心』平凡社, 1973年).

Melby, K. et al. [2009] "A Nordic Model of Gender Equality? : Introduction," in K. Melby et al., eds., *Gender Equality and Welfare Politics in Scandinavia*, Bristol : Policy Press.

──── [2011] "What Is Nordic in the Nordic Gender Model?" in P. Kettunen, and K. Petersen eds., *Beyond Welfare State Models : Transnational Historical Perspectives on Social Policy*, Cheltenham : Edward Elgar Publishing.

──── eds. [2009] *Gender Equality and Welfare Politics in Scandinavia*, Bristol : Policy Press.

Migdal, J. S. [1988] *Strong Societies and Weak States : State-Society Relations and State Capabilities in the Third World*, Princeton University Press.

Moo, et al. [2009] *Art in Life, Lower Secondary*, Singapore: Peason Education South Asia.

Musial, K. [2009] "Reconstructing Nordic Significance in Europe on the Threshold of the 21st Century," *Scandinavian Journal of History*, 34(3).

Nederveen, P., J. [2010] *Development Theory* (second edition), London: Sage.

Newnham, P. E. [2000] "More Flies with Honey : Positive Economic Linkage in German Ostpolitik form Bismarck to Lohl," *International Studies Quarterly*, 44.

NEXT [2009] "40 Million Youth Unemployed in Niteria-Minister," Feb. 25 (http://234next.com/csp/cms/sites/Next/News/Metro/5312195-147/40_million_youth_unemployed_in_nigeria.csp#, 2011年7月10日閲覧).

────[2011] "Our Bank Directors are the Highest Paid in Africa," July 10 (http://234next.com/csp/cms/sites/Next/News/National/5728793-146/our_bank_directorsare_the_highest_paid.csp#, 2011年7月11日閲覧).

Nisbet, R. [1972] "Radicalism as Therapy," *Encounter*, 38(3).

Nye, Joseph S. [1990] *Bound to Lead : The Changing Nature of American Power*, New York: Basic Books (久保伸太郎訳『不滅の大国アメリカ』読売新聞社, 1990年).

──── [2004] *Soft Power : The Means to Success in World Politics*, New York : Public Affairs (山岡洋一訳『ソフト・パワー』日本経済新聞社, 2004年).

Ortmann, S. [2009] "Singapore: The Politics of Inventing National Identity," *Journal of*

*Current Southeast Asian Affairs*, 4.

OSRSG-CAAC（Office of the Special Representative of the Secretary-General for Children and Armed Conflict）& UNICEF［2009］*Machel Study 10-Year Strategic Review : Children and Conflict in a Changing World*, New York : UNICEF.

OSRSG-CAAC［2016］*20 Years to Better Protect Children Affected by Conflict*, New York : United Nations.

Otmazgin, N. K.［2008］"Contesting soft power : Japanese popular culture in East and Southeast Asia," *International Relations of the Asia-Pacific*, 8(1).

Oxfam［2018a］"Reward work, not wealth,"（http://oxfam.jp/news/bp-reward-work-not-wealth-220118-en_EMBARGO.pdf，2019年9月27日閲覧）.

――――［2018b］*The Committment to Reducing Inequality Index 2018*,（https://oxfamilibrary.openrepository.com/bitstream/handle/10546/620553/rr-commitment-reducing-inequality-index-2018-091018-en.pdf，2019年 3 月 7 日閲覧）.

――――［2019］"Public Good or Private Wealth? <Summary>",（https://www.oxfam.org.nz/sites/default/files/reports/Public%20Good%20or%20Private%20Wealth%20-%20Oxfam%202019%20-%20Summary.pdf, 2019年 6 月21日閲覧）.

Paez, P. A. V.［1997］"State-Civil Society Relations in Policy-Making : Focus on the Legislative," in Marlon A. Wui et al eds., *State-Civil Society Relations in Policy-Making*, Quezon City : Third World Studies Center.

Patomäki, H.［2001］*Democratising Globalisation : The Leverage of the Tobin Tax*, London・New York : Zed Books.

Paz, O.［1973］*El laberinto de la soledad*, México: Fondo de Cultura Económica（吉田秀太郎訳『孤独の迷路』新世界社，1976年）.

Petersen, K.［2011］"National, Nordic, and Trans-Nordic : Transnational Perspectives on the History of the Nordic Welfare States," in P. Kettunen and K. Petersen eds., *Beyond Welfare State Models : Transnational Historical Perspectives on Social Policy*, Cheltenham : Edward Elgar Publishing.

Peyrelevade, J.［2005］*Le Captitalisme Total*, Paris : Seuil et La République des Idées（宇野彰洋・山田雅俊監修，林昌宏訳『世界を壊す金融資本主義』，NTT 出版，2007年）.

Philippine Daily Inquirer（PDI）［2019］"MNLF questions membership of Bangsamoro Transition Authority", Feb. 24, 2019（https://newsinfo.inquirer.net/1089311/mnlf-questions-membership-of-bangsamoro-transition-authority, 2019年 6 月21日閲覧）.

Philippine Statistics Authority（PSA）［2017a］*2017 Philippine Statistical Yearbook*,（https://psa.gov.ph/sites/default/files/PSY_2017_Jan%2016%202018.pdf, 2019年 6 月21日閲覧）.

———— [2017b] "Farmers, Fishermen and Children consistently posted the highest poverty incidence among basic sectors ― PSA", released on 30 June, 2017 (https:// psa.gov.ph/content/farmers-fishermen-and-children-consistently-posted-highest-poverty-incidence-among-basic, 2019年 6 月21日閲覧).

Pinches, M. [1997] "Elite Democracy, Development and People Power : Contending Ideologies and Changing Practices in Philippine Politics," *Asian Studies Review*, 21 (1-3).

Prebisch, R. [1959] "Commercial Policy in the Underdeveloped Countries," *American Economic Review*, 49 (2).

Rawls, J. [1971] *A Theory of Justice*, Cambridege, Mass.: Harvard University Press (矢島鈞次訳『正義論』紀伊國屋書店, 1979年).

Rist, G. [2014] *The History of Development: From Western Origins to Global Faith* (fourth edition), London: Zed Books.

Robert C. Johansen, R. C. [1980] *The National Interest and the Human Interest*, Princeton University Press.

Roman, C. [2009] "Academic Discourse, Social Policy, and the Construction of New Familiies," in K. Melby et al. eds, *Gender Equality and Welfare Politics in Scandinavia*, Bristol : Policy Press.

Rose, L. E. [1977] *The Politics of Bhutan*, Ithaca: Cornell University Press.

Rosenstein-Rodan, P. [1972] "The Have's and Have-not's Around the Year 2000," in J. N. Bhagwati ed., *Economics and World Order*, New York : Macmillan.

Rummel, R. J. [1998] *Statistics of Democide : Genocide and Mass Murder since 1990*, Munster : Lit verlag.

Saravanan, V. [1998] "Language Maintenance and Language Shift in the Tamil-English Community," Gopinathan, et al. eds. *Language, Society and Education in Singapore*. Singapore: Times Academic Press.

Sartre, J.-P. [1946] *L'existentialisme est un humanisme*, Paris : Éditions Nagel (伊吹武彦訳『実存主義とは何か』人文書院, 1955年).

Schech, S. and J. Haggis [2000] *Culture and Development: A Critical Introduction*, Oxford: Blackwell Publishing.

Schmidt, R. [2007] *The Currency Transaction Tax : Rate and Revenue Estimates*, Ottawa : The North-South Institute.

Schulmeister, S. [2009] "A General Financial Transaction Tax: A Short Cut of the Pros, the Cons and a Proposal," WIFO Working Papers, 344.

———— [2014] "The struggle over the Financial Transactions Tax: a politico-economic farce," a paper presented at the 11th Euroframe Conference on Economic Policy Issues in the European Union in Paris on June 6, 2014.

See, T. A. [1997] "People of the Philippines vs. Crimes CAAC-MRPO, the Criminal Justice System and the Fight Against Crime," in M. A. Wui et al eds., *State-Civil Society Relations in Policy-Making*, Quezon City : Third World Studies Center.

Sen, A. K. [1992] *Inequality Reexammined*, Oxford: Clarendon Press（池本幸生・野上裕生・佐藤仁訳『不平等の再検討――潜在能力と自由――』岩波書店，1999年）.

―――― [1999] *Development As Freedom*, New York : Alfred A. Knopf（石塚正彦訳『自由と経済開発』日本経済新聞社，2000年）.

Sidel, J. T. [1999] *Capital, Coercion and Crime : Bossism in the Philippines*, Stanford : Stanford University Press.

Siim, B. and A. Borchorst [2005] "The Women-Friendly Welfare State Revisited," in N. Kildal and S. Kuhnle eds., *Normative Foundations of the Welfare States : The Nordic Experience*, London : Routledge.

―――― [2016] "The multicultural challenge to the Danish welfare state: Tensions between gender equality and diversity" in J. Fink and A. Lundqvist eds., *Changing Relations of Welfare*, New York: Routledge.

Singer, P.W. [2006] *Children at War*, Berkeley : University of California Press（小林由香利訳『子ども兵の戦争』日本放送出版協会，2006年）.

SIPRI（Stockholm International Peace Research Institute）[2008] *SIPRI Yearbook 2008 : Armaments, Disarmament and International Security*, Oxford : Oxford University Press（http://www.sipri.org/yearbook/2008，2011年 7 月 3 日閲覧）.

―――― [2009] *SIPRI Yearbook 2009 : Armaments, Disarmament and International Security*, Oxford : Oxford University Press（http://www.sipri.org/yearbook/2009，2011年 7 月 3 日閲覧）.

―――― [2010] *SIPRI Yearbook 2010 : Armaments, Disarmament and International Security*, Oxford : Oxford University Press（http://www.sipri.org/yearbook/2010，2011年 7 月 3 日閲覧）.

Spahn, P. B. [1995] "International Financial Flows and Transaction Taxes : Survey and Options," IMF Working Papers, 95/60（http://www.wiwi.uni-frankfurt.de/profs/spahn/pdf/publ/7-041.pdf，2011年10月 4 日閲覧）.

Štaubringer, Z. [1969] *Tito, Hronika Jedne Mladosti 1907-1925*, Komunist（岡崎慶興訳『チトー――独自の道――』サイマル出版会，1976年）.

Stead, et al. [2008]（Reprinted 2012）*Joy of Music*, Books 1 & 2, Singapore: Star Publishing.

Stent, A. [1981] *From Embargo to Ostpolitik : The Political Economy of West German-*

*Soviet Relations, 1955-1980*, Cambridge ; New York : Cambridge University Press.

Stiglitz, J. E. [2002] *Globalization and its Discontents*, New York : W. W. Norton & Company（鈴木主税訳『世界を不幸にしたグローバリズムの正体』徳間書店，2002年）.

Sunday T. [2010] "Nigeria charges 49 with murder over Christian villages massacres," (http://www.timesonline.co.uk/tol/news/world/africa/article7059007.ece, 2011年 8 月 30日閲覧).

Tan, S.H. [1998] "Theoretical Ideals and Ideologized Reality in Language Planning," Gopinathan, et al. eds. *Language, Society and Education in Singapore*. Singapore: Times Academic Press.

Tan, Y. Y. [2013] "Commentary: What's Wrong with the Singaporean Accent?" *ChannelNewsAsia (CNA)*, October., 13. (https://www.channelnewsasia.com/news/commentary/what-is-wrong-with-the-singaporean-accent-fake-foreign-authentic-10790784, 2017年10月13日閲覧).

Tapales, P. D. [1998] "History and Evolution of Philippine Local Government and Administration," in P. D. Tapales et al. eds., *Local Government in the Philippines* : A Book of Readings, Vol. 1, Quezon City : University of the Philippines.

――――― [2002] "The Philippine Local Government System and Decentralized Development", in P. D. Tapales et al. (eds.), *Local Government in the Philippines : A Book of Readings*, Vol. 3, Quezon City : University of the Philippines.

Taskforce on International Financial Transactions for Development [2010] "Globalizing Solidarity : The Case for Financial Levies," *the Report of the Committee of Experts to the Taskforce on International Financial Transactions for Development*, Leading Group on Innovative Financing for Development.

Teitelbaum, M. S. [1980] "Right versus Right: Immigration and Refugee Policy in the United States," *Foreign Affairs*, 59(1).

Teo, Y.Y. [2018] *This Is What Inequality Looks Like*, Singapore: Ethos Books.

Timberman, David G. [1991] *A Changeless Land: Continuity and Change in Philippine Politics*, London: Routledge.

Tobgye, S. [2012] "The making of the Constitution," *Kuensel, September* 4, 2012.

Tobin, J. [1978] "A Proposal for International Monetary Reform," *Eastern Economic Journal*, 4(3-4).

Transparency International [2010] "The Corruption Perceptions Index 2010," (http://www.ti-j.org/TI/CPI/CPI2010_table_sources_2010-10-20.pdf, 2011年 8 月19日閲覧).

Turner, M., Chuki, S., and J. Tshering [2011] "Democratization by Decree : The Case of Bhutan," *Democratization*, 18(1).

Uemura, T. [2007] "Exploring Potential of Global Tax : As a Cutting Edge-Measure for Democratizing Global Governance," *International Journal of Public Affairs*, 3.

UK Parliament, Hansard "HL Deb 15 July 1963 vol 252 cc4-88," (http://hansard. millbanksystems.com/lords/1963/jul/15/kenya#S5LV0252P0_19630715_HOL_71,2011 年 7 月 3 日閲覧).

UNCTAD [2014] *World Investment Report 2014* (http://unctad.org/en/ PublicationsLibrary/wir2014_en.pdf, 2019年 6 月21日閲覧).

UNDP [各年版] *Human Development Report* (Annual Report), New York: United Nations (『人間開発報告書 各年版』国連開発計画).

——— [2002] *Human Development Report 2002*, Oxford : Oxford University Press.

——— [2010] *Human Development Report 2010* (http://hdr.undp.org/en/reports/global/ hdr2010/chapters/, 2011年8月30日閲覧).

——— [2011] "Human Development Reports," (http://hdr.undp.org/en/reports/, 2011 年 8 月17日閲覧).

UNICEF [1987] 『人間の顔をした調整』(日本ユニセフ協会訳).

——— [2009] *Progress for Children : [No.8] A Report Card on Child Protection*, New York : UNICEF (ユニセフ東京事務所訳『子どもたちのための前進 子どもの保護に 関する報告第 8 号』ユニセフ東京事務所, 2009年 (http://www.unicef.or.jp/library/ pdf/PFC_Japanese-1016.pdf, 2011年10月 4 日閲覧)).

UNITAID [2010] *UNITAID Annual Report 2009*, Geneva : UNITAID.

United Nations [各年版] *The Millenium Development Goals Report* (Annual Report), New York: United Nations (『ミレニアム開発目標報告 各年版』国際連合).

——— [各年版] *The Sustainable Development Goals Report* (Annual Report) (https:// unstats. un.org/sdgs/report/, 2019年 9 月10日閲覧).

——— [1992] *An Agenda for Peace: Preventive diplomacy, peacemaking and peace-keeping" Report of the Secretary-General*, A/47/277 - S/24111 (http://www.unrol.org/ files/A_47_277.pdf).

——— [1996] "Impact of Armed Conflict on Children: Report of the expert of the Secretary-General, Ms. Graça Machel," (A/51/306), New York : United Nations (http:// www.unicef.org/graca/a51-306_en.pdf 2011年10月 4 日閲覧).

——— [2000] *Report of the Panel on United Nations Peace Operations*, A/55/305 S/2000/809 (http://www.un.org/peace/reports/peace_operations/docs/a_55_305.pdf, 2011年10月 4 日閲覧).

——— [2004] *A more secure world : our shared responsibility Report of the High-level Panel on Threats, Challenges and Change*, New York : United Nations (http://www.

un.org/secureworld/report2.pdf, 2011年10月4日閲覧).

――――― [2008] *United Nations Peacekeeping Operations: Principles and Guidelines* ("Capstone doctrine"), New York: United Nations (http://pbpu.unlb.org/pbps/ Library/Capstone_Doctrine_ENG.pdf, 2011年10月4日閲覧),(『国連平和維持活動――― 原則と指針―――』平和維持活動局フィールド支援局, 2010年 (http://unic.or.jp/files/ pdfs/pko_100126.pdf, 2011年10月4日閲覧)).

――――― *60/1.2005 World Summit Outcome*, New York: United Nations (http://unpan1. un.org/intradoc/groups/public/documents/un/unpan021752.pdf,2011年10月4日閲覧).

Ura, K. [1999] "Gross National Happiness; an introductory editorial," in Sonam Kinga, Karma Galay, Phuntsho Rapten, and Adam Pain eds., *Gross National Happiness: A Set of Discussion Papers*, Thimphu: The Center for Bhutan Studies (http://www. bhutanstudies.org.bt/gross-national-happiness-a-set-of-discussion-papers/, 2019年5月22 日閲覧).

――――― , Sabina A., Tshoki, Z., and K. Wangdi [2015] *Provisional Findings of 2015 GNH Survey*, Thimphu: The Centre for Bhutan Studies & GNH Research.

U.S. Agency for International Development (USAID) [2019] "U.S.–Philippine Partnership Fosters Citizen Engagement and Good Governance in Mindanao," *News and Information*, February 14, 2019 (https://www.usaid.gov/philippines/press-releases/ feb-14-2019-us-philippine-partnership-fosters-citizen-engagement-and-good-governance- in-mindanao, 2019年6月21日閲覧).

Villanueva, P. [1997] "The Influence of the Congress for a People's Agrarian Reform (CPAR) on the Legislative Process," in Marlon A. Wui et al eds., *State-Civil Society Relations in Policy-Making*, Quezon City: Third World Studies Center.

Ward, B. and R. J. Dubos [1972] *Only One Earth : The Care and Maintenance of A Small Planet*, New York: Norton (人間環境ワーキング・グループ, 環境科学研究所共訳『か けがえのない地球』日本総合出版機構, 1972年).

Weiner, M. [1982] "International Migration and Development: Indians in the Persian Gulf," *Population and Development Review*, 8(1).

――――― [1983] "Labor Migration as Incipient Diasporas," paper presented to the Conference on the Impact of Diasporas on International Politics, Center for International Studies, M.I.T. Cambridge, U. S. A., March 1983.

Weiss, F. G. ed. [1974] *Hegel: The Essential Writings*, New York: Harper Torchbooks.

Weiss, T. G. and R. thakur [2010] *Global Governance and the UN : An Unfinished Journey*, Bloomington, IN : Indiana University Press.

Willetts, P. ed. [1982] *Pressure Groups in the Global System*, London: Frances Pinter.

Wong, T.［2015］"The Rise of Singlish,"（http://www.bbc.com/news/magazine-33809914, 2017年10月13日閲覧）.

World Bank（web）http://data.worldbank.org/

World Bank［1989］*Bhutan: Development Planning in a Unique Environment*（*A World Bank Country Study*）, Washington D.C.: The World Bank.

───────［2009］Kenya：Poverty and Inequality Assessment Executive Summary and Synthesis Report（http://documents.worldbank.org/curated/en/425611468089394594/pdf/441900ESW0P0901IC0Dislosed071171091.pdf, 2019年 4 月 7 日閲覧）.

───────［2018］"Kenya economic update：policy options to advance the Big 4- unleashing Kenya's private sector to drive inclusive growth and accelerate poverty reduction,"（http://documents.worldbank.org/curated/en/327691523276540220/pdf/125056-WP-P162368-PUBLIC-KenyaEconomicUpdateFINAL.pdf, 2019年 4 月 7 日閲覧）.

───────［2019］"Primary completion rate, total,"（https://data.worldbank.org/indicator/SE.PRM.CMPT.ZS?locations=ZG-1W-TZ, 2019年 9 月 9 日閲覧）.

───────［2021］*World Development Indicators database*, 12 February 2021（https://databank.worldbank.org/data/download/GNIPC.pdf. 2022年 2 月11日閲覧）.

World Economic Forum［2010］*Global Gender Gap Report 2010*（http://www3.weforum.org/docs/WEF_GenderGap_Report_2010.pdf, 2011年 8 月30日閲覧）.

───────［2011］"The Travel & Tourism Competitiveness Report 2011,"（http://www.weforum.org/issues/travel-and-tourism-competitiveness, 2011年 8 月16日閲覧）.

───────［2017］"The Travel & Tourism Competitiveness Report 2017,"（http://www.sela.org/media/2756841/the-travel-and-tourism-compettiveness-report-2017.pdf, 2019年 1 月 7 日閲覧）.

Wui, M. A. and M. G. S. Lopez［1997］"State-Civil Society Relations in Policy-Making," in M. A. Wui et al eds., *State-Civil Society Relations in Policy-Making*, Quezon City：Third World Studies Center.

Wurfel, D.［1988］*Filipino Politics : Development and Decay*, Ithaca ; London: Cornell University Press（大野拓司訳『現代フィリピンの政治と社会──マルコス戒厳令体制を超えて──』明石書店, 1997年）.

───────［2006］"Mining and the Environment in the Philippines : The Limits on Civil Society in a Weak State," *Philippine Studies*, 54(1).

WWF［2016］*Living Planet Report 2016: Risk and resilience in a new era*, Gland: World Wildlife Foundation International.

Yahya, Y.［2018］"Singapore Refutes Oxfam Report on its Performance in Tackling Inequality," *The Straits Times*, October, 9.（https://www.straitstimes.com/singapore/

singapore-refutes-oxfam-report-on-its-performance-in-tackling-inequality，2018年11月10
日閲覧）.

〈新聞・雑誌〉

*Business Times, The*, Singapore: Singapore Press Holdings.
*Far Eastern Economic Review*, Hong Kong: Dow Jones.
*Straits Times, The*, Singapore：Singapore Press Holdings.

# 索　引

《執筆者紹介》（執筆順，＊は編著者）

初 瀬 龍 平（はつせ　りゅうへい）[序章]
　　1937年生まれ．東京大学大学院社会学研究科博士課程単位取得退学．法学博士（神戸大学）．現在，
神戸大学名誉教授．『国際関係論の生成と展開——日本の先達との対話——』（共編著，ナカニシ
ヤ出版，2017年），『国際関係のなかの子どもたち』（共編著，晃洋書房，2015年），『国際関係論
——日常性で考える——』（法律文化社，2011年）．

馬 場 伸 也（ばんば　のぶや）[第1・6・12章]
　　1937年生まれ（1989年逝去）．カリフォルニア大学バークレー校博士課程修了，Ph.D.（歴史学）．
カナダのマギル大学准教授，津田塾大学教授を経て，1982年から1989年まで大阪大学教授．『カナ
ダ——21世紀の国家——』（中央公論社，1989年），『地球文化のゆくえ——比較文化と国際政治——』
（東京大学出版会，1983年），『アイデンティティの国際政治学』（東京大学出版会，1980年）．

西 村 謙 一（にしむら　けんいち）[第2章]
　　1961年生まれ．大阪大学大学院法学研究科博士課程後期中途退学，法学修士．現在，大阪大学国
際教育交流センター准教授．『東南アジアにおける地方ガバナンスの計量分析——タイ，フィリピ
ン，インドネシアの地方エリートサーベイから——』（共著，晃洋書房，2019年），『新版 国際関
係論へのファーストステップ』（共著，法律文化社，2017年），『変わりゆく東南アジアの地方政治』
（共著，アジア経済研究所，2012年）．

＊戸 田 真 紀 子（とだ　まきこ）[第3章]
　　1963年生まれ．大阪大学大学院法学研究科博士課程後期単位取得退学，博士（法学）．現在，京都
女子大学現代社会学部教授．『国際関係のなかの子どもたち』（共編著，晃洋書房，2015年），『貧困，
紛争，ジェンダー——アフリカにとっての比較政治学——』（晃洋書房，2015年），『アフリカと政
治　改訂版』（御茶の水書房，2013年）．

中 村　　都（なかむら　みやこ）[第4章]
　　1957年生まれ．大阪大学大学院法学研究科博士課程後期単位取得退学．博士（創造都市，大阪市
立大学）．現在，追手門学院大学共通教育機構教授．『新版　国際関係論へのファーストステップ』
（編著，法律文化社，2017年），『シンガポールにおける国民統合』（法律文化社，2008年），『東ア
ジアの都市論の構想——東アジアの都市間競争とシビル・ソサエティ構想——』（共著，御茶の水
書房，2006年）．

真 崎 克 彦（まさき　かつひこ）[第5章]
　　1964年生まれ．サセックス大学大学院開発研究所（IDS）博士課程修了．D.Phil.（開発研究）．
UNDP（国連開発計画）勤務などを経て，現在，甲南大学マネジメント創造学部教授．『SDGs時
代のグローバル開発協力論——開発援助・パートナーシップの再考——』（共編著，明石書店，
2019年），「ブータンの国民総幸福（GNH）と経済成長路線の「部分的つながり」——脱成長論に
対する「重要な示唆」を探る——」（『ヒマラヤ学誌』Vol.20，2019年），『支援・発想転換・NGO
——国際協力の「裏舞台」から——』（新評論，2010年）．

永 澤 雄 治（ながさわ　ゆうじ）[第7章]
　　1962年生まれ．東北大学大学院経済学研究科博士後期課程満期退学．法学修士（大阪大学）．現在，
尚絅学院大学人文社会学類教授．「紛争と協調の経済的相互依存」（『総合政策論集』17巻1号，東
北文化学園大学総合政策学部，2018年），「東西欧州貿易の歴史的意味」（『ロシア・ユーラシア経済』

No.926，ユーラシア研究所，2009年），「EUの東方拡大と財政改革」（『経済学』62巻3号，東北大学経済学会，2000年）．

吉田晴彦（よしだ はるひこ）［第8章］
　1965年生まれ．大阪大学大学院法学研究科博士課程後期中途退学．現在，広島市立大学国際学部教授．『新版 国際関係論へのファーストステップ』（共著，法律文化社，2017年），『世界の眺めかた——理論と地域から見る国際関係——』（共著，千倉書房，2014年），『現代アジアの変化と連続性』（共著，彩流社，2008年）．

＊三上貴教（みかみ たかのり）［第9章］
　1959年生まれ．大阪大学大学院法学研究科博士課程後期単位取得中途退学．博士（英語学，名古屋学院大学）．現在，広島修道大学国際コミュニティ学部教授．『グローバル人材育成のための英語ディベート』（溪水社，2019年），『ランキングに見る日本のソフトパワー』（溪水社，2017年），『映画で学ぶ国際関係Ⅱ』（編著，法律文化社，2017年）．

片岡信之（かたおか のぶゆき）［第10章］
　1964年生まれ．ニューヨーク州立大学ビンガムトン校大学院修士課程修了．M.A.（社会学）．大阪大学大学院法学研究科博士課程後期単位取得退学．現在，四国学院大学社会福祉学部教授．『新版 国際関係論へのファーストステップ』（共著，法律文化社，2017年）．「ソーシャルワークのグローバル定義における新概念と翻訳の問題」（『ソーシャルワーク研究』41（2），2015年）．

川村暁雄（かわむら あきお）［第11章］
　1961年生まれ，神戸大学大学院国際協力研究科博士後期課程単位取得退学，博士（学術）．関西学院大学人間福祉学部教授，メーファールアン大学教員を経て，現在タイ在住．『これからの社会的企業に求められるものは何か：カリスマからパートナーシップへ』（共編著，ミネルヴァ書房，2015年），『平和学をつくる（第2版）』（共著，晃洋書房，2014年），『グローバル民主主義の地平——アイデンティティと公共圏のポリティクス——』（法律文化社，2005年）．

上村雄彦（うえむら たけひこ）［第13章］
　1965年生まれ．カールトン大学大学院国際関係研究科修士課程修了．博士（学術，千葉大学）．FAO（国連食糧農業機関）勤務などを経て，現在，横浜市立大学国際教養学部教授．『グローバル・タックスの理論と実践——主権国家体制の限界を超えて——』（編著，日本評論社，2019年），『不平等をめぐる戦争——グローバル税制は可能か——』（集英社，2016年），『グローバル・タックスの可能性——持続可能な福祉社会のガヴァナンスをめざして——』（ミネルヴァ書房，2009年）．

＊勝間　靖（かつま やすし）［第14章］
　1963年生まれ．ウィスコンシン大学マディソン校博士課程修了，Ph.D.（開発研究）．UNICEF（国連児童基金）職員を経て，早稲田大学大学院アジア太平洋研究科教授．ベトナム国家大学ハノイ校日越大学グローバルリーダーシップ修士プログラム共同ディレクター．『持続可能な社会をめざして——私のSDGsへの取組み——』（編著，国際書院，2018年），『テキスト国際開発論——貧困をなくすミレニアム開発目標へのアプローチ——』（編著，ミネルヴァ書房，2012年），『アジアの人権ガバナンス』（編著，勁草書房，2011年）．

下田道敬（しもだ みちゆき）［第15章］
　1961年生まれ．大阪大学大学院法学研究科博士課程前期修了．法学修士．UNDP（国連開発計画）勤務を経て，現在，JICA国際協力専門員．「最近のアフリカの地方分権化改革と日本の支援」（栗

本英世編『紛争後の国と社会における人間の安全保障』, 大阪大学グローバルコラボレーションセンター GLOCOL ブックレット 1, 2009年),『アフリカにおける地方分権化とサービス・デリバリー』(共著, 調査研究報告書, 国際協力機構国際協力総合研修所調査研究グループ, 2007年),「地方分権体制における感染症対策の組織運営」(共著,『国際協力研究』18(1), 2002年).

道 券 康 充 (どうけん やすみつ) **[第16章]**
　1966年生まれ. Institute of Social Studies 修士課程修了. M.A.(開発研究). 現在, UNDP(国連開発計画)危機局プログラム・スペシャリスト.「人間の安全保障」「進化する国連の平和活動と平和構築の取り組み」(中村都編『新版　国際関係論へのファーストステップ』法律文化社, 2017年).

車 谷 卓 也 (しゃたに たくや) **[第17章]**
　1961年生まれ. 大阪大学大学院法学研究科博士課程前期修了. 法学修士. UNRWA(国連パレスチナ難民救済機関)勤務を経て, 2019年 6 月30日付で ICAO(国際民間航空機関)人事担当官早期定年退職.「イスラエル占領地のパレスチナ難民」(『公明』379, 1993年).

改訂版
国際社会を学ぶ

| 2019年11月20日 初版第1刷発行 | ＊定価はカバーに |
|---|---|
| 2022年 4 月15日 初版第2刷発行 | 表示してあります |

| 編著者 | 戸 田 真 紀 子 |
| | 三 上 貴 教 ⓒ |
| | 勝 間 靖 |
| 発行者 | 萩 原 淳 平 |
| 印刷者 | 河 野 俊一郎 |

発行所 株式会社 晃 洋 書 房

〒615-0026 京都市右京区西院北矢掛町7番地
電話 075(312)0788番(代)
振替口座 01040−6−32280

装丁 野田和浩    印刷・製本 西濃印刷㈱
ISBN 978-4-7710-3276-7

妹尾 哲志 著
冷戦変容期の独米関係と西ドイツ外交
A 5 判 248 頁
定価 5,060 円（税込）

市川 ひろみ・松田 哲・初瀬 龍平 編著
国 際 関 係 論 の ア ポ リ ア
——思考の射程——
A 5 判 256 頁
定価 3,520 円（税込）

松嵜 英也 著
民 族 自 決 運 動 の 比 較 政 治 史
——クリミアと沿ドニエストル——
A 5 判 262 頁
定価 6,160 円（税込）

宮脇 幸生・戸田 真紀子・中村 香子・宮地 歌織 編著
グローバル・ディスコースと女性の身体
——アフリカの女性器切除とローカル社会の多様性——
A 5 判 188 頁
定価 1,980 円（税込）

山尾 大 著
紛 争 の イ ン パ ク ト を は か る
——世論調査と計量テキスト分析からみるイラクの国家と国民の再編——
A 5 判 294 頁
定価 4,180 円（税込）

池端 蕗子 著
宗 教 復 興 と 国 際 政 治
——ヨルダンとイスラーム協力機構の挑戦——
A 5 判 254 頁
定価 5,610 円（税込）

浜中 新吾・青山 弘之・髙岡 豊 編著
中 東 諸 国 民 の 国 際 秩 序 観
——世論調査による国際関係認識と越境移動経験・意識の計量分析——
A 5 判 318 頁
定価 4,180 円（税込）

榎本 珠良 著
武 器 貿 易 条 約
——人間・国家主権・武器移転規制——
A 5 判 258 頁
定価 4,180 円（税込）

山本 健介 著
聖地の紛争とエルサレム問題の諸相
——イスラエルの占領・併合政策とパレスチナ人——
A 5 判 304 頁
定価 6,820 円（税込）

晃 洋 書 房